英国チャリティ
その変容と日本への示唆

(公財)公益法人協会 編

石村耕治・岡本仁宏・小林立明・溜箭将之・
中島智人・濱口博史・白石喜春 著

弘文堂

はじめに

1 併走した公益法人制度改革とチャリティ改革

　2008年12月1日、民法に規定された公益法人制度の抜本的改革が施行された。実に、1898年以降110年を経て初めてとなる大改正であり、わが国の市民社会、特に非営利セクターにとって画期的な意味をもつものである。

　もちろん、この改革は突然行われたものではなく、それまでのいわゆる主務官庁制度の弊害をなくすために設けられた与党3党プロジェクトチームによる1996年における「公益法人の運営等に関する提言」を発端として改革の動きが急速に高まり、特定非営利活動促進法案の国会審議（1998年）や中間法人法案の国会審議（2001年）においても民法法人（公益法人）の見直しが付帯決議された。かくして、2002年の「公益法人制度の抜本的改革に向けた取組みについて」の閣議決定、「公益法人制度改革に関する有識者会議」の報告（2004年）をへて、2008年の大改革が実現したものである。

　ところで、英国でもこの間たまたまチャリティ改革（Charity Reform）論議が進んでおり、この改革の動きが大いに参考になったのである。

　すなわち、英国のチャリティは遠く1601年の The Charitable Uses Act にさかのぼるが、公益の現代的再定義と21世紀におけるチャリティのあり方を探るため、英国ボランタリー組織評議会（National Council For Voluntary Organisations: NCVO）が設置した検討委員会の報告書が1996年に公表された。検討委員会座長ニコラス・ディーキン（Nicholas Deakin〔当時バーミンガム大学教授〕）の名前をとってディーキン報告と呼ばれるこの報告書が、実に後の2006年チャリティリフォームに結び付くのである。1997年、政権の座についた労働党は、民間非営利セクターとの戦略的協同をめざし、その担当部門として内閣府にサード・セクター局（Office of the Third Sector）を設置、さらに首相直属の戦略班（Strategy Unit）は、政府、チャリティコミッション（Charity Commission: CC）、チャリティ関係者によるチームの検討結果として、2002年にチャリティ改革に向けた政策提言「Private Action, Public Benefit: A Review of Charities and the Wider Not-For-Profit-Sector」を発表した。この政策提言の主要な項目はディーキン報告を受け継ぐものであるが、具体的施策とし

て61項目の提言をしている。

主な具体的提言内容は次のとおりであった。

①公益目的の再定義

従来の4項目から10項目に細分化し再定義する。

②公益性の証明（Public Benefit Test）

従来のように公益目的に合致していれば、公益性を推定するのではなく、実際に受益者がどの程度社会的広がりを持つか否かで判断する。

③収益事業の本体併営

従来チャリティ本体での収益事業（trading）併営は認められていなかったが、本体併営を可能とする。

④公益法人（Charitable Incorporated Organization: CIO）の創設

従来チャリティの5割以上を占めていたといわれる有限保証会社（Company Limitedby Guarantee）は、会社としての制約も受けていたことから新たに公益目的事業専門の法人類型を創設する。

⑤コミュニティ利益会社（Community Interest Company: CIC）の創設

事業収益を原資とし直接金融（社債・株式）も可能で、かつ地域社会に貢献する法人類型を創設する。当時台頭しつつあった社会的企業の受け皿を念頭に置いたもの。

⑥チャリティ不服審判所の設置

チャリティコミッションの決定に対する不服審判専門の機関を設ける。

⑦その他

小規模チャリティの登録免除最低基準の引上げ、会計基準・報告様式の改定、社会的責任投資の促進、ボランティアなどを教育カリキュラムへ取入れるなど。

かくして、2006年政府・国会は、前記③（収益事業の本体併営）を除く主要な提言を取り入れて、400年ぶりに英国チャリティ制度は、大きな改革を遂げ段階的に施行されていった。この2006年法は1993年法の改正というかたちを採っていたが、その後2011年には、2006年法と1993年法を再編統合し、1つのチャリティ法（Charities Act 2011）として完結した。

この間、2010年には、労働党政権の中心的政策課題であった「第三の道（Third Way）」がもたらすとする「大きな政府」を批判し「大きな社会（Big

Society)」を構想する、保守党・自由民主党連立政権が誕生した。

　さて、以上概観したように、日英の民間公益制度はほぼ時を同じくして進行した。次の比較表でみるように、公益法人制度改革・チャリティ改革の直接的端緒となった提言は、日英とも1996年、政府としての方針が打ち出されたのは、日本では2003年（基本方針閣議決定）から2004年（有識者会議報告）にかけて逐次具体的なものとなり、英国では2002年戦略班による「Private Action, Public Benefit」で方針が固まり、両国とも2006年に新制度が法案として成立した。

　このように、いわば偶然ではあったが並走していた日英両改革において、民間非営利セクターの提言機関である公益法人協会は、英国側の改革内容、そのプロセス、NCVOに代表される市民社会組織の対応などについて、調査ミッションの派遣（2003年）、NCVOイザリントン(Stuart Etherington)会長を招いての日英セミナー（2004年）、チャリティコミッションのデイム・スージー・レザー(Dame Suzi Leather)委員長、内閣府サード・セクター局のベン・ハリソン(Ben Harrison)参事官、NCVOのリズ・アトキンス(Liz Atkins)政策担当部長を招いての日英シンポジウム（2007年）などを通じて知識を習得し、これを参照しつつ、わが国の制度改革に対しての要望活動を実施した経緯がある。

　また、制度改革前の公益法人行政担当官庁であった総務省もこれに応え、公益法人協会に矢継ぎ早に英国調査を委託した。すなわち、2003年「英国チャリティコミッションの支援・モニタリング実情調査」、2005年「英国チャリティ制度の調査研究」、2005年「〔英米等の〕公益認定等業務支援システムに関する調査・研究」などである。

	日　　本		英　　国
1996	与党3党：公益法人の運営等に関する提言	1996	Deakin報告
2003	閣議決定：公益法人制度の抜本的改革に関する基本方針	1997	（労働党政権）
2004	公益法人制度改革有識者会議報告書発表	2002	Private Action, Public Benefit発表
2006	公益法人制度改革3法公布	2006	Charity Reform 2006公布、逐次施行
2008	公益法人制度改革3法施行	2010	（保守連立政権）
2009	（民主党政権）	2011	Charities Act 2011
2012	（自公連立政権）		

つまり、改革の発端はそれぞれ「お国の事情」からではあったが、時を同じくして行われたチャリティ改革はわが国の公益法人制度改革にも少なからず影響を与えたものといえよう。もっとも、政府間レベルでは何らかの公式的な連携関係があったということはまったくなく、それどころか英国側では、よほどの事情通でなければ日本の改革はほとんど知られていなかったといえる。

2　英国チャリティが示唆するもの

　新制度への改革が一段落した後に目を向けると、日本では新制度の目的・理念が達成されつつあるのか、ないのか、現在検証・総括が一部で進んでいるが、かなりの問題点を内包しているというのが一般的な見方である。それでは、英国では新制度は期待されたとおり円滑に運営され、市民社会にとって好ましい結果もたらしているのかどうかという点が、われわれの第1の関心事である。

　また、改革後のほぼ10年間、英国チャリティをめぐる社会的環境も大きく変わりつつある。国家財政の逼迫、国際的テロリズムの激化、社会的企業の台頭、資金調達の多様化、チャリティの政治的活動に関する様々な論議などが顕著にみられるようになってきた。このような環境変化を確認し、市民社会への影響を知ることが、第2の関心事である。

　さらに、日本では、「新しい公共」の担い手としての非営利セクターに対する支援策を主要政策課題とし、寄付税制の充実、特定非営利活動促進法の大改正などを実施した民主党政権から、自公連立政権に変わった。英国でも労働党から保守連立政権に交代した。その政権交代による非営利セクター組織に対する政策の変化がみられるのかみられないのか、市民社会はどのような影響を受けているのか、この点が第3の関心事である。

　このような問題意識をもって、公益法人協会は、2014年4月に「英国チャリティ変容調査研究会」を立ち上げた。

　この研究会は、同年9月には10日間で21か所（23団体等）にわたる現地調査も実施した。訪問先は、イングランドとウェールズでは、政府関連機関としてチャリティコミッションなど4か所、非営利組織中間支援団体としてNCVOなど4か所、専門的立場からの支援組織としてPro Bono Communityなど5か所、現場で活動するチャリティとしてLittle Fish Theatreなど3か所、また、スコットランドでは、規制当局であるOffice of Scottish Charity Regulator（OSCR）、中間支援組織の Scottish Council for Voluntary Organisations（SCVO）、現場チャリティの Dundee Art Society など 3 か所を選定した。快く訪問取材に応じていただいた、これらの機関・団体にお礼を述べたい。また、チャリティコミッション委員長（Chief Commissioner）ウィリアム・ショウクロス（William Shawcross）氏の招請により、私との個別会談が実現したことも望外の大きな収穫であった。

　この研究会は 2015 年 3 月の第 10 回をもって終了し、関係方面への報告書をまとめることができた。本書はこの報告書を再度推敲し、ページ数の関係から訪問記録の部分を削除、その他引用部分を整理するなどし、あらためて広く世に問うものである。

　今回の日本における制度改革を、市民社会にとってより望ましい制度として普及定着させることが可能なのか、そのためにはどのような障害があり、それを克服するためにはどうすればよいのかなど、市民社会がグランドデザインを描くうえで、2006 年チャリティ改革後の英国におけるチャリティの変容を探る本書は、いささかなりともヒントとなりうるのではないかと考える。

　終わりに、多忙な学究生活を送っておられるなか、研究会委員として参画され報告書および本書を執筆していただいた諸先生方に心からお礼を申し上げたい。これら諸先生方のご協力がなければ、本書の基になる研究・調査ができなかったことはもちろんである。また、本書出版に向けて多角的な観点から助言いただいた株式会社弘文堂取締役兼編集部長北川陽子氏にも心から感謝したい。

　なお、本著の出版および研究・調査は、公益財団法人トヨタ財団および一般財団法人 MRA ハウスのご理解と資金援助により実施することができた。ここに、深甚なる謝意を表するものである。

「英国チャリティ変容調査研究会」を代表して

太田達男

（公益財団法人公益法人協会理事長）

目　次

はじめに ……………………………………………………………太田達男…i
 1　併走した公益法人制度改革とチャリティ改革　i
 2　英国チャリティが示唆するもの　iv

第1章　英国における市民社会政策の変化 ………………中島智人…1
 I　はじめに ………………………………………………………………1
 II　1990年代のボランタリーセクター …………………………………3
  1　サッチャー保守党のボランタリーセクター政策　3
  2　ボランタリーセクターの未来委員会（ディーキン委員会）　4
   （1）コンコダート（協定）　（2）議会特別委員会
   （3）チャリティの定義　（4）チャリティ不服審判所
   （5）チャリティ法人制度　（6）チャリティの取引活動
 III　労働党政権時代の市民社会政策 ……………………………………7
  1　第三の道と市民社会　7
  2　地域再生・市民再生とボランタリーセクター　8
  3　政府によるボランタリーセクター戦略　9
  4　公共サービス改革とボランタリーセクター　10
  5　公共サービス改革とボランタリーセクターの基盤整備　11
  6　公共サービス改革の進展とボランタリーセクター　12
 IV　社会的企業政策 ……………………………………………………14
 V　保守党・自由民主党連立政権における市民社会政策 ……………15
  1　保守党による労働党への批判　15
  2　「ビッグ・ソサエティ（Big Society）」政策　16
  3　連立政権における市民社会政策　19
  4　地域主権法（Localism Act 2011）の制定とボランタリーセクター　20
  5　公共サービス改革　21
  6　公共サービス（社会的価値）法（Public Services (Social Value) Act 2012）　22
 VI　コンパクトの制定と変容 …………………………………………23
  1　コンパクトの制定　23
  2　コンパクトの更新　24
  3　コンパクトの刷新（連立政権下のコンパクト）　25
  4　3つのコンパクトの変遷　26

- VII 緊縮財政とボランタリーセクター …………………………27
  - 1 予算削減の現状　27
  - 2 ボランタリーセクターへの影響　28
  - 3 ボランタリーセクターの対応　30
- VIII まとめ …………………………………………………………31

第2章　2006年チャリティリフォームとその後 …………………32

- I チャリティと非営利団体制度の改革法制 ………石村耕治…32
  - 1 はじめに　32
  - 2 英国のチャリティと非営利団体法制改革の動向　36
    - （1）政権交代と非営利公益セクター法政策の変遷
    - （2）英国の非営利公益セクター改革と法制の変容
  - 3 チャリティ法の変容――2006年チャリティ法と2011年チャリティ法　47
    - （1）2006年法の個別分析
    - （2）伝統的な「チャリティ目的」類型
    - （3）2006年法による「チャリティ目的」類型の拡大
    - （4）公益増進基準策定の経緯
    - （5）チャリティコミッションによる公益増進の査定
    - （6）問われるガイドラインによる「公益増進」要件の解釈
    - （7）チャリティ登録制度改正の概要　（8）小規模チャリティ
    - （9）登録除外チャリティ　（10）登録免除チャリティ
    - （11）チャリティ審判制度
      ――チャリティ紛争にかかる権利救済制度とチャリティ審判制度の所在
    - （12）新公益法人（CIO）法制
  - 4 コミュニティ利益会社（CIC）法制の確立　99
    - （1）コミュニティ利益会社（CIC）制度検討の経緯と成立した法制
  - 5 むすびにかえて　112
- II 新制度の実施とその実態 …………………………溜箭将之…113
  - 1 2006年改革後の展開　113
  - 2 公益増進テスト　116
    - （1）教育の振興　（2）宗教の振興
    - （3）貧困の防止と救済　（4）新たな公益増進ガイダンス
    - （5）ホッジソン報告書と行政特別委員会報告書
  - 3 審判所　123
    - （1）審判所の構成・手続　（2）上訴・審査・照会
    - （3）上級審判所　（4）今後の課題
  - 4 公益法人（CIO）　129

5　国際的チャリティの動向　*130*
　　　　　（1）人権の促進とチャリティ　（2）テロリズム
　　　6　今後のゆくえ　*135*
　Ⅲ　統計からみたチャリティの動向……………………白石喜春…*137*
　　　1　はじめに　*137*
　　　2　英国における市民社会組織と調査対象法人　*138*
　　　3　チャリティ分布の地域的特性　*140*
　　　4　統計からみたチャリティの変化　*141*
　　　5　公益法人（CIO）の状況　*145*
　　　　　（1）イングランドおよびウェールズ　（2）スコットランド
　　　6　コミュニティ利益会社（CIC）の状況　*152*
　　　7　新制度施行に伴う新法人類型の現況　*154*

第3章　チャリティコミッションと市民社会の動き ………………*157*
　Ⅰ　チャリティコミッション改革………………………岡本仁宏…*157*
　　　1　はじめに　*157*
　　　2　2011年法におけるチャリティコミッションの位置　*158*
　　　　　（1）法的権限　（2）組織　（3）登録・監督業務の状況
　　　3　2006年法以後のチャリティコミッションをめぐる政治状況
　　　　　――嵐の中のチャリティコミッション　*173*
　　　　　（1）チャリティ資格の付与をめぐるチャリティコミッションの権限へ
　　　　　　　の批判
　　　　　（2）チャリティの悪用を妨げないチャリティコミッションは無能力で
　　　　　　　あるという批判
　　　4　2006年法のレヴューと2011年法の改革についての議論　*181*
　　　　　（1）2006年法のレヴューとチャリティコミッションの公益増進性判定
　　　　　（2）チャリティコミッションの規制能力の強化（Protection of
　　　　　　　Charities Bill）
　　　5　むすび　*186*
　Ⅱ　英国の中間支援組織……………………………………中島智人…*190*
　　　1　はじめに　*190*
　　　2　英国における中間支援組織の理解　*190*
　　　　　（1）ウォルフェンデン報告と中間支援組織の理解
　　　　　（2）中間支援組織からインフラストラクチャー組織へ
　　　　　（3）インフラストラクチャー組織の定義と機能
　　　　　（4）インフラストラクチャー組織の類型
　　　　　（5）インフラストラクチャーの全体像

        3 インフラストラクチャー組織の支援策　*196*
            （1） チェンジアップ（ChangeUp）
            （2） Transforming Local Infrastructure（TLI）
            （3） BIG Assist
        4 政府とインフラストラクチャー組織との関係　*200*
        5 まとめ　*202*

第4章　社会的企業とチャリティ …………………………………*204*
    I　社会的企業とチャリティ …………………………中島智人…*204*
        1 はじめに　*204*
        2 社会的企業とは何か　*205*
            （1） 社会的企業の類型
            （2） 社会的企業政策と社会的企業の定義
            （3） 「Private Action, Public Benefit」にみる社会的企業
            （4） 社会的企業を取り巻く言説
        3 社会的企業に対する現実的対応　*210*
            （1） 社会的企業市場トレンド2013年
            （2） チャリティおよび社会的企業全国調査（National Survey of Charities and Social Enterprises）
            （3） 社会的企業マーク（Social Enterprise Mark）認証基準
            （4） 法律に明記された「社会的企業」
        4 社会的企業政策の展開　*213*
            （1） 保健省社会的企業ユニット「Right to Request」
            （2） 「Right to Provide」と相互組合
        5 チャリティと社会的企業　*215*
            （1） チャリティ本体による事業活動
            （2） 事業子会社による事業活動
        6 まとめ　*217*
    II　社会的投資政策の展開………………………………小林立明…*219*
        1 はじめに　*219*
        2 社会的投資政策の発展　*221*
        3 社会的投資市場のエコ・システム　*225*
            （1） 資金提供　　（2） 資金仲介
            （3） 資金需要　　（4） 制度的枠組み
        4 社会的インパクト債の発展　*230*
        5 社会的投資政策の課題　*233*
        6 おわりに　*236*

第5章　チャリティの政治活動の規制 ……………………岡本仁宏…239
　　Ⅰ　規制の概要 ………………………………………………………240
　　　　1　チャリティ法による規制──チャリティコミッション　241
　　　　　　（1）チャリティコミッション「声をあげる──チャリティによるキャン
　　　　　　　　ペーンと政治活動に関するガイダンス（CC9）」
　　　　2　選挙法による規制──選挙委員会　246
　　　　　　（1）2000年選挙法（PPERA）、2014年ロビー法
　　　　　　（2）選挙委員会ガイドライン「チャリティとキャンペーン」
　　　　3　その他　251
　　Ⅱ　チャリティの政治活動をめぐって …………………………………252
　　　　1　現行の法的規制の論理　253
　　　　2　現行2008年CC9成立の文脈　255
　　　　3　政治活動反対派の議論と「風向きの変化」　260
　　　　　　（1）2014年のオクスファムのキャンペーンへの批判
　　　　　　（2）法律家からの批判
　　　　　　（3）「ソック・パペット（靴下人形）」批判
　　　　4　「風向きは変わった」のか
　　　　　　──チャリティコミッション、および審判所の最近の判断　270
　　　　　　（1）オクスファム・キャンペーンへの対応
　　　　　　（2）ヒューマン・ディグニティ・トラスト（Human Dignity Trust）
　　　　　　　　のチャリティ資格をめぐって
　　Ⅲ　NPOの公金受入れとアドボカシー ……………………………280
　　　　1　活発化する政治規制に関する研究　280
　　　　2　公金を受けたチャリティの政治活動　281
　　Ⅳ　むすび …………………………………………………………287

第6章　スコットランドにおけるチャリティの現状 …溜箭将之…289
　　Ⅰ　はじめに ………………………………………………………289
　　Ⅱ　スコットランドにおけるチャリティの歴史的背景 ………290
　　Ⅲ　2005年法の概要 ………………………………………………292
　　Ⅳ　スコットランド・チャリティ規制局 ………………………294
　　　　1　概要　294
　　　　2　規制権限とアプローチ　295
　　　　3　今後の規制アプローチ　297
　　Ⅴ　スコットランド・チャリティ登録簿 ………………………298
　　Ⅵ　新しいチャリティ・テスト …………………………………299
　　　　1　概要　299
　　　　2　チャリティ目的　300

　　　　3　公益増進の要件　304
　　　　4　欠格事由　308
　　Ⅶ　規制局の判断に対する不服審査 ……………………………311
　　　　1　再審査とスコットランド・チャリティ上訴審査会の手続　311
　　　　2　民事上級裁判所　312
　　Ⅷ　スコットランド公益法人（SCIO）……………………………313
　　　　1　導入の経緯　314
　　　　2　法の施行と公益法人の利用　315
　　Ⅸ　クロスボーダー問題 ……………………………………………316
　　　　1　問題の所在　316
　　　　2　登録・年次報告　317
　　　　3　覚書を通じた規制監督　319
　　Ⅹ　今後のゆくえ ……………………………………………………320

第7章　日本の市民社会組織への示唆 ……………濱口博史…322
　　Ⅰ　市民社会政策の変容と市民セクター・中間支援組織の果た
　　　　している役割 …………………………………………………322
　　Ⅱ　市民社会政策の変容と市民セクター・中間支援組織の変容
　　　　………………………………………………………………………323
　　　　　　（1）中間支援組織の役割の拡大
　　　　　　（2）中間支援組織の収入構造とその変化
　　　　　　（3）チャリティコミッションの性質の変化と対応
　　Ⅲ　チャリティ制度の変容 ………………………………………325
　　　　1　チャリティの認定　325
　　　　　　（1）要件・基準論
　　　　　　（2）認定・不認定に対する不服申立ての手段
　　　　2　チャリティの監督　329
　　　　　　（1）チャリティコミッションの監督
　　　　　　（2）リスクの把握と対応
　　　　　　（3）チャリティの悪用を防げない無能力への批判
　　　　　　（4）不服申立ての手段
　　　　3　登録チャリティの情報の開示　330
　　　　4　登録除外　330
　　　　5　登録免除　331
　　　　6　CIO制度　331
　　　　7　チャリティコミッション　332
　　　　　　（1）独立性・組織　（2）権限
　　　　　　（3）擁護と規制の権限のバランス

- Ⅳ　チャリティの政治活動をめぐって ……………………………… *333*
  - 1　政治活動とチャリティ目的　*333*
  - 2　チャリティと他の法律による政治活動の規制　*336*
    - （1）「ソック・パペット（靴下人形）」批判
    - （2）政治資金に関する法、選挙法
- Ⅴ　社会的経済の生成と育成——社会的企業の育成 …………… *337*
  - 1　社会的企業政策　*337*
  - 2　社会的企業の器としての CIC の制度　*338*
    - （1）総論　（2）制度の内容
- Ⅵ　社会的投資 ……………………………………………………… *340*
  - 1　社会的投資　*340*
  - 2　社会的インパクト債　*340*
  - 3　市民セクターにおける評価　*340*

　事項索引 ……………………………………………………………… *342*

第1章 英国における市民社会政策の変化

(1) 英国では、1997年のブレア労働党政権発足以降、市民社会に向けた様々な政策が打ち出されてきた。労働党政権に先立つサッチャー保守党政権では、「小さな政府」が志向されるなか、地方自治体改革や公共サービス改革によって、ボランタリーセクターが公共サービス提供の担い手として注目された。しかしそれは、「契約文化」によりボランタリーセクターが本来もつ特徴が失われるという結果を招いた。

(2) 「第三の道」を標榜するブレア労働党では、コミュニティの再生や社会的排除への対応と、それを実現するための公共サービス改革において、ボランタリーセクターの役割が期待された。チャリティ法改革や社会的企業政策の展開へと結び付く「Private Action, Public Benefit」、あるいは、公共サービス改革におけるボランタリーセクターの役割を示した「Cross-cutting Review」などを通して、市民社会に関わる制度の近代化とともに、ボランタリーセクターの基盤（インフラストラクチャー）整備や政府調達、委託の改革が進められ、さらに、政府による社会的企業の振興戦略も策定された。

(3) 2010年の総選挙の結果、労働党に取って代わった保守党・自由民主党による連立政権では、労働党政権での市民社会政策を国・官僚主導と批判した。そして、「ビッグ・ソサエティ」政策のもと、個人やコミュニティへの権限付与とともに、市民社会が社会的な責任を担うことが期待された。また、協同組合や社会的企業・相互組合の振興が企図され、公共サービス（社会的価値）法の制定など、これらの団体が公共サービスの新しい提供主体としての役割を果たせるような支援が行われた。一方で、連立政権における財政再建と緊縮財政の展開は、ボランタリーセクターの活動だけではなく、その存立に対しても大きな影響を与えている。政府・自治体あるいはコミュニティからの、その果たす役割への期待の高まりと、緊縮財政による予算削減のもと、ボランタリーセクターのあり方が問われている。

I はじめに

本章では、1997年に始まる労働党政権、および2010年からの保守党主導による保守党・自由民主党連立政権における市民社会政策について概観する。

英国では、ボランタリーセクター[1]（あるいは、それを構成するボランタリー組織）が、市民社会の中心をなすものと捉えられてきた[2]。第二次世界大戦後の英国における福祉国家の構築につながる「ベヴァリッジ報告」をまとめたウィリアム・ベヴァリッジ（William Beveridge）は、国家が公共サービスの主要な担い手となる福祉国家にあっても、ボランタリー活動（voluntary action）の重要性を次のように説いている。

「全体主義社会では、市民による家庭外のいかなる活動も、それが活発に行われるとしても、国家によって管理され、あるいは統制されたものとなる。一方、家庭の外での活発で豊かなボランタリー活動、それは個人、あるいは他の市民との協力によって行われる、自らの生活や仲間たちの生活を向上させるためのであり、自由社会の特徴を表すものである」[3]。

チャリティは、このボランタリーセクターの中核をなす存在である。全国ボランタリー組織協議会（National Council for Voluntary Organisations: NCVO）によって1996年から刊行されている『英国ボランタリーセクター年鑑（The UK Voluntary Sector Almanac）』の中心は「チャリティ」であった。2008年から現在まで、この『ボランタリーセクター年鑑』は、『英国市民社会年鑑（The UK Civil Society Almanac）』と名称が変更されている。『市民社会年鑑』となっても、その中心はチャリティであることに変わりはないものの、これまでチャリティを中心としたボランタリーセクターには含まれることがなかった協同組合、社会的企業、ハウジング・アソシエーション（住宅協会）などに、その対象が拡大されている。そこには、伝統的なチャリティを超えて、民間による非営利公益活動が広がりをみせていることが反映されていると考えることができよう。さらに、国家、市場、市民社会のそれぞれの境界線も、ますます曖昧になってきている。

本章では、市民社会政策の変化を、ボランタリーセクター政策を中心として

---

1) 本章では、英国の市民社会セクターを表すのに、基本的にボランタリーセクターの用語を用いる。この「セクター」に対する呼称は、その時々の政権によって異なるものが用いられてきた。具体的には、ボランタリーセクター、ボランタリー・コミュニティ・セクター、サード・セクター、シビル・ソサエティ（市民社会）・セクターなどである。
2) NCVO, UK Civil Society Almanac 2008, NCVO, 2008.
3) Beveridge, William, Voluntary Action: A Report on Methods of Social Advance, George Allen & Unwin, 1948, p. 10.

概観するが、その変化は、チャリティを中心としたボランタリーセクターが、その周辺領域や他セクターとの関係で、どのような変化にさらされているのかを考えることでもある。

II　1990年代のボランタリーセクター

1　サッチャー保守党のボランタリーセクター政策

　ブレア労働党でのボランタリーセクター政策の前提として、まず、マーガレット・サッチャー（Margaret Thatcher）に始まる保守党のボランタリーセクター政策について検討したい。

　「社会などというものは存在しない（There is no such thing as society）」の言動に象徴的に示されるように、サッチャー保守党政権では、個人主義的な政策が進められた。「小さな政府」が志向されるなかで、福祉国家における国・自治体の役割が見直され、ボランタリーセクターの公共サービスの担い手としての役割が重視されるようになった。

　そのなかで政府によって提示されたのが、「ボランタリーセクターへの政府資金提供に関わる効率性の精査（efficiency scrutiny）」である[4]。この「効率性の精査」では、ボランタリーセクターは、政府による公共サービスを補完（complement）する存在であり、顧客（すなわち、サービスの受益者である一般市民）に近い立場でサービスを提供でき、また、新しいニーズに対応して革新性を示し、政府よりも安価に業務遂行ができるものと評価された。このような前提にたって、政府機関に対しては、ボランタリーセクターの優位性を見極めたうえで、価値に見合ったものか、すなわち、「バリュー・フォー・マネー（Value for Money）」の観点から、計画に沿って資金提供を行うことを求めたのである。ボランタリーセクターとの契約に際しては、この「バリュー・フォー・マネー」に象徴されるように、費用対効果が重視されており、その関係に市場原理を持ち込むものであった。

　1990年代、保守党は、ニュー・パブリック・マネジメント（New Public Management: NPM）の一環として、地方自治体改革も進めた。1990年国民医

---

4) Voluntary Service Unit, Home Office, Efficiency Scrutiny of the Government Funding of the Voluntary Sector, Home Office, 1990.

療サービスおよびコミュニティ・ケア法 (The National Health Service and Community Care Act 1990) によって、医療・福祉分野での内部市場（準市場）が創出された。さらに、公共サービス分野には強制競争入札 (Compulsory Competitive Tendering: CCT) が導入され、国家の役割が、サービス供給主体からサービスの購入者・支援者 (enabler) へと変化していった。

このような保守党による政策は、ボランタリーセクターにおける「契約文化 (contract culture)」の進展として、問題視されるようになった。公共サービスにおいて国・自治体による資金提供のもと、ボランタリーセクターに対しては多くの資金が流入し、ボランタリーセクターが公共サービスの主要な担い手となった。しかしそれは、資金提供者である国・自治体の意図に基づく資金提供、資金提供手段の補助金から委託への変化、契約における競争原理の導入などを伴い、ボランタリーセクターに対して大きな影響を与えた。

契約文化によるボランタリーセクターの影響は、ボランタリーセクターに対する「負」の側面を伴った。それは、ボランタリーセクターと国・自治体との関係の公式化（もしくは官僚化）、公式化に伴う測定可能な結果の重視（その反対として、測定がむずかしい「成果」の軽視）、ボランタリーセクターの自律性の喪失・目標の歪曲、あるいは公的資金に対する過度の依存による財政の不安定化などであり[5]、本来、ボランタリーセクターに備わっている柔軟性や革新性、専門性などを、かえって疎外する結果となったのである。

2 ボランタリーセクターの未来委員会（ディーキン委員会）

マーガレット・サッチャーからジョン・メージャー (John Major) に引き継がれた保守党政権のもとでは、「効率性の精査」以上のボランタリーセクターに対する明示的な政策は、政府から示されることはなかった[6]。その一方で、ボランタリーセクター側で、「ボランタリー・アクション」や「ボランタリーセクター」への問いかけ、その将来について考察する動きがいくつかみられた。代表的なものは、バリー・ナイト (Barry Knight) によるセントリス報告[7]、ジ

---

5) Kendall, Jeremy and Martin. Knapp, The Voluntary Sector in the UK, Manchester University Press, 1996.
6) Kendall, Jeremy, The Voluntary Sector: Comparative Perspectives in the UK, Routledge, 2003.
7) Knight, Barry, Voluntary Action, CENTRIS, 1993.

ェフ・マルガン（Geoff Mulgan）率いる左翼系シンクタンクであるデモス（Demos）によるデモス報告[8]、そしてディーキン報告[9]である。

これらのうち、ディーキン報告が、後の政府政策に最も直接的な影響を与えた。ここからは、このディーキン報告について、詳しく述べていく。

ディーキン報告（Deakin Report）は、正式には、「ボランタリーセクターの未来委員会報告（The Report of the Commission on the Future of the Voluntary Sector）」という。この委員会は NCVO 内に設置され、その委員長をバーミンガム大学教授（当時）のニコラス・ディーキン（Nicholas Deakin）が務めたことから、ディーキン委員会とも呼ばれる。

このディーキン報告の中心課題は、「われわれの社会が、ボランタリーセクターの本質である自立性と多様性とを損なうことなく、ボランタリーセクターによってもたらされる献身、スキル、熱意から、いかにして恩恵をうけることができるか」であった。そのうえで、来たる新世紀にむけて、ボランタリーセクターとして取り組むべき課題を明らかにするものであった。

ディーキン報告が重視される点は、その61項目におよぶ「提言」にある。報告では、ボランタリーセクターが関わる様々な利害関係者ごとに、すなわち中央政府、チャリティコミッション、税務当局、地方自治体、企業セクター、トラストおよび財団、ボランタリー組織へのすべての資金提供者、ボランタリー組織、中間支援組織に対して、今後取り組むべき課題についての提言がまとめられており、これらの提言の多くは、後の労働党政権によって受容され、具体的な市民社会政策へと結び付いていくことになった。

ここでは、影響が大きかったと思われる提言をいくつか紹介したい。

(1) コンコダート（協定）

「適正な実施基準として、また将来の関係のため、中央政府とセクターの代表によるコンコダートが作成されるべきである。それは、ボランティアとボランタリーセクターに関する関係閣僚会議（Ministerial Group on Volunteering and the Voluntary Sector）によって承認され促進されるべきで

---

8) Mulgan, Geoff, and Charles Lansley, The Other Invisible Hand: Remaking Charity for the 21st Century, DEMOS, 1995.
9) Commission on the Future of the Voluntary Sector, Meeting the Challenge of Change: Voluntary Action into the 21st Century, NCVO, 1996.

ある」。

(2) 議会特別委員会

「政府とボランタリーセクターとのあらゆる側面の関係、および政府政策に対するボランタリー組織の一般的な影響を監視するために、議会特別委員会を設置すべきである」。

(3) チャリティの定義

「新たな公益の概念に基づいた、ただ1つの定義によって、チャリティの定義を刷新すべきである。刷新の過程には、広範な公の議論およびチャリティ資格が最新の状態に維持されるような適切なメカニズムが求められる」。

(4) チャリティ不服審判所

「ボランタリーセクター法制管理官(Voluntary Sector Law Commissioner)が、ボランタリーセクター法が継続的に審査されるよう指定されるべきである。チャリティの登録に関わるチャリティコミッションの決定を審査する権限をもった、独立のチャリティ不服審判所が設立されるべきである」。

(5) チャリティ法人制度

「チャリティのための新しい法人制度を創設すべきである。それは、法人格、理事(trustee)に対する有限責任、そして適切な場合には取引活動を行う能力を付与するものである」。

(6) チャリティの取引活動

「チャリティは、通常の受託原則に基づいて、チャリティの最大の利益を考慮したうえで、直接の取引活動を認められるべきである。小規模組織が別組織を立ち上げることがないよう、少なくとも2万5,000ポンド程度の取引収入に対する免除を導入すべきである」。

また、チャリティコミッションに対しては、規制権限と助言活動との明確な区別、効率性・柔軟性・首尾一貫性・顧客への責任・意見聴取・コミュニケーションの改善、小規模組織への対応、(チャリティによる)政治的活動に関わるガイドラインが制限的にならないようにする確約、応諾コスト評価に基づいた実務勧告書(Statement of Recommended Practice: SORP)の再検討、が求められた。

Ⅲ　労働党政権時代の市民社会政策

1　第三の道と市民社会

　1997年5月の総選挙の地滑り的な勝利により、トニー・ブレア（Tony Blair）率いる労働党が政権の座についた。総選挙に先立ち、労働党は、市民社会に対する政策文書として「ともに未来を築く」を発表した[10]。そのなかでは、コンコダートに代わるものとして「コンパクト（Compact）」を提案するなど、ディーキン委員会の成果を高く評価している。特にボランタリーセクターとの関係では、契約文化からパートナーシップ文化への移行をめざしていたのである。

　ブレア労働党の「第三の道（Third Way）」に影響を与えたアンソニー・ギデンズ（Anthony Giddens）は、国家（政府）と市民社会との関係を、次のように述べている。

　　「政府は、市民社会における諸機関とのパートナーシップにより、コミュニティの再生や発展を促進することが可能である」[11]。

　　「かつて、左派は基本的にサード・セクターに対して懐疑的であった。サード・セクターは、しばしば素人的であり、また、安定しない慈善的な衝動に依存している。したがって、政府や専門機関は、可能な限りサード・セクターにとって代わらなければならない、と考えられていた。……しかし、サード・セクターは、公共サービスの供給における選択と、その応答性を提供することを可能にする。また、地域における市民文化を促進し、コミュニティの発展をかたちづくる。そのためには、サード・セクターは活動的であり、また起業家的である必要がある。社会起業家は、市民社会におけるきわめて効果的な革新者となると同時に、経済発展にも貢献しうる存在である」[12]。

　同様にブレア自身も、パートナーシップの重要性について、次のように述べている。

　　「20世紀における原理主義的な左翼の耐え難い過ちは、国家が市民社会に

---

10) Labour Party, Building the Future Together, Labour Party, 1997.
11) Giddens, Anthony, Third Way: The Renewal of Social Democracy, Polity Press, 1998, p. 69.
12) Giddens, Anthony, Third Way and Its Critics, Polity Press, 2000, pp. 81-82.

とって代わることが可能であり、その結果、自由が促進されるという信念であった。新保守主義や、もう一方の極へと大きく舵を切り、『自由』のために、国家の主要活動を解体しそれを大量に売りだすことを唱導した。真実は、多くの人々にとっての自由は、強靱な政府が必要ということである。先進的な政治にとっての主要課題は、国家を、権限を付与する力として活用することであり、効果的なコミュニティおよびボランタリー組織を保護し、彼らが新しいニーズに立ち向かうために成長するのを奨励し、必要な場合はこれらをパートナーシップによって行うことである」[13]。

このように、第三の道では、政府と市民社会とのパートナーシップにより、市民社会の再生がはかられた。地域主導によるコミュニティの再生、地域における公共圏の保全など、コミュニティを基盤とした様々な取組みが実施され、コミュニティの重要性の認識のもと、国家の役割は、その潜在能力を引き出すための権限付与者（enabler）とされたのである。

さらに、第三の道では、社会的排除／包摂への対応も重要な課題となった。サッチャーに始まる保守党政権では、保守党の意図とは裏腹に、最も格差が拡大した時期ともいわれる。第三の道では、「平等は包摂」、「不平等は排除」と定義されたのである。

2　地域再生・市民再生とボランタリーセクター

初期のブレア労働党の政策を特徴付けるものの1つが、地域再生政策である。まず、労働党政権発足直後には、「コミュニティのためのニューディール（New Deal for Communities）が導入され、地域住民が自分たちの生活する地域の計画に主体的に参加する道筋が提供された。また、1998年には、社会的排除ユニット（Social Exclusion Unit）により、「近隣地域再生のための国家戦略（National Strategy for Neighbourhood Renewal）」[14]が策定され、さらに2001年には、その具体的な行動計画が示された[15]。この「近隣地域再生戦略」では、イン

---

13) Blair, Tony The Third Way: New Politics for the New Century, Fabian Society, 1998, p. 4.
14) Social Exclusion Unit, Bringing Britain Together: A National Strategy for Neighbourhood Renewal, Stationary Office, 1998.
15) Social Exclusion Unit, A New Commitment to Neighbourhood Renewal: National Strategy Action Plan, Cabinet Office, 2001.

グランドにおける最貧困地域である88自治体を指定し、貧困地域と他地域との社会的・経済的格差の是正がはかられた。この戦略を進めるうえで特徴的なのが、地域戦略パートナーシップ（Local Strategic Partnership: LSP）の設置である。各自治体では、各種公的機関や企業、ボランタリーセクターの代表からなるLSPが組織された。ボランタリーセクターからは、地域の中間支援組織の代表がLSPに参加したほか、LSPの決定に基づく公共サービスの提供もボランタリーセクターが担った。

　ここでボランタリーセクターの役割として期待されたのは、地域や地域住民のニーズを汲み上げて、それを意思決定に結び付ける役割である。近隣地域再生戦略の対象となるような最貧困地域では、社会的排除に遭っているような人たちが、地域でどのようなニーズをもっているのかを把握するのが困難であるため、荒廃状態が放置されてきたという問題があった。ボランタリーセクターは、地域に根差したサービス提供者として、あるいは、当事者そのものの社会参加の手段として、公的機関の支援の網の目からこぼれ落ちた人たちへの対処が期待されたのである。

　このため政府は、LSPへのボランタリーセクターの参画を義務付けたほか、コミュニティ・エンパワーメント・ネットワーク（Community Empowerment Network: CEN）の設置支援を通じて、ボランタリーセクターと地域住民との社会的・政治的参加を促したのである。

3　政府によるボランタリーセクター戦略

　後述する（Ⅵ・Ⅶ）コンパクトの制定（1998年）や、近隣地域再生戦略（1998年、2001年）におけるボランタリーセクターの重視のように、ブレア労働党政権では、ボランタリーセクターがもてる潜在力を発揮できるよう、様々な政策を進めていくことになる。これらの政策は、互いに補完的な次の3つの「レビュー」によって示された。

- チャリティおよびより広範な非営利セクターのための法規制枠組み（内閣府戦略ユニット）
- 公共サービスにおけるボランタリーセクターの役割（財務省）
- 公的再生資金へのアクセス改善（地域コーディネーションユニット（Regional Co-ordination Unit））

最初に挙げられたレビューは、チャリティ法改革を含む「Private Action, Public Benefit」である。

２番目は、「公共サービス提供におけるボランタリー・コミュニティ・セクターの役割：横断的レビュー（The Role of the Voluntary and Community Sector in Service Delivery: A Cross Cutting Review）」をさす。

これらの「レビュー」の基本となるのは、政府のボランタリーセクターに対する基本戦略である。この戦略は、次の主要観点から整理できる[16]。

- ①チャリティや広範な非営利組織が、コミュニティの再活性化と市民への権限付与（エンパワーメント）において、より大きな役割を果たすことを支援する
- ②セクターに対する公衆の支援を振興する
- ③セクターがより効率的・効果的になるよう支援する
- ④セクターが、政策の形成や提供においてより積極的な政府のパートナーとなることを可能にする

この戦略は、ボランタリーセクターの独立性（independence）をきわめて重要としつつ、政府による支援によってセクターの振興をめざすものであり、地域再生やコミュニティの活性化、ボランタリーセクターへの参加促進、ボランタリーセクターの力量形成（capacity building）、そして公共サービスに関わる意思決定とその供給など、広範な政策分野に及んでいるのが特徴といえよう。

4　公共サービス改革とボランタリーセクター

公共サービス改革とそれによる地方自治体の近代化（modernisation）は、ブレア労働党の重要な政策となった。ブレアは、フェビアン協会の冊子のなかで、社会正義を実現するうえでの公共サービス改革の重要性を説き、平等を担保するためのユニバーサルサービスと、個別のニーズに応対したサービス提供との両立をめざすことを宣言したのである[17]。

公共サービス改革におけるボランタリーセクターの役割を示した政府文書が、

---

16) Strategy Unit, Private Action, Public Benefit: A Review of Charities and the Wider Not-For-Profit Sector, Strategy Unit, Cabinet Office, 2002, p. 32.
17) Blair, Tony, The Courage of Our Convictions: Why Reform of the Public Services is the Route to Social Justice, Fabian Society, 2002.

「公共サービス提供におけるボランタリー・コミュニティ・セクターの役割：横断的レビュー」である。2002年予算案（Spending Review 2002）の一環として財務省（HM Treasury）によって発表されたこの文書は、政府および自治体が高品位の公共サービスを供給するうえで、ボランタリーセクターと効果的に活動するための方策を提示している。この「横断的レビュー」では、ボランタリーセクターが公共サービスの供給において重要な役割を果たしているという現状を認識したうえで、依然として多くのボランタリー組織が必要な支援を受けられずにいるという問題が指摘されている。そして、ボランタリー組織が公共サービスの供給において直面する様々な障壁を指摘し、さらに、これらの障壁を取り除くために必要な課題、および政府やボランタリーセクターに対する42の提言と実行のための行動計画が明らかにされているのである。

特に、改革が必要な分野として次の点が挙げられている。
- ボランタリーセクターが公共サービスの供給とともに、計画段階でも参画すること
- ボランタリーセクターと政府・自治体とが、長期的な戦略的パートナーシップを構築すること
- ボランタリーセクターの力量形成を行うこと
- 契約におけるフルコストリカバリー（full cost recovery）を正当とみなすこと
- 中央政府、地方自治体すべてのレベルでコンパクトを導入すること

これらに加えて、社会的企業（social enterprise）の公共サービスにおける役割も評価されており、その振興についても提言がなされている。

5　公共サービス改革とボランタリーセクターの基盤整備

「横断的レビュー」における主要課題の1つとして、ボランタリーセクターの力量形成が取り上げられていた。ボランタリーセクターは、公共サービスの供給において便益をもたらす潜在能力をもっていると考えられており、その力量形成に取り組むことは政府とボランタリーセクターとの共通の興味であるこ

---

18) HM Treasury, The Role of the Voluntary and Community Sector in Service Delivery: A Cross Cutting Review, HM Treasury, 2002.

とが示されている。この理解に則って、これ以降、ボランタリーセクターの力量形成のためいくつかの施策が実行され、政府資金が投入されることになる。たとえば、フューチャービルダーズ（futurebuilders）は、政府によって指定された分野において公共サービスを供給するボランタリー組織向けの融資を中心とした、資金提供プログラムである[19]。また、チェンジアップ（ChangeUp）は、インフラストラクチャー組織と呼ばれる中間支援団体への支援を通して、ボランタリーセクターの基盤整備を行うものである[20]。チェンジアップは、2004年から2014年までの10か年計画で、中央政府および地方自治体レベルで中間支援組織（インフラストラクチャー組織）を中心としたコンソーシアムが形成され、政府資金による基盤整備がなされた。また、チェンジアップを統括する組織としてキャパシティビルダーズ（capacitybuilders）が設立された。

6　公共サービス改革の進展とボランタリーセクター

これまでみてきたように、2000年代以降の労働党政権にとっては、ボランタリーセクターへの期待は、公共サービス供給あるいは公共サービス改革の担い手としての役割が強調されるようになった。

これに対して疑問を投げかけたのが、「サード・セクター・レビュー[21]」である。このレビューでは、サード・セクターを、「価値によって動かされ、また基本的に剰余金を社会的、環境的、文化的な目的の推進に再投資する非政府組織であり、ボランタリー・コミュニティ組織、チャリティ、社会的企業、協同組合および共済組合が含まれる」と定義している。ここで、「サード・セクター」という呼称が使われているのは、社会的企業の台頭にあって、それまでボランタリーセクターを所管していた内務省アクティブコミュニティユニット（Active Community Unit, Home Office）と、社会的企業政策を担当した貿易産

---

19) HM Treasury, Futurebuilders: An Investment Fund for Voluntary and Community Sector Public Service Delivery, Proposals for Consultation, HM Treasury, 2003.
20) Active Community Unit, ChangeUp: Capacity Building and Infrastructure Framework for the Voluntary and Community Sector, Home Office, 2004.
21) HM Treasury and Cabinet Office, The Future Role of the Third Sector in Social and Economic Regeneration: Interim Report, HM Treasury, 2006, HM Treasury and Cabinet Office, The Future Role of the Third Sector in Social and Economic Regeneration: Final Report, HM Treasury, 2007.

業省社会的企業ユニット（Social Enterprise Unit, Department of Trade and Industry）とが再編され、新たに内閣府内にサード・セクター局（Office of the Third Sector, Cabinet Office）が設置されたことに対応している。ちなみに、英国に伝統的な呼称であるボランタリー・アクションに対応した「ボランタリーセクター」も、1977年のウォルフェンデン報告以降に使われるようになったと指摘されている。その後、コミュニティを強調するブレア労働党政権によって、「ボランタリー・コミュニティ・セクター（voluntary and community sector）」と改称され、さらに、社会的企業の台頭により「サード・セクター」となり、現在では、市民セクター局（Office for Civil Society）に対応して、「市民社会セクター（civil society sector）」とも呼ばれている。

サード・セクター・レビューでは、「横断的レビュー」がボランタリーセクターの役割を公共サービスの供給に偏重していることの反省から、より広い社会的・経済的再生におけるボランタリーセクターの役割を探求しようとしている。そのうえで、政府とサード・セクターとの共通の目的として、意見表明と運動（キャンペーン）への権限付与、コミュニティの強化、公共サービスの転換、および社会的企業の奨励を主要な政策として提示した。

また、政府とボランタリーセクターとのパートナーシップでは、ボランタリーセクターの役割は、公共サービスの供給だけではなく、公共セクターとのパートナーシップに革新をもたらすこと、サービスのデザインのための助言を行うこと、サービス供給の変革に対してキャンペーンを行うことがある、との認識が示された[22]。そのうえで、効果的なコミッショニング（commissioning）、政府調達（procurement）の改善、ボランタリーセクターから学びまた革新的なアプローチを支援すること、公共サービスのアカウンタビリティ確保、公共サービスの転換機会への貢献、ボランタリーセクターの総合的な力量開発について提言が行われ、さらに、その実現に向けた行動計画が示された。

---

22) Office of the Third Sector, Partnership in Public Services: An Action Plan for Third Sector Involvement, Cabinet Office, 2006.

IV　社会的企業政策

　英国では、政府によって、社会的企業に向けた振興策が明示的に示された。ボランタリーセクターによる公共サービス供給への期待が高まるのと同時期の2001年、まず貿易産業省（Department of Trade and Industry: DTI）に、社会的企業ユニット（Social Enterprise Unit）が設置された。そして、翌2002年7月、社会的企業ユニットによって政府の社会的企業政策を示した、「社会的企業——成長への戦略」が発表された。[23]

　この「成長への戦略」の序文で、ブレア首相は、社会的企業への期待を次のように述べている。

　「われわれのビジョンは際立っている。社会的企業は、公益を扱うのに斬新で新しい方法を提示する。強固な公共サービスのエートスとビジネスへの洞察を結び付けることにより、われわれは起業家的な組織の可能性を開拓することができる。このような組織は、顧客に対する高度な応答性と民間セクターの自由をもち、しかしながら純粋に利害関係者への利益の最大化ではなく公益に対するコミットメントによって突き動かされている」。

　この「成功への戦略」は、社会的企業の振興のために政府が対処すべき課題を示したものである。社会的企業に対しては、「市場経済における競争力と生産性の向上」、「持続的な経済活動による富の創造」、「近隣地域再生・都市再生」、「公共サービスの供給と改革」、そして「社会的・経済的包摂に関わる活動」での役割が期待されている。ここでは、近隣地域再生や社会的・経済的包摂、公共サービス改革をはじめとした広範な政策分野での社会的企業への期待が示されている。そして、社会的企業振興に向けて、政府が取り組むべき課題として、次の3点が挙げられた。

- 省庁間の連携、法制度の整備、政府調達による社会的企業の活動を可能にする支援的環境の創造
- 事業支援や訓練機会の提供および財政・資金調達支援による社会的企業の事業としての確立

---

23) Department of Trade and Industry, Social Enterprise: A Strategy for Success, DTI, 2002.

・知識基盤の構築、実績の評価、信頼の創造による社会的企業の価値の構築

　さらに、2006年には、新たに発足したサード・セクター局によって、「社会的企業行動計画」が示された[24]。この「行動計画」において、社会的企業は、競争力のある経済と公正な社会の構築に寄与するものとされ、特に、公共サービスの供給および社会的排除への対応に対する期待が述べられている。たとえば、公共サービス提供では、バリュー・フォー・マネーに基づくサービス提供を行うため、訓練機会の提供や財源へのアクセスなど力量形成へ向けた支援環境の整備、市場への参入可能な社会的企業の育成などが挙げられている。また、社会的排除に対しては、市場参入している社会的企業による訓練機会や雇用の創造、荒廃地域の再生、あるいは当事者の参加による社会的排除にあった人たちへの労働市場への再統合などへの期待が示されている。

V　保守党・自由民主党連立政権における市民社会政策

1　保守党による労働党への批判

　2010年の総選挙では、労働党が1997年から保持した政権の座を追われ、替わって保守党および自由民主党の連立政権が成立した。この選挙に先立って保守党は、ボランタリーセクターへの基本的な考えを表すとともに、それまでの労働党による政策を次のように批判している[25]。

　最初の批判は、労働党政権のもとでは、ボランタリーセクターはパートナーではなく、召使いにさせられたというものである。労働党は、契約文化に表されるような保守党政権時代の政府とボランタリーセクターとの一方的な関係を、パートナーシップに基づく対等なものへと変革することを意図してきた。しかしながらその関係は、公共サービス改革に現われているように、資金提供に際しては、バリュー・フォー・マネーの考えのもとに詳細な契約条件を提示するなど、信頼ではなく政府からの指導に基づくものであったと指摘している。そ

---

24) Office of the Third Sector, Social Enterprise Action Plan: Scaling New Heights, Office of the Third Sector, Cabinet Office, 2006.
25) Conservatives, A Stronger Society: Voluntary Action in the 21st Century, Conservative Party, 2008.

の結果、公共サービス供給においてボランタリーセクターの独立性が損なわれた。さらに、ボランタリーセクターへの資金提供が、公共サービス改革など政府目的を達成するためのものとなり、公的な資金の流入がかえって民間の寄附を疎外したという指摘である。その結果、ボランタリーセクターは、自分たちの目的や優先順位に目をつぶって政府資金を獲得するか、あるいは、独自の活動を限られた資金で行うかの選択を迫られたとしている。

このように、公共サービス改革など、政府の目的の達成とそれに伴う資金の流入のために、いわば、政府の官僚機構によってボランタリー活動の自由が奪われたとされ、このような労働党の政策は「的外れな対応(missing the point)」と批判された。労働党からみれば、1990年代までの保守党政権が、明確な政策もなく「小さな政府」を志向して政府からの一方的な関係を押し付けたことを批判するかたちで、対等な関係を築こうとし、様々な市民社会政策を打ち立てたものが、保守党からみれば、政府の政策を実現するためにボランタリー活動を疎外したと映ったのである。

2 「ビッグ・ソサエティ(Big Society)」政策

保守党では、2010年の総選挙を前に、「ビッグ・ソサエティの構築」を発表した[26]。そこでは、労働党政権における「大きな政府」を批判し、それにとって代わるものとして「ビッグ・ソサエティ」を提示している。労働党政権は大きな政府」を標榜する旧い労働党と決別し新しい労働党(ニュー・レイバー)を志向したものの、政策を進めるなかで、結局は中央政府の官僚機構が大きな権限を維持し続けた、とされた。

保守党によるこの文書では、主要政策として「公共サービス改革のための社会的企業の強化と支援」、「近隣グループの創設・開発支援」、「近隣グループと社会活動プロジェクトの促進」が挙げられており、これらを、国家から社会へ、そして中央から地域コミュニティへの権限移譲により、人々が自分たちの生活をよりよくコントロールできるような機会を提供することを通して実現しようとしている。

この「ビッグ・ソサエティ」は、保守党・自由民主党連立政権成立後、両党

---

26) Conservatives, Building a Big Society, Conservative Party, 2010.

の合意としてあらためて発表された。²⁷⁾そこでは、「ビッグ・ソサエティ」を、

①より高いレベルの個人、専門家、市民および企業の責任が伴う社会
②課題を解決し、自分自身の生活やコミュニティの改善を行うために、人々が協力し合う社会
③進歩を導く力は、社会的責任であり国家による統制ではない社会

とし、個人やコミュニティの助け合いや責任を求めるものとなっている。

そして、その主要課題は、次の5点にまとめられている。

①コミュニティに対するより多くの権限付与
②コミュニティでの活動的な役割の奨励
③中央政府から地方自治体への権限移譲
④協同組合、相互組合（mutual）、チャリティおよび社会的企業の支援
⑤政府データの公表

「ビッグ・ソサエティ」では、個人やコミュニティの権限付与（エンパワーメント）を促進し、同時に社会活動への参画やより大きな社会的責任を期待する。様々な領域において国家による介入を最小限にし、個人やコミュニティ、すなわち市民社会が国家の役割を代替するようエンパワーすることを意図し、旧来の保守党が志向した「小さな国家」ではなく、「大きな社会」の創出をめざすのである。

「ビッグ・ソサエティ」全訳[28]

> われわれ保守党・自由民主連立政権は、強い意志をもって協力することとなった。より多くの権力と機会とを人々の手にするために。
>
> 市民、コミュニティそして地方自治体に対して、協力して行動し、直面する課題を解決し、そして自分たちが望むような英国を構築するために必要な権限と情報とを手渡したい。
>
> 社会、すなわち家族、ネットワーク、近隣地域あるいはコミュニティのように日常生活の多くを形づくっているものが、かつてないほど大きくそして強固であることを望んでいる。人々とコミュニティとが、より多くの権限を与えられ、そしてより多くの責任をはたして初めて、すべての公正と機会均等とを達成することができるのである。
>
> 大きな社会の構築は、単に、ひとつやふたつの省庁の責任ではない。それは、政府のすべての省庁の責任であり、そして市民一人一人の責任でもある。政府は、自分たちだけではすべての問題を解決することは不可能である。全員参加が必要である。英国が直面する

---

27) Cabinet Office, Building the Big Society, Cabinet Office, 2010.
28) 〈https://www.gov.uk/government/uploads/system/uploads/attachment_data/file/78979/building-big-society0.pdf〉（2015年11月9日アクセス）．

社会的、政治的、経済的課題に対処するためには、この国全体で人々のスキルや専門性を引き出すことが求められているのである。

　この文書は、すでに合意された政策の骨子を示すものであり、この政策によりその課題実現の一助となると信じている。今後発表される政府に対する包括的プログラムの最初であり、それにより英国に必要な改革、再生、公正、および変革がもたらされるであろう。

（１）　コミュニティに対するより多くの権限付与
- 計画システムの思い切った改革を行い、地域住民が自分たちの生活の場の形成に対してより多くの決定権限を与える。
- コミュニティに対して、閉鎖の危機に直面している地域の施設やサービスを救済するための新しい権限を導入する。また、コミュニティに対して、地域の公営サービスを引き継ぐために入札する権利を付与する。
- 英国全土、とりわけ最荒廃地域において、新世代のコミュニティ・オーガナイザー（まとめ役）を養成し、また近隣グループの形成を支援する。

（２）　コミュニティでの活動的な役割の奨励
- ボランティア活動や社会活動への参加を奨励するための様々な取組みを導入する。たとえば、全国「ビッグ・ソサエティ・デー」の立ち上げ、あるいは定期的なコミュニティへの参画を公務員評価の主要評価要素にすることなどである。
- 寄附やフィランソロピーを奨励する様々な取組みを導入する。
- 国家市民サービス局を導入する。さしあたっての最重要プロジェクトは、16歳向けに、活動的で責任ある市民として求められるスキルを開発し、異なるバックグランドをもつ人々と交流し、そしてコミュニティの活動に参加し始めるような機会を提供するプログラムである。

（３）　中央政府から地方自治体への権限移譲
- 地方自治体に対して、大胆な権限移譲、および自治体財政の全面見直しを含むより大きな財政的自律を推進する。
- 地方自治体に対して、全面的な権限を付与する。
- 地域空間戦略を廃止し、住宅と（地域）計画の意思決定権限を地方自治体に返還する。

（４）　協同組合、相互組合、チャリティおよび社会的企業の支援
- 協同組合、相互組合、チャリティおよび社会的企業の設立と発展を支援し、また、これらの団体が公共サービスの運営により深く参画できるよう支援する。
- 公共部門の従事者に対して、労働者所有協同組合を設立し、提供しているサービスを引き継ぐために入札する新しい権利を付与する。これは、何百万もの公共部門の従事者が、自分自身のボスとなり、よりよいサービスを提供することを可能にする。
- 休眠中の銀行口座の資金を活用して、ビッグ・ソサエティ・バンクを設立する。これは、近隣グループ、チャリティ、社会的企業、その他の非政府団体に対して新しい資金を提供するものである。

（５）　政府データの公表
- 新しい「データへの権利」を創設する。その結果、一般の人々が政府保有のデータを請求して活用することが可能となり、また定期的に公表されるようになる。
- 警察が、地域犯罪に関わる統計データを毎月公表することを義務付ける。その結果、

> 一般の人々が近隣地域に関わる正確な犯罪情報を入手し、警察がその活動に責任をもつようにする。

3　連立政権における市民社会政策

　ボランタリーセクターは、「ビッグ・ソサエティ」政策を進めるにあたってその中心となるものである。連立政権では、「ビッグ・ソサエティ」の原則、すなわち「コミュニティへの権限付与」、「公共サービスの開放」、「社会活動の促進」に則って、ボランタリーセクターに向けた政策を発表した[29]。「より強固な市民社会の構築」と名付けられたこの文書では、上記の原則に即した具体的な施策が示された。

　コミュニティへの権限付与では、コミュニティに対する新しい権限が提示されている。たとえば、地域計画プロセスの改革により、地域コミュニティが自分たちの将来を決めるような機会への参画が保証される。また、地域コミュニティやボランタリー組織が、公的な資産の取得やその運営の肩代わりができる権限の付与も提示されている。これは、地方自治体が運営する施設や提供するサービスに対して、自分たち（地域コミュニティやボランタリー組織）がよりよい提供をできるならば、その代替手段を提案できる権利である。また、地方自治体の情報公開の徹底により、地域コミュニティやボランタリーセクターが、自治体の補助金や委託、入札の機会を活用できることも含まれる。

　公共サービスの開放では、チャリティ、社会的企業、協同組合が、公共サービスの提供でより大きな役割を果たすことが期待されている。医療や福祉、刑事司法、雇用など主要分野でのサービス改革とボランタリーセクターへの参入機会が示されている。さらに、公共サービス分野での雇用者が、労働者所有協同組合（employee-owned co-operative）の設立を促す方策も示されている。

　そして、社会活動の促進では、ボランタリーセクターへのボランティアや寄附の促進策、コミュニティ・オーガナイザーの促進が提案されている。

---

29) Office for Civil Society, Building a Stronger Civil Society: A Strategy for Voluntary and Community Groups, Charities and Social Enterprises, Cabinet Office, 2010.

4　地域主権法（Localism Act 2011）の制定とボランタリーセクター

　「ビッグ・ソサエティ」に示されたコミュニティへの権限付与は、2011年地域主権法（Localism Act 2011）として、具体的な政策へと結び付いた。地域主権（localism）は、様々な意思決定権限をなるべく現場に近い場所、すなわちコミュニティへと委譲する取組みと理解することができる。具体的には、中央政府（Whitehall）から地方自治体（town hall）へ、そして地方自治体から地域社会（village hall）、草の根グループや個人・サービス利用者へ、と象徴的に示される。

　2011年地域主権法には、次の4つの中心課題が設定されており、この法律を主管するコミュニティ・地方自治省（Department of Communities and Local Government: DCLG）からガイダンスが示されている。[30]

①地方自治体の自由と柔軟性の確保：自治体や地域、地域住民の利益となるいかなる合理的な取組みをも実行できる包括権限（General Power of Competence: GPC）の付与

②コミュニティおよび個人に対する権利と権限の付与

③地域計画制度改革

④住宅制度改革

　これらのうち、②コミュニティおよび個人に対する権利と権限の付与では、様々な「Right」が提示されており、先に示した「ビッグ・ソサエティ」に基づく市民社会政策を具体化したものである。

- Community Right to Challenge：ボランタリー組織やコミュニティグループなどが、自治体が直接提供あるいは委託（コミッショニング）によって提供しているサービスを自分たちで提供したいと申請できる権利。申請が受理された場合、自治体は当該サービスを入札にかけなければならない。2012年6月より実施。
- Community Right-to-Bid：自治体の土地や建物のうち、コミュニティが有効活用できると思うものをリスト化して登録し、その資産が売却される場合に、コミュニティが資産を購入できる機会が与えられる。2012

---

30) Department for Communities and Local Government, A Plain English Guide to the Localism Act, DCLG, 2011.

年11月より実施。
- Community Right to Build：コミュニティグループが、正規の手続を経ずに、小規模の開発行為を行える権利を付与する。

5　公共サービス改革

　公共サービス改革の一環として、2010年12月には、「コミッショニングの近代化（Modernising Commissioning）」が政府により政策提案文書（green paper）として示された。[31)] ここでいう「コミッショニング」とは、次のように定義される。

　「コミッショニングとは、公的機関が、特定の地域の住民のニーズを評価し、優先順位を定め、適切なサービスをデザインし、また資源の提供を行い、そして、そのパフォーマンスを測定し評価する、といった循環的プロセスをいう」。[32)]

　この政策提案文書の副題は、「サービス提供におけるチャリティ、社会的企業、相互組合、協同組合の役割の拡大」とあるように、「ビッグ・ソサエティ」政策の実行に沿ったものと言える。また同時に、この政策提案文書は、より広範な公共サービス改革の一部でもあり、この政策提案文書への意見聴取も含めて、公共サービス改革全般に関わる白書が2011年7月に提示されている。[33)]

　公共サービス改革では、公共サービス供給における多様性が志向されている。公共サービスは、その中核部分では政府資金によるものの、個人の選択やコミュニティの参画に対して説明責任をもつものとされている。特に、ボランタリーセクターや社会的企業に対しては、緊縮財政下での公共サービス予算の削減により不相応な（disproportionate）影響を受けているという認識が示されており、予算決定におけるより一層の透明性の確保を求めることが提案されている。

　公的機関によるコミッショニング改革に関して、政府は、市民社会が公的機関とより連携しやすい環境を作るための方策を講じている。[34)] たとえば、公的機

---

31) Cabinet Office, Modernising Commissioning: Increasing the Role of Charities, Social Enterprises, Mutuals and Cooperatives in Public Service Delivery, Cabinet Office, 2010.
32) National Audit Office, Successful Commissioning, National Audit Office, 2010.
33) HM Government, Open Public Services White Paper, Stationary Office, 2011.
34) Cabinet Office, Making It Easier for Civil Society to Work with the State, Cabinet Office, 2012.

関の職員に対する支援プログラムを提供する「コミッショニング・アカデミー (commissioning academy)」、複雑な社会的課題に対処する場合の追加資金を提供する「ソーシャル・アウトカムズ・ファンド (social outcomes fund)」、公的機関や元請け先との関係改善を目的とした「ミステリー・ショッパー・サービス (mystery shopper service)」、そして、次に挙げるコミッショニング・調達における「社会的価値」の推進である。

6 公共サービス（社会的価値）法（Public Services (Social Value) Act 2012）[35]

公共サービス改革では、バリュー・フォー・マネー、すなわち、そのサービス供給が価値に見合った価格になっているのかどうかが厳しく問われる。近年、この「価値」の算定方法に変化がみられる。それまでの経済的な価値にとどまらず、社会や環境に対する価値も考慮されるような傾向である[36]。この2012年公共サービス改革（社会的価値）法は、政府・自治体の調達において社会や環境に対する配慮を求めるものであり、2013年1月に施行された。

この法律により、政府・自治体など公的機関は、コミッショニングや調達に際して、そのサービスが、経済、社会、環境の改善にいかに寄与するか考慮することが義務付けられる。また、コミッショニングや調達の全過程での影響を考慮するため、その前段階として、サービスの設計段階からの適用が求められ、具体的には、サービスの潜在的な利用者や提供者などの利害関係者に対しての意見聴取が求められている。ただし、サービス供給のみに適用され、物品販売や労働力提供は対象外とされる。また、政府調達におけるEU閾値 (threshold) が適用される[37]。しかしながら、この法律の適用範囲はあくまで法律上のものであり、公的機関によっては法律が義務付ける対象以外にも、この「社会的価値」の考えを適用しているものもある。

---

[35] Cabinet Office, Procurement Policy Note: The Public Services (Social Value) Act 2012―Advice for Commissioners and Procurers Information, Cabinet Office, 2012.

[36] Department of Communities and Local Government, Best Value Statutory Guidance, DCLG, 2011.

[37] 2014年1月1日以降適用されているEU閾値は、中央政府11万1,676ポンド、それ以外の公的機関17万2,514ポンドである。

Ⅵ　コンパクトの制定と変容

1　コンパクトの制定

　コンパクト（Compact）は、政府とボランタリーセクターとの関係に関わる覚書である。ディーキン報告で提示された「コンコダート（concordat）」を引き継ぎ、ブレア労働党内閣成立後の1998年11月に、最初のコンパクトが合意・発表された[38]。導入の背景には、保守党政権下での政府とボランタリーセクターとの相互不理解、政府イニシアティブによるボランタリーセクターへの資金流入とその影響、そして、政府内におけるボランタリーセクターへの対応の不統一があり、政府とボランタリーセクターとのパートナーシップを重視する労働党政権にあって、両者の関係を促進するものとしての役割が期待された。

　このコンパクトの成立に際し、ブレア首相は、コンパクトへの前文に次のようなコメントを寄せており、ボランタリーセクターの役割に対する大きな期待がみて取れる。

　　「政府とボランタリー・コミュニティ・セクターとのコンパクトは、すべてのレベルにおける相互関係を規定する有効なフレームワークを提供するものである。コンパクトは、政府とセクターとが、公共政策および公共サービスを開発するうえで補完的な役割を満たすものと認識しており、また政府は、国民生活のすべての分野においてボランタリー活動およびコミュニティ活動を推進する役割を担っているとするものである」。

　　「ボランタリー・コミュニティ組織の活動は、政府のミッションの中心に据えられている。ボランタリー・コミュニティ組織は、個人がコミュニティの開発に貢献することを可能にする。それを通してボランタリー・コミュニティ組織は、市民権を促進し、コミュニティ意識の再構築を助け、そしてわれわれが共有する目標である公正で包摂的な社会に対してきわめて重要な貢献を行うのである」。

　このコンパクトの特徴は、その共有性にある。政府とボランタリーセクター

---

38) Home Office and Working Group on Government Relations（NCVO）, Compact: Getting it Right Together: Compact on Relations between Government and the Voluntary and Community Sector in England, Home Office, 1998.

との間で、まず、「共有ビジョン（shared vision）」が示された。たとえば、政府とボランタリーセクターとは補完関係にあって価値を共有しており、理解を深め関係を改善するようなコンパクトが望まれること、ボランタリーセクターには国家や企業にはない固有の価値があり、その活動は民主的で、社会的に包摂的な社会を形作るうえでの基礎となること、ボランタリーセクターは社会の発展や、国家の社会・文化・経済、あるいは政治生活に計り知れない貢献をしていること、そして、政府はボランティアやボランタリー組織の支援に肯定的な役割を担うものであり、コンパクトがその影響を助けること、などのビジョンである。

さらにコンパクトでは、「共有原則（shared principles）」として、次の8項目が列挙された。

- 民主的社会の本質としてのボランタリー活動
- 健全な社会の基礎としての独立かつ多様なボランタリー・コミュニティ・セクター
- 公共サービスの開発と供給における政府とボランタリー・コミュニティ・セクターとの補完的（distinctbutcomplementary）役割
- 共通目的に対するパートナーシップの付加価値の認識、意見交換（consultation）の重視
- 政府とボランタリー・コミュニティ・セクターとの異なる説明責任（accountability）の認識
- ボランタリー・コミュニティ・セクターのキャンペーン活動（campaign）の権利
- 政府によるボランタリー・コミュニティ組織に対する資金提供の重要性
- 機会均等の重要性の認識

加えて、コンパクト本文とは別に、「資金提供と（政府）調達」、「ボランティア活動」、「意見聴取と政策評価」、「黒人および少数民族（BME）」、「コミュニティグループ」の各分野で個別の行動規範（code）が制定された。

2 コンパクトの更新

2009年12月、ゴードン・ブラウン（James Gordon Brown）首相により、コンパクトが更新された（Refreshed Compact）[39]。更新されたコンパクトでは、7

つの共有原則（shared principles）、すなわち「尊重（respect）」、「誠実（honesty）」、「自律（independence）」、「多様性（diversity）」、「平等（equality）」、「市民のエンパワーメント（citizen empowerment）」、「ボランティア活動（volunteering）」が合意され、この共有原則を現実の取組みに活かすことが求められた。

　他方で、オリジナルのコンパクトにあった「共有ビジョン」は削減され、また、個別分野における「行動規範（code）」も含めて1つの文書としてまとめられた。

　そのうえで、「政策展開への参画（involvement iNPOlicy development）」、「資源割り当て（allocating resources）」、および「平等の推進（advancing equality）」の各分野で、政府およびボランタリーセクターの責務（commitment）を、それぞれ個別に列挙した。

3　コンパクトの刷新（連立政権下のコンパクト）

　連立政権成立後、2010年12月にコンパクトが刷新された（Renewed Compact）[40]。総選挙後間もない2010年5月18日、デイビット・キャメロン（David Cameron）新首相が、「ビッグ・ソサエティ」政策の発表スピーチのなかでコンパクトの刷新に言及した。その内容は、コンパクトを「より有意義」なものにし、そして、その対象に協同組合、相互組合、チャリティ、社会的企業を包含するようにするものであった。これを受けて、市民社会局（Office for the Civil Society）担当大臣の指示により、市民社会局がコンパクト・ヴォイス（Compact Voice）に対してコンパクトの刷新を打診し、市民社会局とコンパクト・ヴォイスとが共同でコンパクトを刷新し、2010年12月14日には刷新コンパクトが発表された。

　この刷新コンパクトでは、「共有ビジョン」と「共有原則」が、ともに削除された。代わりに、政府と市民社会組織（CSOs）とのパートナーシップにより達成すべき5つの「成果（outcomes）」が列挙され、それぞれにおいて政府・

---

39) Compact Voice, Office of the Third Sector, Commission for the Compact and Local Government Association, The Compact: The Compact on Relations between Government and the Third Sector, OTS, 2009.
40) HM Government, The Compact, Cabinet Office, 2010.

市民社会組織が実行する事項を明記された。刷新コンパクトに示された成果（outcomes）は、次のとおりである。

- 強力で多様な自立した市民社会
- 政策、プログラム、公共サービスの効果的で透明なデザインと開発
- 責任のある高品位のプログラムとサービス
- プログラムやサービスの変更に関わる明確な取組み
- 平等かつ公正な社会

さらに、「透明性とアカウンタビリティガイド」をあわせて発表し、透明性とアカウンタビリティに関わる合意とその確保に向けた方策が明記された。

4　3つのコンパクトの変遷

このように現在のコンパクトは、1998年に制定された「オリジナルコンパクト」から数えると3代目ということになる。

この間、その記載量は、オリジナルコンパクト：140ページ・273活動、「更新（refreshed）」コンパクト：19ページ・87活動、「刷新（renewed）」コンパクト：11ページ・48活動へと著しく削減された。

内容についての大きな変更は、その共有性の喪失である。オリジナルコンパクトにみられる政府・ボランタリーセクター共同による序文、「共有ビジョン」「共有原則」「共有活動」は削除され、それぞれ個別の目標が記述されるようになった。また、その位置付けも「勅令書（command paper）」から「一般文書（ordinary publication）」へと変化している。

オリジナルコンパクトが重視したのは、将来の関係を見据えた「先験的（visionary）」アプローチであったものが、政府政策を実現するための「功利主義的」アプローチへ変わり、「共有ビジョン」「共有原則」は達成すべき「成果」となった。本来コンパクトは、政府とボランタリーセクターとの関係に関わる普遍的な理念を示したものであり、時々の政権によって変更されるべきものではない。しかし、現行のコンパクトでは、「ビッグ・ソサエティ」の文言とともに、「この政権」での政策をいかに進めるかに焦点があてられている。

VII 緊縮財政とボランタリーセクター

1 予算削減の現状

2010年5月の保守党・自由民主党連立政権成立以降、英国では、「緊急財政 (emergency budget)」のもとに財政再建が進められている。連立政権では、先の労働党政権下で蓄積した国債を減らすため、財政赤字の解消を目的として緊縮財政政策が採られ、2010年6月の緊急財政とその後の歳出見通し（Spending Review）では、省庁ごとに大幅な予算削減が示された。

図1は、2014年7月に財務省より発表された資料をもとに、2010-11年度から2015-16年度の予算増減の割合を、主要省庁ごとにまとめたものである。[41]

図1 省庁ごとの予算増減割合 (2010-11年度から2015-16年度)

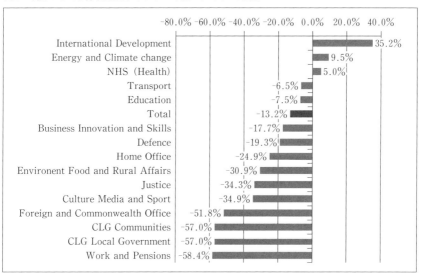

出典：Public Expenditure Statistical Analysis 2014 (HM Treasury) をもとに筆者作成

これによると、国際開発省（Department of International Development）で大幅に予算が増加しているほか、エネルギー気候変動省（Department of Energy

---

41) HM Treasury, Public Expenditure Statistical Analysis 2014, HM Treasury, 2014 (p. 28 Table 1.11) をもとに筆者作成。この数値は、省庁別歳出限度額（Departmental Expenditure Limit: DEL）を用いた。なお、数値は2013-14年を基準として実質値である。

and Climate Change)、国民保健サービス（National Health Service: NHS）が増加となっている。これら以外の省庁は、大幅な予算削減が計画されており、特に、外務・英連邦省（Foreign and Commonwealth Office）、コミュニティ・地方自治体省（DCLG）、労働年金省（Department of Work and Pensions）は、2015-16年度の予算が2010-11年度の半分以下となっている。金額ベースでは、コミュニティ・地方自治体省の地方自治体（DCLG Local Government）が、146億ポンド（2兆6,280億円）あまりの削減額となり、最も影響が大きく、これに労働年金省（DWP）86億7,800万ポンド（1兆5,620億円）、国防省（Ministry of Defence）が75億8,200万ポンド（1兆3,6476億円）と続く。このように、多くの省庁で長期間にわたり予算削減が続いているのが、現キャメロン政権下での緊縮財政の状況である。

2　ボランタリーセクターへの影響

　緊縮財政の影響は、ボランタリーセクターの予算にも現われている。NCVO の2014年『市民社会年鑑（The UK Civil Society Almanac 2014)』によると、2010-11年度から2011-12年度にかけて、政府・自治体からボランタリーセクターに対する資金総額は、13億ポンド（2,340億円）あまり削減された[42]。図2は、この市民社会年鑑に示されたサービス分野ごとの数値を整理したものである。最も削減額が大きいのは、3億6,100万ポンド（650億円）削減された社会サービス（Social service）であり、雇用訓練（Employment and training）2億3,300万ポンド（420億円）、環境（Environment）1億1,300万ポンド（200億円）が続いた。

　ここで問題となるのが、ボランタリーセクターへの資金提供が、政府・自治体の予算削減の割合に対して、「不相応に（disproportionate)」削減されているのではないかという懸念である。2011-12年度にボランタリーセクターが政府・自治体から受け取った資金の合計は、127億ポンド（2兆2,860億円）であった。NCVO の試算によれば、政府・自治体の全体予算の削減率に従うと、ボランタリーセクターへの資金提供は134億5,000万ポンド（2兆4,210億円）になるはずである。このように、政府・自治体は、全体予算の削減以上のスピー

---

42) NCVO, The UK Civil Society Almanac 2014, NCVO, 2014, p. 45.

図2　政府・自治体からボランタリーセクターへの資金の削減額（2010-11年度から2011-12年度）

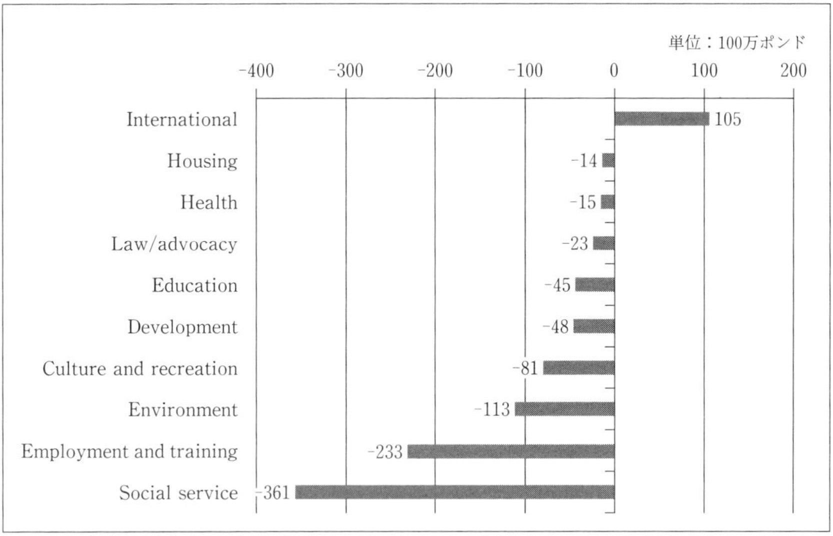

単位：100万ポンド

International	105
Housing	-14
Health	-15
Law/advocacy	-23
Education	-45
Development	-48
Culture and recreation	-81
Environment	-113
Employment and training	-233
Social service	-361

出典：2014年『市民社会年鑑』（NCVO）

ドで、ボランタリーセクターへの資金を削減していることが予想される。

　緊縮財政の影響は、ボランタリーセクターに対する資金提供の方法にも影響を与えている。その1つが、成果報酬制（Payment by Results: PbR）の導入である。本来の目的は、公共サービス改革の一環として、サービス提供者が政府の指示に左右されず成果を挙げる手段を自由に選択することによって、公共サービス分野でのイノベーションを期待するものである。さらに、成果報酬制の導入により、個人に対する成果そのものにより着目したサービスの提供も期待されている。しかし、ボランタリーセクターにとっては、いくつかの課題が明らかにされている。たとえば、余裕資金に乏しいボランタリー組織では成果が出るまでの運転資金を確保できない、成果が外的要因によって左右される場合が多い、状況が困難な対象者へのサービス提供では十分な支払がなされない（しかも、ボランタリー組織の対象者は往々にして困難な対象者が多い）など、ボランタリーセクターへの不利な状況が指摘されている。[43] その結果、多くのリスクを冒してでも成果報酬制によるサービス提供に参入できるボランタリー組織は

───────────────
43) Sheil, Fiona and Ruth Breidenbach-Roe, Payment by Results and the Voluntary Sector, NCVO, 2014.

限定されることとなり、多くの小規模組織がサービス提供から除外されることとなる。

　もう1つが、公共サービスの「大規模化・パッケージ化」である。自治体は、これまで細分化されていたサービスをまとめることにより、予算を削減することができる。しかしその結果、サービス提供者の規模の利益を期待したり、契約に関わる事務量を削減したりする大規模化・パッケージ化の結果、特定の分野に専門性をもつボランタリー組織が、公共サービスへ参入することがむずかしくなっている。

3　ボランタリーセクターの対応

　緊縮財政への対応は、個々のボランタリー組織では対応がむずかしい。NCVOやACEVO, NACVAといった全国規模のボランタリーセクターのインフラストラクチャー組織が、協働して現場組織の予算削減への対応を支援している。その1つが、政府・自治体のボランタリーセクターへの予算削減の情報を共有し、可視化するプロジェクトである。「Voluntary Sector Cuts」と名付けられたウェブサイトが開設され、参加者は、自組織が経験した「Cut」の情報を投稿し、他の参加者と共有することができる。

　また、コンパクト、特にローカル・コンパクトの活用も推奨されている。ボランタリーセクター側でコンパクトの担当窓口となっているコンパクト・ヴォイス（Compact Voice）では、コンパクトやローカル・コンパクトを活用した政府・自治体とボランタリー組織との関係（特に、契約や資金提供での関係、「不相応」な予算削減への対応）の改善事例を蓄積し、ケース・スタディとして提供している。

　NCVOでは、この緊縮財政が、2015年の総選挙後も継続されると予想している。NCVO予測では、「不相応」な予算削減ではなく政府・自治体の予算削減規模に則った予算削減が、ボランタリーセクターにももたらされるとしている。しかし、これまで挙げたように、合計金額が「相応」であっても、予算提供方法の変化、つまり成果報酬制や契約の大規模化・パッケージ化は避けられない。結果として、地域に根差した中小規模のボランタリー組織への資金は不

---

44) Bhati, Neena and Joe Heywood, Counting the Cuts: The Impact of Spending Cuts on the UK Voluntary and Community Sector 2013 Update, NCVO, 2013.

相応に削減される一方で、全国規模の大規模組織には多くの資金が流入するようなことになるかもしれない。

VIII まとめ

　トニー・ブレアに始まる労働党政権では、保守党政権での経験を踏まえたボランタリーセクター側の提案を受け入れるかたちでコンパクトを制定し、国家とボランタリーセクターのパートナーシップの確立を目指した。しかし、当初は、地域再生や市民再生、社会的排除への対応など「第三の道」で示された理念に基づくボランタリーセクター政策が進められたものの、次第に、その理念とは裏腹に、具体的な施策はボランタリーセクターによる公共サービス供給に関わるものが中心となった。また、本来的に新労働党（ニューレイバー）が持ち合わせていた「新自由主義」的傾向により、サービスの市場化・個人化が進む。その結果、政府（特に、中央政府）の管理主義的傾向が強まり、コンパクトを必要とするようなボランタリー団体は、「コンパクト文化」にさらされることとなったとの指摘もある。[45]

　「成果」を重視する現キャメロン政権では、解放された公共サービス市場での競争に耐えうるような大規模なボランタリー団体、もしくは、「ビッグ・ソサエティ」の理念には合致するものの財政的には政府に頼らずコミュニティに支えられて活動をするような草の根の団体「以外」の団体の活動は、困難となっている。ここでも、ボランタリーセクターの二極化の傾向がみられる。そこには、冒頭に紹介したベヴァリッジ報告にあるような、英国社会の伝統となっているボランタリー・アクションの危機が感じられる。

　保守党・自由民主党連立政権では、「ビッグ・ソサエティ」政策のもと、「地域主義」および公共サービス改革の影響が顕著にみられる。さらに、財政再建に伴う緊縮財政が国・地方自治体予算に著しい影響を与え、ボランタリー組織の経営を圧迫し、ボランタリーセクター自体の変革の圧力となっている。ボランタリーセクターの独立と中核価値（core value）とを、いかに保持していくかが問われている。

（中島智人）

---

45) Dahrendorf, Ralf, Challenges to the Voluntary Sector, 18th Arnold Goodman Lecture, 2001.

第2章 2006年チャリティリフォームとその後

I チャリティと非営利団体制度の改革法制

　英国のチャリティと非営利団体制度改革に伴う法制の変容について、非営利公益活動の担い手となる団体の認定・登録制度の整備という面に傾斜するかたちで、いくつかのポイントに絞って概観してみた。とりわけ、チャリティ分野における基本法ともいえるチャリティ法には、2006年に、400年ぶりの大きな改正が加えられた。2006年チャリティ法は、チャリティ目的類型の拡大、公益増進要件の具体化、こうした新たな法制を支えるためのチャリティコミッションの刷新、さらには、チャリティコミッションによる各種決定や処分に対する不服審査などを担当する新たなチャリティ審判所（Charity Tribunal）の設立（後に、総合行政審判所制度の創設に伴い同審判所に吸収され、廃止）や、新たな公益活動の担い手となる公益法人（CIO）制度の新設などを1993年チャリティ法に盛り込むための修正を規定したことが特徴といえる。1993年チャリティ法は、2006年法など度重なるパッチワークを重ね、継ぎはぎだらけとなったため、リステイトされ、2011年チャリティ法として2011年末に新装された。

　非営利公益活動の担い手となる団体の拡大という意味では、チャリティ制度の新装や公益法人（CIO）制度の新設につなげたチャリティ法はもちろんのこと、コミュニティ利益会社（CIC）認定・登録制度を創設したCIC法の存在も注目に値する。とりわけ、CIC認定・登録制度は、市場主義を基調とした非営利公益法人制度のあり方を探る場合にもサンプルとなる。非営利公益活動の担い手であるチャリティと非営利法人との相互競争的な環境づくりに向けた法制のあり方を探る場合の手がかりとなる。

1　はじめに

　英国のチャリティ（charity）制度は、400年を超える伝統を誇る。この制度のもと、今日、議会が制定したチャリティ法（charities acts）に定めるチャリティ目的（charitable purposes）の事業を行うもの（公益／慈善活動をしている団体や信託）は、法人形態か非法人形態かを問わず、原則として、チャリティコミッション（Charity Commission）（以下「コミッション」ともいう）に申請し

て認定を受け、登録するように義務付けられている。登録が認められたものは「登録チャリティ（register charities）」と呼ばれる。登録チャリティは、英国における非営利公益活動の中心的な担い手（ビークル／vehicles）となっている。

わが国には、公益活動の中心的な担い手として、公益法人制度がある。しかし、英国には、久しく、こうした公益法人に特有の法人制度はなかった。このため、今日まで、会社法（companies acts）に基づき設立される各種の会社（company）、人格なき社団（unincorporated association）、信託（trust）、共済組合（society）などのビークルを、チャリティコミッションのお墨付けを得て登録チャリティとして公益／慈善活動目的に転用する法環境にある。

長い伝統で古色蒼然としたチャリティ制度を含む非営利公益セクター改革は、1990年代後半に誕生した労働党政権、とりわけブレア政権の時に、「社会的企業（Social Enterprise）」構想のもとで大きな進展をみた。

その後の政権交代で、2010年に保守党・自由民主党による連立政権（Lib-Con Coalition Government）が誕生した。この政権が掲げる「大きな社会（Big Society）」構想のもと、「小さな政府」の実現には、より強固な非営利公益セクターの構築が不可欠であるとの政策が打ち出された。

これら歴代政権の非営利公益セクター改革においては、伝統的なチャリティ制度に加え、各種非営利団体制度の見直しも重要な政策課題とされた。

チャリティ制度改革の面では、とりわけイングランドとウェールズにおいては、2006年に、チャリティ分野における基本法ともいえるチャリティ法が、400年ぶりに大きく改正された。2006年チャリティ法（Charities Act 2006）は、抜本的な改正を1993年チャリティ法（Charities Act 1993）に盛り込むために制定された年次法である。この改正では、チャリティ目的類型の拡大、公益増進（public benefit）要件の具体化、こうした新たな法制を支えるためのチャリティコミッションの刷新、さらには、チャリティコミッションによる各種処分等に対する不服審査を担当する新たなチャリティ審判所（Charity Tribunal：後に、二審級制の総合行政審判所制度の創設に伴い同審判所に吸収され、廃止）を創設した。加えて、公益活動の担い手となる、新たな「公益法人（CIO: Charitable Incorporated Organisation）」制度を導入した。ちなみに、1993年チャリティ法は、2006年チャリティ法やその後の年次法の改正などを盛り込んだことから、度重なるパッチワークで継ぎはぎだらけとなった。2011年に、全面的に書き換

えられ、2011年チャリティ法（Charities Act 2011）として新装された。

　一方、非営利組織改革の面では、新たな「コミュニティ利益会社（CIC: Community Interest Company）」登録制度を創設した。CIC は、会社法に基づき設立された会社を、もっぱらコミュニティ利益増進の担い手に転用する旨を登録する制度である。加えて、英国において、伝統的にコミュニティでの共生をねらいとした、共済組織・互助組織づくりが活用されてきた各種共済団体や協同組合の制度も抜本的に見直された。その結果、コミュニティ利益増進共済組合（community benefit societies、ベンコムス／BenComs）や協同組合などを包摂する「登録組合（registered societied）」制度の確立をみた。

　このように、チャリティ法をはじめとした、社会的企業構想実現に向けて制定された一連の議会制定法（statutes/acts of Parliament）により、非営利公益活動の担い手となる団体の種類は大きく拡大した。具体的には、チャリティ法の枠内での公益法人（CIO）制度の新設に加え、新たなコミュニティ利益会社（CIC）登録制度を創設した。これにより、公益／慈善活動の担い手である伝統的なチャリティ制度と、コミュニティ利益増進型の担い手である CIC 制度との相互競争的な環境づくりに向けた法制の確立をみた。

　CIC は、市場メカニズムを活用した新たな営利／非営利のハイブリッド事業体（hybrid entity）制度である。株式発行による活動原資調達手法が認められる一方で、会社財産や利益（剰余金）等のコミュニティ利益増進目的への利用限定（アセットロック／asset lock）ルールや、分配／配当制限（caps on distribution and interest）ルールが適用になる。加えて、取締役への業務報酬支払制限ルールも適用になる。

　わが国では、英国は、コモンロー（common law／積み重ねられた裁判所の判例等を法的典拠とする）国であるという見方が依然として強い。しかし、社会的企業法制、すなわち、チャリティと非営利団体の法制をみる限りでも、議会制定法中心の国に大きく変容している姿が浮き彫りになる。網の目のように張りめぐらされた各種の議会制定法を精査しなければ、社会的企業構想の実像を探れない実情にあることをまざまざとみせつけてくれる。

　こうした実情を受け容れたうえで、英国の社会的企業構想の実現に向けて1990年代後半から始まった、英国のチャリティと非営利団体の制度改革に伴う法制の変容について精査してみる（図1参照）。

図1　チャリティか非チャリティかの視点からみた非法人形態と法人形態の分類

◎非法人形態（Unincorporated Structures）

a）個人事業（sole trader）
・非チャリティ（non-charitable）

b）パートナーシップ／任意組合（partnerships）
・非チャリティ

c）人格のない社団／任意団体（unincorporated associations）
・非チャリティ
・チャリティ ── 11年法30条の下、チャリティコミッションでの登録を経て登録チャリティ（registered charity）になることができる。

d）信託（trusts）
・非チャリティ
・チャリティ ── 11年法30条の下、チャリティコミッションでの登録を経て登録チャリティ（registered charity）になることができる。

e）共済組合（friendly societies）〔1992年以降法人化が可能〕
・非チャリティ
・チャリティ ── チャリティに該当しても、チャリティコミッションでの登録除外チャリティ（exempt charity）〔2011年チャリティ法22条関係別表第3第26条および27条〕となるものもある。

◎法人形態（Incorporated Structures）

a）法人格付与法準拠法人（body incorporated by statutes）【例：1971年ナショナルトラスト法（National Trust Act 1971）により設立されたナショナルトラスト、1983年医師法（Medical Act 1983）により設立された医師会（GMC：General Medical Council）】
・非チャリティ
・チャリティ ── チャリティに該当しても、原則としてチャリティコミッションでの登録除外チャリティ（exempt charity）〔2011年チャリティ法22条2項〕となる。ただし、当該法人の機関が登録を求められる場合も少なくない。

b）勅許状準拠法人（body incorporated by Royal Charter）【例：オックスフォード大学（University of Oxford、1248年設立）、英赤十字（British Red Cross Society、1908年設立）】
・チャリティ ── チャリティ該当しても、チャリティコミッションでの登録除外チャリティ（exempt charity）〔2011年チャリティ法22条および関係別表第3〕である。

c）有限責任パートナーシップ（LLP：limited liability partnership）
・非チャリティ

d）住宅金融組合（building society）
・非チャリティ

e）保証有限責任会社（LCG：limited company by guarantee）
・非チャリティ ── コミュニティ益会社（CIC：community interest company）
・チャリティ ── 登録チャリティ（11年チャリティ法10編〔193条以下〕にいうチャリティ会社等（charitable compavies etc.））

Ⅰ　チャリティと非営利団体制度の改革法制

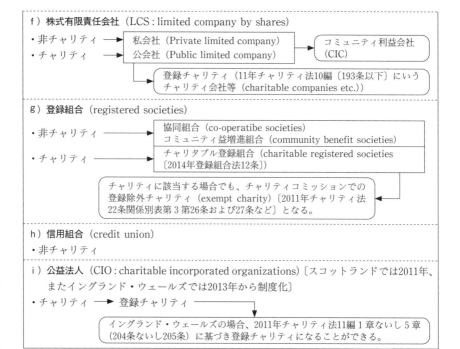

2 英国のチャリティと非営利団体法制改革の動向

　英国 (United Kingdom of Great Britain and Northern Ireland：UK) は4つの非独立国家（イングランド、スコットランド、ウェールズ、北アイルランド）で構成され、各国家（自治政府）は立法権を有していることから、コモンロー (common law) に支配される法分野を除き、非営利公益セクター関連法制を含む議会制定法 (statutes/acts of the Parliament) に支配される分野の法制は、一般にきわめて複雑である。

　イングランドとウェールズに絞って精査してみても、コモンローの伝統と近年の議会制定法が交差するなかで、チャリティ法制の全体像をつかみとることは容易ではない。とりわけ、近年の政権交代や非営利公益セクター政策の変更、それに伴う度重なる議会制定法の激しい改廃は、関係法制の変容を的確に紹介することすらむずかしくしている。時間をかけて分析してみても、チャリティ法制の精緻な描写にまでは至らないのが実情である。

(1) 政権交代と非営利公益セクター法政策の変遷

英国のマーガレット・サッチャー（Margaret H. Thatcher）保守党政権（1979～1990年）は、「小さな政府」、「市場原理」、「民営化」、「自助努力」などを極度に強調した。この結果、コミュニティの崩壊、貧富の格差増大、社会的弱者の排除、医療の崩壊、貸し渋り（financial exclusion）、犯罪発生率の増大など、いわゆる「社会的排除（social exclusion）」の要因となる様々な"負の遺産"を残すことにつながった。

1997年の総選挙で、政権を奪取し、首相になったトニー・ブレア（Tony Blair）労働党党首は、市場原理のメリットをいかしつつも、そのデメリットを極小化するために、①機会の均等、②コミュニティの創生、③責任、④価値の平等の4つをうたった「第三の道（Third Way）」を提唱した。[1]

(a) 労働党政権の非営利公益セクター政策の方針

ブレア政権は、提唱する「第三の道」構想の中でも、とりわけ「コミュニティの創生」に力を注ぐ方針を打ち出した。政府と第三（民間非営利公益）セクターとの間で戦略的なパートナーシップを組んで、いかに住民の参加と協同に根ざした市民社会を構築していくかを重要な政策課題とした。

この政策課題を実現するために、1997年12月に、内閣府（Cabinet Office）に、サード・セクター局（Office of the Third Sector）や社会的排除対策班（Social Exclusion Unit）を設けた。

2002年9月25日に、首相直属の戦略班（Strategy Unit）が、チャリティを含む広範な非営利セクター改革についての方向性を示した報告書『民間活力、公益増進：チャリティおよび広範な非営利部門のレビュー（Private Action, Public Benefit: A Review of Charities and the Wider Not-For-Profit Sector）』（以下『民間活力、公益増進案』（『戦略室三セクター改革案』）」という）を首相に答申し、これを内閣府が公表した。

その後、労働党政権は、サード・セクターに関する公開諮問／意見公募（public consultations）を繰り返し実施した。民間から様々な意見を徴収したうえで、内閣府は2006年12月に、中間報告書『社会的・経済的創生の向けてのサード・セクターの将来的役割・中間報告（The Future Role of the Third Sector

---

1) See, T. Blare, The Third Way (1998, Fabian Society).

in Social and Economic Regeneration: Interim Report)』を公表した。

　さらに、2007年7月には、最終報告書『社会的・経済的創生に向けてのサード・セクターの将来的役割・最終報告（The Future Role of the Third Sector in Social and Economic Regeneration: Final Report)』（以下『サード・セクターの将来的役割・最終報告』という）と題する、いわゆる「サード・セクター・レビュー（Third Sector Review)」を公表した。

　こうした一連の作業を通じて、「社会的企業（Social Enterprise）」構想や、その核となる「コミュニティ利益増進組合（ベンコムス／BenComs: community benefit societies)」、「コミュニティ利益会社（CIC: community interest company)」という新たな認定・登録法人制度、さらには、新たな「公益法人（CIO: charitable incorporated organisations)」制度の創設などを実現するための立法に動き出した。これら一連の立法を行った後、ブレア政権および後継のブラウン（James Gordon Brown）政権は、関係政令（規則）の制定・公布・施行ができたものから次々と実施して行った。

(b)　保守党・自民党の連立政権の非営利公益セクター政策の方針

　2010年5月に、労働党政権は総選挙で敗退し、保守党・自由民主党の連立政権が誕生した。デイビット・キャメロン（David Cameron）首相が率いる新連立政権は、「大きな社会（Big Society)」構想を打ち出した。この構想は、旧労働党政権のような「大きな政府（big government)」をめざすものではない。むしろ、政府の公的サービスを、できるだけ幅広くボランティア団体およびコミュニティ団体、チャリティならびに社会的企業に開放することで強固な市民社会（civil society）を育て上げ、「小さな政府（small government)」の実現をめざそうというものである。

　新連立政権は、政権奪取後、政策提言書として、『より強固な市民社会の構築：ボランティア団体およびコミュニティ団体、チャリティならびに社会的企業に関する戦略（Building a Stronger Civil Society: A Strategy for Voluntary and Community Groups, Charities and Social Enterprises)』や、『より強固な市民社会の構築：最前線の市民社会団体に対する支援措置改善に関する市民社会局からの諮問（Building a Stronger Civil Society: An Office for Civil Society Consultation on Improving Support for Frontline Civil Society Organisations)』を公表した。

また、連立政権は、旧労働党政権下で内閣府に置かれていた「サードセクター局」を解体し、新たに「市民社会局（OCS: Office for Civil Society）」を設けた。また、首相直属の戦略班（Strategy Unit）も廃止した。

　内閣府市民社会局は、①「大きな社会構築の課題（Big Society agenda）」、②「チャリティ（charities）」、③「ボランティア活動（volunteering）」および④「社会的企業（social enterprise）」の分野における政策を所管する。

　以下においては、英国における旧労働党政権の『民間活力、公益増進案』（『戦略室三セクター改革案』）および『サードセクターの将来的役割・最終報告』など改革の核となる資料を使って、ブレア労働党政権（当時）のサードセクター改革、さらには、保守・自由連立政権の「大きな社会」構築に盛られた非営利公益セクター政策、それに伴う法制の変遷について分析・紹介する。

（2）　英国の非営利公益セクター改革と法制の変容

　英国の「社会的企業（Social Enterprise）」構想ないし「大きな社会」構想のもとでの非営利公益セクター改革は、社会的企業部門の強化・刷新を行い、市民が活用しやすい仕組みにすることなどをねらいで推進された。こうした政策実現のために、非営利公益活動の担い手の足腰を強化すべく数多くの法令が制定されたが、主な政策に沿って表にすると、次のとおりである（表1参照）。

表1　「社会的企業」部門の強化・刷新政策のポイント

社会的企業部門	①サードセクターにあるチャリティ制度の刷新・法人化推進
	・チャリティ制度改革および新法人類型「公益法人（CIO）」の導入
	②第2セクターにある営利法人の社会活用
	・「コミュニティ利益会社（CIC）」登録制度の導入
	③各種共済団体・協同組合・信用組合などの刷新・活用
	・コミュニティ益増進組合などを束ねた登録組合制度の導入

注：Ⅰで扱うのは、主に　　の部分

（a）　チャリティ制度改革と法制の変容

　英国においては、1998年以降、400年ぶりのチャリティ制度見直しを含む、抜本的な非営利公益セクター改革が始まった。

　イングランドとウェールズのチャリティ制度改革をめざしたチャリティ法案（Charities Bill）は、UK議会（英国議会、ウエストミンスター議会）での一連の

審議をへて、2006年11月7日に議会を通過・成立した。そして、翌8日にエリザベス2世女王の裁可を得て、チャリティ法（Charities Act 2006）（以下「2006年チャリティ法」、「2006年法」または「06年法」という）が公布された。2006年チャリティ法は段階的に施行され、新たな制度が始動した。

　その後、英国議会は、1993年チャリティ法を全面改正した2011年チャリティ法（Charities Act 2011）（以下「2011年チャリティ法」、「2011年法」または「11年法」ともいう）を制定し、2011年12月14日に施行した。[2]

　（i）　2006年チャリティ法に盛られた主要な改正点　　まず、2006年チャリティ法から精査してみる。2006年法に盛られたチャリティ制度改革における目玉の1つは、「チャリティ（charity）」および「チャリティ目的（charitable purposes）」の"再定義"である。具体的には、チャリティ目的に資するチャリティの類型を、これまでの4類型から13類型にまで拡大したことである。また、従来から塩漬けが当然視されてきた「基本財産（endowment）のあり方」などについても、その流動化の是非をも含め、多角的に検討された。

　次の目玉はチャリティ審判所（Charity Tribunal）を新設（その後の抜本的な行政審判所制度改革により第1段階審判所一般規制室チャリティ部（First-tier Tribunal, GRC: General Regulatory Chamber,（Charity））および上級審判所租税・チャンセリー室（Upper Tribunal, TCC: Tax and Chancery Chamber）に編入）し、チャリティとチャリティコミッションとの間の法的紛争処理手続を簡素化・迅速化したことである。2006年チャリティ法施行前の時代にあっては、チャリティコミッションへ異議申立てを行うルートはあったものの、コミッションから独立した審査を受けるためには、直接、高等法院（High Court）で司法救済を求める以外に途はなかった。

　さらに、イングランド・ウェールズの2006年チャリティ法において、新たな類型の「公益法人（CIO: charitable incorporated organisation）」制度が設けられたことである。CIOの新設または他法人からCIOへの転換について、チャリティコミッションは、2013年5月4日から登録受付を開始した。CIOは、チャリティの新時代を切り開く"公器"となる可能性を秘めている。同時に、

2）しかし、その後、1993年法は2011年に全面改正されたために、2015年1月現在、2011年チャリティ法がチャリティに関する現行法といえる。11年法を含めチャリティ法については、Hubert Picarda, The Law and Practice Relating to Charities (Tottel Publishing, 2014) 参照。

英国における従来からの民商法が一元化された法人法制の伝統を変える動きとしても、重い意味をもっている。

（ⅱ）2011年チャリティ法に盛られた主要な改正点　次に2011年チャリティ法について精査してみる。2011年法に盛られたチャリティ制度改革面での主要な改正点は3つある。

第1に、度重なる年度修正を盛り込んで継ぎはぎだらけになったチャリティ法の全面書換え（リステイト）をし、新装をはかったことである。

第2は、すでに触れたように、2006年チャリティ法により新たにチャリティ審判所（Charity Tribunal）が設けられた（06年法2編2章（8条以下））が、その後2009年に、チャリティ審判所は、英国における抜本的な行政審判所制度改革に伴い誕生した二審級制の横断的な行政審判所に編入された。すなわち、第1段階審判所の一般規制室チャリティ部および上級審判所租税・チャンセリー室に編入された。これに伴い、2011年チャリティ法では、チャリティコミッションの処分等にかかる第1段階審判所での審査請求と上級審判所での再審査請求または司法審査の申立手続を明定したことである（11年法17編1章ないし3章（315条ないし331条）および319条・321条・323条・324条関係別表第6（審判所への審査請求及び申立て））。

第3に、2006年チャリティ法では34条関係別表第7に盛っていた公益法人（CIO）の設立・登録等に関する手続を11年法本文中に条文化し、第11編（CIO）に明定したことである（11年法11章1章ないし5章（204条ないし250条））。

（ｂ）　非営利公益団体制度改革と法制の変容

一方、今回の英国の非営利公益団体制度改革に関連して出てきた目玉は、「コミュニティ利益会社（CIC: community interest company）」および「コミュニティ利益増進組合（BenComs: community benefit societies）」という新たな認定・登録法人制度の導入である。すなわち、既存の会社や共済組合（法人）が自主的に申請して政府の認定を受け登録する、または、新設の会社や共済組合が設立申請時に認定を受ければ、それぞれ「CIC」、「ベンコムス／Ben-Coms」という"ブランド"で、「コミュニティ利益の増進」事業に専念できる仕組みが導入されたことである。

「CIC」および「ベンコムス／BenComs」の目的は、「コミュニティ利益の増進（community benefit）」にある。言い換えると、従来からある「登録チャ

リティ（registered charities）」の場合に求められる「公益の増進（public benefit）」とは異なる。「コミュニティ利益会社／CIC」登録制度や「ベンコムス／BenComs」登録制度の導入は、営利会社や共済組合（2014年8月1日からは「登録組合（registered societies）」と呼ばれることになった）の社会貢献のあり方に新風を吹き込む動きとして注目される。

　これら2つの非営利公益活動の担い手のうち、コミュニティ利益会社（CIC）は、英国に従来からある、各種"有限責任（limited liability companies）"、すなわち、「保証有限責任会社（CLG: company limited by guarantee）」、「株式有限責任会社（CLS: companies limited by shares）」、「公会社／株式有限責任公会社（PLC: public limited company by shares）」が母体となる。実際には一般に、有限責任形態の私会社（private limited company）である非公開会社が母体となる。もちろん、理論的には、公会社（PLC: public limited company）または公開会社（listed PLC）であってもよい。2006年会社法（Companies Act 2006）6条（コミュニティ利益会社（community interest company））に基づいて定められた2004年（監査、調査およびコミュニティ企業）法（Companies (Audit, Investigations and Community Enterprise) Act 2004）（以下「2004年CIC法」または「CIC法」という）、ならびに、同法に基づいて定められた2005年コミュニティ利益会社規則（Community Interest Company Regulations 2005）（以下「2005年CIC規則」または「CIC規則」という）である。

　コミュニティ利益会社（CIC）は、母体が持分会社（CLS）である場合には、エクイティファイナンス（株式や転換社債発行による資金調達）も認められる。また、「普通社員」（完全な議決権はあるが、利益分配および残余財産請求権なし）のほかに、「投資家社員」（原則として議決権はないが、利益分配および残余財産請求権あり）を置くことができる。言い換えると、市民や企業が、議決権はないがある程度の見返りの期待できる優先株主（preference shareholders）として、コミュニティ利益増進に貢献（地域貢献）する会社（CIC）に投資して社会貢献できる途も拓かれたわけである。

　一方、共済型または互助型のコミュニティ利益増進組合（ベンコムス／BenComs）は、従来からある、各種の勤労者共済組合（IPS: industrial and provident societies）が母体となる。コミュニティ利益増進組合は、2003年に勤労者共済組合が「真正協同組合（bona fide co-operative societies）」と「コミュニテ

ィ利益増進組合（BenComs: community benefit societies）」とに分離されて誕生した。その後、2014年には、2014年協同組合及びコミュニティ利益増進組合法（Co-operative and Community Benefit Societies Act 2014）（以下「2014年登録組合法」、「2014年協同組合・ベンコムス法」または単に「2014年法」ともいう）の制定が制定され、IPS法制の抜本的な整備が行われた。2014年登録組合法は、2014年8月1日から施行された。①旧IPS形態法人を「協同組合（co-operative society）」と「コミュニティ利益増進組合（community benefit societies／ベンコムス）」とに分けて、規制する。

英国においては、伝統的に民間非営利公益活動は、サード・セクターにある「チャリティ」に広く委ねられてきており、その活動原資（キャピタルファイナンス／capital finance）の調達ルートは、篤志家からの「寄附金」に加え、政府や支援機関などからの「助成交付金や補助金（grants, subsidies）」が中心であった。言い換えると、非営利公益活動は、その活動原資については寄附金・補助金漬けで、「官製経済」のなかで活かされる常態にあったといっても過言ではない。今回の社会的企業構想においては、非営利公益活動に相互組織である共済組合に加え、第2セクターにある営利会社も動員することで、コミュニティでの事業の創設や働く場の確保、さらにはその活動原資についても、寄附金・補助金漬けから脱して、社会貢献投資に意欲のある個人や法人投資家からの資金を呼び込むことをめざすものである。この構想により、非営利公益活動団体またはコミュニティ利益増進活動団体が、法人活動資金調達／キャピタルファイナンスの面で、「市場経済」「金融市場」にも参加する途が拓かれた、とみることもできる。

このように、コミュニティ利益会社（CIC）は、公的資金（寄附金控除を通じた租税歳出や直接的な助成交付金・補助金など）で生かされる従来の「チャリティ」とは一味違う存在である。市場メカニズム（市場原理）、金融市場を活用し社会貢献を前面に打ち出した新たな営利と非営利のハイブリッド（混合）タイプの登録認定法人（CIC）制度の出現は、英国の民間非営利公益界に新たな流れをつくる契機にもなるものといえる。

その一方で、英国の民間非営利公益セクターの特徴は、従来から「公益増進性」やガバナンスを担保するために、官の機関が、このセクターに属する団体を束ねて監督・規制する構図にある。今回新たに提案され実現したコミュニテ

ィ利益会社（CIC）登録制度においては、「コミュニティ利益増進」の判定やガバナンスを監督するために、新たな規制官（CIC Regulator／CIC 規制官）が置かれた（CIC 法27条）。この点は、コミュニティ利益増進組合（ベンコムス／BenComs）の認定・登録についても、規制機関として金融行動局（FCA: Financial Conduct Authority）（旧金融サービス局（ex. FSA: Financial Services Authority））が置かれている（2014年協同組合・ベンコムス法2条）。

（c）　チャリティと非営利団体との相互競争的な展開に向けた法制の変容

　近年の英国の非営利公益セクター改革の特徴として挙げられることは、チャリティと非営利団体との相互競争的な仕組みを用意し、そのための法制を確立したことである。すなわち、1つは、2006年に成立したイングランド・ウェールズのチャリティ法に基づく、抜本的な制度見直しおよび新たな「公益法人（CIO: charitable incorporated organizations）」類型の創設である（06年法34条および別表第7による修正93法第8編のA（69条のAないし69条のQ）および別表第5のAの新設）。そして、もう1つは、「社会的企業部門」の構築、それを支えるための認定・登録「コミュニティ利益会社（CIC）」制度の創設である。

　CIO 制度の細目は、議会制定法従位文書（secondary instruments）（regulations and orders）に委ねられるかたちとなっていた。この点について、2010年5月に政権交代があったことも手伝って、新たに誕生した市民社会局での公益法人（CIO）制度実施に必要な議会制定法従位文書（regulations and orders）の制定作業は、遅々として進まなかった。当初、議会制定法従位文書は、2011年には英国議会の承認を得て施行される方向であったが、延び延びになっていた。

　その後、2006年チャリティ法を盛り込んだ1993年チャリティ法を全面改正するかたちで2011年チャリティ法（Charities Act 2011）が制定され、2011年法11編1章ないし5章（204条ないし250条）（公益法人法（CIOs: Charitable Incorporated Organisations））に改訂規定が挿入された。そして、2011年法に基づいて、必要な議会制定法従位文書、すなわち「2012年公益法人（総則）規則（The Charitable Incorporated Organisations (General) Regulations 2012）」（以下、「2012年 CIO 規則」または「CIO 規則」という）および「2012年公益法人（債務超過及び解散）規則（The Charitable Incorporated Organisations (Insolvency and Dissolution) Regulations 2012）（以下「CIO（支払不能等）規則」という）に公表された。これらは、2013年1月に英国議会により承認され、同年1月2日に公

布された。

　これにより、各種既存のチャリティあるいは新たに法人形態のチャリティとなることを望むものは、法定要件を充たすことを前提に、チャリティコミッションに登録申請し、承認されればCIOになることができる。ちなみに、CIOは、「社団型（association model）」と「基金型（foundation model）」のいずれかを選択できる。このように、チャリティ制度と非営利公益団体制度改革の大枠が固まったことで、英国における非営利公益セクターは、チャリティと非営利団体との選択において一定の競争関係を保ったうえで、双方の制度が並行的に展開されていく素地ができあがった。

　ちなみに、英国における今回の抜本的なチャリティ制度改革では、税制については大きな改正は行われなかった。この制度改革が検討される前後に、既存の公益寄附金税制における継続的寄附が段階的に廃止・新装される改正があったからである。単独寄附に比べ、継続的な寄附は手続が複雑であることや1回限りの少額寄附を望む一般市民・納税者には不都合なことなどが廃止の理由であった。

表2　チャリティ法制度改革の経緯

年月	主要な事項
2001年 7月	・31日：ブレア首相が、内閣府に設けられた「実行と革新班（PIU: Performance and Innovation Unit）」に対し、チャリティ制度改革に向け意見を求めた
2002年 9月	・25日：首相の諮問に応え、首相直属の戦略班（Strategy Unit）が、チャリティ制度改革についての政策をまとめた報告書『民間活力、公益増進（Private Action, Public Benefit）』（「戦略班報告書」）を首相に答申し、これを内閣府が公表
9月～ 12月末	・発表後、内務省と戦略班が共同で、戦略班報告書に対する意見公募／公開諮問を開始【1,087件の応募意見】
11月	・20日：チャリティコミッションが、戦略班報告書を基本的に受諾
2003年 3月	・財務省（HM Treasury）が、報告書『コミュニティ貢献企業：コミュニティ利益会社の提案（Enterprise for Communities: Proposals for a Community Interest Company）を公表
5月	・イングランド銀行（Bank of England）が、特別報告書『社会的企業への融資（The Financing of Social Enterprises: A Special Report by the Bank of England）』を公表

I　チャリティと非営利団体制度の改革法制

	7月	・政府（内務省）が、戦略班報告書の応募意見に答えた報告書『チャリティと非営利：現代の法制（Charities and Not-for-Profits: A Modern Legal Framework）』を作成、公表 9月：
	9月	・政府（内務省）は、一般公衆を対象とした公益目的での募金活動への許可制導入案件（Public Collections for Charitable, Philanthropic and Benevolent Purposes）に関する意見公募／公開諮問を開始
	10月	・通産省（Dept. of Trade and Industry）が、報告書『社会的企業：社会的企業に関する経過報告書、成功戦略（Social Enterprises: A Progress Report on Social Enterprise: A Strategy for Success）』を公表
2004年 5月		・内務省が、「チャリティ法草案（Draft Charities Bill）」を作成し、政府に提出
	5月〜	・政府が議会に対し、チャリティ法草案の事前審査を諮問、議会は「チャリティ法草案に関する上下両院合同委員会（Joint Committee on the Draft Charities Bill）」を設け、公聴会および意見公募／公開諮問の実施により草案に盛られた事項の検討を開始
	9月	・15日：両院合同委員会が、法草案に対する報告書（答申）を政府に提出 ・30日：議会が両院合同委員会が、法草案に対する報告書（答申）を公開
	11月	・23日：エリザベス2世女王の演説のなかでチャリティ法改正の公表[3]
	12月	・内務省が、両院合同委員会報告書（答申）に対する回答を公表 ・20日：政府は、チャリティ法案を議会上院（貴族院）に上程【上院第一読会】
2005年 1月		・通産省が、報告書『コミュニティ利益会社：コミュニティ利益会社の所轄（Community Interest Companies: The Regulator of Community Interest Companies）』を公表 ・20日：チャリティ法案にかかる上院第二読会
	2月	・9、10、13、23日：上院グランド委員会審査
	3月	・8、14、16、21日：上院グランド委員会審査
	5月	・下院解散に伴うチャリティ法案の廃案 ・17日：エリザベス2世女王の演説のなかでチャリティ法改正の公表
	5月	・18日：政府は、解散前に議会からの勧告に対する政府の対応案を織り込んだチャリティ法案を上院に再上程 ・19日：チャリティ法案にかかる上院第一読会
	6月	・7日：上院第二読会 ・28日：上院グランド委員会審査

3）〈http://www.commonsleader.gov.uk/output/Page635.asp〉.

7月	・12日：上院グランド委員会審査
10月	・12、19日：上院報告審議
11月	・8日：上院第三読会、採決後、法案を議会下院（庶民院）に送付 ・9日：下院第一読会
2006年 6月	・26日：下院第二読会
7月	・4、6、11、13日：下院検討委員会審査
10月	・25日：下院報告審議および下院第三読会
11月	・7日：上院での下院案の修正審議・採決、上院通過、成立 ・8日：エリザベス2世女王の裁可を得て、2006年チャリティ法を公布
2007年 2月	《新法の施行日》【新法は3年以内に完全施行】 ・27日：第1段階の施行・原則的な施行日[4]
11月	・第2段階の施行【チャリティ合併規定など】
2008年2月〜3月	・第3段階の施行【チャリティの会計・監査規定、チャリティ審判所規定、募金および収益事業規定、チャリティコミッションの新権能行使規定など】
6月以降	・第4段階の施行【新公益法人・CIO規定、小規模チャリティ規定など】
2009年	・最終段階の施行【登録免除チャリティ規定など】
2011年 12月	・2009年チャリティ法等による修正を盛り込んだ1993年チャリティ法全面改正した、2011年チャリティ法の施行

＊　なお、■■■は、チャリティ法の立法過程・施行とは、直接の関係はなし。

　英国の抜本的なチャリティ制度改革については、評価が分かれる。肯定的な評価に加え、社会主義的な伝統を引き継いでいる公的規制大国ならではの改革であるとのやや否定的な評価もある。

3　チャリティ法の変容——2006年チャリティ法と2011年チャリティ法

　イングランド・ウェールズの2006年チャリティ法は、いわゆる、年次の修正法である。したがって、2006年法による修正（改正）点は、1993年チャリティ法の一部をなす。一方、2011年チャリティ法は、年次の修正を加えて継ぎはぎ

---

4) 2007年・2006年チャリティ法（経過規定および適応除外）附則1号〔The Charities Act 2006 (Commencement No. 1, Transitional Provisions and Savings) Order 2007〕2007年法律80号〈http://www.opsi.gov.uk/si/si2007/uksi_20070309_en_1〉。

だらけとなった1993年法をリステイト（再編・新装）したものである。2015年1月現在、イングランド・ウェールズにおけるチャリティ規制に関する基本法は、2011年チャリティ法である。

(1) 2006年法の個別分析

イングランド・ウェールズの2006年チャリティ法（以下「2006年法」または「06年法」ともいう）は、新条項と、1992年チャリティ法（Charities Act 1992）および1993年チャリティ法（Charities Act 1993）を修正する条項からなる。

2006年チャリティ法の制定は、イギリスの非営利公益セクターとチャリティ制度に大きな影響を与えた。そこで、2006年チャリティ法により大きく変わった点を、その後リステイトされた2011年チャリティ法に盛られた条項との比較において、個別的に分析・紹介する。

(a) チャリティコミッションの所在

イングランド・ウェールズのチャリティコミッション（Charity Commission）は、議会制定法であるチャリティ法（Charities Act）に基づき、様々な類型のチャリティ（公益／慈善活動をしている団体）に登録（resister）を求め、監督や処分等など規制権限を行使する公的政策執行機関である[5]。120年あまりの歴史がある。現行の正式名称「Charity Commission for England and Wales」からもわかるように、管轄は、イングランドとウェールズに限定されている。

チャリティコミッションは、様々な公益／慈善団体などを束ねて、一元的に公的に規制しようとするねらいで立ち上げられている議会制定法上の独立した公的政策執行機関である。「登録制を通じた公益／慈善団体のスタンダード維持」が大きな任務である。登録や監督などのほかに、チャリティの支援などの業務もこなしている[6]。

(b) チャリティコミッションの改革

英国政府の首相直属の戦略班がまとめ、2002年9月に公表した報告書『民間

---

5) それ以前にあった、イングランド・ウェールズチャリティコミッショナー（Charity Commissioners for England and Wales）を改組してつくられた。執行行政庁ではないが、独立した審査権能と行政権能とを持った法人格を有する公的政策執行機関（いわゆる独立行政法人）である。
6) The Charity Commission and Regulation 〈www.charity-commission.gov.uk/spr/regstance.asp〉.

活力、公益増進（Private Action, Public Benefit）』では、「コミッションの法的権限や責任およびその説明責任の制度は、……21世紀のニーズにあうように現代化されるべきである」との勧告を行った。93年法が、チャリティコミッションに対して主に3つの権限と1つの基本目的を定めていたが、この勧告では、コミッションの規制の目的を「チャリティと一般大衆に対してより明確な目標と業務を提示するとともに、説明責任の仕組みをより明確にする」ように求めた。

政府および議会は、この勧告内容を受けて立法作業を続け、06年法では、チャリティコミッションの目標・権能・責務の明確化をはかり、次のように定めた。

（ⅰ）チャリティコミッションの目標　チャリティコミッションの目標（objectives）は、次の5つである（06年法7条のよる修正93年法1条のB第2項1号ないし5号／11年法14条。表3参照）。

表3　チャリティコミッションの目標

（a）	チャリティの社会一般の信頼と信用度を増進すること。
（b）	公益増進（public benefit）要件に注目し、かつ、その要件に沿った運営をするための理解を推進すること。
（c）	各チャリティの執行における支配と管理をする受託者／理事の法的責任をまっとうすることにより法令順守を促進すること。
（d）	チャリティの資源の効率的な活用を推進すること、ならびに、
（e）	出捐者／拠出者、他のチャリティおよび一般大衆に対するチャリティの説明責任を促進すること。

（ⅱ）チャリティコミッションの権能　チャリティコミッションの使命を実現するために、以下のコミッションには、6つの権能（functions）が付与されている（06年法7条による修正93年法1条のC第2項1号ないし6号／11年法15条。表4参照）。

表4　チャリティコミッションの権能

（a）	チャリティの登録適格の審査：団体がチャリティにあたるかどうかの決定をすること。
（b）	チャリティの支援：チャリティの管理運営の適正化の奨励および促進をすること。
（c）	チャリティの監督：チャリティの不正もしくは管理運営の確認および調査、ならびにチャリティの不正もしくは管理運営に対する救済または防止対策を実施すること。

(d) 一般大衆相手の公益目的の募金活動の規制：一般大衆相手の公益目的の募金活動を開始するに先立ち、一般大衆対象募金証（PCC: Public Collection Certificate）の発行の適否を決定すること。
(e) 情報の提供：チャリティコミッションの権限行使、コミッションの目的を説明する情報の入手、評価および頒布をすること。
(f) 政府の支援：コミッションの権限や目的に関する事項について、担当国務大臣に対して提案、助言または情報提供をすること。

　英国議会における06年法案審議の際には、チャリティコミッションの権能のあり方について、様々な議論が展開された。実際に定められた文言はきわめて抽象的であるが、たとえば、「チャリティの支援」については、具体的には、助言（advice）を与え、ガイダンス（指針）を作成・公表する権能などを想定している。また、コミッションが支援するということは、助言（advice）をすることであり、指導（instruction）をすることではないので、こうした違いについても明確にすべきではないかとの議論もあった。また、コミッションは、規制権能（regulatory functions）の行使を基礎とする機関なのか、それとも諮問的権能（advisory functions）の行使を基礎とする機関なのか、明確に法定すべきではないかとの意見もあった。

　（iii）チャリティコミッションの責務　　チャリティコミッションは、その権能の行使やその事務遂行において、通例、次のような責務を負わなければならない（06年法7条による修正93年法1条のD第2項1号ないし6号／11年法16条。表5参照）。

表5　コミッションの責務

(a) その権能の行使において、コミッションの目標に沿い、かつ、その目標に最も適切と思われる仕方で行動すること。
(b) その権能の行使において、公益寄附および無償奉仕活動を奨励する仕方で行動すること。
(c) その権能の行使において、各事案の的確な必要性に関心を払い、コミッションの資源を最も効率的、効果的かつ経済的な仕方で活用すること。
(d) その権能の行使において、最良の規制的慣行の諸原則、すなわち、規制行為は適切であり、説明責任を果たせ、一貫性があり、透明性があり、かつ、必要とされる事案に焦点が絞られていることなど、に関心を払うこと。
(e) その権能の行使において、チャリティの利益になる革新性を促進する意欲を持つことに関心を払うこと。
(f) その事務処理において、一般的に受け入れられている良き企業ガバナンスの関心を払うこと。

このようにチャリティコミッションが負うべき責務を法定したのは、コミッションが官僚主義に陥らないように、また、06年の法改正によりその権能が一層強化されたことから、それらの権能が公正に行使され、これまで以上に理性的に行動するように求めたものである。この背景には、かつてチャリティコミッションに公正さに欠ける行動があり、批判された事実があったことを物語っている。政府は、こうした行動指針のような内容のものを法定化することについては、当初、きわめて消極的であった。また、当初の草案では、「コミッションは、公正（fair）かつ理性的（reasonable）であること」などを明記していたが、「チャリティの利益になる革新性を促進する意欲を持つことに関心を払うこと」のような文言に落ち着いた経緯がある。

(c) コミッションの独立性と説明責任

チャリティコミッションをどのようにつくりあげるのかは、議会の考え方次第である。しかし、独立性（independence）の強い機関とするということでは、政府と議会は同じ土俵にあったものの、双方には温度差があった。結果的には、議会側の主張が通り、独立性の強い機関となった。しかし、コミッションに対する強い独立性の保障は、一方では、コミッションの透明性をさまたげる要因ともなりうる。そこで、議会は、独立性と同時に、コミッションに対する説明責任（accountability）の強化を求める措置を講じた。

（i）コミッションの独立性　チャリティコミッションは、独立性の強い機関である。政府のいかなる大臣も、コミッションの処分や決定（以下、「処分等（decision etc.）」ともいう）にも介入できない。コミッションの処分等は、究極的には、裁判所（司法）によってのみ変更することができる。チャリティ法は、「コミッションの権能は、国王の名のもとに行使されるものとする」（06年法6号による修正93条1条のA第3項／11年法13条3項）と定める。政府は、06年法案の議会審議の際に、この文言を加えることに一貫して反対した。しかし、議会上院は、「コミッションがその権能の行使にあたり、いかなる国務大臣その他の省の指示または支配を受けないものとする」（06年法6号による修正93条1条のA第4項／11年法13条4項）と定め、コミッションの独立性をより鮮明に保障することにした。

結果として、チャリティコミッションは、同じく1983年会計検査法（National Audit Act 1983）7条に基づき設けられている独立性の強い会計検査院

(NAO: National Audit Office)のような機関をモデルに、強い独立性を保持することになった。

　また、独立性を保つねらいもあり、コミッションは、原則として、その役職者および職員を自らの意思で選任でき、かつ、その報酬を、公務員担当大臣の承認を条件に、自らの意思で決定することができる（詳細は、06年法による修正93年法1条のA関係別表1のA第5条／11年法13条関係別表1第4条参照）。この人事や報酬決定における独立性のあり方については、議会上院での法案審議の際に、公務員制度の均等化の視点から人事権の強い独立性に難色を示す政府側と、有能な人材確保の視点からコミッションの人事権などの独立確保を進める議会側との間で、議論のあったところである。

　（ⅱ）　コミッションの説明責任　　独立セクターとも呼ばれるサード・セクターの規制に直接関わるチャリティコミッションのような機関に、強い独立性を保障することが重要である。ところが、その一方で、こうした独立性の強い機関が、独断的な管理運営に走らないように歯止めをかけることも重い課題である。

　英国において、チャリティコミッションのような、独立行政機関（公的政策執行機関）の公正な管理運営に向けては、通例、"議会"と"一般大衆"への説明責任（accountability）をいかに確保するかという視点から、制度設計が模索された。

　この点について、チャリティ法は、チャリティコミッションに対して、各会計年度終了後できるだけ速やかに、その事務執行について年次報告書等（annual report etc.）の作成・公表を義務付けている。年次報告書等に盛られるべき内容の詳細は、規則に委ねられる（06年法6条による修正93年法1条のA関係別表1のA第11条／11年法162条）。その骨子は、コミッションの権能の執行状況、コミッションの目標の達成度、一般的な責務の執行度、事務の管理運営についてである（06年法6条による修正93年法1条のA関係別表1のA第11第1項／11年法13条関係別表1）。また、コミッションは、年次報告書を、議会に提出することになっている（06年法6条による修正93年法1条のA関係別表1のA第11第2項／11年法13条関係別表1第11条）。

　チャリティコミッションは、年次報告書の内容についてチャリティ界と一般大衆からの評価を得るために、その公表後3か月以内に年次公聴会（public meeting）を開催するように義務付けられている。コミッションは、その公聴

会開催について、すべての登録チャリティに通知するとともに、できるだけ幅広い広報活動をするように努めなければならない（06年法6条による修正93年法1条のA関係別表1のA第12／11年法13条関係別表1第12条）。

　また、コミッションの年次報告書は、会計検査院（NAO）、さらには、議会下院の公会計責任委員会（HC PAC: HC Committee of Public Accounts）や公管理特別委員会（HC PASC: HC Public Administration Select Committee）で精査されることになっている。

（2）　伝統的な「チャリティ目的」類型

　英国においては、チャリティ登録制度を敷いている。その歴史は、1601年チャリタブルユース法（Charitable Uses Act 1601）にまでさかのぼる。現在、チャリティ法に基づく登録団体（registered charities）となるには、その団体は、2つの基準を充足する必要があるとされている。すなわち、①もっぱらチャリティ目的（charitable purpose）で活動すること、そして、その団体は、②公益増進（public benefit）に資すること、である。

　「チャリティ（charity）」または「チャリティ目的（charitable purposes）」とは何かについては、コモンローの伝統のもと、これまで実定法による具体的な定義（definition）はされてこなかった。「チャリティ目的」については、1601年にチャリタブルユース法の前文規定に掲げられた類型（つまり、definition（定義）というよりは classification）や、1891年のペムゼル事件（*Pemsel* case）[7]判決で示されたチャリティ目的にあたる4つの類型を典拠に、400年あまりにわたり理論が展開されてきた。[8]

　今回の抜本的なチャリティ制度改革においては、まず、400年あまりにわたって積み重ねられてきたこれら4つのチャリティ目的類型を参考にしつつ、「チャリティ（charity）」または「チャリティ目的（charitable purpose）」、さらには、「公益増進（public benefit）」とは何かといった視点から、その現代的な意味を精査する作業から始められた。

　英国においては、もっぱら「チャリティ目的」で活動する「チャリティ」で、「公益増進」に資するものについては、原則として、チャリティ法（Charities

---

7) Income Tax Special Purposes Commissioners v Pemsel, [1891] AC 531 HL.
8) See, Gareth Jones, History of the Law of Charity, 1532-1827 (Cambridge Studies in English Legal History) (2008, Cambridge U. P.).

Act 1992, 1993)の規定により設けられているチャリティコミッションでの登録が必要である。言い換えると、英国では、チャリティ目的の活動をする団体をチャリティとして認定・登録する"認定団体登録制度"を敷いていると解してよい。登録が認められたチャリティは、一定の受忍義務を負うと同時に、税制の面などで支援措置が受けられる。

　英国においては、従来、わが国の公益法人のような、チャリティに固有の法人類型は存在しなかった。このことから、登録の対象となる団体は、様々な法律に準拠して設立されている法人形態のものに加え、任意団体／法人格のない社団（unincorporated associations）や信託（trusts）形態のものも、同じ要件に基づいてチャリティであると認定されれば、登録チャリティになることができる。

　すでに触れたように、1993年チャリティ法（Charities Act 1993）96条および97条によると、「チャリティ」とは、もっぱらチャリティ目的で設立された団体であり、かつ、高等法院（High Court）の管轄に服するものを指す、と定める（11年法１条）。したがって、登録実務においては、チャリティコミッションに登録申請をして、高等法院の所轄、つまりUK法の適用ある「チャリティ目的」の活動をする団体であり、かつ、その活動が公益増進（public benefit）に資するものであると判断された場合には、登録が認められる。

　それでは、どのような目的の活動をしていれば登録団体になれるのであろうか。わが国においても、「公益」とは何かについては、久しく議論されてきた。英国においても、「チャリティ」と何かについて様々に議論されてきている。しかし、今日に至っても、実定法上、確定的に定義した規定はいまだ見当たらない。これは、「公益」を法的に定義することがいかに困難であるかを物語っている。

　一方、「チャリティ目的」については、これを具体的に定義（definition）した制定法上の規定は見当たらないものの、その類型（classification）を掲げた先例および制定法の規定は見出すことができる。すでに触れた、1891年のペムゼル事件判決[9]および1601年チャリタブルユース法の目的規定である。これらの判決や議会制定法では、以下の４つの類型を掲げている（**表６**参照）。

------

9) Income Tax Special Purposes Commissioners v Pemsel, [1891] AC 531 HL.

表6　従来のチャリティ目的の類型

①貧困の救済（relief of poverty）
②教育の振興（advancement of education）
③宗教の振興（advancement of religion）
④その他コミュニティ利益増進目的（other purposes beneficial to the community）

　民間の非営利公益団体は、チャリティとして認定・登録を認められるためには、これら4類型のいずれかのチャリティ目的をもつ団体である必要があり（「チャリティ目的」要件）、かつ、その活動は、公益増進（beneficial to the public）に資するもの（「公益増進」要件）でなければならない。言い換えると、いかにチャリティ目的で設立された団体であろうとも、公益の増進に邁進していないと判断されると、公益性がないと判断されることになる。

　かつては、動物愛護精神に基づき動物実験に反対する団体が、動物の人類への貢献という公益増進要件を充足しないという理由で、登録チャリティと認定されなかった。[10] また、公序（public policy）に抵触する活動をする宗教教団などが問題となった。[11]

　一般に、公益増進があるかどうかについて、①、②および③の類型に比べると、④の類型の場合に、より具体的な立証が必要となる。また、②の類型の場合でも、規模ないし量的な立証が必要となる。たとえば、高額の授業料の支払を条件に少数の生徒のエリート教育を行う私立学校（public schools, private independent schools）が適例である。[12]

　また、④の類型では、公的健康保険の適用がない民間医療機関（private healthcare facilities）であるオドストック民間介護会社（Odstock Private Care Limited）が公益増進に資するものであるかどうかが問題となった。[13] チャリティコミッションは、民間養護施設は公益性があるとしながらも、支払ができる人のみが施設を利用でき、それ以外の人たちが利用できないかたちになっている場合には、公益増進に資するものではないとして、登録申請を認めなかった。[14]

----

10) See, National Anti-vivisection Society v IRC [1948] AC 31.
11) 1999年11月17日決定〈http://www.charity-commission.gov.uk/Library/registration/pdfs/cosfulldoc.pdf〉。
12) 〈http://www.charity-commission.gov.uk/spr/subfee.asp〉。
13) 〈http://www.charity-commission.gov.uk/spr/subfee.asp〉。
14) 2007年9月25日決定〈1999年11月17日決定 http://www.charity-commission.gov.uk/Library/registration/pdfs/cosfulldoc.pdf〉。

これら４類型のほかに、1958年レクリエーションチャリティ法（Recreational Charities Act 1958）のもと、「レクリエーションを促進（promoting recreation）」する団体も、公益増進に資すると判断されれば、チャリティの認定・登録ができた。
　ちなみに、わが国の公益法人制度改革の一環において新たに制定された、「公益社団法人及び公益財団法人の認定等に関する法律（以下、「公益法人認定法」という）」２条関係別表では、「公益目的事業」を限定列挙（23事業）するかたちをとる。ここでも、「公益」ないし「公益目的」について、具体的な法的定義はしていない。類型を列挙しているにすぎない。これは、法的定義の困難さなどもあり、英国の立法例と同じかたちとならざるをえないことも一因であろう。
　いずれにしろ、英国においては、従来から、チャリティコミッションが審査して、もっぱら（exclusively）これら限定列挙された４つのチャリティ目的のいずれかで活動しているチャリティであり、かつ、高等法院の管轄に属する（つまり、UK法の支配のもとにある）ものである場合で、その活動が公益増進（public benefit）に資するものであると判断したときには、適格団体と認定し、コミッションの登録簿に登載される仕組みになっている。登録と同時に、そのチャリティは、チャリティコミッションによる規制を受け、年次の会計書類や事業報告書のコミッションへの提出など、法定の受忍義務を負うことになる（11年法162条以下）。また、登録団体に認定されると、公益事業にかかる租税が課税対象外になり、納税者がその団体に支出した寄附金について、個人は所得控除、法人は経費控除ができる。こうした税制上の支援措置を利用できる資格は、登録と同時に自動的に得られる。
　後に詳しく触れるように、2002年頃から始まった英国のチャリティ制度改革では、この「チャリティ目的」類型の見直し、拡大が目玉となった。2006年に成立した新チャリティ法では、従来の４類型から13類型に拡大された。

(3)　2006年法による「チャリティ目的」類型の拡大
　2006年法は、「チャリティ」の意味をより具体的に明らかにしようという趣旨で、「チャリティの意味（meaning of charity）」（06年法１条／11年法１条）、「公益目的の意味（meaning of charitable purpose）」（06年法２条／11年法２条）、「公益増進基準（public benefit test）」、「公益増進要件の適用に関する指針

(guidance as to operation of public benefit requirement)」(06年法4条／11年法4条) および「レクリエーションチャリティ、スポーツクラブ等に関する特例 (special provisions about recreational charities, sports clubs etc.)」(06年法5条／11年法5条) を設けた。

　新たに設けられたこれらの規定から、ある団体ないし信託が「チャリティ」にあたると判断されるのには、①もっぱらチャリティ目的 (charitable purpose only) で設立されていること、および②公益増進 (public benefit) に資すること、の2つの要件を充たす必要がある (06年法2条／11年法2条)。

　また、この場合の「チャリティ目的」については、明文で、次の13類型を規定する (06法2条2項a項ないしm項／11年法3条1項a項ないしm項。以下の**表7参照**)。

　これら06年法に列挙された「チャリティ目的」類型は、これまで判例や議会制定法により「チャリティ」にあたるとされてきた類型を網羅するかたちで実定法の枠内に取り込んだ結果といえる。とりわけ、⑬「その他法律に定めるチャリティ目的」と定めたことにより、将来チャリティ目的かどうかを問われそうな様々な活動についてまで、チャリティ法以外の議会制定法により認定できる途を拓いた。

　一方、これらいずれかのチャリティ目的にあてはまる団体が、実際に「公益増進 (public benefit)」の要件に資する活動をしているかどうかについて、すべてのチャリティに対し、これを立証するように求めた。これにより、「貧困の救済」や「宗教の振興」のように、この目的にあてはまるチャリティは原則として"自動的に公益増進に資する"と推定してきた従来の解釈を大きく変更した。「公益増進」の有無については、古くから、税制上の支援措置の適用を受ける場合の要件とされてきたものである[15]。06年法は、これをチャリティ法固有の要件として明定したものである。

表7　新たなチャリティ目的の類型

①貧困の防止および救済 (the prevention and relief of poverty) (a項) ②教育の振興 (the advancement of education) (b項)

---

15) See, Jones v Williams [1767] Amb. 651.

③宗教の振興（the advancement of religion）（c項）
④健康増進または生命の救助（the advancement of health or the saving of lives）（d項）
⑤公民性およびコミュニティ開発の振興（the advancement of citizenship or community development）（e項）
⑥技芸、文化、遺産または学術の振興（the advancement of arts, culture, heritage or science）（f項）
⑦アマチュアスポーツの振興（the advancement of amateur sport）（g項）
⑧人権、紛争解決もしくは和解の推進、または宗教的もしくは人種的和解または平等と多様性の推進（the promotion of human rights, conflict resolution or reconciliation or the promotion of religious or racial harmony or equality and diversity）（h項）
⑨環境保全および改善の振興（the advancement of environmental protection and improvement）（i項）
⑩他人の支援を必要とする若者、老齢者、病弱者、障害者、経済的困窮者その他不利な境遇にある者の救済（the relief of those in need by person of youth, age, ill-health, disability, financial hardship or other disadvantage）（j項）
⑪動物愛護の促進（the advancement of animal welfare）（k項）
⑫国軍の能率または警察、消防、救助作業もしくは救急作業の能率の向上（the promotion of the efficiency of the armed forces of the Crown, or the efficiency of the policy, fire and rescue services or ambulance services）（l項）
⑬その他法に定めるチャリティ目的（any other purposes charitable in law）（m項）

　なお、「公益増進（public benefit）」に資するとはいかなることを指すのかについては、その定義をチャリティ法の中に盛り込むには至らなかった。その代わり、チャリティコミッションに対して、「公益増進要件の適用に関するガイダンス／指針（guidance as to operation of public benefit requirement）」を作成・公表するように義務付けた（06年法4条／11年法17条）。

(a)　貧困の防止および救済

　「貧困の救済（relief of poverty）」は、従来からチャリティ目的の1つとして、よく確立された類型である。生活困窮者を救済する様々な活動は、久しく、当然チャリティ目的にあたるとされてきた。たとえば、ホームレスの救済を目的とした活動などが典型である。

　06年法では、従来から規定されていた「貧困の救済」に、「貧困の防止（prevention of poverty）」の文言が加えられた（06年法2条2項a項／11年法3条1項a号）。「貧困の防止」とは、たとえば、失業中の人たちを救済する目的の活動や、働いても貧しい人たち（ワーキングプア）が貧困に陥らないように低家賃の住宅を提供する活動などが典型である。こうした貧困に陥らないように

するために行う間接的支援活動も、一応、従来から「貧困の救済」のカテゴリーにおいてチャリティ目的類型にあてはまるとされてきた。06年法は、「防止」の文言を明定することで、従来から争いのある救貧活動にかかる疑問の払拭をはかった。

(b) 教育の振興

「教育の振興（the advancement of education）」は、従来からチャリティ目的の1つとして、よく確立された類型である（06年法2条2項b項／11年法3条1項b号）。ただ、「教育」自体については、従来から定義されておらず、06年法もあえて具体的に定義しなかった。一般に、人の知識を改善し、かつ、社会にとり何らかの価値となることを指す。ただし、情報や知識を政治的広報活動や選挙活動の中で提供する活動は、教育目的にはあたらないとされる。

教育のための、学校設立、教員への支払、奨学金や授業料免除、図書館施設の運営などは、すべてチャリティ目的があるとされる。体育教育も、それが学校や大学で行われていなくとも、公益目的があるとされる。学校教育はもちろんのこと、社会教育も、チャリティ目的があるとされる。

近年、高額の授業料で運営されている私立学校（public school）などが、教育目的類型に該当するとしても、公益増進（public benefit）要件を充足するのかどうかが問題となっている。

(c) 宗教の振興

「宗教の振興（the advancement of religion）」も、従来からチャリティ目的の1つとして、よく確立された類型である。従来から、チャリティ法にいう「宗教の振興（advancement of religion）」（06年法2条2項c号／11年法3条1項c号）は、かなり広義にとらえられている。公衆の利益をはかるために教典に書かれた信仰や宗教を広めること、放送を通じて福音をもたらす説教をすることにより主として宗教を広めること、公衆の利益をはかるために礼拝や布教を通じて宗教を広めることなど、信仰を広める様々な活動はもとより、教会その他の宗教団体の利用に供するための土地・建物の提供やその維持管理行為なども含まれる。

ちなみに、UK という非独立国家連合の覇者であるイングランドにおいては、イングランド国教会（Church of England）という、国家と教会との分離（separation of State and Church）ルールを不透明とする国教会制度（Established

Church）を維持してきている[16]。また、カトリックや非国教派プロテスタントなど、国教会以外のキリスト教派（Christianity）、さらには、ユダヤ教（Judaism）のような伝統的な宗教・教団については、宗教活動を円滑に行えるようにするとのねらいから1855年に制定された「礼拝所登録法（Places of Worship Registration Act 1855）」に準拠して、宗教上の礼拝施設（a place of meeting for religious worship）や宗教婚施設（a place for religious worship for the solemnisation of marriages under section 41 of the marriage act 1949）（以下「礼拝施設等」という）を、出生・死亡・婚姻登録庁長官（The Registrar General of Births, Deaths, and Marriages）（以下「登録庁」「登録庁長官」という）に登録申請することを認める制度を維持している[17]。イングランド国教会その他チャーチコミッショナーが所管する団体や、これら登録庁長官が所管する宗教・教団は、チャリティ法上「登録除外チャリティ」となっている（93年法別表2）。このため、チャリティコミッションの所管から外れる。

　こうした制度のもと、チャリティコミッションの所管となる「宗教の振興」を目的とするチャリティとは、実質的に、英国国内においては新宗教とされる仏教、イスラム教、ヒンドゥ教などの教団などが対象となる。

　英国には、わが国の宗教法人法に匹敵するような、宗教団体に法人格を与えるための固有の法律は存在しない。このため、ある団体が、礼拝行為、布教活動、信徒に対する教義ないし教典に基づく信仰を深める行為の奨励や説教、さらには教典の頒布などを主たる活動としているとすれば、登録庁長官が所管する教団として登録が認められない限り、チャリティ法に基づく登録チャリティになるための申請をしなければならない。これら新宗教・教団から登録チャリティになる申請があった場合、チャリティコミッションは、審査を行うことになる。この審査にあたっては、①公益増進に資すること（実質的には、公序に反するものでないことなど）、②他の宗教を攻撃する活動をするものでないこと、③公衆ないしは一般にかなり知られていることなどが、重要な判断基準とされてきた。

・・

16）石村耕治『イングランド国教会法の研究』〔白鷗大学法政策研究所叢書2〕（白鷗大学・2010年）20頁以下参照。
17）登録庁は、制度的には、①イングランドおよびウェールズ、②スコットランド、③北アイルランドの3つに分かれている。

さらに、宗教団体は、従来は、仮に「宗教の振興」を目的していないと判断されても、「教育の振興」（06年法2条2項b号／11年法3条1項b号）を目的としていると認められれば、登録チャリティになることができた。たとえば、英国では、従来は、キリスト教のような一神教（monotheism）が真の宗教であり、ヒンドゥ教のような多神教（polytheism）は真の宗教ではないとの考え方が強かった。したがって、ヒンドゥ教の礼拝施設などは、1855年礼拝所登録法（Places of Worship Registration Act 1855）のもとでの登録、さらには、チャリティ法にいう「宗教の振興」目的での登録チャリティになるのもむずかしかった。このため、チャリティ法のもとでは、「教育の振興」目的で登録する便法が用いられもした。

これが、06年法2条3項a号／11年法3条2項a号では、例示的に「宗教（religion）」には、①1つ以上の神を信仰する宗教、および②神を信仰しない宗教を含む、と定義するに至った。このことから、ヒンドゥ教のような多神教も、公益増進（public benefit）に資することが証明できれば、宗教と認められることになった。

ちなみに、1999年に、チャリティコミッションは、チャーチ・オブ・サイエントロジー（Church of Scientology）が公益増進（public benefit）につながらない（実際には、公序（public policy）に反する）との理由で、チャーチ・オブ・サイエントロジーの登録チャリティになるための申請を却下している。[18]

(d) 健康増進または生命の救助

「健康増進または生命の救助（the advancement of health or the saving of lives）」は、06年法により、新たに加わったチャリティ目的類型である（06年法2条2項d項／11年法3条1項d号）。まだ、よく固まっていない概念である。06年法2条3項b号／11年法3条2項b号では、「健康増進（the advancement of health）」について、例示的に、「病気、疾病もしくは心身の苦難の予防や救済も含む」と定義している。「健康増進」は、きわめて広い意味をもつ文言である。病院での病気の治療や予防のみならず、精神療法（spiritual healing）なども、公益増進に資すると判断されれば、チャリティと認定される。アマチュアスポーツの振興などもあてはまる。一方、「生命救助」は、英国において、

---

[18] 1999年11月17日 決定〈http://www.charity-commission.gov.uk/Library/registration/pdfs/cosfulldoc.pdf〉。

従来から公益性があるとされてきた活動であり、これを明文で法定化したものである。

(e) 公民性およびコミュニティ開発の振興

「公民性およびコミュニティ開発（advancement of citizenship or community development）」は、06年法により、新たに加わったチャリティ目的類型である（06年法2条2項e号／11年法3条1項e号）。まだ、よく固まっていない概念である。06年法2条3項c号／11年法3条2項c号では、例示的に、①地方および都市の創生（rural and urban regeneration）と、②公民としての責任、ボランティア活動、ボランティア部門またはチャリティの能率もしくは効率性の推進（promotion of civic responsibility, volunteering, the voluntary sector or the effectiveness or efficiency of charities）を含む、と規定している。

たとえば、社会的・経済的に沈下しているコミュニティでのボランティア活動への参加を奨励することは、この類型のチャリティ目的にはてはまると同時に、公益増進にもつながる。一方、裕福な世帯が住む地域で同様の活動を奨励することは、公益増進につながるかどうかは定かではない。

また、全国ボランタリー組織協議会（NCVO: National Council for Voluntary Organisations）は、この類型のチャリティ目的をもつ団体にあてはまる。

(f) 技芸、文化、遺産または学術の振興

「技芸、文化、遺産または学術の振興（the advancement of arts, culture, heritage or science）」は、06年法により、新たに加わったチャリティ目的類型である（06年法2条2項f号／11年法3条1項f号）。これらの活動は、すでに数多くの先例でチャリティ目的にあてはまるとされてきていることから、議論の少ないものである。ただ、この類型のチャリティ目的を持つ団体は、公益増進に資するかどうかの立証で困難に直面する可能性が高い。たとえば、王立オペラ劇場（Royal Opera House）のような場合、公演の観覧には高額な入場券を購入しなければならないことが多い。公益増進、つまり、社会一般の利益につながることを立証するためには、大多数の一般市民が低廉な価額で容易に観劇できるかどうかが問われてくる。文化遺産や自然遺産の振興については、すでにナショナルトラストのような団体もあり、問題は少ない。もっとも、こうした遺産の質の評価にあたっては、むずかしい問題が伴うことも容易に想定される。

（ g ） アマチュアスポーツの振興

「アマチュアスポーツの振興（the advancement of amateur sport）」は、06年法により新たに加わったチャリティ目的類型である（06年法2条2項g号／11年法3条1項g号）。

スポーツについては、従前から、公益増進（public benefit）につながっているのかどうか、むしろ、スポーツに興じることは私益増進（private benefit）につながっていることが多いのではないかと問われてきた。もちろん、警察や軍隊でスポーツの振興をはかる団体の活動、カリキュラムの一部としてスポーツの振興をする学校や大学などは、公益増進に資するものと判断されてきた。

「アマチュアスポーツの振興」が、新たなチャリティ目的類型に加わったのは、社会の考え方が変わり、健康的なライフスタイルや疾病の防止にはスポーツが必要不可欠な要素になったという背景もある。

コミュニティにスポーツ施設を建設する活動は、1958年レクリエーションチャリティ法（Recreational Charities Act 1958）の制定により、明文でチャリティ目的類型の1つにあてはまることを確認した。06年法2条3項d号／11年法3条1項d号では、「スポーツ（sport）とは、身体的もしくは精神的技能もしくは活動にかかる健康を増進するスポーツまたはゲームをさす」と定義する。この定義によると、これまでチャリティ目的にあたらないとの理由でチャリティではないとされてきた、「コミュニティのアマチュアスポーツクラブ（community amateur sports clubs）」などには、チャリティとして認定・登録される途が拓かれることを意味する。ただ、高額な入会金や利用料を徴収している場合や入会条件が性差別的または人種差別的である場合などには、公益増進要件を充足することがむずかしく、登録チャリティの途を選択できないものと思われる。

（ h ） 人権、紛争解決もしくは和解の推進、または宗教的もしくは人種的和解または平等と多様性の推進

「人権、紛争解決もしくは和解の推進、または宗教的もしくは人種的和解または平等と多様性の推進（the promotion of human rights, conflict resolution or

---

19) 06年法5条〔レクリエーションチャリティ、スポーツクラブ等の特例〕は、1958年レクリエーションチャリティ法との齟齬を調整するために置かれた規定である。

reconciliation or the promotion of religious or racial harmony or equality and diversity)」は、06年法により新たに加わったチャリティ目的類型である（06年法2条2項h号／11年法3条1項h号）。現代的な類型の1つといえる。

　「人権の推進（promotion of human rights）」について、チャリティコミッションは、チャリティ目的がないと判断してきた時代があった。しかし、その後、チャリティコミッションも、この種の団体のチャリティ登録を求める方向に方針を転換した。[20] 人権擁護、人権侵害監視、個人と企業の人権擁護、国際的人権侵害監視等、多様な人権活動は、それに一定の政治的広報活動（political campaigning）が加わっていたとしても、チャリティと認定・登録される傾向にある。その他、様々な人道支援活動も、このチャリティ目的類型の新設により、チャリティと認定・登録される機会が広まるといえる。

（ｉ）　環境保全および改善の振興

　「環境保全および改善の振興（the advancement of environmental protection and improvement）」は、06年法により新たに加わったチャリティ目的類型である（06年法2条2項i号／11年法3条1項i号）。現代的な類型の1つといえる。チャリティコミッションも、これまで、全国清浄な大気・環境保護協会（National Society for Clean Air and Environmental Protection）のような環境保護団体を、登録チャリティとして認定してきた。今後、最も積極的な活動が求められる分野であり、チャリティとして認定・登録する団体が増えることが期待される。

（ｊ）　他人の支援を必要とする若者、老齢者、病弱者、障害者、経済的困窮者その他不利な境遇にある者の救済

　「他人の支援を必要とする若者、老齢者、病弱者、障害者、経済的困窮者その他不利な境遇にある者の救済（the relief of those in need by person of youth, age, ill-health, disability, financial hardship or other disadvantage)」は、06年法により新たに加わったチャリティ目的類型である（06年法2条2項 j 項／11年法3条1項 j 号）。この類型は、きわめて幅広い分野を含むかたちで定められている。06年法2条3項 e 号では、「救済（relief）」の意味について、例示的に、こうした人たちに対して宿泊・食事施設（accommodation）や介助（care）を

---

20) See, Charity Commission, The Promotion of Human Rights (January 2005) 〈http://www.charity-commission.gov.uk/publications/rr12.asp〉．

提供することを含む、と定めている。しかし、このような例に加え、こうした人たちに対する助言、擁護活動、デイケアなども、この類型にあてはまるものと解される。

（k）　動物愛護の促進

「動物愛護の促進（the advancement of animal welfare）」は、06年法により新たに加わったチャリティ目的類型である（06年法2条2項k項／11年法3条1項k号）。この類型が条文に盛られる前は、動物を愛護することによる公益増進とは、人間愛（humanity）と抑圧・残虐性（repressed brutality）という人の感情を促進する観点からはかられると解されてきた。これまでは、「動物愛護の促進」という類型がなかったために、動物園（zoo）や稀少動物パーク（rare breeds parks）などは、「教育目的」の類型でチャリティとして登録が認められてきた。しかし、今後は、この「動物愛護の促進」の類型で、チャリティの認定・登録が認められる傾向が強まるものと思われる[21]。

すでに触れているように、チャリティの認定においては、公益増進（public benefit）要件をも充足するように求められる。全国動物実験反対協会（National Anti-Vivisection Society: NAVS）のような動物実験に反対する団体は、動物愛護というチャリティ目的類型にあてはまるとしても、動物の人類への貢献（むしろ、動物を人類が利用することが公益増進に資する）という観点からすると公益増進要件を充足しないという理由で、登録チャリティになることはむずかしいものと解される[22]。

ちなみに、2006年動物愛護法（Animal Welfare Act 2006）が成立し、2007年4月6日に公布された。この法律は、動物実験の手続を定めた1986年動物（実験手続）法（Animal (Scientific Procedures) Act）9条に基づいて実施される合法的な動物実験に対しては、適用がない[23]。

鳥獣保護区（sanctuary）の運営のように、野生の稀少鳥類や動物を人間の被害にあわないように保護する活動は、これまではチャリティにはあてはまら

---

21) ただ、動物園等は一般に有償のチャリティ（fee-charging Charities）であることから、生活困窮者や高齢者等への割引など、公益増進要件の充足面で今一層の努力が求められるものと思われる。
22) See, National Anti-Vivisection Society v IRC [1948] AC 31.
23) See, Paula Sparks, "The Animal Welfare Act 2006: An Overview", Journal of Animal welfare Law（Jan. 2007）〈http://www.alaw.org.uk/journal/ALAWJournalissue5.pdf〉.

ないと解されている[24]。しかし、こうした保護区は、「環境保全および改善の振興」類型のチャリティ目的に資する場合も少なくない。したがって、この類型でのチャリティ認定・登録も可能と解される。

(l)　国軍の能率または警察、消防、救助作業もしくは救急作業の能率の向上

「国軍の能率または警察、消防および救助作業もしくは救急作業の能率の向上 (the promotion of the efficiency of the armed forces of the Crown, or the efficiency of the policy, fire and rescue services or ambulance services)」は、06年法により新たに加わったチャリティ目的類型である（06年法2条2項1項／11年法3条1項1号）。国軍の能率向上については、従来から、先例によりチャリティとして認定されてきている[25]。また、軍要員の体力や能力向上につながるスポーツを奨励する団体は、このチャリティ目的類型にあてはまるものと解される。一方、射撃訓練をする団体は、趣味的な面も強く公益増進要件を充足できるかどうかは疑わしい。ただ、この場合には、「アマチュアスポーツの振興」類型にあてはまることも考えられる。

06年法2条3項f号／11年法3条2項f号では、「消防および救助作業」とは、2004年消防・救助作業法 (Fire and Rescue Services Act 2004) の第2編に定める消防および救助隊により提供される役務を指す、と定める。警察に加え、消防作業が公益目的とされたのは1951年に至ってからのことである[26]。これらに加え、06年法は、救助作業を追加した。ちなみに、救助作業は、「健康増進または生命の救助 (the advancement of health or the saving of lives)」類型の一部である生命の救助にあてはまる可能性もある。

(m)　その他法に定めるチャリティ目的

「その他法に定めるチャリティ目的 (any other purposes charitable in law)」は、06年法により新たに加わった（06年法2条2項m項／11年法3条1項m号）。1958年レクリエーションチャリティ法 (Recreational Charities Act 1958) をはじめとして、様々な制定法でチャリティ目的類型を定めている。チャリティ法に定める上記(a)～(l)のチャリティ目的にあてはまらなくても、これらの制定法により、チャリティ目的類型にあてはまり、かつ、それがチャリティ法上

---

24) See, Re Grove-Grady [1929] 1 Ch 557.
25) See, Re Driffill [1950] Ch 92.
26) See, Re Wokingham Fire Brigade Trusts [1951] Ch 373.

のもう1つの要件である公益増進（public benefit）要件も充足すれば、登録チャリティになることができる。

(4) 公益増進基準策定の経緯

すでに触れたように、06年チャリティ法は、ある団体または信託が「チャリティ」と判断されるには、①もっぱらチャリティ目的（charitable purpose only）で設立されており（「チャリティ目的」要件）、かつ、②公益増進（public benefit）に資すること（「公益増進」要件）という2つの要件を充たす必要があることを議会制定法で定めた（06年法2条1項／11年法2条1項）。

以下においては、この「公益増進基準テスト（public benefit test）」（06年法3条／11年法4条）について分析する。

(a) 公益増進要件の策定・適用

従来は、公益の増進につながっているのかどうかについて、①貧困の救済、②教育の振興および③宗教の振興、といった3つの"主要（heads）"類型のチャリティ目的のチャリティについては、ほぼ自動的に公益増進（public benefit）があるものと推認された[27]。ところが、06年法では、「公益増進基準（public benefit test）」（06年法3条）の表題の規定を置いて、自動推認をやめる旨を明らかにし、すべての類型のチャリティに対して、公益増進（public benefit）要件を充たしているかどうかを、自らが立証するように求めた（06年法3条2項／11年法4条2項）。一方で、「公益増進（public benefit）」の意味については、具体的に定義しなかった。その代わりに、チャリティコミッションに対して、「公益増進要件の適用に関するガイダンス／指針（guidance as to operation of public benefit requirement）」を作成・公表するように義務付けた（06年法4条／11年法17条）。

(b) 「公益増進一般ガイダンス」の公表

2007年10月に、チャリティコミッションは、「公益増進一般ガイダンス：チャリティと公益増進（General Guidance on Public Benefit: Charities and Public Benefit）」（以下、「公益増進一般ガイダンス」または「一般ガイダンス」）を公表した。

---
27) ②教育の振興の類型にチャリティについては、たとえば、高額の授業料の支払を条件に少数の生徒のエリート教育を行う私立学校（public schools）が、公益増進要件を充足するのかどうかが問題となっている。

すでに触れたように、チャリティコミッションは、2007年3月の草案では、**表8**の4つの公益増進判断原則を示していた。この公益増進判断原則が10月に公表した正式なガイダンスでは、**表9**の2つに再編された。

表8　ガイダンス草案に盛られた公益増進判断4原則

①確認できる利益が存在すること。
②社会一般の利益に資すること、または社会一般の適切な部分の利益に資すること。
③低所得者に利益になること。
④私的利益につながっているとしても、それは付随的な程度であること。

表9　公益増進判断原則

①確認できる利益が存在すること。
②社会一般の利益に資すること、または社会一般の適切な部分の利益に資すること。

　（ⅰ）　確認できる利益が存在すること　　この原則（基準）は、次の3つの副次的原則からなる。

　（ア）　利益とは何かが明確にされること　　公益増進一般ガイダンスにおいて、チャリティコミッションは、13種類の利益を掲げている。草案意見公募／公開諮問に応じて提出された意見も参考にし、チャリティコミッションは、さらに、「医師、看護師、警察官、軍人および救急サービスの能率の促進」や「公的基金への受入れ（receiving public funds）」を掲げた[28]。

　（イ）　利益は団体の公益目的に関するものであること　　一般ガイダンスでは、利益は、その団体の公益目的に関するものでなければならない。チャリティの目的と関係しない利益は、そのチャリティが公益増進要件を充足しているかどうかの判断にあたっては、勘案しないものとする。したがって、私立学校の有する施設が、その地域の成人も利用できるように開かれているとする。この場合、その学校が子どもの教育の振興のみを目的としているときには、公益増進の判断にあたっては、これを斟酌しないものとする。

　一般ガイダンスでは、チャリティコミッションは、公益増進要件に合致しているかどうかの判断にあたり、チャリティの受託者／理事と共同して建設的な作業をするものとする。

28）ただし、「公的基金の受入」は、意見公募／公開諮問で徴収された意見ではなく、チャリティコミッションの独断で挿入されたものと思われる。

（ウ）利益は不利益または害悪と比較して考量すること　単に、社会一般に不利益ないし害悪があるというだけでは、そのチャリティは登録を拒否されたり、取り消されたりすることはない。しかし、不利益ないし害悪については、そのチャリティの公益目的から得られる利益と比較考量して、決定される。

（ii）社会一般の利益に資すること、あるいは社会一般の適切な部分の利益に資すること　この原則（基準）は、次の4つの副次的原則からなる。

（ア）受益者がチャリティの目的に適合していること　社会一般の利益に資するかどうか、あるいは社会一般の適切な部分の利益に資するかどうかの判断にあたっては、まず、そのチャリティは誰を受益の対象としているのか、また、実際、誰が利益を享受しているのかを重視する。

受益の対象は、その団体の目的により異なる。たとえば、コミュニティセンターのようなチャリティは、特定地域に居住する人たちの公益増進が目的である。また、稀少動植物の保護を目的とするチャリティは、人類に対する公益増進を目的としているといえる。

一定の基金によって奨励金を出すチャリティ、あるいは高齢者施設（almshouse）や介助施設（care home）のような例では、たとえ受益の対象が限定されているとしても、社会一般の適切な部分の利益に資することから、公益増進要件を充足する。

（イ）社会一般の適切な部分の利益を対象としている場合、受益の機会が不当に制限されていないこと　チャリティの受益の対象が一般大衆の一部である場合、利益を受ける人に対する条件は合理的なものでなければならない。したがって、会社の従業員の子弟のみを対象に奨学金を支給するために組まれた信託は、私益増進にはつながるとしても、公益の増進にはつながっていないと判断される[29]。

このことから、受益の条件が、その団体の目的に照らして、合法的、均等、合理的、かつ正当なものでなければならない。原則として、次の場合に、受益の機会は合理的に確保されているとされる（**表10**参照）。

表10　受益の機会が合理的に確保されていると判断する場合の要件

・受益の対象となる層の人たちに十分に広く開かれていること。

---

29) See, Oppenheim v Tobacco Securities Trust Co. Ltd. [1951] A. C. 297.

- 受益の対象となる層の人たちから、正当に制限された特別の公益に対する需要があること。

　難病の新たな治療の研究開発を公益目的とするような団体は、公益増進に資するとされる。他方で、私立学校が公益増進に資する適格を有しているかどうかについては、チャリティとコミッションの間で争いの的になっている。

　ⅰ）地理的限界　　チャリティのなかには、特定のコミュニティに住む人たちの公益増進を目的とする団体が多い。1つの自治体を活動範囲としたチャリティ、あるいは、1つの町内を活動範囲とするチャリティなど、様々なスケールが考えられる。「受益の対象が一般大衆の一部である場合」とは、地理的にはどの程度をいうのか、具体的には、チャリティの目的を勘案して合理的に判断される。

　一方、チャリティのなかには、その活動範囲を、チャリティコミッションの所轄となるイングランド・ウェールズに限らず、英国の他の地域も視野に入れて設定している場合もある。登録チャリティは、地域限定のものでも、全国的なものでも、世界的な規模のものでもよい。

　ⅱ）有償チャリティ　　チャリティは有償でサービスを給付し、または施設を利用させることができる。また、チャリティは、チャリティの目的を達成するために合理的かつ必要な範囲において、原価より高い利用料を課すことができる。しかし、実質的に、利用料を課すことで、そのチャリティの利益が利用料を支払う資力のある人に限定され、支払う資力のない人たちが受益の機会を排除されてしまっているとすれば、社会一般の適切な部分の利益に資するとは判断されない。したがって、この場合には、公益増進要件を充たさないといえる。

　有償チャリティの例としては、次のものをあげることができる（表11参照）。

表11　有償チャリティにあたる事例

- 教育機関（学校や大学）
- 民間病院
- 介護施設
- レクリエーション施設（スポーツセンター、レジャーセンター、レクリエーショングラウンド、ホール）
- 技芸、保全、保護施設（劇場、博物館、由緒ある邸宅）
- 有償の会員制団体

・有償購読会誌を発行する団体

　サービスまたは施設に利用料を課している場合、有償が許容される範囲のものであるかどうかについて、チャリティコミッションは、次の点を精査する（表12参照）。

表12　有償チャリティにおける利用料のチャリティ性の精査基準

（a）	利用料の設定により、サービスまたは施設から利益を受けられなくなる人たちを排斥する効果が、どの水準にあるのか。
（b）	利用料を支払えない人たちでも受益の機会を排斥されないことを証明することができるかどうか。
（c）	利用料を支払えない人たちが、サービスまたは施設から利益を受けられる方法があるのかどうか。
（d）	その他利益が提供される特質および程度

　（ウ）　貧困な人たちが受益の機会を排斥されてはならないこと　　受益できる人について制限があるとしても、チャリティは、いかなる場合においても、貧困な人たちがそのチャリティの目的にかかる利益を受ける機会を排斥されないように保障しなければならない。

　（エ）　いかなる私益増進も付随的な程度でなければならないこと　　「私益増進（private benefits）」とは、受益者以外の人や団体が受ける利益を指す。私益増進があるかどうかを査定する場合、チャリティコミッションは、誰もが受け取っている利益については注目しない。なぜならば、こうした人たちはチャリティの受益者であるからである。

　チャリティは、これら受益者以外の人たちに、その利益が付随的な程度であれば、私益を給付することができる。ただし、そうした利益がチャリティの目的に直接に貢献するものであり、そうした目的遂行の必然的な結果であるかあるいは副産物であることを証明しなければならない。表13のような例をあげることができる。

表13　容認される程度の私益増進かどうかの判断基準

・私益増進が、チャリティの目的を促進する、またはそうした意図をもってとられる行為から生じるものであり、かつ、 ・私益増進が規模その状況に照らして合理的である場合

　鳥獣保護を目的とする団体が、動物の治療に対して専門の獣医に支払う費用

が一例である。また、コミュニティ創生を手がける団体が、創生プロジェクトを実施し、その結果として、そのコミュニティでの商業利益が増大する例をあげることができる。

　会員制のチャリティから会員が受け取る利益は、受益者として受け取る私益にあたるようにみえるが、そのチャリティ目的遂行の付随的な結果であるととれる。もっとも、会員自らに利益を給する目的をもち、当該会員の出捐により支えられた互助団体は、通例、チャリティとしての登録は認められない。

(c)　登録チャリティからの公益増進に関する報告

　チャリティコミッションの「公益増進ガイダンス」では、チャリティの受託者・理事に対して、公益増進（public benefit）に関し、年次報告書（Trustees' Annual Report）のなかに、**表14**の内容の報告を行うように求めている。なお、大規模チャリティの場合には、**表15**の追加的な報告要件が課される。

表14　年次報告書への必須記載事項

- チャリティの目標の概要
- 主要な活動およびその目標にかかるチャリティの達成率

表15　大規模チャリティの場合の年次報告書への追加的な必須記載事項

- 主要な活動のレビュー
- 目的と目標の細目
- 目的と目標を達成するために採られた戦略および活動の詳細
- 設定された目的と目標の達成率の参照資料付きでの詳細

(5)　チャリティコミッションによる公益増進の査定

　チャリティコミッションは、「公益増進」の査定を行う事務を担当している。この点について、ガイダンスでは、①新たな団体がチャリティ登録申請する場合と、②現存の登録チャリティの場合とに分けて規定している。

(a)　新たな団体がチャリティ登録申請する場合の査定

　いかなる団体も、チャリティ登録の申請をする場合には、チャリティ目的を有し、かつ、公益増進に資する旨を積極的に立証しなければならない。

　団体の登録申請があった場合、チャリティコミッションは、申請書と添付された資料に基づいて、チャリティ目的と公益増進要件を充たしているかどうかについて査定を行う。申請団体が一般に周知されているチャリティ目的に基づ

く登録申請を行っており、定型の根本規則を使っている場合には、査定は比較的容易である。これに対して、申請団体が、新規の、あるいはあやふやなチャリティ目的に基づいて登録申請を行っている場合には、ガイダンスに盛られた基本原則に準拠して慎重に査定する必要が出てくる。チャリティコミッションは、その団体の目的は何なのか、そして、その目的は公益増進に資することになるのかについて、申請人と協議することになる。

その団体が、公益増進要件を充足できない場合、チャリティコミッションは、その目的の変更、目標の遂行方法の変更などを指導し、要件を充足できるように努める。申請団体が、目的を明示できず、かつ、公益増進に資するであろうことを立証できない場合には、チャリティとして登録はできない。したがって、その団体が、自主的に登録申請を取り下げるか、チャリティから登録拒否処分を受けることになる。こうした処分に不服な申請者は、コミッションに対し異議申立て（decision review）、またはチャリティ審判所（Charity Tribunals）に対する審査請求（appeal）、さらには、再審査請求（onward appeals）（その後のチャリティ審判所に廃止に伴い、第1段階審判所への審査請求、上級審判所への再審査請求）も可能である。

（b）　現存の登録チャリティの場合

チャリティは、その存続期間にわたって継続的に、公益増進要件を充足しなければならない。

チャリティとして登録が認められた場合、受託者／理事は、チャリティの目的に沿い継続的に公益増進要件を充足するように求められる。チャリティは、一旦登録が認められた場合、公益増進要件の負担が重すぎるという理由で任意に登録の抹消を求めることはできない。

現在、多様な目的をもつチャリティが存在する。それぞれのチャリティは、自己のチャリティ目的に沿い公益増進をするように求められるが、チャリティ法は、同一の基準に基づいて公益増進度を査定するようには求めていない。すなわち、異なるチャリティ目的については、異なる公益増進判定基準に基づいて査定できるものとしている。

チャリティコミッションは、個々のチャリティが公益増進要件を充足しているかどうかの査定にあたっては、たとえば、**表16**のような情報を参考にすることにしている。

表16 チャリティの公益増進要件充足度判断の際に参考とする資料や基準

- チャリティが作成した公益増進報告：受託者／理事が作成した報告書（Trustees' Annual Report）に盛られた公益増進に関する情報が、チャリティ目的に沿い公益増進に努めているかどうかを判定する際に、第一に参照される資料である。
- 査定対象選定基準：①法律の改正への適応～06年法により、いかなるチャリティ目的をもつチャリティも公益増進度を立証する責任を負うことになったことから、この変更への各チャリティの対応、②有償チャリティの場合、06年法の立法過程で問われた論点、③社会の変化に伴うチャリティ目的に沿う公益増進度を立証する能力への影響、④公益増進報告要件を継続的に充足していない、または報告書が要件充足は困難であることを示していないかどうか、⑤無作為抽出のサンプルの利用。

（6） 問われるガイドラインによる「公益増進」要件の解釈

「公益増進（public benefit）」の意味については、議会制定法で具体的に定義しなかった。その代わりに、チャリティコミッションに対して、「公益増進要件の適用に関するガイダンス／指針（guidance as to operation of public benefit requirement）」を作成・公表するように義務付けた（06年法4条／11年法17条）。この結果、チャリティコミッションの判断（決定）や法解釈が、現実の世界から乖離し、独り歩きしているのではないかとの批判も出ている。

ある私立学校（チャリティ）は、チャリティコミッションが公益増進に資する適格を拒否する決定（処分）を行ったことにつき争った（独立学校評議会事件）。

本件において、学校側からの再審査請求を受けて、上級審判所（Upper Tribunal）は、06年チャリティ法は公益増進要件を具体的に法定しておらず、チャリティコミッションのガイダンスに一任していることを指摘した。そして、チャリティコミッションのガイドラインも一解釈として尊重されるとしながらも、何が公益増進にあたるのかについては、各学校の自律的な判断に任されているとして、コミッションの適格認定拒否処分を違法として取り消した。[30]

この裁断を受けて、英国議会下院公管理特別委員会（HC PASC: HC Public

---

[30] See, The Independent Schools Council v Charity Commission for England and Wales [2011] UKUT 421 (TCC). See, Mary Synge, "Case Study," 75 Modern L. R. 624-639 (July 2012). なお、この裁断を受けて、チャリティコミッションに公益増進要件に関するガイダンスを発遣する権限を与えていた06年法4条および後継の11年法17条のあり方が、英国議会下院の公管理特別管理委員会（HC PASC: HC Public Administration Select Committee）で問われた。

Administration Select Committee) は、公益増進にかかる立法権をチャリティコミッションへの全面委任していることを問題にした。とりわけ、公益増進要件に関するガイダンス発遣する権限を与えている、06年法4条および後継の11年法17条の存在を疑問視した。同委員会は、議会が立法権を放棄し、公益増進要件の意義や解釈をチャリティコミッションに委ねた結果、争訟費用を含む膨大なコスト負担につながっていることを批判した[31]。

（7） チャリティ登録制度改正の概要

英国において、チャリティ（charity）としての適格を得ようとするものは、法人形態か非法人形態かを問わず、原則として、チャリティコミッション（Charity Commission）に申請し、登録するように義務付けられている（06年法9条による修正93年法3条のA第1項／11年法30条1項）。

06年法によりチャリティの登録ルールが改正された。この登録ルールに関する06年の改正は、登録除外チャリティ（exempt charities）の範囲の見直しと、登録免除チャリティ（excepted charities）の基準の改定に及ぶ（06年法14条による修正93年法86条のA／11年法160条）。

現在、チャリティコミッションは、チャリティの「登録簿（The Register)」を置く制度を維持している（93年法3条／11年法29条）。この制度のもと、法定要件にあてはまる公益／慈善活動をする団体は、登録申請を義務付けられ、かつ、登録を承認されたものは登録簿に登載される。また、登録簿には、①各チャリティの名称と、②チャリティコミッションが定めた項目と様式に従い、各チャリティが提出したそのチャリティに特有の情報その他の情報、が保存される。

ちなみに、後述(12)のように、06年法により新たな公益法人（CIO: Charitable Incorporated Organisations）類型が導入された（06年法8章（34条）関係別表第7（公益法人）／11年法204条以下）。既存の会社法に準拠して設立されている保証有限責任会社（CLG: Companies Limited by Guarantee）などは、この新法人形態に移行できる。新法人（CIO）形態に移行した法人形態のチャリティの場合には、移行前の会社の名称などを含めた登録事項が、登録・保存される。

---

31) See, HC PASC, The Role of Charity Commission and "public benefit" Post-legislative scrutiny of the Charities Act 2006 (21 May 2013) 〈http://www.publications.parliament.uk/pa/cm201314/cmselect/cmpubadm/76/7602.htm〉.

(a) チャリティ登録簿の記載内容と開示

　チャリティコミッションの登録簿（The Register）には、実際には、チャリティの名称または屋号、住所、連絡先（電子メールアドレスを含む）、根本規則（信託証書（trust deeds）、会社定款（company memorandum）／法人規約（CIO rule）など）の詳細（公益目的類型・活動分野などを含む）、受託者／理事の氏名、会計書類（annual statements of accounts）、年次報告書（annual report）、年次申告書（annual return）、登録日、登録番号などが保存されている[32]。また、チャリティコミッションは、個人情報保護法益を護る必要がある場合などを除き、原則として、これらの情報を、合理的な日時の範囲内で、一般への閲覧に供しければならない（06年法9条による修正93年法3条7項／11年法170条）。また、これらの情報の抄本ないし謄本の請求があれば、請求者に対してそれらを交付しなければならない（06年法9条による修正93年法3条10項／11年法170条）。さらに、コミッションでの閲覧の請求があれば、それにも応じなければならない。なお、これら開示の対象には、根本規則に加え、会計書類や年次報告書も含まれる（93年法84条／11年法165条および170条）。また、開示請求にあたっては、既定の手数料支払が求められる（細目は、1992年チャリティコミッショナー手数料（抄録および謄本）規則（Charity Commissioners' Fees (Copies and Extracts) Regulations 1992）による）。

(b) チャリティの登録要件

　いかなるチャリティも、登録を要しないとされない限り（06年法9条による修正93年法3条のA第2項／11年法30条2項）、登録するように求められる（06年法9条による修正93年法3条のA第1項／11年法30条1項）。

　06年法は、「チャリティ（charity）」を**表17**のように定義する（06年法1条／11年法1条）。

　また、登録を要しないとされるチャリティについては、**表18**のように定める（06年法9条による修正93年法3条のA第2項／11年法30条2項）。

表17　登録チャリティとは

・もっぱらチャリティ目的で設立され、かつ、 ・チャリティに関する裁判管轄権の行使において高等裁判所の支配に属するもの

---

32) このほか、チャリティコミッションは、「合併の登録簿（register of mergers）」も管理している。

表18　チャリティの登録要件

> ①小規模チャリティ（small charities）―06年法9条による修正93年法3条のA第2項d号／11年法30条2項d号：前会計年度の総収入金額が5,000ポンド以下の登録不要のチャリティ
> ②登録除外チャリティ（exempt charities）―93年法3条5項および96条関係別表第2ならびに06年法12条による修正93年法12条関係別表5／11年法30条1項a号および22条関係別表3：チャリティコミッション以外の政府機関の主管となるため、チャリティコミッションでの登録は除外になるチャリティ
> ③登録免除チャリティ（excepted charities）―93年法3条5項b号、06年法9条による修正93年法3条のA第c項／11年法30条2項c号：チャリティコミッションの主管になるが、前会計年度の総収入金額が10万ポンド以下で、チャリティコミッションでの登録が免除されるチャリティ

（c）　受託者・理事の受忍義務

　チャリティの受託者／理事（trustees）は、チャリティ法に定める登録要件を充足する場合に、チャリティコミッションに登録申請をするように義務付けられている（06年法9条による修正93年法3条のB条第1項a号／11年法35条1項a号）。また、チャリティの受託者／理事は、年次報告書を作成したり、法定資料や情報の提出を義務付けられる（06年法9条による修正93年法3条のB第1項b号／11年法162条等）。

（8）　小規模チャリティ

　すでに触れたように、前会計年度（基準期間）の総収入金額が5,000ポンド以下の小規模チャリティ（small charities）は、チャリティコミッションでの登録を要しない（06年法9条による修正93年法3条のA第2項d号／11年法30条2項d号）。従来は、この最低金額が1,000ポンドであったが、この金額が引き上げられた。言い換えると、2007年4月1日以降、チャリティは、特定信託（special trusts）に付しているものも含め基準期間のあらゆる源泉の収入が5,000ポンド（旧1,000ポンド）を超える場合には、チャリティコミッションへの登録が義務付けられる。

　06年法の施行後において、基準期間の総収入金額が5,000ポンド以下の小規模チャリティは、もはや登録を義務付けられないことになった。もちろん、この場合であっても、登録免除チャリティを含め、チャリティコミッションの一定の規制権限が及ぶことには変わりない。

（a） 任意の登録選択

　小規模チャリティにあてはまれば、登録を義務付けられることはない。しかし、登録制度の長所の1つは、登録によりチャリティが社会的に高い信用度が得られることにある。この点に配慮して、06年法は、小規模チャリティにあてはまり登録の必要がない場合であっても、そのチャリティは任意で登録（voluntary registration）を選択できることにした（06年法9条による修正93年法3条A第6項／11年法30条3項）。もっとも、後述(9)の登録除外チャリティ（exempt charities）（06年法9条による修正93年法3条のA第a項および修正93年法別表2／11年法30条1項a号および22条関係別表3）は、登録選択ができない（06年法9条による修正93年法3条のA第6項／11年法30条2項d号）。

（b） 登録抹消手続

　従来は、小規模チャリティで登録不要となる場合の最低金額は1,000ポンドであった。これが5,000ポンドに引き上げられたことから、新基準の施行後、もはや登録を維持する必要のないチャリティが出てくる。こうしたチャリティは、チャリティコミッションに申請して、登録抹消手続を進めることができるものと解される。[33]

　同様に、小規模チャリティが任意登録を選択した場合についても、その後、登録不要と考えたときには、登録抹消手続を進めることができる（06年法9条による修正93年法3条6項／11年法34条3項）。

（c） 小規模チャリティの登録と税制上の支援措置

　チャリティには、会社や人格なき社団形態か、信託形態かを問わず、本来の事業および非関連収益事業等（charitable expenditures）に対する所得課税やキャピタルゲイン税の除外措置[34]、付加価値税のゼロ税率（zero-rating）や非課税（exemptions）の適用、寄附金控除対象寄附の受入適格など、各種税制上の支援措置が講じられている。

---

33) チャリティ法に特段の定めはないが、チャリティコミッションは抹消手続に関するガイダンス（指針）の作成にとりかかっている。
34) 一般に、信託形態のチャリティの場合は、個人所得税上の課税／課税除外の取扱いを受ける。一方、会社（法人）や人格なき社団等形態のチャリティの場合には、法人所得税の課税／課税除外となる。なお、ナショナルトラストなど信託形態のチャリティのような名称を用いていても、法人格付与法準拠法人（body incorporated by statute）や勅許状準拠法人（body incorporated by Royal Charter）については、法人所得税上の課税／課税除外の取扱いを受ける。

英国の課税庁である歳入関税局（Her Majesty's Revenue and Custom: HMRC）は、チャリティが各種税制上の支援措置を享受するためには、原則として、登録チャリティであることを証するチャリティコミッション発行の登録番号（registration number）を呈示するように求める。しかし、基準期間の総収入金額が5,000ポンド以下で登録の不要な小規模チャリティの場合、登録番号の呈示ができない。この場合、法人形態のものについては2000年財政法46条（小規模事業等への課税除外（Exemption for small trade etc.））により、一方、信託形態のものについては2007年所得税法（Income Tax Act 2007）506条（小規模事業からの収益への課税除外（Exemption for profits etc. of small-scale trade））などにより、課税しないことにしていることから、登録番号なしに証明資料の呈示のみで足りる。

(9)　登録除外チャリティ

　登録除外チャリティ（exempt charities）とは、平易にいえば、チャリティコミッション以外の政府機関の所管となることから、チャリティコミッションでの登録が除外されるチャリティを指す（93年法3条5項および96条関係別表第2ならびに06年法12条による修正93年法12条関係別表5／11年法30条1項a号および22条関係別表3）。主なものをあげれば、①1960年チャリティ法制定以前から存続する団体および1853年〜1939年公益信託法（Charitable Trusts Act 1853-1939）に基づいて存続する機関、②オックスフォード大学やケンブリッジ大学、ロンドン大学、ダーハム大学など（93年法別表2第b号／11年法22条関係別表3第2条以下）、③国王の勅許状で設立された大英博物館（British Museum）（93年法別表第2第P号／11年法22条関係別表3第12条以下）、④議会制定法で創設された帝国戦争博物館（IWM: Imperial War Museum）（93年法別表2第z号／11年法22条関係別表3第23条）などが典型である。これら登録除外チャリティは、設立準拠法である各議会制定法や93年法別表2／11年法22条関係別表に限定列挙されている。

(a)　登録除外チャリティの除外範囲の見直し

　2002年9月に、首相直属の戦略班（Strategy Unit）が、チャリティ制度改革に関する意見公募／公開諮問のための報告書『民間活力、公益増進（Private Action, Public Benefit）』をまとめ、内閣府（Cabinet Office）が公表した。この意見公募／公開諮問用の報告書のなかで、戦略班は、登録除外チャリティ

(exempt charities)については、はっきりした主管機関のないものも少なくないことを指摘した。加えて、その主管機関がチャリティ法を執行する権限を有していないことなどから、政府規制が及びにくい構図になっていることに注目した。そして、こうした点の改善に向けて、表19のような勧告を行った。

表19　戦略班が勧告した登録除外チャリティの見直しのポイント

- 登録除外チャリティの主管機関は、チャリティ法に準拠して監督をすべきである。
- チャリティコミッションが、登録除外チャリティに対しても広範な監督権を行使すべきである。
- 主管機関を持たない大規模な登録除外チャリティは、チャリティコミッションで登録すべきである。

　以上のような勧告の趣旨は、基本的に06年法に採り入れられた。すなわち、登録除外チャリティとして存続するチャリティは、チャリティ法に準拠した監督権を行使できる「主管機関（principal regulator）」の支配に服すべきであるという視角から法改正が行われた。

　この結果、チャリティコミッションが登録除外チャリティの活動に介入できる規制権限は、強化された。言い換えると、登録除外チャリティ側のチャリティ法上の受忍義務は、格段に強化された。たとえば、①登録除外チャリティの受託者／理事は、原則として、登録チャリティの受託者／理事と同等の責務を負うこととされた。また、②登録除外チャリティは、登録チャリティとは多少異なるが、会計、その監査および年次報告書等の作成・開示の面で、自らの主管機関に対して、登録チャリティと同程度の会計責任を負うこととされた（11年法160条）。

（b）　登録除外チャリティの適格を喪失するチャリティ

　これまで登録除外チャリティ（exempt charities）にあったチャリティが、その適格を喪失するということは、チャリティコミッションでの登録申請をしなければならなくなることを意味する。そして、結果的には、チャリティコミッションの監督に服することになる。

　06年法の制定にあたっては、登録除外チャリティ適格を喪失するチャリティと、逆に、適格を持続するチャリティの選別作業が行われた。その選別にあたっては、まず、登録除外チャリティについて、チャリティコミッションと同等の監督権を確実に行使できる主管機関が存在するかどうかが精査された。そし

て、次に、そうした主管機関が見当たらない場合には、登録除外チャリティの適格を喪失させ、チャリティコミッションでの登録を求めるかたちで立法作業がすすめられた。

　この結果、①ウェールズの大学その他の高等教育機関、②ケンブリッジ、ダーハムおよびオックスフォード大学の各種カレッジ、③大学学生自治会（student unions）、ロンドン博物館（Museum of London）などは、チャリティコミッションの監督を直接受けることになった。

(ｃ)　登録除外チャリティの適格を持続するチャリティ

　登録除外チャリティの適格を維持するチャリティについては、チャリティコミッション以外の主管機関の監督を受けることになる。その一方で、06年法は、登録除外チャリティの主管機関または主務大臣に対して、その管轄下にある団体がチャリティ法の基本原則を遵守しているかどうか監督するように求めている（06年法13条／11年法25条以下）。

　登録除外チャリティの適格について、チャリティコミッションと主たる規制機関は、必要に応じて協議をすることになっている（11年法28条）。また、主たる規制機関から登録除外チャリティに関するチャリティコミッションへの情報開示や、チャリティコミッションから登録除外チャリティの主たる規制機関への情報開示も制度化された（11年法58条）。

(10)　登録免除チャリティ

　登録免除チャリティ（excepted charities）とは、チャリティコミッションの主管の下にあるチャリティであるが、チャリティコミッションへの登録は免除されるものを指す（93年法 3 条 5 項 b 号、06年法 9 条による修正93年法 3 条の A 第 2 項 c 号／11年法30条 2 項 d 号）。したがって、チャリティ法の基本原則は適用になる。

　06年法は、これら登録免除チャリティとされてきた団体であっても、前会計年度の総収入が10万ポンドを超える場合には、チャリティコミッションでの登録を義務付けた（06年法 9 条による修正93年法 3 条の A 第 c 項 ii／11年法30条 1 項および 2 項 b 号および c 号）。

　チャリティの登録制度は、1960年代に確立されたが、チャリティによっては、その親団体または連合組織がすでに登録チャリティになっている場合が多かった。ボーイスカウト（Boy Scout groups）やガールスカウト（Girl Guide groups）、

軍隊関連チャリティ（armed forces charities）などが典型である。ほかに、1855年礼拝施設登録法（Places of Worship Registration Act 1855）9条のもとで登録庁長官に所管される、宗教礼拝施設等（93年法別表2第a号）が登録免除チャリティとなっている（ただし、前会計年度の総収入金額が5,000ポンド未満の場合に限る）。

　06年法の制定時に、これら登録免除チャリティは、チャリティ法の基本原則は適用になるものの、コミッションの監督権が及びにくく、透明性と説明責任の面で問題があることが指摘された。このため、2009年法施行から5年間の経過措置として登録免除チャリティの適格を有してきた各種宗教団体の信徒団体（religious faith organisations）の多くは、その登録免除適格に関しては一代限りで、2021年3月31日までとされている（11年法31条ないし33条）。

　また、10万ポンドの最低金額は、暫定的なもので、将来的にはより低い金額に引き下げられる可能性がある。もっとも、登録免除チャリティであっても、前会計年度の総収入金額が5,000ポンド未満の場合には、小規模チャリティ（small charities）にあてはまることになることから、チャリティコミッションでの登録を要しない（06年法9条による修正93年法3条A第d項／11年法30条2項d号）。

(11)　チャリティ審判制度——チャリティ紛争にかかる権利救済制度とチャリティ審判制度の所在

　2006年チャリティ法（Charities Act 2006）により、チャリティ法に基づくチャリティコミッション（コミッション）の処分等に不服のあるチャリティやその関係者など（以下「チャリティ等」という）の権利救済機関として、新たな「チャリティ審判所（Charity Tribunal）」が設けられた（06年法2編2章8条以下）。

　しかし、その後、「2007年審判所、裁判所及び実施法（TCEA: Tribunals, Courts and Enforcement Act 2007）」（以下「2007年審判所実施法」または「TCEA」という）がイングランド議会を通過し、2008年11月3日に発効した。これにより、英国における抜本的な行政審判所制度改革が断行された。2007年審判所実施法（TCEA）は、従来から存在する様々な行政審判所を束ねて、行政審判と司法審査の一部を融合させるかたちで、横断的な審判所制度として誕生させた。新審判所制度は、二審級制（two-tier tribunal system）で、第1段階審判所

(First-tier Tribunal）と上級審判所（Upper Tribunal）からなる。執行行政庁その他公的政策実施機関の処分等に不服のある者は、これらの審判所を利用して権利救済を求めることができる。

2009年に、チャリティ審判所も、この審判所制度に編入された。具体的には、第1段階審判所の一般規制室チャリティ部（First-tier Tribunal, GRC: General Regulatory Chamber (Charity)）および上級審判所の租税・チャンセリー室（Upper Tribunal, TCC: Tax and Chancery Chamber）として、新装された。

こうしたチャリティ等の関する権利救済制度改革その他の改正をチャリティ法制に織り込むために、2011年チャリティ法（Charities Act 2011）（以下「11年法」または「11年チャリティ法」ともいう）が制定された。11年法は、コミッションがチャリティ等に対して行った処分等にかかる第1段階審判所（一般規制室チャリティ部）での審査請求と上級審判所（租税・チャンセリー室）での再審査請求にかかる基本的な手続を明定している（11年法17編1章ないし3章（315条ないし331条）および319条・321条・323条・324条関係別表第6（審判所への審査請求および申立て））。

たとえば、登録チャリティが、コミッションの調査（inquiry）を受け、非違行為あるいは不適格事由を指摘され、コミッションからチャリティ登録を抹消する処分（decision）を受けたとする。この場合、当該チャリティは、後述（a）のようにコミッションに異議申立て（decision review）をすることができる。あるいは選択的に、処分の違法を訴え、その取消しを求めて、直接、第1段階審判所（一般規制室チャリティ部）へ審査請求（appeal）をすることができる。しかし、第1段階審判所が、当該チャリティ側の請求を棄却または全部容認しないとする裁決を下したとする。チャリティ側が、この裁決を容認できないときには、当該チャリティは、上級審判所の租税・チャンセリー室に再審査請求（onward appeal）をする途も拓かれている。

上級審判所（租税・チャンセリー室）は、コミッションの行った処分等についての再審査請求に加え、一部、司法審査をする権限を有している（ECTA25条）。したがって、チャリティ側は、状況によっては、司法審査を求めることも可能である。ただし、こうした請求や審査は、第1段階審判所または上級審判所が、その請求を許可した場合に限られる。

さらに、上級審判所の裁決または判決（decisions）に不満な場合、紛争当事

者は、裁判所への提訴も可能である。ただし、この場合も、上級審判所または該当する裁判所がそれを許可する限りにおいて認められる。

　また、すでに若干触れたところであるが、コミッションの「処分等」にかかる紛争については、チャリティコミッションが内部に設けている紛争処理制度である、「原処分等にかかる異議申立手続（decision review procedure）」（以下、単に「異議申立手続」ともいう）を活用するルートもある。チャリティ審判制度が設けられる以前から、コミッションが行った数多くの処分等にかかる紛争は、処分等を受けたチャリティ等側からの救済の求めに応じて、この異議申立手続を通じて簡易・迅速に解決がはかられてきた。新たなチャリティ審判制度が設けられた後も、その前段階として、コミッション内部の異議申立手続を利用することができる。もっとも、原処分等に納得のいかないチャリティ等は、このコミッション内部の異議申立手続を経ることなしに、直接、独立性の強い審判所（tribunals）でチャリティ審判（以下、主に第1段階審判所（一般規制室チャリティ部）での審査請求を「チャリティ審判」という）を求めることもできる。

　いずれにしろ、原処分等にかかる法的紛争については、コミッション内部の原処分等に対する異議申立手続があることから、チャリティにかかる法的紛争件数全体からみると、審判所での審査請求や司法審査、裁判所での訴訟にまで進む紛争事例の件数比率は限られてくる。

　ところで、チャリティ等にかかる「紛争」は多岐にわたる。これまで述べてきたような、チャリティや公益法人（CIO）登録拒否処分、公益増進基準（public benefit test）違反による登録抹消処分をはじめとした様々なコミッションの処分等（decisions, order, direction）、すなわち、コミッションの公的規制権限行使に関しコミッションとチャリティとの間に生じた法律上ないし事実上の紛争には限らない。コミッションが提供するサービス（業務）に対する不満、苦情、または規制機関であるコミッションへの告発なども広い意味での「紛争」のカテゴリーに入る。「処分等」にかかる紛争（争訟）と「業務（サービス）」にかかる紛争（苦情処理）とは、一部重なるケースも出てくるが、処理手続上は分けて考える必要がある。

　コミッションの「業務（サービス）」にかかる紛争（苦情処理）は、その種類のみならず、申出の内容においても多岐にわたる。まず、コミッションの業務を利用するチャリティ関係者からのコミッションへの苦情の申出がある。また、

一般市民からの苦情や告発に加え、コミッション内部者からの告発や苦情の申出も想定される。当然、それぞれの苦情の内容も多岐にわたる。さらに、苦情調査の結果が、処分等に結び付く事例も出てくる。このように、苦情の申出者のみならず、苦情の内容が多岐にわたることから、処理手続はそれぞれ異なり、複雑である。

（a）　コミッションが行った処分等と原処分等にかかる異議申立手続

　登録チャリティのチャリティ法上の受忍義務は多岐にわたる。公的政策実施機関の1つであるチャリティコミッションには、チャリティ法により、チャリティを規制するための広範な調査権や処分権能が付与されている。コミッションは、登録チャリティその他の団体および個人に対し、様々な調査（inquiries）を実施し、受忍義務違反があった場合に、当該チャリティ等に対する処分等を行っている。

　コミッションが行った処分等は、一応適正の推定（presumption of correctness）を受ける。しかし、実際には、これら処分等が常に適正に行われているとは限らない。コミッションから処分等を受け、その処分等に納得できない場合、当該処分等を受けた当事者は、様々な法的紛争処理手続を通じて自己の権利を護る途が拓かれている。

　コミッションが内部に設けている伝統的な法的紛争処理制度としては、「原処分等にかかる異議申立手続（decision review procedure）」（「異議申立手続」）がある。

（ⅰ）　コミッションの権能、調査権限および処分　　2011年チャリティ法は、コミッションが、法により与えられた目標（objectives／11年法14条）を達成することができるように、コミッションに様々な権能（functions）を付与している（11年法15条。**表20**参照）。

表20　チャリティコミッションの権能（11年法15条）

（a）　チャリティの登録適格の審査：団体がチャリティにあたるかどうかの決定をすること（法15条1項1号）。 （b）　チャリティの支援：チャリティの管理運営の適正化の奨励および促進をすること（同2号）。 （c）　チャリティの監督：チャリティの不正もしくは管理運営の確認および調査、ならびにチャリティの不正もしくは管理運営に対する救済または防止対策を実施すること（同3号）。

(d) 一般大衆相手の公益目的の募金活動の規制：一般大衆相手の公益目的の募金活動を開始するに先立ち、一般大衆対象募金証（PCC: Public Collection Certificate）の発行の適否を決定すること（同4号）。
(e) 情報の提供：チャリティコミッションの権限行使、コミッションの目的を説明する情報の入手、評価および頒布すること（同5号）。
(f) 政府の支援：コミッションの権限や目的に関する事項について、担当国務大臣に対して提案、助言または情報提供をすること（同6号）。

　コミッションは、これらチャリティ法の目標／使命の実現に向けて、付与された法的権能を行使し、登録チャリティや登録申請をする団体に対する公的規制を行っている。そして、規制違反や非違行為がみつかると、様々な「処分（decisions）」や「命令（orders）」をすることができる。また、チャリティ財産を保護するための「指示（directions）」を与えたり、必要な「スキーム（schemes）」を組むこともできる（以下、これらを一括して「処分等」ともいう）。しかし、コミッションは、通常、処分等を行うに先立って、様々な「調査（inquiries）」を実施しなければならない。

　（ア）　コミッションの調査権限の種類　　2011年チャリティ法（11年法）は、第5編 情報収集権（InformatioNPOwers）の表題で、コミッションに様々な調査権限を付与している。主なものをあげると、次のとおりである（11年法46条以下。表21参照）。

表21　チャリティコミッションの主な調査権限の種類

（a）	調査を開始する一般的な権限（General Power to institute inquiries）（11年法46条）
（b）	調査目的での証拠等の収集（Obtaining evidence etc. for purposes of inquiry）」（11年法47条）
（c）	調査目的での捜索令状を求める権限（Power to obtain search warrant for purposes of inquiry）（11年法48条）
（d）	捜索令状の執行（Execution of search warrant）（11年法49条）
（e）	調査結果の公表（Publication of results of inquiries）（11年法50条）
（f）	資料提出を求める権限（Power to call for documents）（11年法52条）
（g）	記録を捜索する権限（Power to search records）（11年法53条）
（h）	その他

　（イ）　コミッションによる「処分等」とは　　こうした法定調査（statutory inquiries）等の結果に基づき、コミッションは、被調査対象チャリティに対して、様々な「処分等（decisions, etc.）」を行うことになる。こうした「処分等」

は、英国公法上の不文の法理に基づいて行われるものも多い。したがって、チャリティ法をはじめとした制定法上の典拠のないものも多い。

「処分等」にあたるものとしては、**表22**のような行為をあげることができる。

表22 コミッションによる「処分等（decision etc.）」の種類

（a）	処分（decisions）：コミッションの一方的な意思により、法律上の効果を発生させる行為を指す。
（b）	指示（directions）：たとえば、コミッションが、チャリティの管理運営についてチャリティの受託者／理事等に対して一定の行為をするように求めることである（法76条）。
（c）	スキーム（schemes）：たとえば、チャリティの管理運営の不正等が発覚し、チャリティ財産やチャリティ目的の保護のための行為が必要であることから、コミッションが、当該行為に関与した受託者／理事その他の使用人の解職を命じ、かつ、当該チャリティの適正な管理運営のためのスキームを確立することができる（11年法79条）。
（d）	命令（orders）：命令は、様々な条件下で出される。たとえば、チャリティ信託に付している財産をその受託者が目的外利用している場合にその是正を命じる、または不当に処分しようとしている場合にはコミッションが公的管理人（Official Custodian）を選任し、受託者に対し当該財産の管理権を移譲するように命じることができる（11年法21条）。
（e）	不作為（not to exercise a legal power）：議会制定法上の作為義務があるにもかかわらず、相当期間内にその義務を果たさないことをいう。たとえば、コミッションに登録申請をしたのにもかかわらず、相当期間内に何らの行為をしない場合が想定される。また、コミッションが相当期間内に一定の法的権限を行使すべきなのに、それをしない場合が想定される。「不作為」は、作為の伴う「処分」とはいえないが、不作為の違法性の確認を求めて争訟をし、救済を求めることができる。

（ii）　コミッションの異議申立手続の概要　　たとえば、チャリティやその関係者等（チャリティ等）が、チャリティコミッションから処分等の通知を受け取ったとする。このとき、当該チャリティ等がその処分等に不服な場合には、「異議申立書（Request for a decision review）」をコミッションに提出し、コミッション内部に設けられている異議申立手続（Decision review procedure）を利用して権利救済を求めることができる（**表23**参照）。

ただし、当該処分等がすでにこの異議申立手続に付されている場合には、この手続を再度利用することはできない。また、処分等が、2000年情報公開法（FOI: Freedom of Information Act 2000）または1998年データ保護法（Data

Protection Act 1998) に基づく情報開示請求に関わるものである場合にも、当該法律のもとでの独自の紛争処理手続があることから、この異議申立手続を利用することはできない。

　（ア）コミッションの異議申立手続の対象となる処分等　コミッションの異議申立手続の対象となる処分等は、第1に、11年チャリティ法の別表第6に掲げる「審判所への審査請求及び申立て」（一部後述する）ができる処分等である。加えて、別表第6に掲げられてはいないが、コミッションの法的権限の行使を伴う処分等および法的権限の伴わない事実上拘束力のある行為なども含まれる。ただし、他の執行行政庁その他公的政策実施機関がした処分等でコミッションが同意を与えるかたちのものについては、コミッションに直接の規制権限がないことから、この異議申立手続の対象とならない。こうした同意については、共管事項についても裁断をくだせる審判所または裁判所のみが審査できる。

　すでにコミッションの異議申立手続に付されている処分等も、再度、異議申立手続に付すことはできない。また、異議申立ての権利を有しない者も、この手続を利用することはできない。さらに、コミッション内部に設けられている他の苦情処理手続（Complaints procedure）を通じて苦情の申出になじむ行為や不作為も、原則として、この異議申立手続から除外される。現在係争中のコミッションの処分等や行為なども、この異議申立手続からは除外される。

　コミッションの処分等を受け、かつ、異議申立手続の対象外とされる場合であっても、当該処分等を直接審判所または裁判所で争うことも可能である。

　（イ）異議申立手続を経ないで原処分等の直接審査請求も可能　コミッションから処分等を受けた当事者は、コミッションの原処分等について、異議申立手続を経ることなしに、直接、独立性の強い審判所や裁判所で争うことができる。ただし、一旦、原処分等の審査を審判所または裁判所へ付託した場合には、原則として、コミッションの異議申立手続による救済を求めることはできない。ちなみに、2007年のチャリティ法改正前においては、異議申立前置主義が採られていたため、原処分等を直接審判所へ付託して審査請求を求めることはできなかった。

　（ウ）異議申立書の提出期限　異議申立書は、コミッションから処分等の通知を受けた後3か月以内に提出しなければならない。やむを得ない理由がある場合には、その旨を文書にして添付し、申立期間の延長を申請しなければな

らない。コミッションは、理由があると認める場合には、異議申立期間の延長に応じる。

表23　異議申立ての形式審査および実質審査の概要

> **ステップ1　適格審査**（eligibility）：異議申立てにかかる処分等が、コミッションの行った処分等であるのかどうか。そうであるとすると、異議申立人は申立適格を有しているのかどうか。審査手続を停止すべき理由に該当しないかどうか。コミッションは、この**ステップ1**の手続を10業務日以内に終えるように、目標値が設定されている。
>
> **ステップ2　原処分等の審査**（decision review）：コミッションは、原処分等にかかる異議申立ての審査をすすめると決めた場合、コミッションの職員が審査を開始する。審査は、事例により、1人または合議で行われる。原処分等の重要度や性質などを勘案して、審査には上級職員が参加する場合もある。ただし、審査の公平性を確保するために、原処分等に関わった職員は参加しないことになっている。
>
> **ステップ3　異議決定**（decision）：コミッションは、当該処分等にかかる異議申立てに対する審理の結果として、異議決定を行う。異議決定は、異議申立てに理由がない場合には「棄却」、異議申立てに理由がある場合には、「原処分の全部取消」または「原処分の一部取消」を行う。異議決定は、異議申立人に対して、異議決定書を送達することで通知される。異議決定書には、異議決定の内容（主文）に加え、その理由が附記される。
>
> **ステップ4　その後の手続**：原処分等を行ったコミッション担当部には、いくつかの選択肢がある。①異議決定を受け入れて異議決定に沿った処分等を行う。②異議決定を受け入れない決定をする。②の場合は、当該事案は、コミッションの個別事例検討班（case-working division）での再調査に付される。
>
> 　一方、異議申立人は、コミッションの異議決定に納得できない場合には、審判所【第1段階審判所の一般規制室チャリティ部（First-tier Tribunal, GRC: General Regulatory Chamber（Charity））】へ審査請求を行うことになる。

（エ）　**異議申立ての審査**　コミッションは、原処分等にかかる異議申立書を受理した後に、その申立てについて、次のような形式審査と実質審査を行う。

（b）　コミッションの「業務」にかかる苦情処理手続

チャリティコミッションの「業務（サービス）」にかかる紛争（苦情処理事項）は多岐にわたる。また、処理・救済ルートも一様ではない。しかしここでは、簡潔な紹介に留めておく。[35]

---

35) See, Charity Commission, Complaints about charities（November 2012）〈http://forms.charitycommission.gov.uk/media/94211/cc47lowink.pdf〉: Charity Commission, Cause for Complaint?（May 2006）〈https://www.gov.uk/government/uploads/system/uploads/attachmentdata/file/284733/rs11text.pdf〉.

コミッションは、チャリティ関係者や一般市民からのコミッションの業務の遅延や事務対応の悪さなどへの苦情については、コミッション内での職員規律や内部の苦情処理制度（internal complaint process）により対応する態勢を整えている。また、コミッション内苦情処理制度の運用や評価については、独立苦情審査人（ICR: independent complaints reviewer）に外部委託している。

　一方で、チャリティのサービス受給者（beneficiary）と提供先であるチャリティとの間で生じた問題、チャリティの内部者である受託者／理事者（trustees）間または受託者／理事者と使用人間で生じた労務問題などについての苦情の申出など、コミッションが主体的に関わって処理にあたるべきか、精査を要する事例も多々ある。他の官民の各種オンブズパースンや苦情処理機関に委ねて処理すべき場合も少なくない。

　その一方で、チャリティの乱脈経理を糾す苦情・告発については、コミッションが主体的に関わって、当該チャリティの監査人や検査人が作成・公表した年次報告書（annual report）・年次申告書（annual return）を精査する作業が必要になる。

　また、チャリティ財産の保護を求める苦情・告発については、コミッションは、当該チャリティの受託者・理事の解職、公的管理人の任命などを通じて対応する必要が出てくる。このように、苦情の申出に基づきコミッションがチャリティに対して実施した調査の結果が、処分等に結び付く事例もある。また、こうした処分等に、当該チャリティが不服のある場合には、コミッションへの異議申立てや審判所への審査請求につながる場合も出てくる。

　チャリティ等の権利救済制度の運用において、コミッションが、チャリティ等に対して行った指導が、法的効果のある「処分等」にあたるのか、それとも、法的効果を有しない単なる「事実行為」にあたるのかが、しばしば問題になる。チャリティ審判所は、コミッションがチャリティ法上の法定調査（statutory inquiries／11年法46条等）を行い、その結果に基づいて行った行為については、「処分等（decision etc.）」にあたると解している。一方、コミッションが、法定外調査（extra statutory inquiries）、指導（guidance）として行った行為は、単なる事実行為であり処分等にあたらないとし、審査請求の対象に含めることには否定的である。言い換えると、こうしたコミッションの指導／助言的な行為に対する不満は、「業務（サービス）」にかかる苦情処理手続内で、権利救済

をはかるべきであるとしている。[36]

こうしたことから、コミッションの独立苦情審査人（ICR）は、チャリティ審判所（第1段階審判所（一般規制室チャリティ部））と連絡を密にし、権利救済のすみ分け、制度の清廉性を高める努力を重ねている。具体的には、チャリティ審判所と協定「審判所とICR間の理解の共通に関する覚書（memorandum of understanding between the tribunal and the ICR）」を交わして、制度のはざまで権利救済制度から零れ落ちがないように努めている。

一方、チャリティと一般市民向け広報の清廉性をめぐるチャリティの募金活動や広報活動に対する一般からの苦情など、明らかに、外部機関に調査・処理を委ねた方がよい事例もある。こうした事例では、外部の募金基準委員会（Fundraising Standards Board）や広告基準機構（Advertising Standards Authority）などが対応にあたるのが最適である。

さらに、コミッション内部者からの告発・苦情の申出もある。この場合には、1988年公益通報法（PIDA: Public Interest Disclosure Act 1988）を遵守した対応や、苦情処理が求められる。

コミッションの業務にかかる苦情については、1967年議会コミッショナー法（Parliamentary Commissioner Act 1967）およびその後継法に準拠してイギリス議会に設けられている「議会・健康サービスオンブズマン（Parliamentary and Health Service Ombudsman）」に苦情の申出をし、解決をはかることもできる。[37]

(c) コミッションから独立した審判所での審査請求

たとえば、チャリティ等が、コミッションから何らかの処分等を受けたとする。このとき、コミッションが行った処分等に不服のある場合には、コミッションへの異議申立手続（Decision review procedure）を通じて、救済を求めることができる。しかし、当該チャリティ関係者が望めば、異議申立手続をへることなしに、当該処分等の適否を、直接、独立性の強い審判所で争うことができる。いずれの争訟ルートを選択するかは、審査請求を行う当事者適格を有する者（チャリティ等）の判断による。

一般に、執行行政庁その他公的政策実施機関の処分等に不服のある者は、当

---

36) See, Legal News, "Charity tribunal clarifies rules", Solicitors Journal (15 June 2010) 〈http://www.solicitorsjournal.com/news/private-client/charities/charity-tribunal-clarifies-rules〉.
37) 〈http://www.ombudsman.org.uk/home〉.

該処分機関から独立した権利救済機関で救済を受けられるのが望ましいとされる。その一方で、救済手続が複雑で、時間と費用がかかるようでは、駆け込み救済機関としては高く評価できない。したがって、審判所の使命が明確にされる必要性はきわめて高い。

　第1段階審判所の一般規制室チャリティ部（GRCチャリティ部）におけるチャリティ審判（charity tribunal）の使命は、処分庁であるチャリティコミッション（コミッション）から独立した機関で、迅速かつ軽負担でコミッションとの間に起きた紛争を解決することにある。

　チャリティ審判の使命からみた制度的な特徴は、表24のとおりである。

表24　チャリティ審判の使命からみた審査請求制度の特徴

①異議申立前置主義は採らない：コミッション内部に設けられた処分等にかかる異議申立手続をへることなしに直接、GRCチャリティ部によるチャリティ審判を受けることができる。もちろん、審査請求人の選択による。

②書面審理か口頭審理か：チャリティ審判は、迅速かつ簡便、軽負担の事案処理を使命としている。このことから、チャリティにかかる係争事案については、書面審理（paper hearing/hearing on the papers）が理にかなっているようにみえる。ところが、2007年審判所実施法（TCEA）は、特段の規定を置いておらず、事案を公開の合議体（panel）で口頭審理（oral hearing）することを求めているのかどうかは定かではない。実際の審理を担当する審判所の室（Chamber）によっては、その手続規則（Procedure Rules）で、口頭審理を義務付けている例もある。チャリティ審判事案では、一般に、書面審理が多いようである。迅速・簡素の要請と手続的適正および権利擁護の要請とを、どのように調整すべきかが問われている。審理には、専門家の意見書（expert evidence）等の提出も認められる。口頭審理の開催に係争当事者が合意した場合でも、当事者が審理参加に至便な場所（たとえば、最寄の裁判所の会議室など）で、開催される。審査請求人の負担で弁護人、補佐人等の出席は認められるが、義務ではない。口頭審理を行う場合で、審査請求申立書（notice of appeal form）に通訳を必要とする旨の特記事項があるときには、審判所側の費用負担で通訳が用意される。

③公開審理：口頭審理は、人格権や国家安全保障などが絡んでくる事案を除き、原則として公開で行われる。審判所は、自らのホームページ上に、各事案の審理の日時と場所を掲載するかたちで公開している。

④略式審理：口頭審理は、できる限り略式で（informal）行われる。審理に参加する裁判官はかつらや法衣を着装しない。審理も、できるだけ簡略化した手続で進められる。
　審判所手続を補佐するために、「書記官（clerk）」が配置されており、あらゆる審理手続につき申立人を支援する体制が敷かれている。

⑤審査請求費用：原則として、審判所は、審査請求人であるチャリティがその事案で敗訴したとしても、当該審査請求人に対して、コミッションが負担した争訟費用を支払うように求めることはない。ただし、争訟当事者であるチャリティが、その係争事例

において「不条理(unreasonably)」な振る舞いなど(2007年審判所実施法29条4項および5項)により、相手方に「浪費(wasted costs)、を生じさせた場合は除く。
⑥審査期間:審査開始から裁決までの期間は、30週以内が目標とされている。

(12) 新公益法人(CIO)法制

　ブレア政権は、「社会的企業部門」の強化・刷新のための構想において、チャリティ制度改革の一環として、新法人類型の「公益法人(CIO)」の導入の途を拓いた(2006年チャリティ法8章34条関係別表7による修正93年法8編のA第69条のAないし69条のQ／11年法11編第1章ないし5章および2012年CIO規則(イングランド・ウェールズ))[38]。

(a) 公益法人(CIO)法制検討の経緯

　前労働党政権下において、2006年チャリティ法の制定により、CIO(公益法人)の導入が決まったものの(2006年チャリティ法8章34条関係別表7による修正93年法8編のA第69条のAないし69条のQ)、その後の政権交代に伴うCIOに関する法規則(政令:regulations)の制定は延び延びになっていた。

　その後、英国議会は、1993年チャリティ法をリステイトして2011年チャリティ法を制定・施行し、かつ、2013年1月には2011年法に基づくCIOに関する2012年規則(Charitable Incorporated Organization (General) Regulations 2012)を承認し、同月2日に公布した。これに伴い、イングランド・ウェールズにおいては、2013年5月4日からCIO(公益法人)の設立登録受付を開始した[39]。

　CIOはこれまでの営利法人を転用した形態とは異なり、非営利公益セクターに固有の法人類型である。この法人類型導入の契機となったのは、**表25**のような意見である。

　これらのうち、CIO制度の立法意思を理解するには、『CC諮問会議CIO報告書(Report from the Advisory Group to the Charity Commission, "Charitable Incorporated Organisation")』が有益である。

(b) 新たな「公益法人(CIO)」法制の基本

　英国においては、従来から、法人形態で、しかもチャリティとして認定・登

---

38) See, Gareth G. Morgan, Charitable Incorporated Organisations (Key Guides) (DSC, 2011).
39) 一方、スコットランドにおいては、スコットランド公益法人(SCIO:Scottish charitable incorporated organisation)制度が設けられて、2011年4月1日から登録受付を開始した。

表25　公益法人（CIO）制度検討の経緯（イングランド・ウェールズ）

年月	主要な事項
2000年11月	1998年12月から始まった会社法の抜本改革の際に、会社法審議会（The Company Law Review Steering Commission）が作成・公表した報告書『競争経済に向けての現代会社法（Modern Company Law for a Competitive Economy）：その構造の構築』（2000年11月）およびその後同審議会がパブリックコメント（意見公募／公開諮問）を繰り返して作成・公表した報告書
2001年春	チャリティコミッションの諮問委員会が、「チャリティコミッションに対する諮問会議報告書『公益法人』（Report from the Advisory Group to the Charity Commission, "Charitable Incorporated Organisation")」（以下『CC諮問会議CIO報告書』という）を公表した。
2002年9月	内閣府戦略班が、戦略班討議用資料『民間活力、公益増進：公益法人（Strategy Unit, "Private Action, Public Benefit: Charitable Incorporated Organisation")』（以下『戦略室CIO資料』という）を公表した。
	内閣府サードセクター局（Cabinet Office, Office of Third Sector）が、『公益法人：パブリックコメントへの意見、次のステップ（Charitable Incorporated Organisation: Summary of Consultation Responses and Next Steps)』を公表した。
2011年12月	1993年チャリティ法の全面改正をねらいとする2011年チャリティ法が制定され、同20011年法第2部〔公益法人法（CIOs: Charitable Incorporated Organisations)〕関係の改訂規定が挿入された。
2012年12月	「2012年公益法人（総則）規則（The Charitable Incorporated Organisations (General) Regulations 2012)」（以下「CIO」規則という）および「2012年公益法人（支払不能および解散）規則（The Charitable Incorporated Organisations (Insolvency and Dissolution) Regulations 2012)（以下「CIO（支払不能）規則」という）が公表され、2013年1月にイギリス議会がこれらを承認した。

録を受けたうえで公益活動をする場合には、性格的には営利法人である「保証有限責任会社（CLG: company limited by guarantee)」や「株式有限責任会社（CLS: companies limited by shares)」が、広く選択・活用されてきた。こうしたチャリティは、チャリティ法においては「チャリティ会社（charitable companies)」と呼ばれる（06年法8章34条関係別表7による修正93年法8編のA第69条のAないし69条のQ／11年法10部（193条以下））。

こうした既存のチャリティ会社に関する規定に加え、2006年チャリティ法は、新たな「公益法人（CIOs: charitable incorporated organizations)」類型を設けるための規定を置いた（法8章34条関係別表7による修正93年法8編のA第69条のA

ないし69条のQおよび別表第5のAの新設／11年法10部（193条以下））。

　2006年チャリティ法は、CIOの骨格を規定するに留まり、細目は議会制定法従位文書（secondary instruments）、すなわち政令（regulations and orders）に委ねられた。当初は、関係政令は、2008年初頭に議会の承認を得て施行される予定であった。しかし、その制定作業が遅れたうえに、2010年5月の労働党から保守党・自由民主党連立政権への政権交代で、この分野を所管してきた内閣府サード・セクター局（the Third Sector, Cabinet Office）が、廃止され、新たに創設された市民社会局（Office for Civil Society）が、政令制定作業を所管することになった。しかし、政権交代後の引継ぎ事務の混乱などもあり、2011年にイギリス議会の承認を得る予定であった議会制定法従位文書の施行は、延び延びになっていた。

　そうしているうちに、新連立政権は、2006年チャリティ法を全面改正・新装するかたちで2011年チャリティ法（Charities Act 2011）を制定し、2011年末に施行した。この2011年法の第2部（公益法人法（CIOs: Charitable Incorporated Organisations））に、CIO制度創設に関する規定が挿入された。

　そして、2011年法に基づいて必要な議会制定法従位文書、すなわち、「2012年公益法人（総則）規則（The Charitable Incorporated Organisations（General）Regulations 2012）」（CIO規則）および「2012年公益法人（支払不能および解散）規則（The Charitable Incorporated Organisations（Insolvency and Dissolution）Regulations 2012」（以下「CIO（支払不能等）規則」という）などが公表された。これらは、2013年1月までに議会により承認された。

　以下においては、2011年チャリティ法（11年法）や2012年CIO規則に盛られた範囲内で、公益法人（CIO）法制の基本について、分析・紹介する。

　（ｉ）CIOの基礎　　2011年チャリティ法（11年法）は、公益法人（CIOs）の基本的な性格について、表26のように規定する（11年法第11部第1章204条以下）。

表26　CIOの基本的な性格

①法人格（a body corporate）を有すること（11年法205条1項）。
②根本規則（constitution）を有すること（11年法205条2項a号）。
③イングランドまたはウェールズに主たる事務所（principal office）を有すること（11年法205条2項b号）。
④1人以上の社員を有すること（11年法205条2項b号）。この場合において、社員は、清算時に法人（CIO）に出捐／拠出した額までしか責任を負わないか、または有限責

任を負うか、いずれかである（11年法205条3項a号およびb号）。

また、公益法人（CIO）の根本規則には、表27のような規定を置くように求められる（11年法206条1項／CIC規則13条以下）。

表27　CIO規約への必要記載事項（1）

①法人の名称（11年法206条1項a号）
②法人の目的（11年法206条1項b号）
③主たる事務所が、イングランドにあるか、またはウェールズにあるか（11年法206条1項c号）
④社員は、清算時に法人（CIO）に出捐／拠出した額までしか責任を負うかもしくは負わない。負う場合には、その金額（11年法206条1項d号）

さらに、公益法人（CIO）の規約には、表28のような事項に適用のある規定を置くことを求められる（11年法206条2項）。

根本規則は、原則として、英語で記載されるものとする。ただし、主たる事務所がウェールズにある場合には、英語かウェールズ語で記載されるものとする（11年法206条4項a号およびb号）。保証有限責任会社（CIG: company limited by guarantee）の場合と同様に、公益法人（CIO）では、法人統治（corporate governance）が、社員と理事という二元構造になっている。

表28　CIO規約への必要記載事項（2）

①社員資格および社員になる手続（11年法206条2項a号）
②1人以上のチャリティの理事（trustees）任命手続およびその資格要件（11年法206条2項b号）
③公益法人（CIO）が清算した場合の残余資産の帰属（11年法206条2項c号）

ただ、2006年チャリティ法制定時に、チャリティ界が、複数社員のいる「社団（association）」型に加え、社員のいない理事／受託者だけからなる、法人統治が一元構造の法人を制度化するように、議会にロビーイング（陳情）が行われた。しかし、この提案は、最終的に認められなかった。

代わりに、社団（association）型に加え、社員のすべてが理事／受託者である「基金（foundation）」型の公益法人（CIO）が制度化された（06年法69条のB第5項／11年法206条6項a号ないしc号）。ただ、基金型のCIOの場合、二元統治の仕組みは生きていることから、理事／受託者＝社員は、いずれの資格で決議等に加わるのか、常に注意を払うように求められる。ちなみに、基金型の

CIOにおける二元統治の仕組みは、2011年チャリティ法でも、そのまま継受されている（11年法206条6項a号ないしc号）。

（ⅱ）　CIOの情報開示　　チャリティ法は、公益法人（CIO）に対して、一定の法人情報開示を義務付けている（11年法211条以下）。公益法人（CIO）形態のチャリティにかかる情報開示義務は（11年法194条以下）、チャリティ会社（charities companies etc.）の例とほぼ同じである。

法人名は、業務用箋、通知および正式な出版物、小切手、為替手形、約束手形、裏書、為替証書、物品オーダー、不動産譲渡証書、請求書、送り状、領収書、与信証書などに記載されなければならない（11年法211条1項および2項）。

なお、法人名に「CIO」または「charitable incorporated organization」（ウェールズ語の同義語）が入っていない場合であっても、前記の各種文書には、「CIO（公益法人）」である旨を記載するように求められる（11年法212条）。06年法は、受忍義務違反を処罰の対象としている（11年法213条および214条）。

（ⅲ）　CIOの登録　　CIO（公益法人）登録手続は、チャリティコミッションに対して、CIOの根本規則案、その他06年法規則に定める文書や情報を添付して申請することになっている（11年法207条／CIO規則6条ないし8条）。ただし、登録除外のチャリティとなるかたちではCIOの登録申請はできない（CIC規則5条）。

チャリティコミッションは、申請したチャリティが登録によりCIOになる要件を充足していない場合、または、法人規約が11年法42条2項その他11年法規則に定める要件を充足していない場合には、申請を拒否する処分を下さなければならないことになっている（11年法208条1項）。

また、コミッションは、申請された法人の名称が、他のチャリティ（登録チャリティかどうかは問わない）の名称と同一である場合、または、その名称が誤解を招くおそれがありコミッションがチャリティに変更を命じることのできる基準に合致する場合には、その申請を拒否することができる（11年法208条2項）。

チャリティコミッションがCIO（公益法人）登録申請を受理した場合、法人格が付与される（11年法210条1項）。登録により、公益目的でCIO（公益法人）の発起人（promoters）の信託に付されている資産は、そのCIO（公益法人）に帰属する（11年法210条2項）。ただし、申請人が抱えている債務については、

登録によっても当然には新CIO（公益法人）に帰属しない。

　登録後に新CIO（公益法人）が当該債務を引き継ぎたい場合には、合併の例に準じて、法人が当該債務を引継・保証する旨を約した債務填補保証契約を締結する必要がある。なお、抵当権が設定された資産、賃貸資産等の新法人への帰属にかかる取扱いについて、その細目は11年法規則に委ねられている。

　登録されたCIO（公益法人）は、コミッションのチャリティ登録簿（register of charities）に登載される（11年法209条1項）。登録日およびCIOの細目を記した登載記録の副本が、その主たる事務所に送達される（11年法209条2項および3項）。この登載記録書は、法人の設立証書として機能するものであり、CIOの地位を証する書面となる。

　(iv) CIOの運営　　CIO（公益法人）の運営は、06年法により修正93法に導入された69条等関係別表第5のBに掲げられた、「CIO（公益法人）に関する詳細規定」に基づいて行われる。修正93法69条等関係別表第5のBでは、法人の権能、規約の要件、社員にかかる権限、CIOと取引する第三者の保護などについて規定している（1条ないし5条）。また、93法別表第5のBは、社員や理事は、その権限を、CIOの目的を最も促進するかたちで善意により行使するように求められる（9条）。理事／受託者は、その職務遂行において相当の注意を払い技能を用いるように求められる（10条）。

　CIOの規約の改正には、定足数を充足した総会議決における75%以上（委任状あるいは郵送による投票が認められている場合には、その票も含む）の賛成を要する。ただし、CIOは、チャリティであることを停止するような規約の改正はできない。「規制事項（regulated alteration）」に関する規約に改正を加える場合には、その議決に先立ち、チャリティコミッションから同意を得なければならない。ここでいう規制事項とは、公益目的の会社（CLGかCLSかは問わない）の基本定款（memorandum）もしくは附属定款（articles of incorporation）に改正を加えることに匹敵する。CIO規約に対するすべての改正については、チャリティコミッションに届出し、かつ、コミッションによる登記が終わるまで（場合によっては、コミッションによる拒否処分がありうるので）効力を有しない（修正93法69条等関係別表第5のB 9第14条）。

　ちなみに、以上のようなCIOの運営に関する規定は、2011年チャリティ法に盛られた（11年法2章（216条以下）参照）。

4 コミュニティ利益会社（CIC）法制の確立

　英国における非営利公益セクター改革は、1990年代後半に誕生した労働党政権、とりわけブレア政権の時に、「社会的企業（Social Enterprise）」構想のもとで大きな進展をみた。非営利公益活動の担い手（vehicles）の拡大を軸とした制度改革実施に必要な法制も、抜本的に見直し、整備された。社会的企業構想実現のための目玉政策の1つは、登録「コミュニティ利益会社（CIC: Community Interest Company）」制度の創設である。

　CIC制度がめざすのは、新たな"法人類型の創設"ではない。むしろ、従来からある営利会社のうち、社会・地域社会・生活環境の利益増進を目的とする会社を、「コミュニティ利益会社（CIC）」として認定・登録し、社会基盤としてのコミュニティの創生（regeneration）につなげようというものである。言い換えると、サードセクターに位置する法人であるチャリティ（チャリティ会社や公益法人）としての認定・登録の途を選択するのではなく、あくまでも、第2セクターの中で社会貢献をしながら企業活動をする途を選択する法人向けの"新ブランド「CIC」"の創設である。したがって、この"新ブランド「CIC」"の登録対象となるのは、主に、会社法（Companies Acts）に基づいて新設されるまたはすでに設立されている、株式有限責任会社（CLS: Companies limited by shares）および保証有限責任会社（CLG: Companies limited by guarantee）である（2006年会社法5条および6条）。現在、登録チャリティ（registered charities）として公益活動をしているCLSやCLGも、CICに転換登録をし、コミュニティ利益に資する活動をすることができる。ただ、登録チャリティの中でCICに転換登録できるものは、あくまでも、法人形態のものに限定される。非法人形態の登録チャリティは、CICへの転換登録の対象外である。

(1) コミュニティ利益会社（CIC）制度検討の経緯と成立した法制

　「コミュニティ利益会社（CIC）」制度とは、コミュニティ創生の担い手の裾野を広げるために、「社会的企業（social enterprise）」部門の第2セクターにある会社（営利法人）のうち、一定の要件をクリアしたものを新たに認定・登録する制度である。「CIC」という強力な新ブランドの創設・育成をねらいとして導入された。CIC制度は、株式発行などエクイティキャピタルの活用もできることから、活動原資調達ルートの多様化が容易である。本来は営利法人で

ある会社(companies)を、コミュニティ創生活動の担い手として育て上げようという趣旨で構想が練られている。CICは、調達した資金や利益(剰余金)を社会的目的(social purposes)に積極的に活用できるようにデザインされた仕組みである。登録されたコミュニティ利益会社(CIC)は、性格的には、営利と非営利双方の目的を有するハイブリッド事業体の1つとみることができる。[40]

(a) コミュニティ利益会社(CIC)制度検討の経緯

コミュニティ利益会社(CIC)構想は、2002年9月に公表されたブレア政権下の内閣府戦略班報告書『民間活力、公益増進(Private Action, Public Benefit)』に盛られた。これを契機に、財務省(HM Treasury)、当時の通産省(DTI: Department of Trade and Industry)、内務省(Home Department)などが省間協議や検討を重ね、CIC構想を煮詰めていった。そして、最終的に、CIC構想を実現に導く2004年会社(監査、調査およびコミュニティ企業)法(Companies (Audit, Investigations and Community Enterprise) Act 2004)第2編(以下「CIC法」ともいう)[41]、および、2005年コミュニティ利益会社規則(Community Interest Company Regulations 2005)(以下「CIC規則」ともいう)[42]として結実した。また、CIC法やCIC規則に準拠して認定・登録されたコミュニティ利益会社(CIC)に対し、会社法(Companies Act)上効力が及ぶ旨を確認するための規定が、その後成立した2006年会社法(Companies Act 2006)6条(コミュニティ利益会社)に盛られた。

コミュニティ利益会社(CIC)構想実現に向けた法制確立までの検討のおおまかな経緯は、**表29**のとおりである。

表29 コミュニティ利益会社(CIC)構想実現に向けた法制検討の経緯

2002年9月	・内閣府戦略班報告書『民間活力、公益増進』の中で、コミュニティ利益会社(CIC)制度の骨子を提案[43]

---

40) わが国でも、政府は、地方創生に、株式発行などエクイティキャピタルを活用できるタイプの新たな「ローカルマネジメント法人(LM法人)」制度を導入する方向で検討を開始している。この構想は、英国のコミュニティ利益会社(CIC)をモデルとした非営利法人制度のようにみえる。「地方創生へ新法人制度」(日本経済新聞2015年1月28日朝刊)参照。
41) 〈http://www.opsi.gov.uk/acts/acts2004/ukpga20040027en5#pt2〉.
42) 〈http://www.opsi.gov.uk/si/si2005/20051788.htm〉.
43) Cabinet Office, Strategy Unit, Private Action, Public Benefit (September 2002) at 53 *et seq.*

2003年3月	・26日：財務省（HM Treasury）が、内務省や通産省（DTI）と協力して、答申『コミュニティ企業：コミュニティ利益会社（CIC）制度案』（『CIC制度政府原案』）[44]を公表
2003年6月	・23日：通産省が、内務省などと協力して、研究報告書『コミュニティ利益会社：国際比較』を公表
2003年10月	・通産省が報告書『社会貢献企業：社会企業に関する経過報告書、成功戦略』[45]を公表 ・通産省が、内務省などと協力して、報告書『地域社会企業：コミュニティ利益会社（CIC）制度案に対する一般からの意見および政府の見解』（『CIC制度政府草案』）[46]を公表
2004年10月	・11日：通産省が、2004年会社（監査、調査及びコミュニティ企業）法（Companies (Audit, Investigations and Community Enterprise) Act 2004）のもとで制定する、『コミュニティ利益会社規則案（CIC draft regulations）に対する公開諮問』を開始（2005年1月4日まで）[47] ・28日：CIC制度創設の核となる法律である、2004年会社（監査、調査及びコミュニティ企業）法（Companies (Audit, Investigations and Community Enterprise) Act 2004）（CIC法）がエリザベス2世女王の裁可を得て成立
2004年12月	・通産省が、報告書『コミュニティ利益会社（CIC）：コミュニティ利益会社（CIC）の導入』[48]を公表
2005年1月	・通産省が、報告書『コミュニティ利益会社（CIC）：コミュニティ利益会社（CIC）の所管』[49]を公表 ・「『コミュニティ利益会社規則案（CIC draft regulations）に対する公開諮問』に対する一般からの意見および政府の見解」[50]を公表

---

44) See, HM Treasury, Enterprise for Communities: Proposals for a Community Interest Company (March 2003).
45) See, DTI, Social Enterprises: A Progress Report on Social Enterprise: A Strategy for Success (October 2003).
46) See, DTI, Enterprise for Communities: Proposals for a Community Interest Company: Report on the public consultation and the government's intentions (October 2003).
47) See, DTI, Consultation on draft Regulations for Community Interest Companies (October 2004).
48) See DTI, Community Interest Companies: An Introduction to Community Interest Companies (December 2004).
49) See DTI, Community Interest Companies: The Regulator of Community Interest Companies (January 2005).
50) See, DTI, The draft Community Interest Regulations 2005: The Consultation Responses and the Government's Intension (January 2005).

| 2005年
7月 | ・1日：2005年コミュニティ利益会社規則（Community Interest Company Regulations 2005）（CIC 規則）を施行[51] |

(b) 非営利活動の担い手から見た CIC の特徴

　コミュニティ利益会社（CIC）法制は、「コーポレートガバナンス（法人統治）」、「コーポレートディスクロージャー・アカウンタビリティ（運営開示・説明責任）」に加え、「コーポレートファイナンス（活動原資の調達）」を入れて、三位一体のかたちで組み立てられている（表30参照）。

表30　CIC 制度の三本柱

- コーポレートガバナンス（法人統治）
- コーポレートディスクロージャー・アカウンタビリティ（運営開示・説明責任）
- コーポレートファイナンス（活動原資の調達）

　これら三本柱のうち、とりわけ、「コーポレートファイナンス」は、営利か非営利かを問わず、いずれの法人（会社）マネジメント（経営）、ひいてはその存立ないし自立するうえでも、避けて通れない重い課題となる。CIC として認定・登録をゆるされた社会的企業側において最も重視されるのは、同じく、「コーポレートファイナンス（活動資金の調達）」の課題である。

　CIC 制度の確立にあたっても法制面で、この点への格段の配慮を行っている。これは、2004年 CIC 法や2005年 CIC 規則においても、とりわけ、コーポレートファイナンス（活動原資の調達）に関する規定に傾斜するかたちで、立法措置が講じられていることが目立つ点からも自明である。

　また、CIC 制度は、株式発行などエクイティキャピタルの活用もできることから、活動原資調達ルートの多様化が容易である。本来は営利法人である会社（companies）を、コミュニティ創生活動の担い手として育て上げようという趣旨で構想が練られている。

　その一方で、税引き後に利益が出ても、それをコミュニティ利益に再投資するように求められる。資産の利用目的制限（アセットロック）ルールや、「分配／配当制限」ルールが適用になる。また、取締役への報酬支払制限ルールも適用になる。

---

51) Statutory Instrument 2005 No. 1788).

(c) 「財産の利用目的限定（アセットロック）」原則とは何か

コミュニティ利益会社（CIC）は、コミュニティ利益増進目的で保有する基本財産ないし基金、その果実や収益などの財産（「活動原資」）の利用目的が「限定（lock）」される。このルールを、「財産の利用目的限定・アセットロック（asset lock）」の原則（以下「アセットロック原則」という）という。アセットロック原則は、CIC制度の根幹をなす。

アセットロック原則のもと、会社財産は、コミュニティ（地域社会）の利益に資する目的に限定して利用するように求められる。この背景には、次のような政策上の理由・立法趣旨がある。

一般に、CICは、新設会社の登録時ないし既設会社の登録時、転換登録時に、活動原資としてチャリティ（公益団体）や個人、営利法人（会社）などが出捐した基本財産ないし基金などの財産を継受する。一方、CIC制度のもとでは、登録の対象となる法人（会社）は、私益を目的とする投資家をかかえる株式有限責任会社（CLS）の類型を選択し、「一部持分（一部出資）型非営利法人」の仕組みも活用できる。このため、法人財産が、CICの収益の一部として会計処理され、株主や社債権者などに配当や利子のかたちで分配されるようでは問題である。そこで、そうした財産の利用目的を限定（lock）しようというわけである。

アセットロック原則は、CIC適格を有する会社が、その持分社員や社債権者（投資家）に対して、活動原資である基本財産ないし基金まで分配し、いわゆる、「会社財産の食い潰し」を行うことの防止がねらいである。コミュニティ利益の増進を目的に出捐・蓄積された財産の目的外費消に歯止めをかけようという趣旨のルールである。この原則のもとでは、CICの本来の目的の範囲、たとえば、事業のための融資を受ける際の担保に供するようなときには、財産を利用できることになる。また、CICが事業取引の結果債務超過に陥り、契約上の義務を履行するためにコミュニティ利益用財産の処分をしなければならないことも想定される。この場合、アセットロック原則は適用にならない。

ちなみに、法人格を有するかどうかにかかわらず、財産の利用目的が限定され、コミュニティ利益ないし公益目的増進に費消されるように求められる団体は、「財産の利用目的限定団体（asset-locked body／アセットロックト団体）」と呼ばれる。アセットロックト団体に該当するものとしては、コミュニティ利益

会社（CIC）に加え、各種の登録チャリティや2006年チャリティ法に基づいて創設された、「公益法人（CIO: Charitable Incorporated Organisations）」などを挙げることができる。

(d) CICに適用ある分配・利子制限

コミュニティ利益会社（CIC）制度においては、CICがコミュニティ利益増進事業資金調達をする際に、投資家に支払う配当や利子に一定の制限（dividend and interest cap）を課している（CIC法30条、CIC規則第6編17条以下）。

CICは、エクイティファイナンスの仕組みを取り入れた一部持分（一部出資）型非営利会社も登録ができる（株式有限責任会社（CIC limited by shares）や持分を有する保証有限責任会社（CIC limited by guarantee with a share capital））。しかし、CICの本来の目的は、"配当の極大化"ではなく、"コミュニティ利益の増進"にある。双方のニーズを調整するねらいから、CIC法制では「分配制限（distribution cap）」を課す規定を置いている（CIC規則18条以下）。

加えて、支払「配当」だけに制限を課すと、この制限を回避するねらいから「利子」支払のルートに迂回する可能性がある。そこで、CIC法制では、デットファイナンスのかたち、つまり、借入れ（debts）や社債（debentures）発行のかたちで投資家に支払う利子に対しても、「利子制限（interest cap）」を課す規定を置いている（CIC規則21条以下）。

こうした、CICが支払う分配や利子に法的制限（restrictions on distribution and interest）（CIC法30条、CIC規則6編17条以下）は、一種のセーフハーバーである。CICは、分配については、社員総会での同意があり、この法的制限（セーフハーバー）内であれば、コミュニティ利益増進度合を勘案することなしに、分配が可能である。

分配・利子制限（distribution and interest cap）原則は、CIC制度の根幹をなし、以上に述べたように、大きく「配当制限（dividend cap）」と「利子制限（interest cap）」とに分かれる。

（i）配当と配当制限　CICが、持分主に対して剰余金の配当（dividends）を支払うことができるかどうかは、それぞれの会社（法人）類型により異なる。また、配当が許容される場合でも、そのCICの定款や規約など根本規則にその旨の定めがあるかどうかなどにより、取扱いは異なる。CIC規制局は、CIC登録をした会社類型ごとの制限配当比率および制限利率を公表

している。[52]

(ア) 会社類型に基づく配当制限の概要　会社（法人）類型ごとのCICに対する配当制限（dividend cap）の概要を表にすると、表31のとおりである。

表31　CIC登録した会社類型ごとの配当制限適用の概要

(i) 持分なしの保証有限責任会社（CLG）類型のCIC（CIC CLG without a share capital）
この類型の会社がCICになった場合には、持分主（株主）がいないため、配当はできない。
(ii) 株式有限責任会社（SLG）および持分を有する保証有限責任会社で、CIC規則別表第2の規定の適用があるCIC（CIC with a share capital, adopting Schedule 2）
この類型の会社がCICになった場合、その基本定款または附属定款に特段の規定があるときには、指定されたアセットロックト団体に対して配当ができる。また、指定団体以外に対して配当をする場合には、CIC規制官の許可を受ける必要がある。ただし、これらの場合、配当については、法定の配当制限の適用を受けない。ただし、普通法人と同様に、「利益なければ配当なし」ルールの適用を受ける。
(iii) 株式有限責任会社（SLG）および持分を有する保証有限責任会社（CLG）で、CIC規則別表第3の規定の適用があるCIC（CIC with a share capital, adopting Schedule 3）
この類型の会社がCICになった場合、その基本定款または附属定款に特段の規定があるときには、指定されたアセットロックト団体以外の持分主（株主）に対して配当ができる。この場合に"持分主（株主）"には、純粋な証券投資を目的とした株主を含む。ただし、これら証券投資家に対する配当の支払については、法定の配当制限の適用がある。

以上のように、CICの対する法定の配当制限は、あらかじめ定款等に規定されたアセットロックト団体でも、定款等に規定されていないアセットロックト団体でも、CIC規制官の許可がある場合には、適用されない。

なお、CICが配当を行うに先立っては、普通法人（CIC登録でない会社を指す）の場合と同様に、配当について、社員による普通決議ないし特別決議を要する。したがって、取締役は、社員の同意なしに、持分主（株主）に対する配当を行ってはならない。

(イ) 配当制限の仕組み　2014年10月1日から、配当制限（dividend cap）につき、これら3つの要素は1つに集約され、新たな「最大総額配当制限（maximum aggregate dividend cap）」という要素で判定することになった

---

52) 最新の比率（2014年10月1日）は、次のとおりである〈https://www.gov.uk/government/news/new-dividend-and-performance-related-interest-caps-now-in-place〉。

（以下「新基準」という）。

　この新基準によると、2014年10月1日から、コミュニティ利益会社（CIC）収益のうち、旧基準の(i)および(iii)の要素は基本的に廃止され、配当に回すことが認められる総額の割合に対する制限は(ii)を基準、すなわち35％を基準に判定される（CIC規則22条1項b項）。言い換えると、CIC収益の65％は、当該CICの目的とされるコミュニティ利益に再投資されなければならない。この変更は、旧基準の(i)要素および(iii)要素にも遡及して適用されることになっている。

　この配当制限比率（基準）は、上限（limit/cap）を示したセーフハーバーである。したがって、CICによっては、定款等においてこの比率よりも低い比率を規定することも可能である。

　（ⅱ）　利子と支払利子制限　　コミュニティ利益会社（CIC）は、普通法人と同様に、会社の基本定款ないし附属定款の規定に基づいて、事業資金調達の手段として、借入れ（debts）や社債（debentures）の発行、すなわち、デットファイナンスを活用し、通常の商業利率で資金の借入れをすることができる。したがって、ここで検討するのは、より的確にいうと、CICのコミュニティ利益増進事業に関する借入れ（debts）や当該事業に関して発行された社債（debentures）に対して支払う利子についての制限（performance related interest cap）である（CIC規則22条1項c号）。

　（ア）　支払利子制限を設けている趣旨　　すでに触れたように、株式発行によるコミュニティ利益増進事業の資金調達の場合、その配当には上限（distribution caps/share dividend caps）が付されている。したがって、利子を支払ってコミュニティ利益増進事業遂行上の資金調達をする場合に上限（caps）を付さないとすると、均衡を欠くことになる。イコールフッティング（対等な競争条件の確保）の視点から、「利子制限（interest cap）」を設けることにしたわけである。[53]

　利子制限は、パーセント比率で表示される。利子の支払が伴う契約が発効した日に公表されているレートが適用になる。既存の契約については、その会社（法人）のCIC登録が完了した日のレートが適用になる。一旦適用されたレー

53）分配・利子制限基準上、この種の借入は、持分株式と同等とみなされる。しばしば、「持分の性質を有する借入（debt with equity characteristics）」とも呼ばれる。

トは固定的で、原則として、その契約が完了するまで不変である。ただし、イングランド銀行の貸出レート等を基準に設定された上限（caps）の変更に応じて、比率を上下させることができる。

　（イ）　利子制限率　　CIC が、コミュニティ利益増進事業遂行にあたり、デットファイナンスを活用するとする。この場合の支払利子に対する制限は、CIC 規則によると、当初、「イングランド銀行の基本貸出レートより 4 ％高い比率まで」とされた（CIC 規則22条 1 項 c 号）（2005年 7 月 1 日から2010年 4 月 5 日まで）。しかし、支払利子制限は、その後、10％（2010年 4 月 6 日から2014年 9 月30日まで）、そして現在は20％（2014年10月 1 日以降）である。

　(iii)　分配・利子制限比率の設定手続　　これら分配・利子制限（cap on distribution and interest）比率（limit/limits）は、CIC 規制官が、パブリックコメント（公開諮問／意見公募）を行ったうえで、寄せられたコメント（意見）を参考にして、変更することができる（CIC 法30条 6 項 a 項）。所管大臣は、CIC 規制官に対して、これらの比率を点検するように求めることができる（CIC 法30条 7 項、CIC 規則22条 8 項）。CIC 規制官は、決定した比率を官報（Gazette）に公表しなければならない（CIC 法30条 8 項）。

(e)　CIC のガバナンス

　コミュニティ利益会社（CIC）登録の対象となる会社は、地域社会益の増進を目的とする。多様な会社が CIC 登録を行っており、また、その規模も大小様々である。CIC の統治（ガバナンス）のあり方を考える場合にも、その種類や目的を斟酌する必要がある。

　（ⅰ）　会社のガバナンス　　2006年会社法（Companies Act of 2006）（以下「会社法」という）は、その構成員について、会社は、少なくとも各 1 人の取締役（director）と事務役（secretary）とを有するように求めている。さらに、社員（株主）総会（members meetings）や取締役会（directors' meetings）など会社のガバナンスの仕組みについては、基本定款または附属定款に必要な定めをするように求めている。また、財務書類その他法定記録（statutory records）を維持し、かつ、それらを会社登記所（Companies House）へ提出するように求めている。

　上場会社の場合、ガバナンスや法定記録の作成・保存等については、財務報告書協議会（Financial Reporting Council）が公表している、「会社統治に関す

る共通基準（Combined Code on Corporate Governance）」（2003年7月）[54]によることになっている。しかし、中小規模のCICの場合、こうした上場会社に適用のある基準は、効率的な事業運営にとり、むしろ足かせになるおそれもある。したがって、とりわけ、その会社の利害関係人（ステークホルダー：stakeholder）に簡潔でわかりやすいガバナンスの仕組みを提供することに、力点が置かれる必要がある。

　CICがガバナンスの仕組みを確立するにあたり大事なことは、取締役や社員・株主が遵守可能な内容であることと、CICおよびコミュニティの最良の利益（best interest）につながるものでなければならないことである。CIC規制官は、CICがこうした利益に抵触する行為を行い、当該行為が、社会的影響を織り込んで考えると無視しえない程度に及んでいると判断する場合には、その会社の名において法的措置をとることができる。

　（ii）　CICの取締役　　コミュニティ利益会社（CIC）の取締役は、CIC登録をしていない会社の取締役の場合と同様に、会社に対して忠実義務（duty to exercise reasonable care, skill and diligence）を負う（会社法174条）。したがって、会社法その他の法律等、基本定款や附属定款、社員・株主総会の決議を遵守し、その業務を忠実に行わなければならない。さらに、CICの取締役は、こうした一般的な義務に加え、コミュニティ利益（community interest）の増進に資する会社運営を行うように求められる。実務的には、CICの取締役は、会社の投資家社員に対する剰余金配当の極大化よりもコミュニティ利益を優先するかたちでその義務を遂行するように求められるのが特徴といえる。

　一般に、会社の日常業務は、取締役（directors）が執行する。会社の多くは、取締役会（board of directors）を置いており、この場合には、会社の業務執行その他社員総会の権限に属する以外の事項については、取締役会の決定に従い代表取締役（chief executive）ないし財務担当取締役（financial director）などがそれぞれの業務を執行する。

　また、法人の規模が大きくなるに従い、取締役による日常業務の統制はむずかしくなる。状況によっては、その会社の従業員に業務執行を委任する必要も出てくる。ガバナンスを確立し、内部統制が効率的に働くようにするためにも、

---

54)〈http://www.fsa.gov.uk/pubs/ukla/lrcomcode2003.pdf〉.

取締役は、業務執行の委任においては、その限界を明確にする必要がある。

英国会社法上、取締役に正式に選任されていないとしても、その業務執行が取締役の権限にあてはまる概観を呈している場合には、いわゆる「陰の取締役 (shadow directors)」とみなされる。その者の業務執行に信頼を置いて取引を行った善意の第三者は保護されることになっている。とりわけ、社会的企業である CIC の場合、一般社員や利害関係者が一体となって会社業務の運営にあたっていることも多く、後発的な紛争を回避するためにも、特定の従業者に権限の委任が行われている場合にはその旨を明確にし、ガバナンスの確立に努める必要がある。

（iii）CIC の社員　コミュニティ利益会社（CIC）が、株式有限責任会社（CLS）形態を採っている場合、基本定款や附属定款に定める社員（members）は「株主（shareholders）」であることが多い。一方、CIC 登録会社が、保証有限責任会社（CLG）形態を採っている場合には、通例 1 ポンド程度の保証引受人が複数いるが、株主はおらず、他は基本定款や附属定款に定める社員として参加したものからなる。

CIC の業務は、取締役会が意思決定し代表取締役が執行するか、取締役会を置かない会社にあっては各取締役が執行するか、あるいは取締役から委任を受けた特定の従業者が執行することになる。しかし、CIC の重要な政策に関する本来的な意思決定権は社員にある。すなわち、社員総会（members' meetings）が最高の意思決定機関である。

会社法は、社員に対して社員総会の開催を求める権利を与えている。この権限に基づき、社員は、取締役の選任や退任、特定事項について取締役への委任、剰余金の配当、重要な取引の承認、会社根本規則（基本定款や附属定款等）の改廃などについて、総会で決議することができる。社員がこうした権限行使ができるのは、まさに、社員総会が最高の意思決定機関であることに由来する。

さらに、CIC の場合、社員は、会社がその目的に沿ってコミュニティ利益の増進に資する運営を行っているのかどうか監督する任務を負っている。CIC 規制官による監督をより軽微に済ませるためにも、CIC 社員による内部統制がより重要な役割を担っている。

（iv）CIC と利害関係人　コミュニティ利益会社（CIC）は、社員、取締役、従業者、カスタマー（顧客）など、幅広い層の利害関係人（stakeholders）を有

する。CICの意思決定や実際の業務執行は、こうした利害関係人にとり透明であり、これらの人たちの利益を保護するかたちで行われるように求められる。その一方で、CICの最大の目的は、"コミュニティ利益の増進"にあることも忘れてはならない。したがって、CICのガバナンスにおいては、常に、利害関係人の利益とコミュニティ利益とのバランスを保つ努力が求められる。

こうしたバランスをはかるために、CICが、必要に応じて利害関係人総会 (stakeholders meetings) を開催するのも一案である。また、利害関係人を対象に、ニューズレターを頒布するのも一案である。今日では、利害関係人が会社の財務情報や活動報告を広く知ることができるように、これらの情報をホームページで公開する手法が広く用いられている。

(f) 取締役への報酬支払制限

コミュニティ利益会社（CIC）は、最大の目的は、"コミュニティ利益の増進"である。したがって、CICのガバナンスにおいては、「取締役の報酬 (directors' remuneration)」が適正な金額かどうかが、重い課題となる。取締役報酬にかかるルールをまとめてみると、表32のとおりである。[55]

表32　取締役への報酬支払ルール

- CICの取締役は、当該会社から報酬の支払を受けることができる。
- CICの取締役に支払われる報酬は、相当な金額でなければならない。
- CICの取締役に支払われる報酬額の決定は透明に行われなければならない。
- CIC規制官ないしCICの社員は、取締役への報酬支払額が不相当に高額である場合には争訟に訴えることができる。

登録チャリティ (registered charities) の場合には、その受託者／理事を務める者に対しては、原則として、報酬支払をすることが認められない。これは、英国のチャリティ法上の「受託者／理事無報酬原則 (Principle of unpaid trusteeship)」の伝統に根ざしたルールである。したがって、登録チャリティは、その受託者／理事（その関連者を含む）に対し、チャリティ事業会計から業務報酬 (renumeration providing services to charity) を支出することはできないという原則になっている（11年チャリティ法185条）。ただし、交通費や宿泊代（本人分に限る）など、受託者／理事の職責上必要とされる相応な経費（rea-

---

55) See, Office of the CIC Regulator, Information and guidance notes: Corporate Governance (March 2013).

sonable business expenses）については支出できる。

　チャリティ法は、きわめて例外的ではあるが、受託者／理事に業務報酬の支払を認める場合もある。たとえば、受託者／理事が自ら務める登録チャリティで、特別のレクチャーをした場合、専門職サービスを提供した場合などが想定される。しかし、この場合も、チャリティの根本規則（信託証書、定款など）や規程などに支払条件等が厳しく明記され、かつ、その条件等を遵守する必要がある。また、チャリティコミッションの事前承認または裁判所の許可があることが条件とされることが多い。[56] 英国において、公益増進（public benefit）に努める登録チャリティの受託者／理事は、崇高なボランティア精神が求められる伝統下にあるといえる。

　これに対して、CIC法上、コミュニティ利益増進（community benefit）に努めるCICの場合は、その取締役／理事に対する業務報酬の支払は原則として認められる。

　実は、この取締役／理事への業務報酬支払ができるか否かは、会社が、チャリティ会社（charitable company／11年チャリティ法194条以下）として登録チャリティ（registered charities）の途をあゆむのか、それとも、コミュニティ利益会社（CIC）の登録の途をあゆむのかにあたり、重要な選択ポイントとなっている。

　ひとくちにCICといっても、その業務内容や規模は様々である。相当規模のCICの場合には、その地域社会の雇用という面でも、ゴーイングコンサーン（永続企業）であることが重要であり、かつ常に経営の健全さが問われる。やはり、取締役の経営手腕は無視できず、資質の高い取締役に対しては相当の業務報酬を支払う必要が出てくる。

　会社法のルールに従うと、会社の取締役は、その業務執行の内容に即して、株主総会の決議または基本定款もしくは附属定款の定めるところに従い、報酬の支払を受けることができる。CICの取締役の場合も、単純に社員総会の決議に従い、業務報酬の支払を受けることができる。言い換えると、会社の基本定款または附属定款の定めるところによらずに、報酬の支払を受けることができる。しかし、CIC規制官は、CIC登録会社の取締役に対する報酬について

---

56) See, Charity Commission, Guidance: Trustee expenses and payments（CC11）.

は、その基本定款ないし附属定款に明定するところに従い支払うように指導している。

5　むすびにかえて

英国における社会的企業法制の確立、そのためのチャリティと非営利団体の制度改革に伴う法制の変容について、とりわけイングランドとウェールズに傾斜するかたちで、できるだけ写実的に描写してみた。政策学や経済学など様々な分野から英国の社会的企業構想を各自の方法論に基づいて自在に分析する際の、ベーシックな法的資料を提供しようというのがねらいである。

チャリティ法をはじめとした社会的企業法制の確立のための一連の立法は、非営利公益活動の担い手となる団体の範囲を大きく広げた。具体的には、公益法人（CIO: Charitable Incorporated Organisation）制度の新設に加え、コミュニティ利益会社（CIC: Community Interest Company）制度を創設した。CIC は、市場メカニズム、とりわけキャピタルファイナンスによる活動原資調達手法を活用した、新たな営利／非営利のハイブリッド事業体（hybrid entity）制度である。これにより、公益／慈善活動の担い手である伝統的なチャリティ制度と、コミュニティ利益増進型の担い手である CIC 制度との相互競争的な環境づくりに向けた法制の確立をみた。

登録チャリティ（registered charities）や公益法人（CIO）には、チャリティ事業に対する各種租税上の支援措置の適用がある。これに対して、CIC は、一般の営利会社とほぼ同等の課税を受ける。

登録チャリティや CIO には、英国チャリティ法上の「受託者／理事無報酬原則（unpaid renumeration rule）」が適用になり、崇高なボランティア精神が求められる。これに対して、コミュニティ利益会社（CIC）の場合は、その取締役／理事に対する相応の業務報酬支払が認められる。この意味では、CIC の方が、公的規制が緩和された制度であるようにもみえる。

いずれにしろ、こうした各制度のもつ特質は、非営利公益活動を効率的、機能的に進めるねらいでその担い手（vehicles）を選択する際の重要なポイントとなる。

わが国においても、公益活動の担い手である伝統的な公益法人制度と、コミュニティ利益増進型の営利・非営利ハイブリッド型の法人制度との相互競争的

な環境づくりに向けた、法制のあり方を探る動きがある。こうした法制の検討にあたり、英国のCIC制度は、様々な手がかりを提供するよきサンプルとなる。

　わが国は、(公益)寄附の文化が育ちにくい社会環境にあるといわれる。その真偽のほどは定かではないが、わが国でも、英国のCICのようなコミュニティ利益増進型の営利・非営利ハイブリッドの法人(認定会社)制度ができれば、一般の営利会社よりは見返り(配当や利子)は少なくとも、社会責任投資(SRI)をしようという意識・文化が育つ可能性もある。これまでの税制支援のある公益「寄附」の途に、「社会責任投資」という新たな途も加わり、選択肢が確かなものになる。
　　　　　　　　　　　　　　　　　　　　　　　　　　　　(石村耕治)

II　新制度の実施とその実態

> 　Iにおける2006/2011年法の解説を受けて、IIでは、2006年法成立後の大きな展開を紹介していく。まず、1にて2006年改革後の主な出来事を整理したうえで、2にて2006年改革の中核にある公益増進テストをめぐる展開を追う。新たな公益増進テストをめぐり、貧困の救済、教育の振興、宗教の振興という伝統的なチャリティ目的すべてにおいて、チャリティコミッションとチャリティが争うという事態が生じている。こうした争いの舞台が3で扱う審判所であるが、この審判所も2006年法で整備され、さらに2007年の審判所制度の大改革で大きな制度変更が加えられている。続けて、2006年法で新たに整備された公益法人をめぐる動向について4で触れ、さらに近年のチャリティをめぐって重要な論点である国際的なチャリティの動向について5で扱ったうえで、6で今後のゆくえについて現時点で紹介できる限りで述べることとする。
> 　なお、2006年法後の展開について、チャリティコミッションめぐる動向については、第3章Iにて別個に扱う。また社会的企業については、第4章を参照されたい。

1　2006年改革後の展開

　2006年法成立から約10年の間に、チャリティ法をめぐっては、大きな事件や報告書の公表が相次いだ。それは、大きく3つの流れに分けることができる。
　第1が、2006年法の公益増進テストの解釈をめぐるチャリティコミッションとチャリティ・セクターとの見解の対立であり、いずれも審判所にて争われた。チャリティコミッションは、2006年法の定めに従い、公益増進テストについてのガイダンスを公表した。しかし、チャリティコミッションの公益増進テスト

の扱いをめぐっては、教育の振興を目的としたチャリティとの関係で、独立学校評議会による上級審判所への司法審査請求がなされ、宗教の振興を目的としたチャリティとの関係で、チャリティ登録申請を却下する処分を受けたプレストン・ダウン・トラストの第1次不服審判所への上訴があり、さらに、貧困の救済を目的としたチャリティとの関係では、上級審判所への照会がなされている。こうした展開のなかで、チャリティコミッションは公益増進テストについてのガイダンスの変更を迫られた。これについては2で検討する。

　第2の流れは、2006年法の再検討をめぐる動きである。2006年法は、その成立から5年以内に、同法の運用を全般的に再検討することを定めていた（73条）。これに基づき政府は、2011年、保守党の貴族院議員ホッジソン卿（Lord Hodgson of Astley Abbotts CBE（Robin Hodgson））を指名して再検討を委託し、2012年7月にホッジソン報告書が公表された[57]。そこで検討された内容は多岐にわたり、その章立てだけみても、チャリティの基礎（公益増進）、チャリティコミッションとチャリティ登録、チャリティの規制、苦情・上訴・救済、資金集め、社会的投資、その他テクニカルな論点、と並んでいる。同年12月には、市民社会大臣（Minister for Civil Society）のニック・ハート（Nick Hurd）が中間的応答（interim response）を公表した。

　ホッジソン報告書の公表からほとんど時をおかずに、国会の行政特別委員会が、チャリティ法について別個に調査を行うことを決定した。この決定がなされた2012年は、審判所で上記3つの事件が大きく展開をみせた時期にあたる。2013年6月に公表された行政特別委員会報告書には、チャリティコミッション、登録、公益増進、チャリティ審判所、チャリティ・オンブズマン、資金集め、理事報酬、政治的キャンペーンと独立、といった項目が並ぶ[58]。政府は2013年9月に、ホッジソン報告書と行政特別委員会報告書をふまえ、見解を公表した[59]。

---

57) Lord Hodgson of Astley Abbotts, *Trusted and Independent: Giving charity back to charities-review of the Charities Act 2006*（July 2012）（'Hodgson Report'）.

58) Public Administration Select Committee, *The role of the Charity Commission and "public benefit": Post-Legislative Scrutiny of the Charities Act 2006*（Third Report of Session 2013-14）（6 June 2013）（'PASC Report'）.

59) Minister for the Cabinet Office, *Government Responses to The Public Administration Select Committee's Third Report of 2013-14 and Lord Hodgson's statutory review of the Charities Act 2006*（Cm 8700, September 2013）. 以下「政府見解」または 'Government Responses'。

こうした審判所を舞台とした展開や、各種報告書の指摘からは、2006年法・2011年法についての様々な問題点が浮き彫りとなり、これらをめぐる議論はまだ帰趨をみない。しかし、これらをふまえ、政府や法律委員会を中心にチャリティ関係法の改革に向けた動きが始まりつつある。法律委員会は、ホッジソン報告書を受けて検討を開始し、その中の重要課題として、2014年4月にチャリティの社会的投資に関するパブリックコメントを行い、同年9月に提言をまとめて発表した。[60] 法律委員会は、残された諸課題に関して関係省庁部局と意見を交換したうえで、2015年3月にパブリックコメント手続を開始し、これが同年7月に締め切られている。[61]

　第3の流れが、チャリティコミッションによるチャリティ規制をめぐる議論の展開である。2013年1月、ザ・タイムズ紙により、カップ・トラスト（CUP Trust）というチャリティが、脱税のスキームとして用いられていることが暴露された。チャリティコミッションは、2009年にカップ・トラストのチャリティ登録を認めて以降、税務当局の再三の指摘にもかかわらず本格的な調査を行わなかったとして、メディアや国会で強い批判を浴びることとなった。

　こうしたチャリティの悪用・濫用の問題は、脱税やマネー・ロンダリング、さらにはテロリズムに関与する団体がチャリティを隠れ蓑に英国国内外で活動することへの危惧などもあって、具体的な立法に向けた動きが始まっている。2014年10月、政府はチャリティ保護法案（Protection of Charities Bill）の草案を公開した。[62] これには、チャリティコミッションの権限を強化する内容が盛り込まれており、チャリティの理事として不適格と判断した者の資格を剥奪する権限や、チャリティ・セクターへの信頼の低下をもたらすような運営上の不正を行っているチャリティを解散させる権限などを、新たに追加することが提案されている。

　これら3つの流れは、互いに密接に関係している。以下では、個々の論点ごとに、イングランドおよびウェールズにおける2006年法以降の展開を紹介する

---

60) Law Commission, *Social Investment by Charities*（Law Commission Consultation Paper No 216, 2014）.
61) Law Commission, *Charity Law: Technical Issues in Charity Law*（Law Commission Consultation Paper No 220, 2015）.
62) Minister for the Cabinet Office, *Draft Protection of Charities Bill*（Cm 8954, October 2014）.

が、こうした事件の展開、社会的な議論の高まり、報告書や政府による法的検討の相互関係も意識しつつみていくことにしたい。なお、チャリティコミッションの権限行使の妥当性や、立法による権限の拡大をめぐる国会内外の議論動向は、第3章Ⅰで詳しく扱われている。

2 公益増進テスト

2006年法は、チャリティの定義に関して、1601年エリザベス1世法以降の判例法を変更するものではない。ただしチャリティ目的のうち、伝統的な3つのチャリティ目的である、貧困の予防または救済、教育の振興、宗教の振興については、それまで公益目的が推定されると考えられてきたところ、2006年法3条2項（2011年法4条2項）は、いずれのチャリティ目的であっても公益増進は推定されない、と明記した。こうした立法による変更が実際に何を意味するかをめぐって、2006年法制定直後から激しい議論の応酬があり、チャリティコミッションやチャリティ審判所、さらには国会において、様々な議論が展開された。

公益増進とは何かについて、2006年法には定義規定が置かれていない。しかし同法は、チャリティコミッションに対し、公益増進テストについてのガイダンスを公表する義務を負わせている（2006年法4条(2)〔2011年法17条(1)〕）。これを受けて、チャリティコミッションは2008年1月、公益増進の要件についてのガイダンスを公表した。[64]

(1) 教育の振興

公益増進の推定が排除され、これを受けたチャリティコミッションのガイダンスに危機感をもったのは、いうまでもなく、推定の排除を受けた3つのチャリティ目的を掲げるチャリティである。

教育振興目的との関係で、チャリティとしての資格が奪われることをおそれたのが、授業料をとって教育を提供してきた学校である。2010年2月、そうした学校の連合体である独立学校評議会（Independent Schools Council）が、会員がチャリティとしての資格を奪われるおそれがあるとして、上級審判所に司

---

63) See, Charities Act 2006, s 3(3); Charities Act 2011, s 4(3).
64) Charity Commission, *Charities and Public Benefit: The Charity Commission's general guidance on public benefit*（January 2008）.

法審査を申し立てた。

　争いになったのは、チャリティコミッションの2008年1月のガイダンスの2大原則のうち、第2原則「社会一般の利益に資すること、あるいは社会一般の適切な部分の利益に資すること」に付された副次的原則と、これに伴う解説である。ガイダンスでは、「社会一般の適切な部分の利益を対象としている場合、受益の機会が不当に制限されていないこと」としたうえで、「料金（fee）を支払う能力」によって制限してはならないとしていた（Principle 2b）。また、これと並び、「貧困な人たちが便益の機会を排斥されてはならない」とも明記された（Principle 2c）。

　これらの副次的原則には、「F10. 料金を支払う能力を理由とした制限」と題されたセクションで解説が加えられ、「チャリティ上の設備やサービスに対し料金が徴収され、それらの設備やサービスが主に料金を支払う余裕がある人に提供されるからといって、必ずしも団体が公益増進に適した目的をもたないということにはならない」としながら、「人々が料金を支払う能力がないことを理由として利益を受ける機会から排除する団体は、公益増進に適した目的をもつとはいえない」としていた。[65]

　上級審判所は、2011年に判断を下した。[66] 上級審判所は、チャリティであるためには貧しい階層に最低限の便益の提供をしなければならないとして、その意味ではチャリティコミッションの基本的スタンスを肯定した。しかし、この最低限の提供があれば、それを超えてどの程度まで料金を支払えない人に便益を提供するかは、チャリティの理事の裁量に委ねられているとして、チャリティコミッションのような客観的立場から合理的といえるだけの便益の提供を求めるかのように読めるチャリティコミッションのガイダンスのF10.の記述は、誤りだとされた。最低限の便益の提供があれば、チャリティをどう運営するかは、貧しい人に利益を受ける機会を提供するかも含め、理事の判断に委ねられる、というのである。

　この上級審判所の判断は、多くの論者によって、チャリティコミッションの立場と学校側の主張の中間をとった妥協的な結論だと受け取られている。上級

---

65) 圏点は原文では太字。
66) *The Independent Schools Council v Charity Commission of England and Wales and National Council for Voluntary Organisations* [2011] UKUT 421（TCC）.

審判所自身も認めているように、この判断がチャリティ関係者に法のあり方を明確に示したものとはいいにくい。批判的な論者は、一方で理事の裁量を認めつつ、他方で最低限の利益の提供という曖昧な基準で裁量の限界を画そうとするこの判断が、チャリティセクターの混乱を招きかねないと懸念を示している[67]。さらに手厳しい論者にかかると、政治ないし政策に基づく判断であり、判例法の解釈に対しても疑義がある、とさえいわれる[68]。

(2) 宗教の振興

　公益増進テストの問題は、宗教の振興目的との関係でも大きな議論を巻き起こすことになった。発端は、プレストン・ダウン・トラスト (Preston Down Trust) という団体によるチャリティ登録の申請であった。

　チャリティコミッションは2012年6月、プレストン・ダウン・トラストの目的が公益増進テストを満たさないとして、登録申請を却下した。プレストン・ダウン・トラストは、Plymouth Brethren Christian Church (PBCC) という宗派の一部であるが、この宗派による宗教儀礼は排他的で、懲戒手続なども厳格だった。こうした教理に照らし、チャリティコミッションはプレストン・ダウン・トラストが、信者集団の外のより広いコミュニティに便益を提供しているとはいえず、したがってチャリティの公益増進テストに適合しない、と判断したのである。

　トラストは第1次不服審判所に上訴したが、審判手続は和解の可能性を探るために停止された。チャリティコミッションは、2014年1月3日、トラストが規約を変更する証書を提出したことを受けて、登録を認める判断を下した[69]。チャリティコミッションが登録を拒絶した理由は大きく2つある。1つが、Plymouth Brethrenの教義がこれまでの歴史的変遷の中で非常に排他的な時期があり、そのような場合には外との交流が途絶され、信者の集団への便益の提供が一切なされないおそれがあったこと、もう1つが、Plymouth Brethrenの破門などの懲戒手続があまりに峻厳で、これがコミュニティにとってマイナスの便益となるおそれがあったことであった。これに対してトラスト側は、ト

---

67) Mary Synge (2012) 75 MLR 606.
68) Hubert Picarda, *The Law and Practice Relating to Charities* (First Supplement 2014), at 15-18.
69) Charity Commission for England and Wales, *Application for registration of the Pension Down Trust: Decision of the Commission* (3 January 2014).

ラストの規約を変更し、「実践における信仰」として、外界との途絶は倫理的側面における遮断であって、物理的な遮断ではなく、信者でない者との社会的な交流を認めることを明記した。また、規約変更に伴い、「懲戒実践」として懲戒手続を明記し、懲戒対象者に対しても心理的なケアを行うことなどを明らかにした。こうした内容を盛り込んだ規約変更をもって、チャリティコミッションは、トラストによる公益の増進と公益減殺の防止が確保されたと判断し、登録を認めたのである。

　チャリティコミッションによる2012年6月の登録申請却下以降の展開は、政治的緊張を伴うものだった。2012年7月にホッジソン報告書が公表され、同月、国会で行政特別委員会が新たにチャリティ法の検証を行うことを決めた。同委員会での公益増進に関する検討でも、かなりの部分がプレストン・ダウン・トラスト事件を念頭に置き議論された。トラスト自身もロビー活動を行い、他方でこれに批判的な証言も採用された。政治状況の緊迫は、2013年6月に公表された同委員会の報告書からも伝わってくる。報告書は、事件が第1次不服審判所に係属中であるとして、チャリティコミッションの判断の実質的内容に踏み込むことは避けている。[70]

　そうしたなかでプレストン・ダウン・トラストの登録申請を認めたチャリティコミッションの判断に対しては、政治的プレッシャーに屈したものだとの批判もあった。他方で、批判の強かったトラストの宗教実践のあり方によりオープンさを求めたことを、実際上の効果がどこまであるかはともかく、慎重ながら評価する見解もあった。判断そのものは、チャリティ法専門家の間でも穏当な結論だとみられているようでもある。[71]

(3) 貧困の防止と救済

　残る1つの伝統的なチャリティ目的である貧困の防止と救済についても、チャリティコミッションは上級審判所に対し、2006年法に解釈の困難を生じさせる疑義があるとして、照会を行った。貧困の救済を目的としたチャリティは、2006年法以前は公益増進の推定を受けてきたから、2006年法が公益増進の推定

---

70) PASC Report (n 59), at 21-31.
71) 'Analysis: Regulator and Plymouth Brethren settle their differences' (20 January 2014) *Third Sector* 〈http://www.thirdsector.co.uk/analysis-regulator-plymouth-brethren-settle-differences/governance/article/1227688〉 accessed 9 February 2015.

を排除したとなると、チャリティの地位を奪われるおそれが出てくる。審判手続には、11のチャリティが訴訟参加し、19のチャリティ関係者が文書の提出により参加した。この事件の判断によって何らかの影響を被る可能性のあるチャリティの数は1500にのぼるともいわれた。

手続の過程で、貧困の救済または予防を目的としてすでに登録されたチャリティが、2006年法によっても地位を奪われることはないことについては、当事者間で見解が一致した。審判で最終的な判断が求められたのは、第1に、貧困の救済を目的とした団体が、人的な関係、雇用関係または権利能力なき社団的な関係で制約されていた場合に、チャリティの要件を満たすといえるか、第2に、貧困の救済を目的とした団体が満たすべき公益増進要件と、貧困の防止を目的としたチャリティが満たすべき公益増進要件が同じか否かである[72]。

第1点について、上級審判所は、救済の対象が人的に制約されていても、そのことがチャリティ認定を妨げるものではないと判示した。教育や宗教の振興を目的としたチャリティでは、公益増進テストは、チャリティ目的が公益にかなうものであるだけでなく、その便益が「社会一般の適切な部分」の利益に資するものであることを要求していた。しかし、貧困の救済を目的としたチャリティについては、この後半の広い便益の提供は要件とされないことが、これによって明らかとなった。

第2点は、チャリティコミッションのガイドラインが、貧困の予防は貧困の救済よりも広い社会的インパクトをもつ場合が多く、便益を受ける人々の範囲を狭く限定した団体は、公益増進の証明が困難となることもありうる、としていたところである。しかし上級審判所は、この点について貧困の予防と救済との間で区別はつけないことを明らかにした。ただし、貧困の予防と貧困の救済では異なる面も当然ありうるので、これは個別具体的な事案ごとに判断されるものとされた。

上級審判所は、こうした判断を下すにあたり、2006年法が従来の判例法の立場を変えるものではないとする解釈態度を示すとともに、公益増進テストは個々のチャリティ目的ごとに異なるとして、個別具体的な事案に即した判断を

---

72) *Attorney General v Charity Commission (The Poverty Reference)* [2012] UKUT 420 (TCC); [2012] WTLR 977.

重視している。上級審判所の判断に対しては、どの当事者も上訴は行わず、判断自体も特に大きな批判を浴びるということはないようである。しかし、具体的な紛争がないところで、照会手続により上級審判所に抽象的な命題についての見解を求めることが、チャリティコミッションやチャリティ部門にとって有効な資源の利用であったかについては、批判的な見解もみられる。

（4） 新たな公益増進ガイダンス

独立学校評議会事件を受けて、チャリティコミッションは、公益増進ガイダンスの該当部分の撤回を余儀なくされた。2013年9月16日、チャリティコミッションは、公益増進に関する新たなガイダンスを公表した。

新たなガイダンスは3つに分かれている。1つ目が、公益増進の要件について一般的に記述したもの、2つ目が、公益増進の目的を実現してゆく局面について記述したもの、3つ目が、年次報告や会計報告などの報告の局面について記述したものである。3つに分かれているものの、新ガイダンスを旧ガイダンスと比べると、記述は簡潔になっている。また旧ガイダンスは、原則・副次的原則・これに伴う解説、と法を叙述することを意識した形式となっていたが、新ガイダンスは、具体的な判断は個々の事案によることをしばしば明記し、判断に際して考慮する事項を大まかに示すかたちを採っている。

内容面では、独立学校評議会事件や貧困の防止と救済に関する照会事件における、上級審判所の判断をふまえた変更が加えられている。チャリティがサービス等の提供に対して料金を徴収する場合、貧しい者に対する最低限の利益の提供はなされなければならないとしつつ、最低限を超える部分についてはチャ

---

73) Anne-Marie Piper and Lizzie Jones, 'Briefing on the Attorney General's Reference on benevolent funds' (March 2012) *Farrer & Co* 〈http://www.farrer.co.uk/Global/Briefings/01.%20Charity%20and%20Community/Briefing%20on%20the%20Attorney%20Generals%20Reference%20on%20benevolent%20funds.pdf〉 accessed 9 October 2015.
74) Picarda (n 69), at 13-14.
75) Charity Commission, *Public benefit: an overview* (September 2013).
76) Charity Commission, *Public benefit: the public benefit requirement (PB1)* (September 2013).
77) Charity Commission, *Public benefit: running a charity (PB2)* (September 2013).
78) Charity Commission, *Public benefit: reporting (PB3)* (September 2013).
79) 公益増進に関する2006年法と判例法の関係については、これを分析した文書が別に公表されている。Charity Commission, *Analysis of the law relating to public benefit* (September 2013).
80) David Ainsworth, 'Charity Commission publishes new public benefit guidance' (16 September 2013) *Third Sector* 〈http://www.thirdsector.co.uk/charity-commission-publishes-new-public-benefit-guidance/governance/article/1211877〉.

リティの理事の裁量を広く認め、チャリティコミッションや裁判所の判断による介入を控える態度を示している[81]。また、ある団体が公益を増進する以上に社会に対する害悪を生じさせるおそれがある場合には、チャリティ目的は認められないとも明記している[82]。これは、当時まだ係争中であったプレストン・ダウンズ・トラスト事件を念頭に置いた記載とみることができる。

　公益増進はあくまで目的の問題であり、具体的に、いかに社会に便益を提供するかは、チャリティの理事らの判断に委ねられる。しかし他方で、理事らがチャリティの目的を実現しようとしない場合には、チャリティコミッションとして介入することも、第2の公益増進目的実現に関するガイドラインで明記されている[83]。**第3章Ⅰ**で触れるように、チャリティコミッションに対しては、チャリティへの規制が不十分であるとの批判が強まっており、こうしたところでチャリティコミッションは、一方では、チャリティ目的との関係でチャリティの理事らの裁量を広く認め、他方で、チャリティの実際の活動を十分に監視しなければならないという、むずかしい立場に置かれていることも窺える。

（5）　ホッジソン報告書と行政特別委員会報告書

　これまでみたように、公益増進要件は広く社会的な議論を呼ぶ論点であり、ホッジソン報告書と行政特別委員会報告書でも異なる見解が示された。

　2012年のホッジソン報告書は、これらの事件が大きく進展する前に出されたこともあり、公益増進について特に2006年法の改正を伴うような提言はしていない。そこでは、2006年法が公益増進の重要性を強調し、チャリティがいかに社会に利益を提供するかに注意を向けるようにしたことの意義が、基本的には肯定的に受け止められている。そして、公益増進の定義について、これを判例法に委ねることについては、社会の変化に沿って柔軟に定義をしてゆくことのメリットと、判例法であるがゆえの予見可能が低いことのデメリットを、いわば両論併記したうえで、チャリティ部門の多様さも考えると、やはり公益増進を判例に委ねるべきだと結論付けた。

　しかし、2013年の行政特別委員会による報告書は、独立学校評議会事件やプレストン・ダウン・トラスト事件をめぐり議論が高まった時期に検討が進めら

---

81) PB 1, Part 5, at 9.
82) PB 1, Part 4, at 8.
83) PB 2, Part 7, at 12.

れたこともあり、2006法による公益増進要件の扱いについて、批判的な態度を取っている。具体的には、伝統的なチャリティ目的の公益増進の推定を廃止した2006年法を元に戻すべきだとしており、またチャリティコミッションに公益増進の内容を示したりその実現を監督したりする役割を与えることにも批判的である。そして、チャリティの要件については、チャリティコミッションに委ねずに、国会として再検討すべきだと提言している。

　これらの報告書に対し、政府は、あくまで公益増進の定義は判例法に委ねるべきだとして、行政特別委員会の見解は採らない立場を明らかにした[84]。チャリティコミッションが公益増進についてのガイドラインを出す義務を負ったことで、チャリティからその妥当性を争う訴訟を提起されることは、ある意味で不可避だったことを認め、また上級審判所による判断も、ある程度はこの論点を明確化することに役に立った、と比較的現状肯定的な立場を取っている。政府見解は、判例の動向によっては、制定法により公益増進についての規定を置く可能性も完全に排除しているわけではないとしているが、公益増進テストの見直しを早急に行うことまでは考えていないように見受けられる。今後の法律委員会の検討対象にもなりうる論点であるが、執筆時点の法律委員会の公表している検討事項には、公益増進テストは論点として含まれていない[85]。

3　審判所

　2006年法は、チャリティコミッションの判断に対する不服を審査する手続として、新たに審判所制度を整備した[86]。利用手続について、NCVOのガイドがある[87]。

　2006年法以前は、チャリティコミッションの判断に不服がある団体は、高等法院に訴えを提起して、司法審査を求める必要があった。しかし、高等法院での裁判には時間とコストがかかり、チャリティコミッションの判断に不服があ

---

84) *Government Responses*（n 60), at 4,10-13, 21.
85) The Law Commission, 'Charity Law, selected issues' 〈http://www.lawcom.gov.uk/project/charity-law-selected-issues/〉 accessed 9 October 2015.
86) Debra Morris, 'The First-tier Tribunal（Charity）: Enhanced Access to Justice for Charities or a Case of David versus Goliath?'（2010）29 Civil Justice Quarterly 491; Hubert Picarda, *The Law and Practice Relating to Charities*（Fourth Edition 2010), at ch 52.
87) NCVO, *Charity Tribunal: How it works and how you can use it*（2013).

っても、泣き寝入りせざるをえないことが多かった。実際、チャリティ法をめぐる紛争が高等法院で争われることは、きわめて稀だった[88]。こうした背景をふまえて、2006年法は、チャリティに関する紛争を迅速かつ低コストで、また、必ずしも対立的でない方法での紛争解決を実現するため、チャリティ審判所（Charity Tribunal）を設置した[89]。

チャリティ審判所は2008年3月に運用を開始したが、審判所の制度は、2007年の審判所制度の抜本改革に伴い、1年あまり後に大きく改組された[90]。この審判所改革は、従来、省庁縦割りで乱立していた各種審判所を統合し、第1次の不服審判所と上級審判所の二層制を導入するものである。これに伴い、チャリティ審判所の管轄権は、2009年9月1日から、第1次不服審判所（First-tier Tribunal）の一般規制部（General Regulatory Chamber）に移管された[91]。また第1次不服審判所の判断に対する上訴は、新たに設置された上級審判所（Upper Tribunal）の租税および大法官部（Tax and Chancery Chamber）に係属することとなった。

(1) 審判所の構成・手続

第1次不服審判所は、法曹資格を有する審判官（judge）と法曹資格を有しない審判官（other member）とで構成される。人数は審判所の上級所長によって様々な要素を勘案して決定される。チャリティ審判所から新たな審判所制度に移行する際には、初代チャリティ審判所所長のアリソン・マッケンナ（Alison McKenna）が、上級審判所の審判官と第1次不服審判所審判官の首席審判官（Principal Judge）とを兼ねるかたちで移籍した。彼女は、チャリティコミッションの法律顧問を務めた経歴もあり、本稿執筆時点（2015年11月）も引き続き首席審判官を務めている。ほかに、5人の法曹資格を有する審判官と、7人の法曹資格を有しない審判官（ordinary member）が、チャリティ審判所

---

[88] Strategy Unit, *Private Action, Public Benefit: A Review of Charities and the Wider Not-For-Profit Sector*（Cabinet Office, September 2002）, paras 7.69-7.80.
[89] Charities Act 2006, s 8（inserting Charities Act 1993, ss 2A-2D）, and Schs 3 and 4（inserting Charities Act 1993, Schs 1B-1D）.
[90] Tribunals Courts and Enforcement Act 2007. 英国の審判所制度の改革について、石村耕治「イギリスの租税審判所制度の抜本改革：第一段階審判所租税部と上級審判所金融租税部としての新たな船出」白鷗法学16巻1号（2009）204(1)頁。
[91] Transfer of Functions of the Charity Tribunal Order 2009, SI 2009/1834.

からチャリティ第1次不服審判所へ移籍した。

　手続は、審判所規則制定委員会（Tribunal Rules Committee）によりつくられた審判所規則による[92]。これは、チャリティに関する審判手続に特化したものではなく、第1次不服審判所全般に適用されるものである。法律の専門知識のない一般人にも分かりやすい規定になっているとはいいにくいが、審判所には事件管理上の広い裁量権が与えられ、個々の事件や当事者の特性に応じた柔軟な手続的対応ができるようになっている。

　手続費用は、原則として各当事者が自分の費用を負担する。これは、英国の裁判手続の敗訴者負担とは異なる原則をとるもので、手続費用の負担を軽減し、弁護士が当事者対抗主義的な手続で巨額の訴訟費用を請求するのを助長しないように、との趣旨によるものである。ただし例外として、一方当事者の不当な行為で無駄な費用が生じた場合や、チャリティコミッションの判断が合理性を欠いていた場合には、訴訟費用負担が移転する場合がある。

（2）　上訴・審査・照会

　現行2011年法は、2007年の審判所制度改革を反映したかたちで、第17編に審判所についての規定を置いている（315～331条）。審判所での手続は、大きく分けて、上訴（appeal）、審査（review）、照会（reference）の3つがある。

　上訴とは、チャリティコミッションによる具体的な判断に対し不服のある当事者が、これを争うときに用いる手続である[93]。管轄権は、2011年法の別表第6に規定されている。この別表はやや複雑だが、上訴の対象となる処分、指示および命令が多数列挙されている。たとえば、チャリティとしての登録を認めるかまたは認めない処分、チャリティとしての登録を抹消するかまたは抹消しない処分、チャリティに名称変更を求める指示、チャリティ管理スキームによりチャリティ理事を任命、解任または排除したり、財産や金銭の移転を命じたりする命令、などが挙げられている。

　この別表ではまた、それぞれの対象判断に対応して、上訴適格を有する者が定められている。ここでは、適格を認められた者を個々に列記することはしないが、審判所制度の1つの特徴は、当事者適格が裁判手続より広く認められる

---

[92] Tribunal Procedure (First-tier Tribunal) (General Regulatory Chamber) Rules 2009/1976.
[93] Charities Act 2011, s 319.

ことである。たとえば、上記のチャリティ管理スキームに関する判断の場合、スキームの対象となるチャリティ、解任または排除されたチャリティ理事のほかに、「その他当該命令によって影響を被るかまたは被る可能性のあるいかなる人」であっても、上訴の権利が与えられる。

上訴にあたっては、審判所はチャリティコミッションの判断を新規に審査する。その際には、チャリティコミッションが判断にあたって参照できなかった証拠なども考慮に入れることができる。ただし、新たな判断根拠を追加することは許されない。

審判所の最終的な権限も別表第6に列記されている。スキームに関するチャリティコミッションの命令に対する上訴を例にすると、審判所は、チャリティコミッションによる命令の一部または全部を取り消して差し戻す、チャリティコミッションの権限内であったであろう命令によって差し替える、チャリティコミッションの権限内であったであろう命令を付け加える、といった広範な権限が与えられている。

一部のチャリティコミッションの判断に対しては、審査手続が認められる[94]。これは、裁判手続の司法審査と同じ手続で、行政機関としてのチャリティコミッションの判断過程の合法性、公平性または合理性および均衡性について審査を求めるものである。審査は、別表第6所定の当事者に加えて、法務総裁が申し立てることができる。対象となる判断は、特定の団体や複数の団体に対し質問検査を開始する処分、共通投資スキームまたは共通預託スキームを行う決定、チャリティの保有する土地について処分や抵当を制限する決定、会社形態のチャリティに対する調査および会計監査の命令である[95]。

照会手続は、チャリティコミッションの具体的な判断の出されない段階で、審判所の判断を求めることができる、やや特殊な手続である[96]。審査の申立てをできるのは、法務総裁かチャリティコミッションで、チャリティコミッションは法務総裁の同意を得る必要がある。審査では、チャリティコミッションの職務遂行に関して生じたチャリティ法に対する疑義について、審判所の判断を求めることができる。これにより、個々のチャリティが、具体的な紛争において

---

94) Charities Act 2011, s 321.
95) Charities Act 2011, s 322.
96) Charities Act 2011, ss 325-331.

チャリティコミッションと争う訴訟費用を負担するのを回避することができる。

照会手続が用いられた一例として、貧困の救済または予防を目的としたチャリティの公益増進要件についての照会事例を挙げることができる。この事例のように、照会手続は、かなり抽象的で適用範囲の広いチャリティ法上の問題について、審判所の判断を求めることが可能で、これを通じてチャリティ法の発展を期待することもできる。ただし、このような抽象的な判断が、個別具体的な事案においてどこまで予見可能性を高めることができるかは、議論のあるところである。

（3） 上級審判所

チャリティ第1次不服審判所の判断に不服のある当事者は、上級審判所（Upper Tribunal）へ上訴することになる。[97]上訴で判断の対象となるのは、法律問題に限られる。この上訴は当然に認められるわけではなく、チャリティ第1次不服審判所または上級審判所による許可を要する。

上級審判所は、正式記録裁判所（court of record）としての地位が与えられ、高等法院と同等の司法機関として位置付けられる。その判断は下級審に対する先例拘束力をもつので、これによって、チャリティに関する判例法理の発展が期待される。また、上級審判所には、行政処分等に対する審査（司法審査：judicial review）の権限が与えられている。この司法審査権限は、2007年の審判所制度改革により上級審判所に移管されたものである。

上級審判所の判断に対する不服は、控訴院に上訴することができる。控訴院で判断の対象となるのも、法律問題に限られる。

（4） 今後の課題

審判所は、公益促進要件に関する独立学校評議会事件など、社会的に注目を浴びる事件も扱っている。個々の判断に対して批判もあるが、判断手続の公正性や審判所の能力についての根本的な批判はないように見受けられる。

ホッジソン報告書は、最初の3年で24事件について判断を下した審判所の役割に一定の評価を与えつつ、審判所手続に関する費用の問題に懸念を示している。[98]そして、管轄権の規定が複雑であることから、これを簡素なものにするこ

---

97) 2009年までのチャリティ審判所の判断に対する上訴管轄は、高等法院にあった。
98) *Hodgson Report* (n 58), at 80-86.

と、手続が複雑で一般人に分かりにくいことから、ガイダンスを充実し、手続をよりインフォーマルなものにする工夫をすべきことを提言している。管轄権を規定した2011年法別表第6については、議会の2011年法改正法案についての検討に含まれている。

行政特別委員会は、ホッジソン報告書よりも批判的で、チャリティコミッションが、とりわけ公益増進要件のような困難な法的問題に審判所手続で決着を付けようとしたのは、コミッションにとっても関係するチャリティにとっても不幸なことだったとしている。そして、コミッションは、インフォーマルな紛争解決手続を設けるべきで、法的争点を解決するためには、審判所手続は最後の手段とすべきだとしている[100]。政府は、手続費用の支出は基本的に当事者の判断によるものだとして、行政特別委員会より冷静な態度を取っている[101]。しかし、法律委員会の改革提案の中には、審判手続や裁判手続に関する事項が含まれている。

特に問題となっているのは、審判手続に伴う費用である。2006年法で審判所制度が取り入れられた元来の趣旨は、裁判手続よりも柔軟な手続を導入することで一般人でも使いやすい手続を提供することにあった。しかし、チャリティ法の専門家を擁するチャリティコミッションを相手に、一般のチャリティ関係者が対等に争えるかについては、当初から懐疑的な見解もあった。また独立学校評議会事件やプレストン・ダウン・トラスト事件では、チャリティコミッションの判断を争う側も、著名なチャリティ専門家や法廷弁護士を含めた弁護団を起用し、審判所手続といえども、裁判手続とあまり変わらない法的手続と法的議論を展開した。当然訴訟費用も高額にのぼり、チャリティコミッションの対応とともに、審判所の手続に伴う費用についても批判の声が上がっている。

法律委員会の改革提案は、比較的穏便に、テクニカルな法的論点への対処に留めている。その主なものが、審判や裁判にかかる費用をチャリティから支出するための手続の改善である。法人形式をもたないチャリティの場合、こうした費用は、当然にチャリティから支出できるわけではない。受託者や理事が自己負担を避けるためには、裁判手続については、訴えを提起または応訴するこ

---

99) Charities Act 2011, sch 6.
100) *PASC Report* (n 59), at paras 100-101.
101) *Government Response* (n 60), at 14-15.

とが合理的だということを事前に示し、チャリティからの支出を認める裁判所の命令を得る必要がある。これをベドー命令という。しかしベドー命令を求める手続は、チャリティに関する手続となるので、チャリティコミッションの許可を要する。しかし、チャリティコミッションは本案に関わる手続の相手方であるから、ここに利益相反が生じてしまう。そこで、法律委員会は、この手続に関してはチャリティコミッションの許可は不要とする手続改正を提案している。他方で、審判手続については、現時点でチャリティコミッションにベドー命令を下す権限が与えられていないので、この権限を認める手続改正も、あわせて提案されている。[103]

4　公益法人（CIO）

　当初2009年に予定された公益法人の導入は、解散に関する規定等に時間がかかるなどして大幅に遅れ、2012年12月に登録申込の受付が開始された。

　2012年に従位立法が成立し[104]、段階的に実施に移されている。当初の登録は、新規に設立されるチャリティと、法人化していないが2万5,000ポンドを超える収入をもつチャリティから開始された。その後、収入の多寡を問わず、すべての法人格のないチャリティからの転換による公益法人の登録が認められている。しかし、会社形態のチャリティから公益法人への転換については、本稿執筆時点（2015年11月）で規則も公表されておらず、実現していない。

　イングランドで公益法人についての評価を尋ねると、チャリティ関係者の間では比較的慎重な態度を取る人が多いように見受けられる。**第6章**でみるように、スコットランドでは公益法人が積極的に推進されており、これと比べると温度差は明らかである。イングランドのチャリティコミッションは、当初から、公益法人は小・中規模のチャリティには適しているが、各チャリティは公益法人が本当に適切な組織形態か慎重に検討するように促してきたと報じられている。[105] ただし公益法人の登録は、2012-13年度には76、2013-14年度には1,331、

----

102) 判例（*Re Beddoe* [1893] 1 Ch 547）に由来する名称である。
103) Law Commission, *Charity Law: Technical Issues in Charity Law* (n 62), at 16.8-16.54.
104) Charitable Incorporated Organisations (General) Regulations 2012 (SI 2012/3012).
105) Anita Pati, 'Should you register as a charitable incorporated organisation?' (21 January 2015) *Guardian*, <http://www.theguardian.com/voluntary-sector-network/2013/jan/21/register-charitable-incorporated-organisation>.

2014-15年度には2,248と、着実に増加している。2014-15年度のチャリティ全体の新規登録数は4,648であるから、ほぼ半数が公益法人ということになる。より詳細な統計についてはⅢを参照されたい。

　ホッジソン報告書は、公益法人に期待を寄せる内容となっている。しかし、報告書が出されたのは、公益法人の登録が実際に開始される前のことであり、実質的には、いまだ態度を決めかねているという状況であったろう。行政特別委員会も、特段に踏み込んだ記述をしていない。政府は、2016年に公益法人のインパクトについて報告書を提出するとしている。

5　国際的チャリティの動向

　英国では、多くの国際的チャリティがロンドンを拠点に活動している。チャリティコミッションには、1万6,000のチャリティが国際的な支援を提供する団体として登録され、英国のチャリティから世界各地に配分される資金の総額は、50億ポンドと推定されている。歴史的経緯から中東との関係も深く、近年も、中東などで政情不安に陥った国での援助活動に対し、英国国内だけでなく、世界各地からロンドンのチャリティを経由して支援が行われている。英国国内のチャリティは、2008年以後の不景気や緊縮財政によって資金調達を軒並み減らしたが、国際的チャリティはそうした影響を受けず、むしろ資金調達量は拡大したとされる。

　しかし、2006年法制定後の展開は、国際的チャリティにとってもめまぐるしいものであった。2006年法は人権の促進をチャリティ目的として明示的に認めたから、これは、経済的に発展途上の地域における人権保護や、紛争地域での救援活動の援助に資金を提供する団体にとって重要な意味をもつ。第1次不服審判所も、ヒューマン・ディグニティ・トラスト（Human Dignity Trust）事件において、国際的な人権団体にチャリティの資格を認める判断を下した。また、近年のアフガニスタンでの紛争やイスラム国でのテロリズムをめぐる展開

---

106) Charity Commission, *Annual Reports and Accounts 2012-2013* (2013), at 1; Charity Commission, *Annual Reports and Accounts 2013-2014* (2014), at 8; Charity Commission, *Annual Reports and Accounts 2014-2015* (2015), at 6.
107) *Hodgson Report* (n 1), at paras 10.25-10.28.
108) Charity Commission, *Annual Reports and Accounts 2014-2015* (2015), at 37.

は、そうした地域で活動するチャリティの存在意義を高めるものだといえる。しかし他方で、近年の英国では、チャリティがこうしたテロリズム集団の資金源となっているのではないかとの懸念が社会的に強まっている。これに伴い、チャリティに対する規制監督を強化すべきだとする議論も、国会内外で起こっている。

　このように、国際的に活動するチャリティにとり、2006年法以降の展開は追い風となっている面もある一方で、強い向かい風が吹いているのも確かである。人権の促進と政治については第5章において、またチャリティの規制については第3章Ⅰにおいて扱われているが、本章では、英国での近年の展開という観点から、国際的なチャリティの文脈で、合わせてみていくことにする。

(1) 人権の促進とチャリティ

　2006年法は新たに、「人権、紛争解決もしくは和解の推進、または宗教的もしくは人種的和解または平等と多様性の促進」をチャリティ目的として認めた。人権の促進は、従来、倫理や精神的な福祉や向上といった他のチャリティ目的との類推で認められてきたが、それ自体としてチャリティ目的と認められたのは比較的最近で、2002年のチャリティコミッションのガイダンスが初めてだとされる。2002年は内閣戦略班『民間活力・公益増進』報告書が出された年でもあり、同報告書でも、人権促進がそれ自体でチャリティ目的として認められるべきだと提言されていた。

　2006年法後のチャリティ目的の定義のもとで争われたのが、ヒューマン・ディグニティ・トラスト（Human Dignity Trust）という団体にチャリティの地位を認めるか否かの問題である。この団体は、ホモセクシュアルを違法としている諸外国でそうした法制の合法性を争う活動を支援しており、チャリティ申請に際して、人権の促進と法の健全な促進と執行を目的としていた。しかし、チャリティコミッションは、団体の目的が曖昧で、政治目的を有していることを理由に、登録申請を却下した。これに対して、トラスト側は、この判断を第1次不服審判所で争い、その結果、審判所はチャリティコミッションの判断を覆し、チャリティへの登録を指示する判断を下した[109]。これを受けて、チャリテ

---

[109] *Human Dignity Trust v Charity Commission for England and Wales* (6 July 2014) Appeal no CA/2013/0013.

ィコミッションは、上訴することなくチャリティ資格を認めた。

　この事件のチャリティの政治活動の文脈での分析は、第5章に譲るが、これを国際的な文脈でみると、ヒューマン・ディグニティ・トラスト事件は、コモンウェルス諸国においてチャリティの政治活動を促進する傾向が強まっている流れの一環として位置付けることができる。2011年、オーストラリア最高裁はエイドウォッチ（Aid/Watch v Commissioner of Taxation）事件[110]において、国際的な人道援助を支援する活動をしているエイドウォッチにチャリティとしての租税減免を認めなかった税務当局の判断を覆す判決を下した。下級審は、この団体の活動が貧困の救済と教育の促進を目的としていることを認めたものの、政治的な活動をしていることを理由に、税務当局の判断を3裁判官全員で支持していた。しかし、最高裁は3対2という僅差ながら、オーストラリア憲法における政治活動の重要性に照らして、イングランドの政治活動を排除する伝統法理は適用しない、と判示したのである。

　ニュージーランドでは、2005年に英国のチャリティ法改革と軌を一にするチャリティ法が成立した。2008年、グリーンピースがチャリティとしての登録を申請し、これが同国のチャリティコミッションによって拒絶された事件が最高裁まで争われた。ニュージーランド最高裁は、2014年、グリンピース（Re Greenpeace New Zealand Incorporated）事件[111]において、政治目的はチャリティ目的に該当しえないという伝統的な法理は、ニュージーランドではもはや適用にならないとして、チャリティコミッションに差戻す判断を下した。この判決も3対2の僅差ながら、オーストラリアのエイドウォッチ事件を引用しつつ、グリーンピースの主張を退けた下級審の判断を覆している。

　このように、コモンウェルス諸国における近年の立法と判例では、人権保障や政治的活動の意義を広く認めつつ、政治活動に否定的なイングランドの伝統的判例[112]の射程を限局する流れが生まれつつある。こうした動きは、オーストラリアでもニュージーランドにおいても、チャリティ認定機関や下級裁判所では当初否定的だったところに、最上級審でも僅差で実現したものであり、エイドウォッチやグリーンピースなど国際的な人権団体の法廷での活動が原動力とな

---

110) [2010] HCA 42, 241 CLR 539.
111) *Re Greenpeace of New Zealand Incorporated* [2014] NZSC 105.
112) *Bowman v Secular Society Ltd* [1917] AC 406; *McGovern v Attorney General* [1982] Ch 321.

ったということもできる。

　英国の国際的なチャリティやこれを支援する法曹関係者も、以上のような国際的流れを鋭敏にとらえつつ、法廷戦略を展開していったのであろう。第１次不服審判所では、チャリティ分野の有力な法廷弁護士が弁論や専門家証人に立ち、審判所といえども裁判所と変わらない弁論が展開された。訴訟費用も高額にのぼったことは想像に難くない。こうしたリソースが投入されたのも、事件がヒューマン・ディグニティ・トラストのみならず、国際的な人道援助チャリティに広い影響を及ぼしうる問題を含むものと了解されていたからであろう。

（２）　テロリズム

　国際的なチャリティ法の変化を追い風とする人道援助団体にとって、大きな課題となっているのが、テロリズムへ対応である。イラク戦争からアフガニスタンやシリアにおける情勢の悪化、イスラム国の勃興といった状況は、中東における人道援助の必要性を高めることになった。しかし、近年のテロリズム組織の資金調達手法や情報戦略の巧妙化から、チャリティとテロリズムとの関係も否応なく複雑になってきた。

　北アイルランド問題を抱える英国は、1970年代からテロリズムに対し強い姿勢を取ってきた。9・11事件以降、アフガニスタンや中東での政情が不安定になり、また、ロンドンでの爆破テロなども発生するなかで、2000年テロリズム法（Terrorism Act 2000）、2001年テロリズム対策・犯罪・安全保障法（Anti-terrorism, Crime and Security Act 2001）、2006年テロリズム法（Terrorism Act 2006）、2010年テロリスト資産凍結法（Terrorist Asset-Freezing etc Act 2010）とテロリズム対策立法が次々に成立していった。

　チャリティコミッションも、2008年7月にテロリズム対策戦略と題された文書を公表し、取組みを開始した[113]。この文書は、その後もアップデートされ、2012年版では、コミッションの4つの戦略アプローチとして、チャリティセクターにおけるテロリズムについての理解促進、チャリティセクターに対する積極的な監視、国内外の政府規制機関や捜査機関との協力関係の強化、チャリティの悪用やそうしたリスクに対する効果的かつ強力な介入を挙げている。そして、必要であればテロリズムの脅威に対しコミッションの権限を行使した介入

---

113) Charity Commission, *Charity Commission's Counter-terrorism strategy* (first published July 2008; revised April 2012).

を行うとしている。

　2012年10月にチャリティコミッションの長に就任したウィリアム・ショウクロス（William Shawcross）も、着任以前の著書において、国際的な人道活動を行うチャリティの活動に批判的な記述をしていることで知られる。[114] 2013年5月、ロンドン警視庁でテロリズム対策担当を率いた経験をもつピーター・クラーク（Peter Clarke）をコミッショナーに加えた。同年9月、ショウクロスはチャリティ・シンポジウムでテロリストによるチャリティ悪用を防止するための取組みを強化することを宣言した。[115] 10月には、ショウクロスは、シリアの状況悪化に対して国際援助チャリティが資金集めを行っていることに触れつつ、そうした金銭の一部が過激派の手に渡っているのは間違いないと発言したと、テレグラフ紙で報じられている。[116] 国際援助チャリティには、British Red Cross、Oxfam、Save the Childrenなど、英国を代表する大型チャリティが多い。ショウクロスが大型チャリティの理事に対する報酬に批判的なことも報じられ、大型チャリティは、こうした言動に反発を強めている。[117]

　こうした状況下、政府は2013年12月、「英国における過激派に対応する」と題された文書を公表し、過激派やテロリストがチャリティに浸透し、チャリティを悪用する危険性があるとして、これに対する立法策を提案している。[118] そのなかで、チャリティコミッションについても、テロリズムや資金洗浄に関わったとみられる理事を速やかに解任できる権限を新たに与えることが提案された。

　これらの提案は、政府が2014年10月に公表した、チャリティ保護法案（Protection of Charities Bill）の草案にも反映されている。[119] 草案には、チャリティコ

---

114) William Shawcross, *The Quality of Mercy-Cambodia, Genocide and Modern Conscience* (1984); William Shawcross, *Deliver Us From Evil-Warlords and Peacekeepers in a World of Endless Conflict* (2000).

115) William Shawcross's speech at Rathbones Charity Symposium (12 September 2013).

116) Christopher Hope, 'Charity cash "going to Syrian terror groups"' (4 October 2013) *Telegraph* ⟨http://www.telegraph.co.uk/news/worldnews/middleeast/syria/10357537/Charity-cash-going-to-Syrian-terror-groups.html⟩.

117) Daniel Boffey, 'Charity Commission chief William Shawcross accused of hypocrisy on pay' (18 August 2013) *Guardian* ⟨http://www.theguardian.com/society/2013/aug/18/charity-commission-chief-hypocrisy-pay-row⟩.

118) HM Government, *Tackling extremism in the UK: Report from the Prime Minister's Task Force on Tackling Radicalisation and Extremism* (December 2013).

119) Minister for the Cabinet Office, *Draft Protection of Charities Bill* (Cm 8954, October 2014).

ミッションの権限を強化する内容が盛り込まれており、チャリティの理事として不適格と判断した者の資格を剥奪する権限や、チャリティ・セクターへの信頼の低下をもたらすような運営上の不正を行っているチャリティを解散させる権限などを新たに追加することが提案されている。

　こうした政治状況は、チャリティの活動にも影響を及ぼしつつある。反テロリスト立法やマネー・ロンダリング関係法のために、銀行などの金融機関が、チャリティによる紛争地域への送金やそうした目的での口座開設に対し、慎重にならざるをえなくなっている。[120] こうなると、危険地域で活動するチャリティほど、銀行と取引するのがむずかしくなる。また、国際的なチャリティからテロリストへ資金が流れるという見方が広まると、チャリティによる資金集めにも悪影響が及ぶことになる。

　影響が及ぶのは、大規模なチャリティだけではない。英国におけるテロリストは、必ずしも外国人とは限らず、爆破事件や海外でのテロリズムに関与したとされる者のなかには、英国人も含まれる。このため、英国国内の地域コミュニティで英国の民族的少数派をサポートするようなチャリティも、テロリズムの浸透や悪用の疑惑がもたれることになる。2015年に入ってからも、ITVというテレビ・チャンネルのドキュメンタリーで、Global Aid Trust と Hindu Swayamsevak Sangh UK という2つのチャリティがテロリズムを称揚する活動をしていると暴露され、チャリティコミッションが審問を開始したと報じられている。[121]

6　今後のゆくえ

　2006年改革以降の英国におけるチャリティをめぐる議論は、「政高法低」ともいうべき状況にある。チャリティによる公益増進であれ、社会的投資であれ、テロリズム対策であれ、政治や政策をめぐる議論が非常に高まる一方で、2006

---

120) Simon Bowers, 'Aid charities hit by banks' fear of terrorism fines' (31 December 2014) *The Guardian* 〈http://www.theguardian.com/business/2014/dec/31/aid-charities-banks-terrorism〉.
121) Susannah Birkwood, 'Regulator opens inquiries into two charities featured in documentary on extremism' (19 February 2015) *Third Sector* 〈http://www.thirdsector.co.uk/regulator-opens-inquiries-two-charities-featured-documentary-extremism/governance/article/1334535〉.

年法・2011年法の解釈と評価は、審判所の判断、ホッジソン報告書や行政特別委員会報告書を経てもなかなか定まらない。その意味で、1990年代からのチャリティ法改革の着地点は定まったわけではなく、議論の余地の残された論点も少なくない。

本稿執筆時点（2015年11月）で、国会では、チャリティ（保護および社会的投資）法案（Charities (Protection and Social Investment) Bill）が審議中である。これには大きく2つの内容が含まれている。1つが、すでに5(2)で触れた2014年チャリティ保護法案を引き継ぐもので、チャリティコミッションの権限強化とともに、チャリティの理事や役員の要件を厳格化し、不適切な理事らを排除しやすくするものである。もう1つは、法律委員会で検討が進められた社会的投資に関する改革である。[122] 社会的投資とは、チャリティの目的を促進するとともに、チャリティにとって経済的な利益を実現するためにチャリティの財産を用いることである。これまでは、チャリティによる社会的投資についての規定が不明確なため、萎縮効果が生じていることが指摘されてきた。こうした懸念を解消するため、法案は、チャリティに社会的投資をする一般的権限を与えている。あわせて、社会的投資を行うチャリティ理事に対し、適切な助言を得るかについて検討するとともに、定期的に投資について再検討を行うなどの義務を課す規定も盛り込まれている。

社会的投資に関する改革は、ホッジソン報告書を受けて法律委員会が立ち上げたチャリティ法改革プロジェクトの中で、先行して進められたものだった。法律委員会は、2015年3月、残る諸課題をまとめてパブリックコメント手続に付した。[123] パブリックコメント向け報告書が『チャリティ法にかかわるテクニカルな論点』と題されていることからわかるように、内容は、チャリティの目的変更や定款変更（第2部）、チャリティによる土地取引や基本財産の使用（第3部）、チャリティ理事や第三者に対する支払（第4部）、チャリティの法人化と合併、理事の破産（第5部）、チャリティコミッションの権限（第6部）、チャリティに関する審判・裁判手続（第7部：Ⅱ3）など多様な内容が含まれてい

---

[122] Law Commission, *Social Investment by Charities* (Law Commission Consultation Paper No 216, 2014).

[123] Law Commission, *Charity Law: Technical Issues in Charity Law* (Law Commission Consultation Paper No 220, 2015).

る。パブリックコメントは、2015年7月に締め切られ、2016年にかけて検討がなされ、立法措置が必要な内容について法案の公表が予定されている。

　法律委員会の改革提案は、このように幅広い内容をカバーしているが、公益増進目的のような大きな政治的議論を呼んだ論点は含まれていない。2012年のホッジソン報告書以降の改革が、「政高法低」の状況にどのような影響を与えるか。イングランドのチャリティ法のゆくえについては、今後の国会での議論動向も含め、見守っていく必要がありそうである。　　　　　　　（溜箭将之）

III　統計からみたチャリティの動向

　ここでは、2006年チャリティ法の改正によるチャリティへの影響、そして制度改正に伴い新たに誕生した公益法人（CIO）およびコミュニティ利益会社（CIC）のその後の状況を統計資料から把握し、英国が近年経験したチャリティ制度改革の全貌を計数面からとらえることを試みた。

　分析の結果、時系列的には制度改革を受けてチャリティ数の減少が顕著で、これは、新法に基づく公益増進テストが2008年以降に実施されたこと、チャリティコミッションの業務が一部変更になったこと、新法人格ができてチャリティからCIOやCICへの転換が進んだことなどが主な要因であると推察される。一方、新たに加わったCIOおよびCICについては、登録が開始されてから増加が著しく、新法人格の活用が全国に広がっている。地域的にみると、CIOは、スコットランドで普及しているものの、イングランドおよびウェールズでは低調である。CICは、イングランドおよびウェールズで普及しているのに対し、スコットランドで低調である。このような現象が起こる背景には、それぞれの法律の成り立ちや、その土地の地域性が関係していることが考えられる。

1　はじめに

　本節では、今回のチャリティ制度改革に伴う一般的なチャリティ（General Charity）[125]、2006年チャリティ法（Charities Act 2006）に基づいて設立できるようになった公益法人（Charitable Incorporated Organisation: CIO）、そして2004年会社法（Companies Act 2004）に基づいて登録できるようになった社会的企

---

[125]「General Charity」の概念は、イングランドおよびウェールズの「登録チャリティ（Registered Charity）」を基本として、そこから宗教活動を行うチャリティを除外したものである。統計局（Office of National Statistics）によって提唱され、全国ボランタリー組織協議会（NCVO）が発行している年鑑（Almanac）で用いられてきた。

業の器となるコミュニティ利益会社 (Community Interest Company: CIC) の動向を統計資料からとらえることを試みた。

なお、調査対象の CIO および CIC の創設については、ブレア政権が打ち出した「社会的企業 (Social Enterprises)」構想の 3 つの柱のうちの 2 つに該当し[126]、同構想が実現されてから数年が経過したこれら新しい法人類型の現況を把握することは、英国が近年経験したチャリティ制度改革の全貌をとらえることにつながると期待される。

使用する統計資料は、チャリティコミッション (Charity Commission for England and Wales) などの規制機関で公開されているもの[127]、または全国ボランタリー組織協議会 (National Council for Voluntary Organisations: NCVO)[128] などの中間支援組織で公開されているものを使用する。出所が異なる複数の統計資料を使用する理由は、分析内容によって、参考となるデータの公開場所がそれぞれ異なるためである。しかし、データの公開場所によっては、データの構成内容・調査時点・期間などが異なるため、同じ名目でありながら計数に差が生じることがある。それでも必要と思われる分析には、それぞれのデータの内容を見極めながらどちらかのデータを参考にし、必要に応じて補足説明をした。なお、使用した統計資料については、それぞれの図表に記しているので参考にされたい。

2 英国における市民社会組織と調査対象法人

英国における市民社会組織は、チャリティの他に私立学校 (Independent Schools)、住宅協会 (Housing Associations)、協同組合 (Cooperatives)、信用組合 (Credit Unions)、公益信託 (Charitable Trust)、CIC などから構成され、その総数は実に90万を超える (**表33**)。

英国は 4 つの国からなる連合王国で、調査対象のチャリティ (CIO を含む) に関する根拠法や規制機関は、それぞれの国によって異なる。たとえば、イン

---

[126] 石村耕治「イギリスのチャリティ制度改革(2)――「社会的企業」構想実現のための各種共済組合の刷新と地域社会益会社 (CIC) 制度の創設」白鷗大学紀要18巻 (2011年)。
[127] The Office of the Regulator of Community Interest Companies, Operational Report Second Quarter 2014-2015, 2015.
[128] National Council for Voluntary Organizations『The UK Civil Society Almanac 2014』, 2014.

表33　英国における市民社会組織　　　　　　　　　　　　　　　　　　　　*単位：100ポンド

法人格	法人数	収入*	支出*	資産*	従業員数
一般チャリティ	161,266	39,200	38,000	104,800	800,000
大　学	160	27,900	26,700	26,300	378,000
住宅協会	1,800	15,800	14,200	76,100	176,000
私立学校	2,400	6,500	6,100	9,200	69,000
住宅金融組合	50	3,700	3,60	—	40,000
事業者団体および職能団体	290	2,100	1,900	2,700	17,000
労働組合	170	1,200	1,100	970	12,000
普通投資ファンド	50	520	400	1,400	—
共済会	1,800	290	280	1,700	3,200
政　党	320	100	100	30	600
従業員所有企業	250	30,000	29,100	10,000	150,000
生活協同組合	4,500	26,400	26,000	7,800	154,000
共済組合および保険会社組合	50	9,900	9,90	—	20,000
信仰グループ	24,700	4,500	4,500	26,100	32,000
余暇基金	100	740	720	—	48,000
クラブ	9,000	460	450	—	20,000
信用組合	420	90	80	960	1,500
サッカー＆ラクビー・サポーター基金	190	10	10	—	300
保証有限会社	46,300	6,200	6,000	17,300	126,000
スポーツクラブ	135,000	5,800	5,500	—	270,000
コーポラティブ・トラスト・スクール	340	480	470	—	—
コミュニティ利益会社	10,639	230	230	1,300	4,700
任意団体	600,000	—	—	—	—
重　複	59,600	1,100	1,100	—	47,000
合　計	940,195	181,020	174,240	286,660	2,275,300

注　：表33のデータは法人格によって調査時点が異なる。
出典：The UK Civil Society Almanac 2014（NCVO）

グランドおよびウェールズにおけるチャリティの規制機関はチャリティコミッション（Charity Commission for England and Wales）、スコットランドはスコットランド・チャリティ規制局（Office for Scottish Charity Regulator: OSCR）、そして、北アイルランドは北アイルランド・チャリティコミッション（The Charity Commission for Northern Ireland）である。これら3つの規制機関に登録されているチャリティ（CIO を含む）は16万1,266団体にのぼり、英国の市民社会組織全体の17％を占める。財政規模でみると、チャリティの総収入額は392億ポンド、資産総額は1,048億ポンドであり、これは、市民社会組織全体の総収入額1,810億ポンドおよび資産総額2,867億ポンドに占めるチャリティの割合が、それぞれ22％および37％になることから、英国におけるチャリティの影響力の高さが窺える。

　一方、英国の制定法である会社法（Companies　Act）に基づいて設立されるCIC は、今回のチャリティ制度改革の一環で創設された新しい法人形態であ

り、規制機関は会社登記所（Companies House）内にあるコミュニティ利益会社規制局（Office of the Regulator of Community Interest Company）である。2004年会社法では、株式有限責任会社（Company Limited by Shares）、保証有限会社（Company Limited by Guarantee）および無限責任会社（Unlimited Company）の設立を規定しており、このうちの株式有限責任会社および保証有限会社はコミュニティ利益増進の目的を有する場合につきCIC規制局において登録することができる（2006年会社法第6条）。2015年3月現在で10,639法人がコミュニティ利益会社として登録されており、絶対数としては決して多くはないが、社会的企業の器として作られた法人形態であるがゆえに注目されているところである。

3 チャリティ分布の地域的特性

表34は、チャリティ（CIOを含む）の分布状況を地域別に示したものである。これによると、多くのチャリティは、人口が密集する英国本島南部に分布しており、南部4地域（南東部：24,537法人、ロンドン：23,633法人、南西部：17,306法人、東イングランド：16,534法人）だけでも、チャリティ総数（161,266法人）の51％を占める。ちなみに、地域人口1,000人あたりの法人数が最も多いのは南西部の3.3法人で、最も少ないのは北東部の1.7法人であった。

表34　チャリティの地域別法人数と総収入規模　*単位：100ポンド

地　域	法人数	総収入*
北西部	13,209	2,490
北東部	4,463	795
ヨークシャー＆ハンバー	10,259	1,517
西ミッドランド	11,351	1,922
東ミッドランド	10,782	1,454
東イングランド	16,534	2,313
南西部	17,306	2,968
南東部	24,537	4,593
ロンドン	23,633	16,088
ウェールズ	7,272	1,088
スコットランド	18,007	3,214
北アイルランド	3,919	808
合　計	161,272	39,250

出典：The UK Civil Society Almanac 2014（NCVO）

総収入額については、全体の総収入額392億ポンドのうち41％に相当する161億ポンドがロンドンに集中しており、チャリティ数が最も多い南東部と比較し

てもロンドンの総収入額が115億ポンド上回っている。1法人あたりの収入額はロンドンが68万ポンドで最も多く、次いで北アイルランドの21万ポンド、北西部および南東部の19万ポンド、スコットランドおよび北東部の18万ポンドと続く。最も低かったのは東ミッドランドの13万ポンドであった。

ロンドンにおいて1法人あたりの収入額が多い理由は、英国を代表するオクスファム（Oxfam）、ウェルカム・トラスト（Wellcome Trust）やアムネスティ・インターナショナル（Amnesty International）など比較的大規模なチャリティがロンドンに集中分布しているからであると考えられる。

資産額については、全体が1,048億ポンドに対して、ロンドンが544億ポンドで52％を占める。1法人あたりの資産額は、ロンドンが230万ポンドで最も多く、次いでスコットランドの47万ポンド、ヨークシャー＆ハンバーの41万ポンド、南西部の40万ポンドと続く。最も低かったのは、東ミッドランドの25万ポンドであった。

このように、収入額および資産額については、ロンドンと地方との格差が顕著にみられる。

4　統計からみたチャリティの変化

チャリティの登録制度が始まった1960年以降、チャリティの数は年間4,000前後の増加を続け、ピークとなった2007年には16万9,000団体を超えた[129]（次頁の図2参照）。ところが、2008年は大幅に落ち込み、その後も2007年以前のような勢いのある増加はみられない。

しかし、この一時的な減少は、2008年9月以降のリーマンショックによる経済情勢の悪化によるものではないことを確認しておく必要がある。つまり、2006年チャリティ法の実施は段階的に行われることとなり、当時の内閣府サード・セクター局（Office of the Third Sector）が発表した実施計画を受けて、既存のチャリティに対して新法に基づく公益増進テストが2008年以降に実施され、

---

[129]　標記の16万9,000法人には、非法人組織である公益目的を有する法人格なき社団／任意団体、信託、共済組合、そして、法人組織である会社法に基づき設立された法人格付与法準拠法人、勅許状準拠法人、保証有限責任会社、株式有限責任会社、登録共済組合、旧勤労者共済組合およびCIOが含まれる。ただし、linked charity（16,594団体）は含まれない。linked charity は main charity の関連団体という位置付けで、linked charity のチャリティコミッションへの会計報告義務は main charity にある。

そこで公益性を証明することができなかったチャリティは解散させられたのである。2008年以降の一時的な減少は、このような理由によるものである。

また2011年にも、小幅ではあるもののチャリティの減少が確認できる。これもまた、2006年チャリティ法に組み込まれた新ルールを受けてチャリティコミッションの業務が一部変更になったことによるものと推察される。つまり、合併申請（Register of Mergers）に関する新しい取り決めが2006年チャリティ法に追加されたことを受け、一時的にチャリティ同士の合併や資産の遺贈が進んだことによる。実際、2008年2月に合併申請の業務を開始してから2014年9月末までに、1,481法人が申請していることからも明らかである。また、CICという法人形態が創設されたことによるチャリティ離れ、さらには、2010年における保守党への政権交代、公的資金の削減、緊縮財政なども若干影響しているものと思われる。

図2　チャリティ数と大規模チャリティ（年間収入＞1,000万ポンド）数の推移

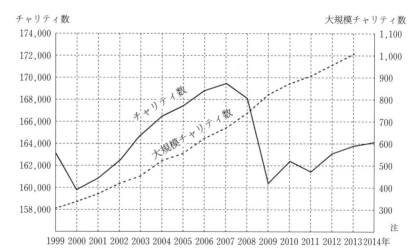

注　：法人数は該当年12月末現在の数値であるが、2014年のみ9月末現在の数値
出典：チャリティコミッションのウェブサイト

ところが、年間収入額1,000万ポンド以上の大規模なチャリティの数は、1999年以降一度も減少に転じたことはなく、毎年着実に大規模チャリティの占める割合が高まってきている（図2）。しかし、チャリティの総収入額は2008年まで増加傾向にあったものの2009年には減少に転じており、それ以降も総収

図3　チャリティの総収入・支出額（時価）および従業員数の推移（2001-2012）

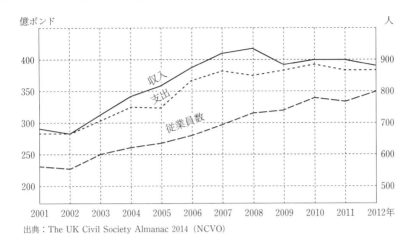

出典：The UK Civil Society Almanac 2014（NCVO）

入額の伸び悩みが続いている（図3）。これは、大規模チャリティへ資金が流れる傾向が強まっていることを意味し、よって、小規模チャリティにとってはより厳しい競争環境に立たされていることが窺える。

　チャリティの総収入・支出額の推移で注目されることは、2002年に288億ポンドだった総収入額（時価）が6年後の2008年には409億ポンドにまで増加したことであるが、これは2008年まで続いたインフレの影響を受けた結果であると推察される。しかし、2009年には対前年比で15億ポンドの落ち込みがみられ、それ以降は総収入額の伸び悩みが続いている。これは、2008年まで続いたインフレを抑えるための経済政策が採用された結果、2009年以降の収入額の低減に繋がったものと思われる。ただし、2008年以降の収入減のなかでもチャリティの従業員数は増加傾向にあり、その背景についてさらなる調査が必要であると思われる。

　ちなみに、市民社会組織全体の有給従業員数は2012年現在で230万人、英国全体の有給従業員総数の8％を占め、このうち、市民社会組織全体に占めるチャリティの有給従業員数（80万人）は35％にものぼる。

　図4は、チャリティの収入構造を経年的にみたものである。チャリティにとって最も重要な収入源は、個人からの寄附やサービスに対する対価などであり、2012年現在で174億ポンド（44％）（対前年比＋3.1％）、次に重要な収入源は、

政府からの委託費や補助金などであり、2012年現在で137億ポンド（35％）（対前年比−8.8％）であった。これら「個人」と「政府」からの収入の合計は311億ポンドで、全収入の79％を占める。2011年以降の政府資金の大幅な落ち込みは、前述したように、2010年における保守党への政権交代、公的資金の削減、緊縮財政などが影響していると思われる。その他の収入源としては、市民社会組織から31億ポンド（対前年比＋0.2％）、投資から27億ポンド（対前年比＋2.6％）、営利セクターから18億ポンド（対前年比＋0.7％）、宝くじ団体から5億ポンド（対前年比＋5.4％）などがある。

図4　チャリティの収入構造の経年変化（2001-2012）

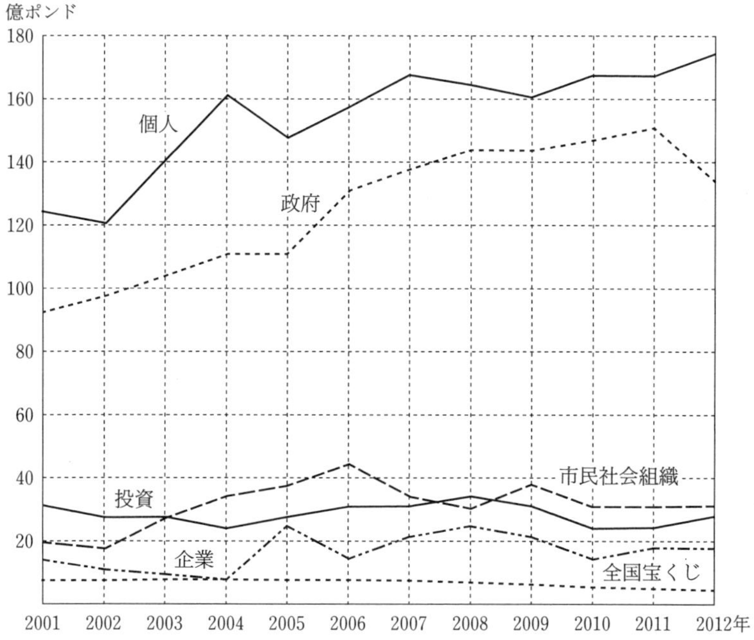

出典：The UK Civil Society Almanac 2014（NCVO）

続いて、チャリティが得ている収入はどのようなかたちで入ってきているのかをみる。図5によると、最も多い収入形態はサービスに対する対価などの事業収入で213億ポンド（54％）、次いで寄附、遺産や助成金などのボランタリー収入で153億ポンド（39％）、投資の27億ポンド（7％）であった。

2001年以降の推移をみると、2003年まではボランタリー収入が最も多く、

図5 チャリティの収入種別（2001-2012）

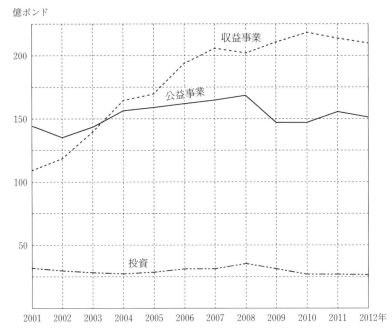

出典：The UK Civil Society Almanac 2014（NCVO）

2004年に事業収入が逆転しており、2012年現在は、60億ポンドの差を付けて事業収入が最も重要な収入形態となっている。

5 公益法人（CIO）の状況
（1） イングランドおよびウェールズ

　2006年チャリティ法の成立に伴いCIO類型が創設され、2012年に議会での承認を得たことを受け、法人格をもつチャリティでも二重登録をする必要がなくなった。つまり、これまで法人格をもつチャリティは、会社登記所およびチャリティコミッションでの登録および事業・会計等の報告義務を課されていたが、その登録や報告義務がチャリティコミッションに一元化されたのである。また、チャリティの理事・会員が有限責任もしくは無責任となりうることを明確にしていることも、CIO制度の大きな特徴であるといえる。

　CIOは、中小規模のチャリティが簡便な手続・規制によって法人格を取

得・維持できるように意図されており、この制度が創設されたことで、中小規模のチャリティであっても法人格を容易に取得できるようになった。

現在法人格取得申請の対象となっているのは、新規設立または年間収入25,000ポンド以上の法人格をもたないチャリティ（人格なき社団、信託）のみである。しかし、2011年のチャリティ法では、既存の法人も、CIOへの転換が可能と規定している（2011年チャリティ法228条、229条）。チャリティコミッションが公表している予定によると、転換のためのガイドラインやチャリティコミッションによる手続の発表は2014年中に企図されていたが、その発表が遅れているようである。いずれにしろ、近い将来には、会社法の規定により設立された法人格をもつ保証有限責任会社、コミュニティ利益組合（産業節約組合）およびCICなども移行が可能になるとのことである。

図6はCICの法人数と登録件数の推移を示したものである。

チャリティコミッションによる申請受付が2012年12月に開始されてから半年間は、法人数の大きな増加は見られなかった。ところが、半年が経過したあたりから月間登録件数が100件を超え、さらに、2015年1月には250件を超えるまでになり、近年におけるCIOの増加は著しい。その結果として、2015年2月

図6　CIOの法人数と登録件数の推移（2013-2015）

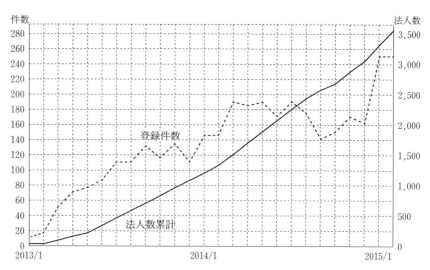

出典：チャリティコミッションのウェブサイト

図7　収入規模別チャリティとCIOの構成比

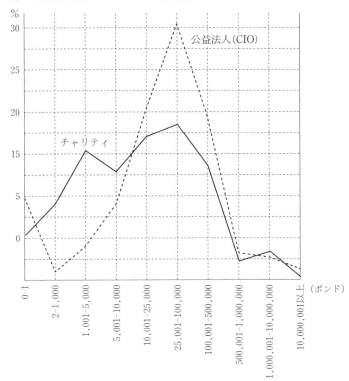

注　：N＝チャリティ160,552、CIO3,607（2015年2月末現在）
出典：チャリティコミッションのウェブサイト

末現在で3,607のCIOが登録されるに至っている。これに既存の法人からの転換が始まると、CIOの増加率はさらに高まることが予想される。

図7は、2015年2月時点のチャリティとCIOの数を年間収入規模別に示したものである[130]。これによると、1ポンド未満はCIOの割合が高く、チャリティも5.4％が該当する。2〜10,000ポンドについてはチャリティの割合が高く、10,001ポンド以上についてはCIOが上回った。500,001ポンドを超えると、両者とも4％未満を推移している。

---
130) チャリティコミッションのウェブサイト上のチャリティ検索では、スコットランドおよび北アイルランドに登録されているチャリティも一括してカウントされることから、図7には、スコットランドおよび北アイルランドのチャリティ数も含まれている。

表35 チャリティおよびCIOが実施する活動分野

活動内容	チャリティ 法人数	(%)	公益法人（CIO）法人数	(%)
一般的な公益活動	50,049	12.8	1,078	11.3
教育の振興	84,701	21.7	1,996	21.0
健康増進または生命の救助	26,811	6.9	912	9.6
障害者支援	20,592	5.3	525	5.5
貧困の防止と救済	31,017	7.9	853	9.0
海外援助と飢餓救済	11,501	2.9	182	1.9
住宅施設の提供	9,344	2.4	178	1.9
宗教の振興	32,292	8.3	527	5.5
芸術・文化・遺産・科学	29,348	7.5	640	6.7
アマチュアスポーツ	29,727	7.6	325	3.4
動物愛護	4,005	1.0	87	0.9
環境保護	18,765	4.8	357	3.8
経済、地域開発、就労支援	20,894	5.3	630	6.6
軍隊、緊急サービス効率品質	652	0.2	43	0.5
人権、宗教・人種間の調和、平等と多様性	3,033	0.8	247	2.6
レクレーション	8,800	2.3	731	7.7
他の公益活動	9,231	2.4	204	2.1
合計	390,762	100.0	9,515	100.0

注1：N＝チャリティ160,552、CIO3,607（2015年2月末現在）
 2：チャリティおよびCIOは、チャリティコミッションに登録する際に活動分野を複数選択できるため、合計数は法人数と合致しない。
出典：チャリティコミッションのウェブサイト

　以上から、CIOについては、収入が1％未満の小規模法人がある程度みられるものの、71％が10,001〜25,000ポンドの収入がある法人で、チャリティと比較して資金的に余裕のある法人が多いことがわかる。

　ちなみに、2011年チャリティ法（30条）では、チャリティの登録要件として年間収入5,000ポンド以上と規定されており、年間収入5,000ポンド未満のチャリティの存在については、本来は考えにくい。これは、登録後活動が停滞した法人、ほぼ休眠状態にある法人、活動方法を変更した法人や無償ボランティアに特化している草の根団体が多く含まれていることを意味する。これら年間収入5,000ポンド未満のチャリティはチャリティ全体の30％を占め、CIOについても15％が該当した。

　次に、CIOが行う活動について、チャリティコミッションに登録されているチャリティが行う活動と比較してみる。チャリティコミッションのウェブサイトから利用できるチャリティ検索によると、チャリティおよびCIOが行う活動のうち、「一般的な公益活動」および「教育とトレーニング」が全体の30％以上を占めている（**表35**）。また、比較的活動が盛んな分野は、チャリテ

ィの場合は、「宗教活動」、「貧困の防止と救済」、「芸術・文化・遺産・科学」ならびに「アマチュアスポーツ」であったのに対し、CIOの場合は、「健康増進または生命の救助」、「貧困の防止と救済」、「レクレーション」ならびに「芸術・文化・遺産・科学」で、両者間において若干の差異がみられた。構成比で両者間の差がひらいているのは、「レクレーション」でCIOが5.4ポイント高く、「アマチュアスポーツ」はチャリティの方が4.2ポイント高かった。

さらに興味深いのは、CIOは財団型の登録が多いことである（中島2014）[131]。これまで法人格をもたなかった公益信託、あるいは財団・基金としてのチャリティのCIO制度に対する需要の高さが窺える。

（2） スコットランド

スコットランドにおけるチャリティは、2005年にスコットランド議会で成立したチャリティおよび受託者投資法51 (51 Charities and Trustee Investment (Scotland) Act 2005) に基づいて設立されている。規制当局は、前述したOSCRで、スコットランドでは、同局によって独自の包括的なチャリティ規制が実現されている。イングランドおよびウェールズで導入されたCIOにおいても、スコットランドの公益法人（Scottish Charitable Incorporated Organisation: SCIO）の制度を準用している。

OSCRから入手した2015年2月末時点の登録名簿によると、登録されているSCIOは1,503あり、登録総数（チャリティ数＋SCIO数）22,249の6.8％を占める。一方、イングランドおよびウェールズのチャリティコミッションに登録されているチャリティ13万9,346団体（チャリティ数＋CIO数）に占めるCIOの割合は2.6％（3,607法人）であり、このことから、スコットランドの方が、SCIOの新規設立や他法人からの転換が進んでいるといえる。

その主な要因としては、①他の法人格と異なり、スコットランド独自の法制によって規制を受けること、そして、②二重規制の解消（英国全土に適用されている会社法制に基づき会社登記所に登記したり、事業・会計報告書を提出する必要がない）などに魅力を感じているからであると思われる。また、スコットランドにおけるSCIOの登録受付が、イングランドおよびウェールズ（2012年12

---

131) 中島智人「英国のチャリティ制度改革」公益法人43(2) (2014年)。

月登録受付開始)より先行して2011年4月から開始されたことも一因として考えられる。[132]

　SCIOの設立形態については、1,503法人のうち、新規設立が1,124法人で、他法人からの転換は379法人みられた。379法人の主な転換元は、任意団体が261法人で最も多く、次いで、会社法の規定により設立した保証有限責任会社などのチャリティが67法人、トラストが50法人、法定法人が1法人であった。

　表36は、OSCRに登録されているSCIOおよびそれ以外の登録チャリティが実施する活動の傾向を示したものである。活動が比較的盛んな分野は、チャリティの場合は、「教育の振興」および「コミュニティ開発」であり、SCIOの場合には、これら2分野に加え、「病弱、障害、経済的困窮者などの救済」および「レクリエーション」について10％を超えている。

　構成比で両者間の差がひらいているのは、「レクリエーション」でSCIOが

表36　チャリティおよびSCIOが実施する活動分野

活動内容	チャリティ 法人数	(％)	公益法人（SCIO） 法人数	(％)
貧困の防止および救済	3,751	6.5	271	5.8
宗教の振興	4,641	8.0	108	2.9
生命の救助	599	1.0	52	1.4
健康増進	4,662	8.0	244	6.6
教育の振興	11,376	19.6	742	20.0
芸術・文化・遺産・科学	5,313	9.2	367	9.9
レクリエーション	3,050	5.3	478	12.9
社会一般におけるスポーツ参加の振興	2,309	4.0	161	4.3
宗教的和解の促進	649	1.1	39	1.0
平等と多様性	1,042	1.8	112	3.0
病弱、障害、経済的困窮者等の救済	5,414	9.3	435	11.7
人権、紛争の和解推進	999	1.7	39	1.0
環境保護	2,540	4.4	149	4.0
動物愛護	660	1.1	39	1.0
コミュニティ開発	8,107	14.0	525	14.1
他の公益活動	2,813	4.9	9	0.2
合　計	57,925	100.0	3,716	100.0

注1：N＝チャリティ20,746、SCIO1,503（2015年2月末現在）
注2：チャリティおよびSCIOはOSCRに登録する際に活動分野を複数選択できるため、合計数は法人数と合致しない。
出典：OSCR作成の登録チャリティ名簿（2015年2月末現在）

----

[132] SCIOの新規設立の登録受付、そして、権利能力なき社団および信託からSCIOへの転換のための登録受付は2011年4月に開始されている。2012年4月には、会社と産業節約組合からの転換のための登録受付が開始されている。

7.6ポイント高く、「宗教の振興」および「他の公益活動」はチャリティの方がそれぞれ5.1ポイントと4.6ポイント高かった。

　図8は、SCIOの年間収入規模別構成比をチャリティと比較したものである。構成比のグラフ形状は、イングランドおよびウェールズで示した図7のグラフとほぼ同形である。つまり、チャリティは小規模の法人が多く、5,001ポンド以上はSCIOが上回っており、500,001ポンド以上は両者とも5％未満を推移していた。

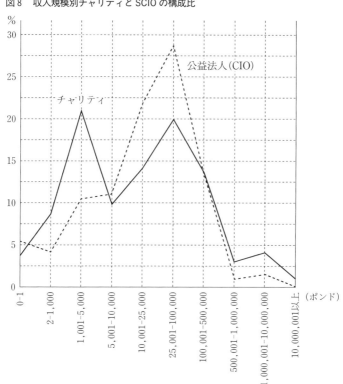

図8　収入規模別チャリティとSCIOの構成比

注　：N＝チャリティ20,746、SCIO1,503（2015年2月末現在）
出典：OSCRの登録チャリティ名簿

　スコットランドにおけるチャリティの根拠法「チャリティおよび受託者投資法51」には、チャリティの要件としての「年間収入5,000ポンド以上」の規定はないが、イングランドおよびウェールズの傾向と比較する意味で、年間収入

5,000ポンド以下の法人数の割合を算出した。その結果、チャリティは33%、SCIOは21%で、いずれもイングランドおよびウェールズの数値と比較して、それぞれ3ポイントと6ポイント高かった。これは、「年間収入5,000ポンド以上」の規定がないことから収入目標を立てている団体が少ないこと、そして国を代表する多くの法人が存在しないことなどが、主な要因として考えられる。

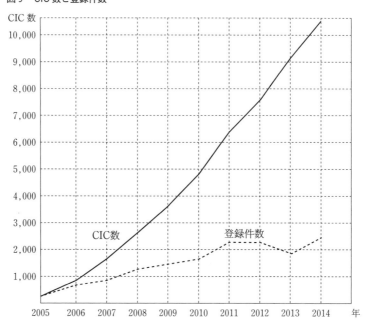

図9 CIC数と登録件数

出典：Regulator of Community Interest Companies Annual Report 2014-2015

6 コミュニティ利益会社（CIC）の状況

CICは、2004年会社法（Companies Act 2004）および2005年コミュニティ利益会社規則（Community Interest Company Regulations 2005）に規定された、会社法に基づく社会的企業向けの法人制度であり、挙がった利益をいかに多くのコミュニティ益事業に再投資するかを目的として創設される。[133]

---

133) 石村耕治「イギリスのチャリティ制度改革(1)――法制と税制の分析を中心に」白鷗大学紀要15巻（2008年）。

CICの根拠法である2004年会社法は、英国の制定法である。したがって、スコットランド本拠の法人であっても、登録手続や年次報告の提出先はウェールズのカーディッフにある会社登記所（Companies House）内のコミュニティ利益会社規制局（The Office of the Regulator of Community Interest Companies）となる。

　2014年12月現在、コミュニティ利益会社規制局に登録されているCICは10,639法人で、これを地域別に示すと**表37**のようになる。表によると、CICが最も多い地域はロンドンで1,636法人、次いで北西部の1,489法人、南東部の1,384法人、南西部の1,262法人、西ミッドランドの1,200法人と続く。

表37　CIC数およびチャリティ数の地域別割合

地域	コミュニティ利益会社(CIC)数	CIC(%)	チャリティ(%)	ポイント差
北西部	1,489	14.0	8.2	5.8
北東部	582	5.5	2.8	2.7
ヨークシャー&ハンバー	632	5.9	6.4	−0.4
西ミッドランド	1,200	11.3	7.0	4.2
東ミッドランド	605	5.7	6.7	−1.0
東イングランド	804	7.6	10.3	−2.7
南西部	1,262	11.9	10.7	1.1
南東部	1,384	13.0	15.2	−2.2
ロンドン	1,636	15.4	14.7	0.7
ウェールズ	342	3.2	4.5	−1.3
スコットランド	516	4.9	11.2	−6.3
北アイルランド	187	1.8	2.4	−0.7
合計	10,639	8.3	8.3	0.0

注　：N＝公益法人（CIC）10,639、チャリティ161,266
出典：CIC: The Office of the Regulator of CICs Operational Report Second Quarter 2014-2015
チャリティ：The UK Civil Society Almanac 2014（NCVO）

　このように、CICは、ロンドンからバーミンガムを経てマンチェスターに至る英国の大動脈（Corridor）を中心とした地域に集中しており、それ以外の地域では普及が進んでいない。とりわけウェールズ、スコットランドおよび北アイルランドにおいては、イングランドで最も少ない東ミッドランドのCIC数を下回っている状況である。

　10,639法人のCICのうち、新規設立法人は87％にあたる9,291法人で、残りの1,348法人は他法人格からの転換によるものである。他法人から転換したCICの法人数割合を地域別にみると、イングランドが92％（1,241法人）、ウェールズが1.7％（23法人）、スコットランドが4.2％（57法人）、北アイルランド

が1.1%（15法人）で、イングランドが最も高かった。

　コミュニティ利益会社規制局に登録されているCICの組織形態は、主に保証有限会社で8,322法人（78%）、残りの2,317法人（22%）は株式有限責任会社である。地域別にみると、イングランドおよびスコットランドの保証有限会社の割合はそれぞれ78%（7,482法人）と73%（379法人）で、ウェールズ（87%：296法人）および北アイルランド（88%：165法人）と比べ、若干低い割合となっている。

　次に、チャリティと比較してどの程度CICが活用されているかを把握するため、表34のチャリティ数およびCIC数の割合を地域別にみてみる（表37）。チャリティと比較して、CICの地域別割合が高かったのは北西部の＋5.8ポイントで、次いで西ミッドランドの＋4.2ポイント、北東部の＋2.7ポイントと続く。

　一方、CICの活用が最も進んでいない地域はスコットランドで－6.3ポイントであった。東イングランド（－2.7ポイント）および南東部（－2.2ポイント）においてもCICの活用が比較的に進んでいないことが同表から読み取れる。

7　新制度施行に伴う新法人類型の現況

　最後に、チャリティ制度改革以降において、新しい法人類型または法人形態がどの程度使われているかを把握するため、チャリティ、CIOおよびCICの合計数に対するそれぞれの地域別構成比をみた（表38）。なお、表38は、これら3つの法人類型（形態）の現状をとらえるにあたり、北アイルランド以外はThe UK Civil Society Almanac 2014のデータではなく、規制当局から入手した最新のデータを用いた。

表38　チャリティ、CIOおよびCICの地域別法人数と構成比

地　域	チャリティ	（%）	CIO	（%）	CIC	（%）	合計
イングランド・ウェールズ	160,552	92.2	3,607	2.1	9,936	5.7	174,095
スコットランド	20,746	91.1	1,503	6.6	516	2.3	22,765
北アイルランド	3,913	95.4	0	0.0	187	4.6	4,100
合　計	185,211	92.2	5,110	2.5	10,639	5.3	200.960

出典：Charity and CIO (England & Wales)： チャリティコミッションのウェブサイト（2013年2月末）
　　　Charity and SCIO (Scotland)： 登録チャリティ名簿（OSCR 2015）
　　　Charity (Northern Ireland)： The UK Civil Society Almanac 2014 (NCVO 2014)
　　　CIC: The Office of the Regulator of CICs Operational Report Second Quarter 2014-2015

表38によると、長い歴史を持つチャリティは、いずれの地域も高い数値を示している。CIO または SCIO については、スコットランドにおいて全体に占める割合が6.6％と高く、イングランドおよびウェールズではわずか2.1％であった。一方、CIC については、イングランドおよびウェールズにおいて5.7％を示し、その設立が盛んであるものの、スコットランドではわずか2.3％であった。チャリティと CIC の地域別割合をみた表37についても、イングランド以外の3地域において CIC の普及の遅れが顕著である。この地域的な差異は、なぜ起こるのか。

OSCR によると、スコットランドで SCIO への転換や設立がイングランドおよびウェールズと比較して進んでいるのは、①設立と定期報告が容易であること、②営利活動を行う法人を念頭に置かれた会社法上の登録・収支報告は必要ないこと、③税制上の負担を回避できること、法制度が簡潔で単純明快であること、④ OSCR やスコットランド・ボランタリー組織協議会 (Scottish Council for Voluntary Organisations: SCVO)、⑤その他スコットランドを代表する中間支援組織が連携して SCIO への転換を推奨していることに起因するという。

一方、イングランドおよびウェールズにおいて CIO の割合が高まらないのは、いたずらに複雑で重厚な制度設計をしてしまい、CIO のもつ意義やそれを実現する機運が途中で失われてしまったことによるものと、OSCR は分析する。

このように、スコットランドでは、SCIO を積極的に推進する流れができているものの、CIC についての意見はどちらかというと否定的だった。スコットランドでは、政府関係機関とチャリティの協力関係が伝統的なチャリティのあり方として重視する傾向にある。ところが、CIC は、チャリティの市場化とチャリティの統合による大規模化・専門化を推進するというイングランドで強まりつつある流れの中でつくられた制度であり、その結果、スコットランドの風土になじまない CIC は敬遠される存在となってしまったのである。したがって、表37で示された地域的差異は、以上のような諸要因が重なった結果、生じた現象であると考えられる。

このような、各国で整備された CIO 制度、そして統一法として整備された CIC 制度の活用の実態は、日本にとっても参考事例となることが期待される。つまり、諸外国の理想的な法人制度をモデルにしても、たとえ中央省庁が統一

法を整備したとしても、全国に普及するとは限らないことの実例になると思われるからである。

　　　　　　　　　　　　　　　　　　　　　　　　　　　　　（白石喜春）

第3章 チャリティコミッションと市民社会の動き

I　チャリティコミッション改革

> 　イングランド・ウェールズのチャリティコミッションは、日本の公益認定等委員会のモデルである。チャリティ資格の認定と16万4,000を超える現存チャリティの監督・支援を行い、信頼性あるセクターの維持発展を支える。300人以上のスタッフを抱える組織であるが、日本と異なり大臣統制から独立した機関である。
> 　委員会は2006年改革以後権限を拡大し、一層激しい論争の焦点となっている。閉鎖的な宗教団体、外国の法改正を求める人権団体、高い学費を集める学校などのチャリティ資格の認定、さらに、脱税への利用、受益者への被害、テロリストとのつながりなどの監督、その争点は劇的で根本的である。チャリティの自治と委員会の権限行使の限界をめぐる議論が続いている。

1　はじめに

　「チャリティコミッションにとって2013年は『恐るべき年（annus horribilis）』だったといっても誇張ではない」。これは、NCVO（全国ボランタリー組織協会）の政策チームの1人、エリザベス・チェンバレン（Elizabeth Chamberlain）の表現である[1]。2013年には、チャリティをめぐるスキャンダラスな事件がマスコミで報道されたばかりか、チャリティコミッション（以下「CC」）の規制能力が欠けているという非常に強い批判が、会計検査院や議会の関連委員会によってなされた。CCは、今、嵐にさらされている。

　CC制度自体は、1601年のコミッショナー団体の形成から続く長い歴史をも

---

1) Elizabeth Chamberlain (NCVO Policy Team), "The Charity Commission, power and responsibility", February 14, 2014 ⟨http://blogs.ncvo.org.uk/2014/02/14/the-charity-commission-power-and-responsibility/⟩.

つ。その後、Charitable Trusts Act 1853でCCが発足し、それに続く改革によって次第にその権限を強めてきた。2006年法および2011年法は、CCの法的位置を明確化し、その権限を定めている。

　しかし、この制度改革も必ずしも肯定的にばかり評価されているわけではない。2006年法・2011年法のもとで果たし始めた役割が、政治的に激しい争いを巻き起こしたことからくる非難や、いくつかのチャリティのスキャンダルにきちんと対処できなかったという非難などは、CCに対して改革を促しているともいえる。

　2014年の秋から、権限の強化の方向での法案草案が議会の上・下院合同委員会で議論され、2015年2月には、基本的には権限強化を進める方向での報告書が出された。しかし、他方では、CCの廃止や2006年法以前の位置付けへの復帰を求める声があるのも事実である。実際、この制度および2006年法改革の影響を強く受けたニュージーランドとオーストラリアでも同様の制度が作られたが、ニュージーランドでは、すでにCCは廃止され（チャリティ登録委員会に転換）、オーストラリアでも与党は廃止の方向を打ち出しており議論になっている。

　イングランド・ウェールズだけで、16万4,000を超えるチャリティを抱え、その収入は64億ポンドにものぼり、推定90万人の理事・受託者がその運営に参加している。その守護者でもあり規制者でもあるCCは、2006年法の改革以後、新しくより大きな役割を担い始めた。

　本章では、第1に、CCの役割、特に、その登録・監督業務等の状況を年次報告書を中心にして瞥見したうえで、第2に、CCに対する批判の文脈と内容を紹介し、第3に、2014年から2015年にかけて議論されている改革法案草案の内容を紹介したい。[2]

2　2011年法におけるチャリティコミッションの位置

(1)　法的権限

　公益性をもった非営利団体に対して公益性を認定し、結果として税制優遇資

---

[2]　本章は、2014年度〜2018年度「公益法人制度改革による非営利団体の政治活動への影響と制度条件の国際比較研究」JSPS科研費20169155の助成も受けた成果である。

格を得られるようにする仕組みは、各国（イングランド、ウェールズ、スコットランド、北アイルランド）によって異なるが、イングランドとウェールズは、同一の CC による規制に服している。ただし、2 つのカテゴリー（exempt charities と excepted charities）に属するチャリティについては CC の権限に制限が設けられており、実際に対象となるのは16万ほどである。CC の目的および権限は、概略以下のとおりである。

〈CC の使命（目的）〉
　①公衆の信頼
　　チャリティへの公衆の信頼と信用を増進すること
　②公益
　　公益増進（public benefit）要件の働きへの周知と理解を増進すること
　③法令順守
　　チャリティの執行における支配と管理について法的義務を持つ理事・受託者の法令順守を促進すること
　④チャリティ資源
　　チャリティ資源の効果的な使用を増進すること
　⑤説明責任
　　寄附者、受益者、および一般公衆に対するチャリティの説明責任を向上させること

〈CC の 6 つの一般的権能〉
　①団体がチャリティか否かに関する決定
　②チャリティのよりよい執行の奨励および促進
　③チャリティの執行における外見的な不正行為、または不適切な管理運営の発見、および調査、ならびにチャリティの執行における不正行為、または不適切な管理運営に関する是正、または保護行為
　④公衆相手の公衆目的募金活動に関する公衆対象募金証の発行および継続可否の決定
　⑤ CC の権能の遂行に関連する、またはその諸目的に合致する情報の入手、評価および普及
　⑥各大臣に対する、CC の権能のいずれかに関連するかその諸目的に合致する事項に関する情報提供もしくは助言、または提案

(2) 組織

　CCは、毎年、その年次報告書と会計を公開している[3]。それは、2011年チャリティ法の13条11-1に規定されている法的義務である。組織的な独立は、このような情報公開による議会および一般からのコントロールを前提として成立している。本節では、この年次報告をもとに紹介する。

(a) 組織構造

　CCは、「いかなる国務大臣その他の省の恣意または支配を受けない」政府組織である。その「権能は国王の名のもとに行使される」とされており、強力な独立性を維持している。4人から8人の理事から成る理事会（ボード：board）が人事権をもっているが、職員は公務員であり、その待遇については担当大臣の承認が必要である。この点、日本の公益認定等委員会および都道府県の合議制機関は、国家行政組織法上の、いわゆる8条委員会であり、大臣や都道府県知事の諮問機関にとどまるし、職員の人事権も与えられていない。独立性の点でのこの差は非常に重要である。

　なお、理事のうち、2人は法律専門家、1人はウェールズに関する知識を持つ者、理事の任期は3年であるが、最高10年までの再任が可能である。2013年の5月から7月に6人が新たに任命されており、理事長のショウクロス（Sir William Shawcross）体制が樹立されてきている。理事の選任は、「能力、公開、公正」を掲げる公職任命コミッショナー制度に準拠した、大臣による任命である[4]。理事長の任命には、事前に議会の委員会での聴聞が行われる。

　上級管理チーム（SMT）は、CEOのほかに、それぞれ、ビジネスサービス、情報・コミュニケーション、最初の対応（First Contact）、法律サービス、国際プログラム、政策、ロンドン事業、ウェールズ事業、リバプール事業、タウントン事業、調査・執行、登録などの部門の長から成る。また、各種の常設または臨時の委員会も構成されている。

---

[3] The Charity Commission, *Charity Commission annual report and accounts 2013 to 2014*, 10 July 2014 ⟨https://www.gov.uk/government/publications/charity-commission-annual-report-and-accounts-2013-to-2014⟩. 法的に作成と公開を義務づけられている文書には、ほかにガイダンス等もあるが、これら法的な義務文書以外にも、調査研究の報告やアラートなどその活動を示す膨大な文書が公表されている。

[4] 公職任命コミッショナー制度は、行政による恣意的な委員の任命を排除するうえで非常に重要である。この点、青山貞一監修・日隅一雄訳『審議会革命―英国の公職任命コミッショナー制度に学ぶ』（現代書館・2009）参照。

(b)　スタッフの待遇

　有給職員は304人（ほかにエイジェンシースタッフが 7 人）、このうち、BME（非白人）は4.8％、女性は48％、障がい者は11％を占め、最高給与と最低給与者の差は、8.63倍である。

　ショークロス理事長の報酬は、週 2 回勤務で 5 万〜5.5万ポンド（1 ポンド＝179円として、900万円〜980万円程度）（2015年 1 月に再任が決定。その間は週に 3 回勤務で、報酬は 2 回の時と変わらないという）[5]。他の理事は、最高で年間 2 万ポンド（357万円）程度。CEO のサム・ヤンガー（Sam Younger）の報酬は、18万〜18.5万ポンド（3,220万円〜3,311万円程度。他に年金）。すべてのスタッフのメディアンは、 2 万8,885〜 2 万8,496ポンド（510万円〜517万円）である。このような数字をきちんと公開する点は、英国の政府機関としては通常といえるが、学ぶべきことである。

(c)　予算

　政府の削減方針に従って公務部門全体が強い削減を受けており、CC も例外ではない。議会でも、2014年度までの 5 年間で、4,000万ポンド〜2,000万ポンドまで半減したことを強調している（表 1 参照）。2013年度の法改正に関する

表 1　資金の状況

支出レヴュー期間における CC の支出上限（名目）(1,000ポンド)	初年度 (2010-11)	第 2 年度 (2011-12)	第 3 年度 (2012-13)	第 4 年度 (2013-14)	第 5 年度 (2014-15)
総収入（省庁別歳出限度額）	29,334	27,580	26,020	22,289	21,143
使途特定区分なし	0	26,100	25,250	21,489	20,293
減価償却用使途特定区分	0	1480	770	800	850
総資本（省庁別歳出限度額）	700	493	361	725	412
使途特定区分のない収入の年間削減率（省庁別歳出限度額）	3％	6％	3％	15％	4％

出典：Charity Commission, Resource Accounts 2013-14(Annual Report and Accounts 2013-14), 10 July 2014

---

5) Sam Burne James, "William Shawcross reappointed as chair of the Charity Commission", *The Third Sector,* 29 January 2015 〈http://www.thirdsector.co.uk/william-shawcross-reappointed-chair-charity-commission/governance/article/1331637?DCMP = EMC-CONThirdSectorGovernance&bulletin=governance-bulletin〉．この点については、再任過程の公開性や手続について問題があるのではないかと、ACEVO の CEO であるスティーブン・バブ（Sir Stephen Bubb）が批判している。

ヒアリングでも、NCVOを始めとする多くの団体から予算削減によるCCの機能低下への危惧が語られた。他方、テロ規制の文脈から、政府機関からCCの能力強化（後述）の要請もあって、2014年の暮れにはキャメロン（David Cameron）首相が3年間で800万ポンドの追加財源の提供を発表した。

（3）登録・監督業務の状況

CCは、2013年ごろ、個別指導などに比べて法的規制を重視する方向に、明確に転換してきている。これは、チャリティに関するいくつかのスキャンダルとそれを防げなかったCCに対する激しい批判のなかで、予算削減に対応して業務整理が必要であったことが大きい。さらに、ショウクロスのもとで、理事やCEOの人選（2014年にコンサルのCEOであったポーラ・サセックス（Paula Sussex）が新しいCEOに任用された）にも、この改革方針が反映されてきている。

（a）登録業務

主に、2013-14年度を中心とした年次報告書や2011年法の改正のための議会委員会での、ショウクロスと調査・執行チームの代表ミッシェル・ラッセル（Michelle Russell）の証言等[6]に基づいて、簡単に現状をまとめておこう。

この年度に、CCは、6,661の申請に対して4,968の登録、23の却下を行った（2012-13年度では、5,949の申請で4,714を登録、36を却下）[7]。通常、基本的にはウェブ上での申請がなされる。規制重視の方針に基づいて、登録に関する新しいオペレーション・モニタリング・チームが2013年10月から起動し、2014年4月までに89がモニターされた。モニター該当になると、CCのチームが注視することになり、他の政府機関とも情報を交換し合いながら、会計書類のチェックや理事の経歴の調査、また、書類審査のみならず理事との面談などを通じて、チャリティ適格性を審査することになる。このモニタリングについては、

---

6) House of Lords, House of Commons Oral Evidence Taken before JOINT COMMITTEE ON THE DRAFT PROTECTION OF CHARITIES BILL, Uncorrected Transcript of Oral Evidence, Tuesday 16 December 2014, William Shawcross and Michell Russell〈http://www.parliamentlive.tv/Main/Player.aspx?meetingId=16825〉。この記録は、証人、および議員による訂正の機会を経ておらず、公式記録として承認されていない。

7) チャリティ用の法人格として作られたCIOでは、はじめは新規登録か2万5,000ポンド以上の人格のないチャリティの移行のみが認められていたが、現在はすべての移行が可能になっている。2013-14年度に1,331を登録したという。

CIFAS[8]への参加と他機関との連携によって、理事の関連する犯罪歴や破産履歴、他のチャリティでの経歴などが調べられる。

表2　2013-14年度におけるコンプライアンスおよびケースワークに関する主要な数字

1,149,843,996 ポンド	2013-14年度に調査および執行領域の作業によって監督されたチャリティの収入の合計	total income of charities overseen by the work of the Investigations and Enforcement area in 2013-14
31,316,039 ポンド	終結した法律上の審査におけるわれわれの活動によって直接に守られたチャリティ資金	charity money directly protected by our action in completed statutory inquiries
100,659	理事のチェック	trustee checks undertaken
1,664	レヴューされた会計報告	sets of accounts reviewed
1,746	法律上の手続による他機関との情報交換回数	times we exchanged information formally with other agencies through the statutory gateways
1,865	業務運営順守事案開始	operational compliance cases opened
1,972	業務運営順守事案終結	operational compliance cases completed
1,264	チャリティによる重大な出来事の報告	individual serious incidents reported to us by charities
790	2013-14年度に完了した法律上の審査、規制順守および業務運営順守事案において法的強制権限を使用した回数	times we used our legal compliance powers during statutory inquiries, regulatory compliance and operational compliance cases concluded in 2013-14
85	寄せられた公益通報報告	whistleblowing reports made to us
115	事前調査評価事案開始	pre-investigation assessment cases opened

───────────────────

8) CIFASとは、1988年から事業を開始した会員制の詐欺防止のための非営利組織で、CLG（Company Limited by Guarantee）である。National Fraud Database、Internal Fraud Databaseを運営すること等によって、個人・団体を詐欺から守るためのサービスを提供している。前者は、毎年20万件の詐欺事件の詳細をデータベースに追加するという。組織がある個人や団体からアクセスされた場合に、その内容をデータベースでチェックし、類似事件と照合することによって未然に詐欺被害を防ぐ。また後者は、従業員等による詐欺を防ぐためのデータベースで特に経歴等のデータ共有がはかられている〈https://www.cifas.org.uk/〉。CCの年次報告書や議会証言によれば、理事の前歴チェックなどに有効に機能しているという。

119	事前調査評価事案終結	pre-investigation assessment cases completed
64	法律上の審査開始	statutory inquiries opened
23	法律上の審査終結	statutory inquiries completed

出典：Charity Commission for England and Wales, ANNUAL REPORTS AND ACCOUNTS 2013-14, July 2014 〈www.charitycommission.gov.uk〉

年次報告書に、いくつかの事例が挙げられている。

〈事例1〉 理事の1人が、コンプライアンスケース進行中のチャリティに関与。登録は認めた。しかし、法的権限を使って銀行口座を把握し、他の政府機関とともにモニター。当該理事は辞任したけれどもそのチャリティに関与し続けており、CCは他機関とともに、その最初の会計を詳細な検討に付している。

〈事例2〉 2013年秋に登録したチャリティ、しばしばチャリティ登録に関わる会社による申請。この団体は、以前は異なる名称で登録していたが、その団体は不法なファンドレイジング活動に関する苦情をCCが調査し始めると解散した。その経緯が明らかになった時点で、モニタリング対象になった。理事たちとの面談の前に、申請していた名簿と理事の名前が変わったのみならず、新理事は任命される前のチャリティの活動に関する重要な情報を提供できず、チャリタブル活動がされてこなかったことが明らかとなった。会談の後に理事は、解散することを申し出てきた。そして、解散となった。

〈事例3〉 理事の1人が、〈事例2〉と同じ会社が登録を求めている他のチャリティの理事として提案されていることを発見。全理事との会談を求めたが応答がなかった。そこで、理事たちに、チームに連絡するまでは手続を進めるつもりがないとみなすと連絡。結局、それ以後コンタクトはなかった。この会社が関わった今後の申請については、すべてモニターされる。また、その会社を、権限のある他の機関に通報する必要があるかを検討中である。

〈事例4〉 プレストン・ダウン・トラスト（PDT）（Plymouth Brethren Christian Church（PBCC））のケース（後述、および第2章Ⅱ2（2）を参照）

2012年6月10日に申請を却下。理由は、広範な社会に対する十分な公益増進を行えることを示すことができなかった、つまり、この教団の内部でのみの使用であり、それ以外の人々に対する、便益が十分ではなかったことにある。本件は、審判所に持ち込まれた。しかし、手続はPDTの求めで停止され、審判所の外で問題解決が模索された。

CCは、新しい証拠に基づいてケースを再考し、2014年1月3日に、以下の条件でチャリティ登録を再申請すれば承認すると決定した。その条件とは、「PBCCの

核となる教義」、および「信仰実践」が信託の不可分の部分に記載されていることであった。このケースは、インディペンデント・スクールと同時に、政治的に大きな問題となった。

〈事例5〉 ヒューマン・ディグニティ・トラスト（HDT）のケース（この事例については、第5章Ⅱ4（2）で詳述）

却下の理由は、「チャリティは法の変化を目指した目的をもつことができない。なぜなら、裁判所が、当該国の特定の状況における公益増進であるとその変化を判断する手段をもたないから」、というもの。手続的には、2011年7月に登録申請、2012年6月に登録拒否決定。その後、HDTは、「決定のレヴュー」手続を要求したが、CCは拒否を再度確認。HDTは、審判所に訴えた（本稿が依拠している年次報告書の発表時期は、審判所裁決の直前にあたる）。その後、審判所は、CCの決定を覆し登録を認めた。CCは、上級審判所や裁判所で争わず、決定を受け入れ、2014年のうちにチャリティ登録が完了した。

上記のうち、〈事例4〉と〈事例5〉は、CCによる公益増進要件の解釈が問題となったケースで、宗教と政治という非常に重要な領域に関わる争点をめぐるものであった。解釈問題として重要なもう1つのケースは、インディペンデント・スクールのケースで、これは、いわば非営利性や開かれた公衆（平等性を前提として）に関わる問題である（後述）。

これらの論点が、登録で一つひとつ争点となっているということは非常に重要であるし、興味深いところである。CCのウェブページには、主な決定がまとめられている。争点に関わる法の解釈を実践し運用することにおいて、重要な役割を果たしていることがわかる。制定法の解釈に幅があり、かつ、2006年法以後の判例が少ないこともあって、CCのガイドラインや決定、それに対する異議申立てによる審判所裁決は、制度運用上重要な役割を果たしている。この2006年法によって与えられた重要な役割については、その当否をめぐって議論があるが、政府として改正を進める予定はなく、CCの公益増進性の審査に関する役割は継続されるであろう。

他方、〈事例1〉から〈事例3〉については、一般的な悪用（濫用）に関わる点であって、特にこちらの方の能力強化が、監督を含めてCCの重要課題となっているといってよい。当然ながら、これらの場合には、登録問題に関連してCCの規制・監督の権限の範囲が重要な争点となることが多い。

(b) 監督業務

(ⅰ) 年次報告書、年次申告書等　順次、基本的な内容を紹介していこう。

86％のチャリティが期限内に報告し、それによって登録チャリティ全収入の99％がカバーされている。その法的組織形態、収入規模、資産状態、また、それぞれの基本定款等の規定によって、提出書類は異なっている。前提として、すべてのチャリティは、理事会の年次報告書、その他の会計書類を作成しなければならない。法人の組織形態は、法人でない場合、CIOの場合、会社形態の場合の3類型である。

年間収入5,000ポンド以上のチャリティは、登録が義務付けられる。理事が年次報告書を作成し、要求に応じて開示できるようにすることが必要である。収入1万ポンド以下のCIOでないチャリティは、「年次変化報告書」のCCへの提出が求められる。収入1万ポンド以上のチャリティは、理事会の年次報告書とオンライン年次申告書を、年度末から10か月以内にCCに提出することが義務付けられる。すべてのCIOも、オンライン年次申告書の提出が必要である。

近年、ギフト・エイドへの登録の有無、チャリティ所有の不動産の詳細、ボランティアの数、海外支出と活動の詳細、有給理事の有無、公衆からの資金募集、営利企業との資金調達における共同、子会社、リスクマネジメント・投資・弱い受益者の保護、利益相反管理、ボランティア管理、苦情処理のポリシーについての情報も、必要事項として追加されている。なお、収入1,000ポンド以上のチャリティは、公衆に資金集めや成員獲得のために公開される文書など、財務上の書類やウェブページなどすべてに登録番号の記載が求められる。

収入2万5,000ポンド以上のチャリティは、理事会の年次報告書、年次申告書（独立の検査者による会計検査あるいは監査を受けた会計書類を含む）の提出が必要である。なお、独立の検査者の場合には、その協会（Association of Charity Independent Examiners: ACIE）もあるが、その所属は要件ではなく、法とCCのガイダンスの基準とに合致していればよいとされている。

25万ポンド以上の収入のあるチャリティ、およびすべてのチャリティ会社は、Financial Reporting Standards（FRS）とチャリティ用Statement of Recommended Practice（Charities SORP、2014年7月に改訂）による報告が必要となる。また、会社形態の場合には、会社登記所にも会計書類の提出が必要となる。その場合、会社法上のsmall companyに該当するか否かによって、監査の必

要性の要件が変わってくる。独立の検査者は、法の求める団体のメンバーである必要がある。

　25万ポンド以上の収入と326万ポンド以上の資産があるチャリティ、または50万ポンド以上の収入があるすべてのチャリティ、および、子会社との連結で50万ポンド以上の収入があるチャリティは、公認会計士による監査が必要となる。なお、収入100万ポンド以上の場合には、要約年次申告書の提出が必要である。提出必要書類や年次報告書の記載事項は、ガイダンスのCC15bに詳細に説明されている。[9]

　CCは、1,664セットの会計をランダム・サンプリングし、レヴューしている。このうち643については事例研究の一環として、1,021は予防的レビュー・プログラムの対象として行ったという。この場合、法的義務はなくても第2部の会計情報の提供が求められることになる。収入50万ポンド以下クラスは、さらに、2万5,000ポンド以上と以下とに分けて分析され、報告義務のないチャリティの分析に活かされている。年金スキームの欠損、低いチャリタブル目的支出、流動負債、前年度からの基本財産の減少などのリスクのあるチャリティが確認されるなどしている。この結果は、レポートとして公表される。

　これらのCCへの報告結果は、オンライン・サーチ・ツールに公表される。このサイトは、年間6,600万回閲覧されているという。新しいオンライン登録情報公開の試行版が出されており、スマートホンやタブレットでの検索も可能になっている。その目的は、寄附を求められたその場で調べられたり、フェイスブックやツイッターで情報のシェアも可能にすることである。公衆によるチェックが一層簡単になるばかりか、研究者による調査も容易になったという。支出のうちのチャリタブル活動に向けられている割合、公的に「法律上の審査」にかかっているかどうか、期限内に年次報告を出しているか、チャリティが破産状態や会社管理のもとにあるか、有給理事がいるか、チャリティが、Fundraising Standard Boardに参加しているかなどが、一目でわかるようになっている。

　CCは、調査会社に委託してチャリティの信頼性調査を行い、何がチャリテ

---

9) Charity Commission, *Charity reporting and accounting: the essentials*, 1 January 2013 〈https://www.gov.uk/government/publications/charity-reporting-accounting-the-essentials-cc15b〉.

ィの信頼にとって必要かについて確認している。それによれば、チャリティの信頼性は、社会的にみると、医師と警察に続いて最も信頼性の高いグループに属している。そして、49％の回答者は、寄附が目的のためにきちんと使われているかどうかが、チャリティの信頼性を判断するの最も重要な要素であると回答しているという。登録チャリティ情報の収集公開による公衆の信頼確保が、CCの目的実現のために重視されるわけである。

（ⅱ）濫用・悪用や経営の失敗（アビューズとミスマネジメント）　CCは、3つのリスクを戦略的優先事項としている。それは、①詐欺・財務犯罪、②弱者である受益者の保護の失敗、③テロリスト目的へのチャリティの悪用、である。これらを中心に、チャリティの濫用・悪用や経営上の失敗に対して、様々なかたちで防止、発見、是正を行っている。

上記の年次報告書等以外に、チャリティの理事に対して「重大な出来事の報告（Report of Serious Incidents: RSI）」の義務が課されている[10]。「重大な出来事」とは、先の優先事項に対応して、詐欺、窃盗、他の方法による大規模な資金の喪失、弱い受益者の虐待や不適切な取扱い、テロリズムへの関与などについてである。2万5,000ポンド以上の収入の場合には、理事は、年次報告書およびCCに報告されたもの以外にはこれらに該当する「重大な出来事」等がなかったことについて、確認しなければならない。当該年度には、CCに1,280件の報告が上がってきた。

〈事例〉　会計から、理事長が金を銀行口座に入金していない疑いがあるという報告があった。チャリティの財産の流出を防ぐため、地元警察とともに調査に入る。最終的に理事長は辞職。CCは、残った理事に規制ガイダンスを配布した。

このように、様々な情報源から、「業務運営順守事案（operational compliance cases）」として取り上げるべき問題を把握する。当該年度には、1,865件の新しい事案に着手し、1,972件を決着に導いた。その過程で、しばしば「規制指示（regulatory instructions）」を行う。担当チームは、しばしば理事にアクションプラン（74件）を提示し、そのステップを業務運営モニタリングチーム（OMT）がチェックしていく。

---

10) Charity Commission, Reporting Serious Incidents—guidance for trustees, December 2013 〈https://www.gov.uk/government/uploads/system/uploads/attachmentdata/file/375979/ReportingSeriousIncidentsLowInk.pdf〉.

一般的に、業務運営順守事案で多いのは、①RSIにおいて挙げられた問題、②会計問題、③欠格理事関係、④資金の不適切利用、⑤詐欺・窃盗、⑥内部通報報告による問題、⑦資金集め関係、である。2013年10月には、新しいOMTを立ち上げ、リスク枠組みでの最高リスクを示すと評価されたりもっとも重大な懸念を含むものでない場合であっても、モニタリングが必要な案件を取り上げ、対処し始めた。当然、業務運営チームが、規制アドバイスやガイダンス、アクションプランを発出したケースでは、それらが従われているか否かを確認している。登録チームからも、登録段階で半年間に318件の連絡があった。

　さらに、事前調査モニタリングチームは、重大な非順守や重要なリスクに関連した懸念がある場合には、モニタリングに入る。95の事案を開始し、54件を終結し、その過程で68件の訪問モニタリングを行ったという。

　問題が「法律上の審査」(statutory inquiry)に入る要件に合致しているかの評価を、事前調査アセスメントチームが行う。115件のアセスメントを開始、118件を終結した。その結果、30％は法律上の審査に進み、35％はモニタリングに、35％はコミッションの他の部門に回されることになったという。

〈事例〉　精神障がい者支援のチャリティについて、苦情（支援者から金を要求されるなど）が寄せられる。調査に入り、ボランティアの管理のみならず、財務的な管理にも大きな問題があることが判明。完全に改善するか解散するかを迫ったところ、解散を選択。

〈事例〉　学生組合のチャリティに参加している学生組織が、過激な発言で問題になった講師2名をイベントに呼ぶ予定が判明。その団体の運営に関わるチャリティに連絡して、リスクを評価したのか、また、イベントに関するポリシーにおけるリスク評価手続があるか等を理事に確認したところ、その手続を経ていないことが判明。1名の講演者を排除、もう1名について理事が出席してモニターし、チャリティに損害を与える発言をチェックし、その場で対処することに決定。その後、チャリティは承認なく講演イベントが計画されたことについて調査を行い、その調査結果をCCと共有することになった。

　規制上の問題が深刻で、不正等の証拠か、あるいは重大な嫌疑がある場合、チャリティへのリスクや公衆の信頼のリスクが非常に高い場合には、「法律上の審査」が開始される。すべての法的手段、情報収集、銀行口座の凍結、代理マネージャー（interim manager）の任命、理事職の停止、理事の排除などを含

めて様々な手段が取られる。2013年度は、64（前年度15）の法律上の審査を開始、このうち23は実際に法律上の審査を行い、7は法律上の審査ではない「規制順守事案（regulatory compliance cases: RCCs）」として扱った（2011年12月以前に開始されたもので、それ以後この類型は開始していない）[11]。2014年3月末で、76の法律上の審査、9のRCCが継続進行中とされており、法律上の審査数の画期的増大がみられる（2012-13年度は法令順守権限の行使は216回、2013-14年度は790回）。これらの数字に、CCの方針転換がよく表れている。

これらの調査・規制・執行については、警察、歳入関税局（HMRC）、Serious Fraud Office、National Crime Agencyなどの他の政府機関と法的手続における1,633回の接触を行い、情報収集や対処についての調整をはかっている。

〈事例〉　ダヴ・トラスト（Dove Trust）事件：ダヴ・トラストはCharityGivingという寄附サイトを運営していたが、経営上の問題が発覚、CCが自ら代理管理者を任命し管理にあたった。CCは、70万9,000ポンドの口座を凍結したが、168万ポンドの負債が判明した。結局、50万ポンドは確保できたが、裁判所の決定により、寄附の配分を受くべき約300のチャリティ等に対して寄附1ポンドあたり33ペンスのみの配分となった。[12]

（c）　法令順守の増進：ガイダンスと規制アラート

CCは、上記のように事件化する前に、理事の啓発や社会的な注意の喚起によって、濫用・悪用を未然に防止するための広範囲な活動を行っている。

「オンライン・ガイダンス」などの公表や「アラート」の発出、さらに様々な方法で理事・受託者を直接に支援するアウトリーチ作業を行っている。規制アラートは、昨年度は10回発出され、その内容は、寄附詐欺について、シリア危機による人々への支援への参加についてなど、多様なものである。CCは、この重要性が高まっていると評価しているようである。

〈規制アラート事例〉　シリア危機について：人道的危機の深刻さに対応したチャリ

---

11) Charity Commission, *Tackling abuse and mismanagement: Report of Charity Commission's investigations and compliance case work 2013-14*, 18 December, 2014〈https://www.gov.uk/government/news/robust-and-proportionate-commissions-approach-to-tackling-abuse-and-mismanagement〉, p. 41. 濫用・悪用および経営の失敗に関わる監督業務の報告書。チャリティの特徴別の統計や実態、事例等も含まれている。

12) High Court rules Dove Trust must pay out to good causes, 22 July 2014, BBC 〈http://www.bbc.com/news/uk-england-norfolk-28424680〉.

ティの活動について、英国人の自爆テロリストが報道されたことも受けて、人道援助のコンボイの安全確保、目的や内容の確認、違法物資の搬入などに使われないこと、さらには、必要な場合にはCCの規制監視やコンプライアンス訪問を受ける可能性があることなど、広範囲にわたる情報を提供した。

〈オンライン・ガイダンス事例〉　理事の利益相反、基本財産（permanent endowments）、流出財産の回復についてのガイダンス等。

損害の回復については、善意かつ適切な注意を払っていても生じた損失の場合においても、理事・受託者は、その回復について最善の努力を行う必要があるし、意図的あるいは不注意な行動によってもたらされた損失については、当然である。その場合には、回復する責務がある。もし適切な行動をとらない場合には、CCが規制行為（regulatory action）を行うし、さらに、稀ではあるが、損失の回復について執行行為（enforcement action）を行うこともある。

これらのほかにも、下記の事例が挙げられている。

〈「質的評価システム」の普及〉　アンブレラ組織やサポート組織の質的評価システムを、9つ承認。今年は、更新や新規で7つを承認。Home-Start UK（家族サポート）、Age UK（高齢者）、UKCF（地方のコミュニティファンデーション）、Mind（メンタルヘルス）等。

〈チャリティレビュー・プロジェクト〉　会計士協会（ICAEW）と共同で、専門家集団からなるチャリティをパートナーとして、プロボノによるプロジェクトを実施。

〈理事・受託者週間〉　NCVOなど、多くのアンブレラ組織を巻き込んで実施。

〈理事の能力向上キャンペーン〉　Cass Centre for Charity Effectiveness and the Cranfield Trustとともに、「3年間で、ほとんどの理事が、その役割と責任を理解し、アドバイスやガイダンスの必要性を理解し、必要な場合にどこで情報が得られるかを知る」、という目標を掲げて実施。

〈財産についてのガイダンスのための新しいハブの形成〉　Action with Communities in Rural England（ACRE), Community Matters, the Ethical Property Foundation and Localityという4パートナーとの共同事業として実施。

〈ポッドキャスト〉　新しい媒体による理事啓発。

〈2言語サービス〉　英語、ウェールズ語でのサービス。

このように、実に多様なかたちで、理事の啓発を中心としてチャリティの能力向上をはかっている。

（d）　一般の対応：チャリティの監督とファシリテーション

最初の対応チーム（First Contact Team）では、4万8,274のe-mail、8万

8,822の電話、9,681の書面による手紙に対応しており、寄せられる相談や問題の94％は、このチームで解決している。

また、このチームは、CCによる法律上の許可文書の発行、理事の選任、定款等の基本文書の改廃についての法律的許可文書の発行、一定の行動への許可など、広範囲にわたる。昨年度は、1,082の業務運営上の許可事案があり、887の事案が新たに開始されたという。たとえば、理事が利益を得る取引の場合には、チャリティがそれによってより大きな利益を得るのか、市価より低い土地の売買はチャリティの最大の利益になっているかなどを確認して許可がなされ、司法手続への同意の場合には、費用が高く不必要な訴訟を避けるために交渉や和解を試みたかどうかなどを確認したうえで許可がなされるという。

〈事例〉 The Fire Fighters Charity：現職および退役消防士とその家族のためのチャリティである。CCは、幅広い消防救急サービスに加わるボランティアをも対象受益者とするための相談を受ける。基本定款等の文書の変更にはCCの事前承認が必要であった。CCはこの承認を与えた。

〈事例〉 Chartered Institute of Taxation（CIOT）：理事の役職者の雇用についてのCCによる承認の申請。手続が正当であるか、また、任命がチャリティのベスト・インテレストであるか、任命が行われた時に、該当者が理事であったという問題があったが、広く候補者を探す努力がなされたことや職務開始に伴い理事の地位を降りることなどの内容を確認して承認。

以上、主に2013-14年度の年次報告書を中心として紹介してきたが、CCが、16万4,000のチャリティに対して、非常に広範囲な活動を行っていることがわかる。CCが調査や法令順守権限の行使を始めたチャリティの数は、2013-14年度で1,929件、1.38％である[13]。2013年の後半から特に増大しているとはいえ、CCの活動の強力さは印象的である。

英国社会の中では、NCVOのようなセクター団体を含めて、CCがチャリティの自治を尊重しつつも、セクター全体の守護者としてその信用保持のために活動することについては、広い合意があるといってよい。他方、CCの方も、ガイダンスの作成には、パブリックコメントを行ってセクターや関係者の意見を幅広く聴取するし、セクターのアンブレラ組織との具体的な共同事業についても積極的である。CCの政府からの独立性は、その活動の透明性を通じて、

---

13) Charity Commission, *Tackling abuse and mismanagement*, p. 5.

公衆やセクターからの支援によって支えられなければ維持できないことが、はっきりと意識されているといってよい。

3　2006年法以後のチャリティコミッションをめぐる政治状況
　　──嵐の中のチャリティコミッション
(1)　チャリティ資格の付与をめぐるチャリティコミッションの権限への批判

　CCの活動、特に規制強化が急速にはかられているのは、本章の冒頭にも述べたように、強い批判が出たからである。これらの批判は、大きく分ければ、①チャリティ資格の付与をめぐる公益増進テストについてのCCの権限行使への批判と、②チャリティの悪用を防げない無能力という批判、とがある。

　このうち、①の公益増進テストについては、2006年法および2011年法におけるチャリティ法制の大きな変革が背景にある。典型的に問題となった事例は、インディペンデント・スクールと宗教団体系のチャリティである。どちらも、2006年法以前は、学校や宗教関係団体（キリスト教）であることによって、公益増進性が自動的に推定されていた団体であるが、それが新法によって外れ、積極的に公益増進性を証明しなければならなくなったことに、論争の原因がある（第2章Ⅱ2参照）。

(a)　インディペンデント・スクールの事例

　インディペンデント・スクールは、日本の私立学校にあたる。なかでも高い学費を取り、伝統的に貴族や富裕層の子弟をいわゆる「オックスブリッジ」に送るような私立学校が、本当に公益増進的であるのか。この問題にCCが取り組んだ結果、激しい政治的対立の渦中に置かれることになった。

　焦点となった学校は伝統があり、その卒業生は、社会において高いステータスを保持し強い影響力をもっている。労働党の方針との関係もあり、公益増進認定が否定されたときには、CCは、「階級闘争を始めた」とさえいわれた。たしかに、高い学費を取るのであれば、非営利公益事業である必要はなく、また、卒業生の将来の自己利益の増進に貢献するだけであれば、公益性を主張することはできない。CCは、特に貧困者に対する奨学金を整備していない場合、つまり学費の支払能力によって入学が制限されるのであれば、その団体は十分に公益増進性を表現しているとはいえない、と主張したのである。

　このケースは、独立学校評議会（Independent Schools Council）という1,260

のスクールからなる業界団体とCCとの間で争われ、上級不服審判所まで上がった。その審判において、CCのガイドラインの内容の多くが否定されることになった。[14] CCは、その後、審判の内容に沿ってその改訂版を発表した。貧困者の受入れのための奨学金整備要件は撤廃され、理事・受託者が判断した他の公益増進の方法も受け入れられることになった。とはいえ、この審判においては、「単なる名目以上の」水準で貧困者への寄与が要求されることは確認された。その点で、インディペンデント・スクールは従来のあり方からの離脱が求められたのである。

(b) 宗教団体系チャリティの事例

　宗教団体系のチャリティの事例では、直接的には、信者以外との社会的接触を極度に制限するキリスト教の宗派の集会施設の公益増進性が争われた。世俗化が進んだ現代社会において、宗教とは何か、その公益性とは何かという、非常に基本的な問題が問われた紛争でもあった。

　背景には、一方では、宗教概念の拡散がある。かつてのキリスト教、それも国教会のみを宗教として受け入れた時代から、カトリック、ユダヤ教と、宗派は拡大され、2006年法では、「神」が存在しない信仰も宗教として認める段階に至り、最近では、「礼拝」についてもその要件から外れつつある。

---

14) *Independent Schools Council v Charity Commission for England and Wales; Attorney General v Charity Commission for England and Wales and another,* Upper Tribunal (Tax and Chancery Chamber) [2011] All ER (D) 198 (Oct); [2011] UKUT 421 (TCC), 13 October 2011. 簡潔な報道としては、たとえば、Angela Harrison, *Independent schools win Charity Commission fight,* BBC News 14 October 2011 〈http://www.bbc.co.uk/news/education-15305699〉や、*Public benefit of private schools: The Times Law Report,* November 8, 2011 Tuesday. 判例紹介として、Mary Synge, *Independent Schools Council v Charity Commission for England and Wales* [2011] UKUT 421 (TCC), *Modern Law Review,* Date, July 1, 2012. 2008年に作成されたガイドラインは、従来からの公益増進要件、つまり目的そのものが公益増進的であること、そして、十分に大きな数の公衆あるいはその一部に対する便益をもたらすものであること、という基本要件に基づいて、「与えられる便益の機会が、課される学費の支払能力によって不当に制限されることがあってはならない。貧困者が、この機会から排除されてはならない」としていた。独立学校評議会側は、このガイドラインは「規定しすぎ」（over-prescriptive）であって、CCは、「理事・受託者がどのように公益増進を行うかについて決定する権限を侵している」、などとして争った。審判は、「貧者を排除したトラストは、チャリティではありえない」としつつ、「どのようにして、学校が僅少なまたは名目的なレベル以上に」学費を支払う学生以外に対しても公益増進性をもちうるかについては、理事・受託者が判断する権限があるとした。つまり、「貧者を事実上排除したチャリティ組織もチャリティとして存在しえるが、貧者のために、ささやかな水準を超えて、何らかの提供を行わなければならない」とした。この決定については、独立学校評議会側は「勝利」としているが、CC側は「引き分け」と評価した。

他方では、そのような多様性のある宗教が、それ自体として、つまり、宗教そのものとして公共増進性をもつといえるのか、という問題がある。社会制度や価値観の背景にある基本的な信条体系としての宗教の位置があいまいになり、多様な信仰を認めるようになると、宗教それ自体の公益性も不明確になってくる。そこで、宗教団体の活動が、より具体的な公益増進性を表現できるときにのみ、その公益増進性を認めるべきではないか、と考えられるようになる。

　実際に大きな問題となったプレストン・ダウン・トラストは、Plymouth Brethren Christian Church の関連チャリティであり、その信者以外との社会的接触を極度に制限する教派である。「排他的ブレズレン」とも呼ばれ、歴史は古いけれども、カルトとされる場合もあるケースであった。ほかにも、Watch Tower Bible and Tract Society of Britain など、宗教の定義と公共性判断について、困難な事例が数多く問題となってきた。

　最終的に、この事例は、不服審判所の外での和解が模索され、トラスト側がその基本文書を書き換えることによって、チャリティの地位が承認されることになった。[16]

　それぞれの、紛争の決着は、上級不服審判所の判断であったり、和解であったりするが、CC の当初の判断が正当化されたわけではない。とはいえ、CC の主張が完全に否定されたわけでもない。その他の多くの重要な事例において、CC はそのたびに公益増進性の判断を行い、その事例を蓄積している。その意味では、2006年法の運用において、CC の公益増進性の判断が確実に定着してきているといえるだろう。

（2）　チャリティの悪用を防げないチャリティコミッションは無能力であるという批判

（a）　カップ・トラスト（CUP Trust）の事例

　CC のチャリティに対する規制・管理能力についての批判も、主に2つの方

---

15) たとえば、新聞紙上において、Plymouth Brethren の中で育ちそこから離脱した読者が、「コミュニティに便益をもたらすどころか、その反対であり、多くの家族に分裂と崩壊をもたらす」として、その離脱後、母親は一緒に食事することも拒否した、と投稿している。David Huntley Bristol, *Uncharitable church; Letters to the Editor, The Daily Telegraph*（London）, December 21, 2012 Friday.

16) 最終的な決定と CC による説明は、Charity Commission for England and Wales, Preston Down Trust: APPLICATION FOR REGISTRATION OF THE PRESTON DOWN TRUST, DECISION OF THE COMMISSION, 9 January 2014 〈https://www.gov.uk/government/uploads/system/uploads/attachmentdata/file/336112/prestondowntrustfulldecision.pdf〉、サマリーなども、〈https://www.gov.uk/government/publications/preston-down-trust〉から得られる。

向から出されることになった。

　第1に、脱税の道具としてチャリティが使われた事件における、CCの規制手法への批判である。典型的には、2013年に報道されたカップ・トラスト事件と下院の財務委員会による調査報告および会計検査院による報告にみられる、打撃的な批判である[18]。以下、主に、この下院の報告書に基づいて、この事件とCCへの批判について紹介しておきたい。

　カップ・トラスト事件とは、2013年1月31日にタイムズ紙上の記事[19]によって明らかにされた、脱税の手段としてチャリティと寄附促進税制が使われた事件である。

　議会の調査報告は、次のようにCCを批判する。第1に、本来登録すべきではない団体を登録したこと自体に問題があった。また、その後も、海外の会社1つだけが理事・受託者であるような危険度の高いチャリティについて十分な監視をすべきであったが、してこなかった。また、第2に、2010年3月に調査を開始したCCは、2012年3月に調査を終了したが、「法的にチャリティとして構成されている」として登録を継続し、この調査結果は、議会が調査した1年後になっても公表されておらず、監督権限の行使が十分に行われていない（もし、規制の法的権限に問題があるとしたとしても、法改正の提案もなかった）。第3に、このような問題は、セクターには他にも多数みられる「氷山の一角」であるにもかかわらず、CCは、過去25年間に何回も会計検査院および議会の委員会より積極的な法的権限の行使を求められながら、それに対応してこなかった、という（表3および表4参照）。

　議会でのヒアリングでは、CC（ショウクロスとヤンガー）は、登録の際には活動をみるのはなく、その目的がチャリティ法に合致しているかを審査するの

---

17) House of Commons Committee of Public Accounts, *Charity Commission: the Cup Trust and tax Avoidance,* Seventh Report of Session 2013-14, Report, together with formal minutes, oral and written evidence, Ordered by the House of Commons to be printed 13 May 2013 〈http://www.publications.parliament.uk/pa/cm201314/cmselect/cmpubacc/138/138.pdf〉.

18) The Comptroller and Auditor General, The regulatory effectiveness of the Charity Commission, HC 813 SESSION 2013-14, 4 DECEMBER 2013; The Comptroller and Auditor General, Charity Commission: Cup Trust, HC 814 SESSION 2013-14, 4 DECEMBER 2013 〈http://www.nao.org.uk/wp-content/uploads/2013/11/10299-001-Cup-Trust-Book-Copy.pdf〉. 前者がCC全体の効率性について、後者が、カップ・トラストについての報告。

19) Alexi Mostrous, *Charity at heart of massive tax avoidance scam,* Last updated at 12:02 AM, January 31 2013 〈http://www.thetimes.co.uk/tto/money/tax/article3673519.ece〉.

表3　CCの法律上の審査および執行権限の行使[注1]

権限 \ 年度	2000-01	2001-02	2007-08	2008-09	2009-10	2010-11	2011-12
代理管理者の任命[注2]	7	6	2	2	2	1	0
理事・受託者の解任	4	0[注3]	6	1	0	0	0
理事・受託者の活動制限	21	16	35	13	42	11	6
理事・受託者の任命	8	4	12	12	12	3	11
情報提供または会合への出席要求	171	256	366	637	408	160	97
他の命令	1	8	69	42	50	33	74
期間内のすべての命令	251	338	490	707	514	208	188

注1：権限行使の回数。1つの事案で複数の権限行使の場合がある。
　2：CCは、理事・受託者がしない、あるいは、しようとしない特定の課題を遂行させるために、代理管理者（'interim manager'、2001年には 'receiver manager'）を任命できる。
　3：2001年には、議会委員会が、法的権限の行使を積極的にするように要求したが、従わなかったことの証拠であるとされている。さらに、CCの「理事長やCEOもこれらの（議会委員会の要求を含む）報告書を読んでいないことに、ショックを受けた」（実際の生々しい会話記録が公表されている）とする。
出典：Committee of Public Accounts Thirty-Ninth Report 2001-02 for 1996 to 2001-02 figures; Charity Commission 'Back on Track' 2012 for 2007-08 to 2011-12 figures に基づく、下院財務委員会報告書[20]

表4　カップ・トラストの財政の概要

会計年度最終日（各年3月31日）	収入（ポンド）	支出（ポンド）	会計書類受取日	年次（変化）報告書受取日
2014年	227	50	提出不要	2014年10月31日*
2013年	5,156	97,292	提出不要	2013年4月10日*
2012年	5,147	0	提出不要	2013年1月31日*
2011年	78,941,598	78,973,422	2012年2月29日（29日遅れ）	2012年2月29日（29日遅れ）
2010年	97,590,164	97,451,195	2011年10月23日（265日遅れ）	2011年10月23日（265日遅れ）

＊　当該年年次報告1万ドル以下チャリティ用の年次変化報告書
出典：Charity Commission, 1129044-THE CUP TRUST（2015年1月確認 <http://apps.charitycommission.gov.uk/Showcharity/RegisterOfCharities/CharityWithoutPartB.aspx?RegisteredCharityNumber=1129044&SubsidiaryNumber=0>.

20) House of Commons Committee of Public Accounts, *ibid*.

がその役割であり、かつ、その後の脱税については、CC の問題ではなく税務当局や警察の問題である、さらに、一旦登録された場合には、そのチャリティの目的が嘘であることが分かれば別であるが、理事・受託者の問題である場合には理事・受託者を排除して新しい代理を入れるなど法的権限を行使して、チャリティを正常化することが基本的対応になる、と説明した。[21]

しかしながら、最終的に、このような説明は監督責任の執行の不十分性の理由としては受け入れられず、CC への激しい批判内容が報告として出されることになった。

(b) チャリティがテロリスト組織に利用されているという批判

第 2 に、チャリティがテロリスト組織への資金流用の通路となっているという批判、また、チャリティや大学がテロリストの養成に使われているという批判がある。[22]

CC によれば、2014年11月 1 日の時点で、過激思想のリスクがあるとして監視中の86のうち37がシリアで活動している。さらに、このうち 4 つは、法律上の審査に入っているという。その 1 つ、Al-Fatiha Global は、その活動に参加していたアラン・ヘニング（Alan Henning）が拉致され斬首された団体であるが、そのリーダーの 1 人が銃を持ち覆面をした 2 人と一緒に写っている写真が、SUN 紙に掲載された。また、アレッポで自爆攻撃をした英国人がバーミンガムベースのチャリティの援助コンボイでシリアに向かったことも、大きく報道された。

CC によれば、2014年には、約500の英国のチャリティがシリアで活動を行っており、そのうち200は、紛争が始まってからの新しいチャリティであるという。英国のチャリティの国際的な支援活動の活発さに感銘を受けるが、もちろん、英国が大英帝国時代の多くの旧植民地移民を受け入れているという歴史

---

21) 実際、2015年 1 月現在、カップ・トラストは、チャリティ資格を維持している。表 4 は、その財務情報。
22) 典型的なのは、米国の Gatestone Institute のサミュエル・ウェストロップ（Samuel Westrop）による一連の議論である。Samuel Westrop, *Four Ways to Fight Extremism in Britain*, July 8, 2014 〈http://www.gatestoneinstitute.org/4390/uk-fight-extremism〉, *UK: New Charity Commission Powers Fall Short*, November 10, 2014 〈http://www.gatestoneinstitute.org/4858/charity-commission-powers〉. Gatestone Institute は、元米国国連代表ジョン・ボルトン（John R. Bolton）が会長を務める、保守あるいは新自由主義的シンクタンク。テロ問題が国際的な問題であることもあって、ムスリム過激主義と NGO 規制の問題は国際的な広がりをもっている。

的遺産をもっていることに、思いあたる必要もあるだろう。2011年の国勢調査では、アジア人は7％（うち、パキスタン系1.9％、バングラデシュ系0.7％、インド系2.3％）、黒人3％などのエスニシティがあり、イスラム教徒は人口の4.4％にのぼる[23]。ムスリムは、2001年の2.7％から人口比を急速に伸ばしていることも注目される。国内では、特に都市部に集住することで、地域によっては過半数を占めており、その存在感が増していることも忘れてはならないだろう[24]。

　このような背景のもとで、ムスリム系のチャリティは、数多い。概算でも千数百のイスラム系チャリティがあるとされる[25]。しかも、ある調査によれば、ムスリムは、クリスチャンよりも1人あたりはるかに多くの寄附を行うとされており、チャリティへの支援も活発である[26]。多くのムスリム人口を対象にして福祉・教育やコミュニティ活動を行うチャリティも重要な社会的機能を果たしている。当然ながら、ブレア政権以後の政府セクターからの資金の増加によって、これらのイスラム系チャリティを通じて国家資金が委託事業として流れるチャンスも増大した。特にムスリム移民の多い地域は様々な社会問題を抱えることも多く、チャリティの支援が必要であることも明らかである。

　これに対して、批判派は、「納税者の金がテロリストに流れている」という主張を繰り返し、キャメロン首相も、野党時代からこの主張をしばしば繰り返

---

23) 英国の宗教的、エスニシティおよび人種的構成については、2011年の国勢調査資料が利用可能である〈http://www.ons.gov.uk/ons/rel/census/2011-census/key-statistics-for-local-authorities-in-england-and-wales/rpt-religion.html〉。ただし、一般の人々の認知ではムスリムは21％にのぼると誤解されている、という調査もある。

24) フランスの2015年のシャルリー・エブド襲撃事件に関する海外での報道で、「no-go地域」という言葉が使われ、パリ周辺の地域が治外法権的状況にあるといわれた。その表現の妥当性は別にして、移民集住地域が形成されることは、一般的現象である。

25) 2015年1月の登録チャリティで、宗教の増進を掲げているチャリティの数は3万2,790、名称にmuslimを付けているチャリティだけで528が存在する。Charity Choiceのデータベースの分類では、宗教系では、仏教系223、キリスト教系1万6,291、ヒンズー教系209、イスラム系1,213、ユダヤ系1,176である。Charity Choice〈http://www.charitychoice.co.uk/charities/religious〉（2015年1月確認）。また、2007年の登録で、「ムスリム・チャリティ」は1,373であり、総収入は218.5億ポンドになるとされる。また、もっとも大規模なチャリティはIslamic Relief Worldwideで、1898年登録、年間35億ポンドの収入規模があり、世界中の最貧地域で宗教や人種に関わらず救援や開発に携わっているという。Charity Commission, Working with Faith Groups—Feedback from Muslim Charities〈http://forms.charitycommission.gov.uk/media/92301/faithmus.pdf〉.

26) Ruth Gledhill, Muslims 'are Britain's top charity givers', Last updated at 12:01 AM, July 20 2013〈http://www.thetimes.co.uk/tto/faith/article3820522.ece〉.

してきた。実際、Hizb ut-Tahrir やムスリム同胞団の影響力は、英国では広範囲である。登録チャリティである Islamic Education and Research Academy (iERA) や、Islamic Foundation、Islamic Shakhsiyah Foundation、Interpal、Islamic Research Foundation International (IRF) などについても、イスラム過激主義に繋がっているという非難がされることもしばしばである[27]。キャメロン首相は、実際に「暴力的な過激主義」のみを取り締まるのではなく、さらに一歩踏み込んで、「イスラム過激主義」と「イスラム教」とを明確に区分したうえではあるが、過激なイデオロギーをもつ団体に対しては規制を強めると強調している[28]。つまり、暴力行為(や具体的なその教唆)のみならず、過激なイデオロギーをもつ団体や個人にも規制の輪を広げようとしている。

とはいえ、ムスリム組織に公費が流れることを単純に否定することは、宗教の平等の視点からしても到底受け入れられない。したがって、当然ながら、チャリティに対しても、情報収集と一定の基準による監督作業が必要にならざるをえない。

一方で、強い規制を行っていくべきだという主張も強いが、他方で、穏健派のイスラム組織を支援することで過激主義の浸透を抑えるべきだという意見も強い。イスラム全体を敵視するのではなく、穏健派を支援することが必要だと考えるわけである。それに対して、その「穏健派」とされている団体から資金や人材が「過激主義」に供給されている、という反批判がされることになる[29]。

---

27) たとえば、Interpal は、Hamas への資金提供の通路となっているとして CC による調査を3回受けたが、十分な証拠がなかったとされる。しかし、外務連邦省が、「ハマスの政治的分派が英国ではチャリティとなっており、福祉目的で資金を集め送金している」とし、米国の財務省は、名指しで資金源として指定しているという。英国政府が退去命令を出したインド国籍の Dr. Zakir Abdul-Karim Naik に対して、CC は、Islamic Research Foundation International (IRF) の理事・受託者として排除することができなかったという。Henry Jackson Society, Written evidence Submitted by the Henry Jackson Society [CT09], September 2013 〈http://data.parliament.uk/writtenevidence/WrittenEvidence.svc/EvidencePdf/4876〉.
28) David Cameron, *PM's speech at Munich Security Conference*, 5 February 2011 〈https://www.gov.uk/government/speeches/pms-speech-at-munich-security-conference〉.
29) IS (Islamic State) の「処刑」ビデオで悪名が高かった英国なまりの「ジハード・ジョン」が、英国のウェストミンスター大学を卒業し、チャリティで活動を行っていた Mohammed Emwazi という人物であることが2015年に特定された。このチャリティに、著名な財団からかなりの金額が助成されていたことが報道された (Ahmed Aboulenein, Michael Holden and Simon Falush, Charities that funded Cage, one time supporter of IS's Emwazi, under pressure 〈http://click.mail.guardianjobs.com/?qs=5b2571497c5966e5068ee481c0c81c01ff67e834b79259eb50e553fc712a68f5ddfe22e5180daa49〉)。チャリティからテロリスト養成やその活動に金が流れて

このような政治的な激しい対立の磁場の中で、CCは、そのチャリティ登録を行い、その監督を業務として行っているわけである。

4　2006年法のレヴューと2011年法の改革についての議論
(1)　2006年法のレヴューとチャリティコミッションの公益増進性判定

　2006年法の規定に基づいて、2011年にホッジソン上院議員（Lord Hodgson of Astley Abotts）が任命され、レヴューが行われた。その後、議会の行政特別委員会でも独自にレヴューを行うことが決定され、その報告書が提出された。したがって、2つの2006年法のレヴューが発表されたわけである。これらに対して政府は応答し、どれを受け入れるのか、またどのような対応を取るのかについて発表した[30]（2006年法改革の流れについては、第2章IIを参照）。

　CCの位置付けにおいても、これらのレヴューによる法制度改革の提案は重要な意味をもつ。ホッジソン報告（Hodgson report）は、相対的には規制緩和の方向、逆に行政特別委員会のレヴューは、規制強化の方向であるといってよい。上述のCCへの批判や政権交代は、政治的環境を変化させ、より規制強化に重点が置かれた2006年法のレヴューを導いたのである。行政特別委員会の評価では、多くの論点が取り上げられているが、先に触れた公益増進の解釈と運用に関わる点を2006年法の中心的な問題として挙げ、その改革を提案していることは非常に興味深い。

　①2006年法は、公益増進性の判断を、議会が行わずCCに行わせるという

いたということで、社会的批判が高まった。CAGE〈http://www.cageuk.org/〉という反テロキャンペーンの犠牲者支援団体が、Emwaziを反テロ捜査や措置の犠牲者として政府を批判したことも、激しく世論を刺激している（テレグラフ紙の記事：Andrew Gilligan, "Cage: the extremists peddling lies to British Muslims to turn them into supporters of terror", 28 Feb 2015〈http://www.telegraph.co.uk/news/uknews/terrorism-in-the-uk/11442602/Cage-the-extremists-peddling-lies-to-British-Muslims-to-turn-them-into-supporters-of-terror.html〉）。このように、テロとチャリティとの関係の問題は、持続的にマスコミを騒がす問題である。テレグラフ紙の記事は、「パラレルワールド」という言葉を使って、マジョリティの世論からは激しい反発を招くCAGEの見解が、ムスリム・コミュニティからの一定の支持があることを表現している。チャリティがこの2つの世界をつなぐ数少ない媒体となっていることは、強い批判の的となると同時に重要な架け橋となっていることを示すものであるともいえるだろう。

30) 以上の、3つの文書は、下記のウェブページに掲載されている。Cabinet Office, *Policy paper: Government response to recommendations on the legal framework for charities*, 5 September 2013〈https://www.gov.uk/government/publications/government-response-to-recommendations-on-the-legal-framework-for-charities〉。

点で「重要な欠陥」をもっており、CCに過剰な負荷がかかった。議会が、チャリティ資格や税の減免資格についての基準を示すべきであって、行政府の一部であるCCにさせるべきではない。また、特に、2006年法が、インディペンデント・スクールや宗教関係団体への2006年法以前の公益増進性の推定を外したことは、議会の立法によって撤回されるべきであるとした。

②カップ・トラストのような制度の悪用については、CCが、チャリティにアドバイスすることと規制することという矛盾した役割をもっている点に問題がある。優先順位を付け、より規制者の役割に資源を集中すべきであるとした。そのうえで、規制・監督権限について必要な法的権限があれば、提案を歓迎するとした。

③チャリティの政治活動については、制度論的には、規制強化と緩和のどちらの方向についても議論が定着しておらず、現状維持を是としたが、透明性の向上の必要性を確認して、年次報告書や会計報告によって政治活動に使われている支出が明らかになるようにすることを、CCに推薦するとした。また、その収入の内訳において、公費（契約、グラント等内訳）、寄附、その他収入などを示すことを推薦した。さらに、政府に向かっては、政治的キャンペーンを行っているチャリティに対して公費による直接グラントを行う場合には、文書報告を求めた。

④登録義務を課す収入下限の引き上げが、ホッジソン報告で提案されたが、それに対しては反対するとした。

これらの論点について、政府の応答は、次のようなものである。

①-1　公益増進性をめぐる論点について、現時点では、その定義を法制化しない方がよい、というホッジソン報告を支持し、委員会の法制化すべきという意見を退けた。いくつかの根拠があるが、すでに2006年法の審議過程で公益増進性の定義の可能性は議論されたうえで回避されたこと、CCのガイダンスの作成の歴史自体が簡明な定義が困難であることを示していること、もし特定の定義を法定した場合にはその規定をめぐる訴訟が起こると予想されること、2006年法以後不服審判所を含めた判例法の発展がもたらされていること、などである。

①-2　インディペンデント・スクールや宗教団体の公益増進性推定の撤

回については、維持する。他のほとんどのチャリティによって、そのような特別扱いは支持されない。

②-1　CCの規制権限の強化については、委員会の結論を基本的に支持し、具体化の方向については、カップ・トラスト事件の詳細な検討やCCと調整しつつ、さらに検討する。

②-2　CCのアドバイスと規制の権限とのバランスについては、基本的に支持する。法改正は必要ないが、アンブレラ組織と共同しつつ、CCが規制に重点を置く方向を支持する。

③政治活動に関わる規制の基本についての現状維持、および透明性確保のための提案については支持する。

④ホッジソン報告でのチャリティ登録の収入下限の引き上げ提案を支持しないという議会委員会の方向を支持する。

　上述の公益増進性判定をめぐるCCへの批判は、現時点では、2006年法の枠組みを維持しつつ、新たな制定法的一般的定義によってではなく、チャリティ不服審判所を含めた判例法的な基準形成に準拠させる、というかたちで対処されたといえるであろう。その意味では、一方での、CCの公益増進性判断の枠組みの中からインディペンデント・スクールや宗教関係団体を外すことが否定されることにおいても、また他方での制定法によるCCの公益解釈権の限定の否定によっても、CCの管轄権の維持がはかられたといえるように思われる。

（2）　チャリティコミッションの規制能力の強化(Protection of Charities Bill)

　上記のような批判のうち、議会の the Joint Committee on the draft Protection of Charities Bill で審議されてきたチャリティ法の改正法案は、第2の点、つまりチャリティの濫用・悪用に対するCCの権限強化を直接の目的としている。レヴューにおける改革論議をふまえれば、ある程度包括的な改正案が議論されてもよいであろうけれども、2005年春現在、議論されているのは、そのなかで、CCの権限強化に限った法案である。つまり、主にチャリティの不祥事の防止やテロ組織による悪用に対応した、CCの権限強化が問題となっているわけである[31]。

---

31) 政府は、この権限強化のための法案草案の提出とともに、CCへの、次の3年間における合計800万ポンドから900万ポンドにのぼる予算措置を発表した。Prime Minister's Office, New funding and powers to tackle abuse in the charity sector, 22 October 2014 ⟨https://www.gov.uk/government/news/new-funding-and-powers-to-tackle-abuse-in-the-charity-sector⟩.

（ a ） 経緯

 2015年 2 月に議会委員会による報告書が出された2011年法の改革法案草案は、Protection of Charities Bill と呼ばれている。

 政府提案によれば、この改正は、ホッジソン報告書、行政特別委員会報告書、会計検査院報告書、政府の過激主義タスクフォースおよび内閣府特別委員会の各報告書も、すべて CC の権限強化を多かれ少なかれ求めていたことに基づく[32]。それらを勘案しつつ、政府は、最初に草案を、「チャリティにおける濫用・悪用と戦うための CC の権限拡大についてのパブリックコメント」（2013年の12月 4 日から翌2014年 2 月12日まで）において示し、各界の意見を聴取した[33]。その結果を考慮し、2014年10月には、内閣府大臣から法案草案が議会に送られた。同年11月には、上・下院の合同委員会がそれぞれの議会で任命され、同月中に非公式会合がもたれ、すぐにエビデンスの募集が開始された[34]。その後、これらのエビデンスの検証と口頭でのエビデンス提供（参考人への質疑）が、ほぼ毎週精力的に続けられ、2015年 1 月中旬に文書および口頭でのエビデンスの収集は終わり、同年 2 月25日に報告が提出された[35]。

（ b ） 法案草案の内容

 法案草案は、政府の説明によれば、「チャリティの理事・受託者（trustee）に相応しくない個人から、イングランド・ウェールズにおけるチャリティをより強力に守り、CC にチャリティの濫用・悪用と戦う、新たに強化された権限

---

[32] Home Affairs Committee-Seventeenth Report, Counter-terrorism, 30 April 2014 〈http://www.publications.parliament.uk/pa/cm201314/cmselect/cmhaff/231/23102.htm〉.
　「134　われわれは、偽のチャリティが、人々を騙し結局テロ活動に使われる可能性を深く憂慮している。われわれは、CC がチャリティのテロリストによる悪用に対抗するために追加資源とより強力な法的権限を与えられることを勧告する。また、CC がそれらの財務を監視するために事前通告なき査察が可能なようにすることを勧告する」。
[33] Cabinet Office and Rob Wilson MP, Extending Charity Commission's powers to tackle abuse in charities 〈https://www.gov.uk/government/consultations/extending-charity-commissions-powers-to-tackle-abuse-in-charities〉.
[34] Call for Evidence は、「根拠に基づく情報提供の照会」などと訳されている。たとえば、国家戦略会議「コスト等検証委員会」〈http://www.cas.go.jp/jp/seisaku/npu/policy09/archive02.html〉。
[35] これらの資料は、下記にすべて公開されている。Joint Committee on the Draft Protection of Charities Bill 〈http://www.parliament.uk/business/committees/committees-a-z/joint-select/draft-protection-of-charities-bill/〉。なお、本章Ⅰの執筆時期は、この委員会の最終報告書が出される以前であったため、議会の口頭でのエビデンスは、未確定版を用いている。

を与える」ものである。

　現行の2011年法上、CCは、チャリティに対する公衆の信用・信頼を増大させるという目的を与えられている。そのために、調査、執行の権限をもっているが、直接にチャリティの運営管理を行うことは禁止されている。ただし、定款等の基本文書の重要な変更や財産状態に大きな影響を与える契約の承認の権限や、一定の状況のもとでは、理事・受託者に指示を与えたり、理事・受託者を解任して代理管理者を任命したり、銀行預金を凍結・管理するなどの権限をもっている。そして、最終的には、チャリティの登録を外し、チャリティに損害を与えた理事に対する損害賠償請求を行うこともできる。

　これらの権限に加えて、政府は、下記の内容の草案を議会に提案した。[36]

（ア）　警告権限

　　チャリティへの公式の警告（Warning）を発する権限。

（イ）　欠格理事についての権限

　①事の職務停止期間を現行の最大1年間から2年間に延長。

　②理事の行為を、単に調査中のチャリティに関連する行為だけではなく、チャリティに対する公的信頼を掘り崩すような他の活動に関するものも調べる権限。

　③理事として自動的に欠格となる犯罪リストの拡大。[37]資金洗浄、贈収賄法2010年におけるオフェンス、偽証、司法妨害、法廷屈辱、様々な反テロリスト法犯罪、CCの命令または指示に従わない点で罪があると認められた場合を含める。

　④一定の条件にある人を、一定の保障措置のもとで15年間まで、チャリテ

・・

36）当初の17項目のパブリックコメントに対して10項目を提出したとされているが、説明文書によって、項目の分け方が異なるので、数には若干の食い違いがある。本文の整理は、バックグランドペーパーと法案草案そのものの説明によっている。なお、法案から落とされた項目には、欠格となった理事がチャリティの財務担当ディレクターのような他の役割をになうことを禁止するというものがあったが、この項目については、市民社会大臣のロブ・ウィルソン（Rob Wilson）は、法案に含まれるべきだと主張している。

37）現行法では、不正直犯（dishonesty）または詐欺（deception）を含む刑事犯で、unspent conviction を受けている人は、その判決が spent されるか、CCによって免除されなければ、理事・受託者になることができない。spent とは、The Rehabilitation of Offenders Act（ROA）1974によれば、30か月以上の懲役等比較的重い刑罰を受けていない場合には、一定期間（rehabilitation period）を経ると、その前科を秘匿できるようになることである。これに該当していない状態の判決を unspent conviction という。

ィの理事・受託者として欠格とする権限。
⑤CCによる制裁が適用されうる前に辞任した理事・受託者に対して制裁手続を進め、新しい理事・受託者となることを欠格とする権限。
⑥欠格理事がチャリティの事業に関する決定に関与し続けないようにできる権限。
⑦一旦欠格となった理事で、職を下りなかった理事を排除する権限。

（ウ）　チャリティ自体の管理・解散等
①チャリティに不正行為や不正管理がある場合、またはチャリティ財産の保護のために必要な場合に、CCが、法律上の審査においてスキーム作成権限を行使する権限（現行法は、両要件が必要）。
②人々が資金を適切に充当できない場合に、チャリティの資金を他のチャリティに充当する指示を行う権限。
③審査によって、チャリティがもはや効率的に運営できないと分かった場合には、一定の条件のもとでチャリティを解散するように理事に指示する権限。

以上のようなCCの権限の強化が、提案されている。この提案に対して、2015年の総選挙を挟んで、議会などでの検討が進められているが、2015年の総選挙後の段階では、ほぼこの内容が法律化されると思われる。

5　むすび

以上、近年激しい批判を受けてきたCCについて、①現行の監督等の働き、および、②その批判の内容について瞥見してきた。これらの動向の紹介から、いくつかの注目すべき点について言及し、本章を終えたい。

第1に、今さらながらではあるが、重要なことは、チャリティセクター自体の規模が大きく、かつ非常に多様であることである。

推定90万人のボランティアによる理事・受託者が、16万を超えるチャリティを運営しているという事実は、英国市民は常に身近にチャリティセクターを感じていることを示すといってよい。もちろん、われわれのヒアリングでも聴かれたところであるが多くの市民は、法人形態の違いなどについては関心がないであろう。しかし、いわば「普通の人たち」が、多くの小さなチャリティを支えて活動している。

チャリティには様々な間違いもあるであろうし、様々な人々が関与している、ということは当然である。しかし、国内外において重要な、（そしてしばしば複雑な）社会問題がある場には、必ずチャリティが関与しているといってよい。すでにみたように、CCによれば、シリア内戦での人道的危機に対して約500のチャリティが活動しているというが、その数や対応の活発さには驚くべきものがある[38]。社会の問題に対応するこの活力こそが、セクターの力を示している。
　チャリティは、学校や保健施設、美術館、文化施設、宗教施設などのように確立された社会的威信をもっている場合もあれば、社会的弱者や差別の対象となるようなマージナルな人々を支援し、それらの人々自身の主体的関与の媒体として機能している場合もある。国内におけるムスリム系の移民社会の人々の自助・相互扶助的組織もあれば、警察などの行政機関とは異なるアプローチによる元受刑者や薬物中毒者への支援もある。そこは、非常に多様な問題へのアプローチが試される場であり、当然に実験が許容される領域である。
　そして、種々の調査でも明らかにされているチャリティへの社会的信用性の高さに支えられて、幅広い市民による160億ポンドの寄附や高いボランティア水準が維持されている。政府は、140億ポンド（このうち110億ポンドは契約によって）の資金を投入し、税の減免や寛容な寄附促進税制を整備している。
　このようなチャリティセクターの社会的存在感の大きさを意識せざるをえない。
　第2に、このような多様な領域でのチャリティの社会的信用性の擁護者であり、かつ規制者であるCCの役割は大きく、常に社会的注目を集めており、しばしば新聞紙上をにぎわすイッシューともなる。
　その活動は、たとえば、領域ごとのガイダンスの作成自体をみてもわかるように、広範囲な専門性をもたざるをえない。規制者でありかつ準司法的な性格もあることから、法律的な専門性は当然のこととして要求されるし、法定の会計書類の審査はその規制の核心的手段であることから、会計の専門性も当然に必要である。しかし、同時に、たとえば、社会福祉、宗教、学校・教育、社会

---

[38] 日本のジャーナリストやボランティアの人質事件などで「自己責任」論が噴出するが、この世界で苦しんでいる人がいる限りはどこでも、チャリティが活動すること、つまり、寄り添い支援することは当然である、自分が行けなくともそのような人々がいることは当然である、という常識が、社会的前提として理解されてもよいのではないだろうか。

活動、文化・芸術、更生、金融、国際開発支援など広範囲な領域の活動についての背景知識も、適切な助言や規制のためには必要とせざるをえない（これらは、ガイダンスに挙げられている事例をみれば明らかである）。独立の政府機関としてのカバーの範囲の広さは、驚くべきものであるといってよい。

CCのいわゆる「友人」としての役割と「規制者」としての役割については、限られた資源のもとでは、現在の文脈において規制者としての役割が強調される場合が多い。この点は、NCVOなどのアンブレラ組織との役割分担の問題もあり、その適切なバランス点がどこかについても意見が分かれる。しかし、批判は多様に行われているにせよ、様々なガイドラインに基づいたガイダンスをウェブのみならず多様な方法で提示し、ボランティアで活動する90万人にものぼる理事・受託者やディレクターのコンプライアンスと運営能力向上とをはかっていることをみれば、両機能において重要な役割を果たしていることは明らかである。特に、事後規制のみならず未然防止的（proactive）な働きが強調されており、それには、早い段階での情報収集と分析能力、適切な「助言」の能力とが必要である。

セクターの不祥事との関係では、擁護者かつ規制者としての役割を果たすことが求められる。現状では、ムスリム系の組織からは、擁護者としての役割が不十分であるとみられているといえるだろう。

CC自体が政治化しすぎているのではないか、という批判は、本章での検討の文脈でも、しばしば語られている。前の理事長であったスージー・レザー（Suzi Leather）については、労働党支持であるということから、特にインディペンデント・スクール、宗教団体への公益増進性の点からの登録拒否は、一部の保守党議員から政治的であるとして強い批判を招いた。他方、ウィリアム・ショウクロスのムスリム系チャリティへの対応については、ムスリム系団体から政治性に関し強い批判を招いている。このような文脈をみると、特に2006年法以後は、CCの政治性への批判は避けられないといえるかもしれない。批判から守られた聖域としてのCCやチャリティセクターは、遠い過去のものになったといえるだろうし、2006年法以後、特にCCに与えられた権限の増大に伴って一層その社会的意義が増大したことの証左であるということであろう。

第3に、いずれにせよ、これらの様々な批判にさらされ注目されつつ、規制者としての自立性を維持していくことは容易な業ではない。その社会的・政治

的基盤を涵養するためにも、CC 自体の透明性や社会的応答性はますます重要になっているといえるだろう。

　このことは、その年次報告を瞥見すれば明確である。議会への年次報告については、法律上の義務に基づいているが、それは単なる事務的な文書ではない。財務や法務についての詳細な報告もあるが、同時に、理事や CEO の俸給、環境関係での実績についての報告、また規制などの実態についても、事例を組み込み、図解し、わかりやすく表現して理解（あるいは説得・宣伝）を得ようとする意図が明らかである。CC がボードと人事権をもつ独立機関であるということは、ある意味では、優れたチャリティと同様、社会的支持の調達のために公開性を高めることが必要であることを意味している。

　そして、CC は、一方では、内閣府、歳入関税局、警察などの政府機関との連携、他方では、NCVO 等のアンブレラ団体や領域ごとのアンブレラ団体との連携を高めつつ、一般的な支持以上の多様な資源調達を行っている。このような組織のあり方は、セクターの擁護者であり規制者であるというその位置との関係でも、重要だろう。ガイダンスの作成や会計報告の改正などについても、セクターへのパブリックコメントを行い、それらをふまえて作成していく手順も、手堅いものである。

　ちなみに、CC 自体ではないが、現在のチャリティ法の改正の議論についても、法定の政府によるホッジソン報告に加え、議会の委員会によるレヴューが包括的に行われ、それぞれに広範囲なエビデンスの収集がなされているし、さらに具体的な法案作りのために、1 年前から政府の草案のもととなる案についてのパブリックコメントが行われ、また、政府草案を受けて議会でのエビデンスの収集が広く行われ、提出された文書エビデンスはすべて公開、さらに、口頭での証言については、未確定議事録の迅速な公開やビデオの公開もされている。そして、チャリティ業界の複数のウェブメディアや新聞が、詳細にその状況を報道している。この過程は法案の草案段階である。今後法案が作成されて、正式の議会審議に入れば、その段階でもさらに議論が行われていくことになる。このような、公開性の高さは、われわれが学ぶべきものであるように思われる。

　以上、いわば「嵐の中」ではあるが、その中で、2006 年法および 2011 年法のもとで CC は、その役割を拡大し、着実に定着してきている。会計検査院や議会での激しい批判を受けつつ、結果として、したたかに予算と権限の強化を実

現し、様々な議論においても、社会的重要性についての合意が再確認されているといえるだろう。この意味では、一部の法律家の中に2006年体制以前への郷愁があるとはいえ、ニュージーランドのように、CC自体の廃止の方向には進みそうもない。400年以上の歴史をもつチャリティセクターの擁護者・規制者として、CCは、ますますその重要性を増しつつあるといえるであろう。

（岡本仁宏）

II　英国の中間支援組織

> 英国のボランタリーセクターの特徴の1つとして中間支援組織（インフラストラクチャー組織）の存在が挙げられよう。1978年に発表されたウォルフェンデン報告にもみられるように、中間支援組織は、「開発」、「他組織へのサービス」、「リエゾン」あるいは「代表」などの機能を担い、また、パートナーシップ政策でも重要な役割が期待されている。このようなインフラストラクチャー組織に対する期待は、政権交代に関わりなく強く意識されており、労働党政権時代でのChangeUp、連立政権下でのTransforming Local Infrastructure（TLI）など、インフラストラクチャー支援を通じたフロントライン組織の力量形成や、地域でのパートナーシップの振興などが意図された。

1　はじめに

英国のボランタリーセクターの特徴の1つに、中間支援組織の存在がある。中間支援組織は、これまで、「インターミディアリー（intermediary）」と呼ばれてきたが、ブレア労働党政権によるボランタリーセクター政策では、「インフラストラクチャー（infrastructure）」と呼ばれるようになった。本節では、英国における中間支援組織の理解を示したうえで、その役割と期待、政府による支援策、および事例と現状についてまとめる。

2　英国における中間支援組織の理解

（1）　ウォルフェンデン報告と中間支援組織の理解

英国におけるボランタリーセクターの中間支援組織として最も著名なものの1つに、全国ボランタリー組織協議会（National Council for Voluntary Organisations: NCVO）がある。NCVOの前身である全国社会サービス協議会（National Council of Social Service: NCSS）は、1919年に設立されており、す

でに1世紀近くの歴史をもつ。このNCSSの設立には、多くの地域社会サービス協議会（council of social service）が参加しており、「中間支援」の活動は、英国のボランタリーセクターの活動に不可欠なものであったことが窺えよう。

中間支援組織に対する注目は、1978年に発表された「ウォルフェンデン報告[40]」に示されている。ウォルフェンデン報告は、初めて「ボランタリーセクター」という語を用いたとされるが、この報告は、今後四半世紀を見越したボランタリー組織の役割と機能とを検討することを目的としていた。この報告書では、地域の中間支援組織（local intermediary body）、全国規模の中間支援組織（national intermediary body）について、それぞれ1つの章を割いて説明をしている。

ウォルフェンデン報告では、この「地域（local）」と「全国（national）」という区分とは別に、「領域特定型（もしくは、専門型）中間支援組織（specialist intermediary body）」および「一般型（もしくは、総合型）中間支援組織（generalist intermediary body）」の区分軸も提示されている。これら2つの軸から中間支援組織を区分して、説明しているのである。[41]

ウォルフェンデン報告では、中間支援組織の機能を、「開発（development）」、「他の組織へのサービス（services to other organisations）」、「リエゾン（liaison）」、「代表（representation）」、そして、「個人への直接的サービス（direct services to individuals）」に整理している。これらの機能の詳細については、労働党時代の中間支援組織支援政策に照らし合わせて、あらためて検討する。

なお、このような中間支援組織に対する期待は、ディーキン報告（第1章Ⅱ2参照）にも示されている。[42]

・・・

39) Brasnett, Margaret, Voluntary Social Action: A History of The National Council of Social Service, National Council of Social Service, 1969.
40) The Joseph Rowntree Memorial Trust and Carnegie United Kingdom Trust, The Future of Voluntary Organisations: Report of the Wolfenden Committee, Croom Helm, 1978.
41) さらに、ウォルフェンデン報告では、チャリティコミッション（CC）のような公的機関もボランタリーセクターの中間支援組織として紹介されているため、特に民間の取組みを「independent」と呼んでいる（たとえば、NCSSは、generalist independent national intermediary bodyに区分されている）。
42) Commission on the Future of the Voluntary Sector, Meeting the challenge of change: Voluntary action into the 21st century: Report of the Commission on the Future of the Voluntary Sector in England, National Council for Voluntary Organisations, 1996.

（2）　中間支援組織からインフラストラクチャー組織へ

　英国の中間支援組織に対する注目は、ブレア労働党政権の発足以降、パートナーシップ政策や地域再生政策の進展とともに深まっていった。

　NCVOが主導したディーキン委員会は、いわばボランタリーセクターの総意として、政権に提言を投げかけ、それが、コンパクト（compact）[43]を始めとした様々なボランタリーセクター政策へと結び付いていくことになる。このように、ボランタリーセクターの中間支援組織は、ボランタリーセクターの代表として政府と対峙し、その意思・意見を伝達し、政策決定に影響を与える役割を果たしていたのである。

　さらに、地方自治体のレベルでは、1998年に始まる近隣地域再生戦略や地域戦略パートナーシップ（LSP）とに代表されるパートナーシップ政策の進展により、ボランタリーセクターに、地域の意思決定過程や公共サービスの担い手としての役割が期待されるようになり、中間支援組織の重要性も増していくのである。

　ボランタリーセクターの役割は、2002年「公共サービス提供におけるボランタリー・コミュニティ・セクターの役割：横断的レビュー（The Role of the Voluntary and Community Sector in Service Delivery: A Cross Cutting Review）[44]」の発表により、公共サービス供給の担い手としての期待が大きくなった。公共サービスの供給では、「バリュー・フォー・マネー（Value for Money）」や「ベスト・プラクティス（best practice）」など、提供するサービスのコストや品質に対しての基準が設定される。このような状況に呼応して、中間支援組織への期待は、支援対象であるボランタリー組織の力量形成（capacity building）をより重視したものとなっていくのである。

　「横断的レビュー」では、英国では中間支援組織が発展してはいるものの、それは断片的であり、依然として多くのボランタリー組織が必要な支援を受けられない状態にあることが指摘された。このレビューで、中間支援組織は、

---

43) Home Office and Working Group on Government Relations (NCVO), Compact: Getting it Right Together: Compact on Relations between Government and the Voluntary and Community Sector in England, Home Office, 1998.
44) HM Treasury, The Role of the Voluntary and Community Sector in Public Service Delivery: A Cross-Cutting Review, HM Treasury, 2002.

「インフラストラクチャー組織(infrastructure organisation)」と表現された。そのうえで、「フロントライン組織(frontline organisation)」と呼ばれる公共サービスの担い手の力量形成のために、省庁横断的なインフラストラクチャー組織の支援が計画されたのである。

(3) インフラストラクチャー組織の定義と機能

インフラストラクチャー組織の支援策策定に並行して、英国では、政府主導によって、ボランタリーセクターの「インフラストラクチャー」の定義と全体像の把握がなされた。[45]

(a) インフラストラクチャーの定義

インストラクチャーとは、個人やコミュニティに対して直接的な活動を行う組織(フロントライン組織)が、そのミッションをより効果的に実現できるよう、援助や開発、調整(コーディネーション)、代表、振興を行うために存在する施設設備、仕組み、システム、関係性、人材、知識、およびスキルである。

ここにあげられた「機能」を整理すると、次のようになる。

①援助・開発(support and development):情報提供およびアドバイス、相談、訓練(トレーニング)、資金分配、起業・事業化支援などをさす。これはフロントライン組織の力量形成や事業化に直接に関わる機能といえる。

②コーディネーション(co-ordination):団体と団体、団体と個人など異なる主体同士の間にあって媒体となる機能である。この機能には、あるニーズをもった団体をそのニーズに見合ったサービスを提供する適切な団体を仲介したり、あるいは、同じ問題意識をもつ団体同士を結び付けることにより協働の機会を提供することなどが含まれる。特に、他セクターとのパートナーシップでは重要となる。

③代表(representation):フロントライン組織の意見を集約し、ボランタリーセクターの課題を明らかにすること、またそのうえで、セクターを代表して他のセクター、つまり、政府・自治体や企業に対して働きかけを行うことである。インフラストラクチャーが、期待されるコーディネ

---

[45] OPM/Compass Partnership, Working Towards an Infrastructure Strategy for the Voluntary and Community Sector, OPM, Compass Partnership, 2004.

ーション機能を発揮するためには、この代表性が担保されていることが前提条件となる。

④振興（promotion）：ボランタリーセクターに関わる調査研究、政策立案、業界標準やベスト・プラクティスの開発、新しいニーズやイニシアティブによるセクター全体の発展に関わる機能をさす。

そしてこのような機能を、フロントライン組織に対して提供するのが、インフラストラクチャー組織と理解されるのである。

ここに定義されたインフラストラクチャー組織は、英国では、アンブレラ組織（umbrella organisation）、第2層組織（second-tier organisation）、あるいは伝統的に中間支援組織（intermediary organisation）と呼ばれてきたものである。

（4）インフラストラクチャー組織の類型

ウォルフェンデン報告にもあったように、インフラストラクチャー組織は、いくつかの区分軸から分類することができる。

第1の視点は、その組織のサービス内容やサービス対象に注目し、インフラストラクチャー組織を、一般型組織（generalist infrastructure organisation）と領域特定型インフラストラクチャー組織（specialist infrastructure organisation）とに分けて考える方法である。

このうち、一般型インフラストラクチャー組織とは、ある特定の地理的範囲で一般的・総合的な支援を、対象組織に関わらず幅広く提供するものである。これに対して、領域特定型インフラストラクチャー組織は、特定の政策・サービス領域（たとえば、保育、職業訓練、若者支援など）、あるいは顧客グループ（たとえば、高齢者、女性、障がい者、黒人や少数民族など）に対象を特化したサービスを提供しているフロントライン組織を対象として、その分野に専門的な支援を提供するものである。また、一般型——領域特定型以外に、フロントライン組織のサービス領域に関わらず、特定の機能に特化した支援を行うインフラストラクチャー組織（機能型インフラストラクチャー組織）を区分する場合もある。[46]たとえば、ボランティアの支援とその仲介を行うボランティア・ビューロー（volunteer bureaux）が挙げられる。

---

46) Burridge, Diane, Facing the Future: Opportunities for Action by Local Development Agencies, NCVO, 1990 cited in Osborne, Stephen, Promoting Local Voluntary and Community Action: The Role of Local Development Agencies, Aston University, 1999.

インフラストラクチャー組織を区分する第2の視点は、その地理的な活動範囲に着目したものである。一般に、インフラストラクチャー組織は、ウォルフェンデン報告では、「全国（national）」および「地域（local）」の区分であった。労働党政権におけるインフラストラクチャー支援での整理では、全国（national）、地方（regional）、準地方（sub-regional）、地域（local）の各レベルで類型化された。さらに、「地域」の下部単位として「近隣地域」（neighbourhood）を含める場合もある。このうち、地域（local）が基礎自治体に相当する。

このような地理的活動範囲による類型化は、ボランタリー・コミュニティ組織の活動範囲ばかりではなく、インフラストラクチャー組織が応対すべき政府機関の階層も反映している。労働党政権当時の英国では、政府によって地方分権化が推進されていた。「地方」を単位として中央政府の出先機関であるガバメント・オフィス（Government Office）や地方開発機構（Regional Development Agency: RDA）などが整備された。このような地方分権の進展を受けて、これらの政府機関に対応するボランタリーセクター側の対応の重要性が認識されていた。その背景には、地方分権化に伴い、政府からボランタリーセクターへの資金、特に、地域振興や地域再生に関わる資金の多くが「地方」や「地域」を単位としたイニシアティブによって提供されているという現状があった。さらに、地域戦略パートナーシップ（LSP）に代表される多セクターによるパートナーシップが、地域政策の決定と実行に重要な役割を果たしており、また、前述の地域振興・地域再生資金のほとんどが、パートナーシップの存在を前提としていたことも重要な視点である。

(5) インフラストラクチャーの全体像

全国レベルの一般的インフラストラクチャー組織としては、前述のように、NCVOがよく知られていよう。またNAVCA (National Association for Voluntary and Community Action) はボランタリー・サービス協議会（Council for Voluntary Service: CVS）の、ACRE（Action with Communities in Rural England）は農村地域協議会（Rural Community Council: RCC）のそれぞれの全国組織である。ボランティア関連の支援を行っていたボランタリー・イングランド（Volunteering England）は、現在は、NCVOの一部門となっている。ACEVO（Association of Chief Executives of Voluntary Organisations）は、ボラ

ンタリー組織の経営責任者（CEO）を会員とする団体である。

地域レベルでの一般的インフラストラクチャー組織には、都市部を中心に展開するCVS、農村を中心としたRCCがあり、イングランドにCVSはおよそ350団体、RCCは38団体ある。

これらインフラストラクチャー組織以外でインフラストラクチャー機能を担っている組織として、フロントライン組織の連合体がある。これらの組織は、特定のサービス分野で全国規模のネットワークをもち、提供されるサービスやガバナンス・マネジメントの標準化や品質の向上や、政策提言を行っており、その意味でインフラストラクチャーとしての機能を果たしていると考えられよう。たとえば、高齢者支援を行っているAge ConcernとHelp the Agedとが合併して誕生したAge UK、若者のホームレス支援を行うFoyer Federation、視覚障害者支援のRNIB（Royal National Institute of Blind People）、聴覚障害者支援のRNID（Royal National Institute for Deaf People）、知的障害者支援のMencap、精神障害者支援のMindなどがある。このような組織は、自組織でサービスを提供しながら、全国の地域組織をその傘下に抱え、各地域組織の支援も行っているのである。

3　インフラストラクチャー組織の支援策

このように、政府政策を進めるうえで重要な役割を果たすと考えられているインフラストラクチャー組織に対しては、政権を超えて様々な支援策が実施されている。ここでは、労働党政権時代のチェンジアップ（ChangeUp）、連立政権成立後の地域インフラストラクチャーの支援プログラムであるTransforming Local Infrastructure（TLI）、そして、ビッグ・アシスト（BIG Assist）の取組みについて紹介する。

（1）　チェンジアップ（ChangeUp）

チェンジアップは、「横断的レビュー」で提言されたインフラストラクチャー組織を実現するものである。政府は、公共サービスの供給を担うフロントライン組織を支援するインフラストラクチャー組織の振興について、次の15項目

---

47) Home Office, ChangeUp: Capacity Building and Infrastructure Framework for the Voluntary and Community Sector, Active Community Unit, Home Office, 2004.

をその目的に挙げた[48]。

①一般型あるいは領域特定型インフラストラクチャー組織を通して、フロントライン組織のニーズが全国どこにおいても適切に満たされるよう、より戦略的に発展していること
②コミュニティにおける力量形成を支援すること
③多様な資金源からより継続的に資金提供を受けていること
④最大限の効率・効果を得られるよう構造化されていること
⑤国レベルで適切に調整されていること
⑥優越性に努めていること
⑦資金提供者、メンバー、広範なボランタリーセクター、地域社会などの利害関係者に対してアカウンタビリティをもつこと
⑧容易に利用可能であること
⑨高度な技能をもっていること
⑩多様性を反映し、またそれを促進すること
⑪情報通信技術（ICT）の利用において模範となること
⑫公共セクターとより緊密に協働すること
⑬社会的企業の発展と振興を支援すること
⑭農村地域において高品位の支援を提供すること
⑮ボランティア活動に劇的な変化を与えること

　この目的に沿って、2004年から2014年までの10年間にわたる支援のためのビジョンを提示し、様々なプログラムが実施された。

　チェンジアップは、全国レベルでの取組みのほかに、地域レベルも実施された。地域レベルでは、インフラストラクチャー組織が中心となってインフラストラクチャー開発計画が立案され、フロントライン組織や地方自治体、政府機関によって「コンソーシアム」が形成されて、そこに資金が投下された。当初、7,200万ポンド、追加として7,000万ポンドが費やされた（2004-05年度から、2007-08年度まで）。

---

[48] OPM/Compass Partnership, Working Towards an Infrastructure Strategy for the Voluntary and Community Sector, OPM, Compass Partnership, 2004.

(2) Transforming Local Infrastructure (TLI)

　TLIは、連立政権によって実施された、地域のインフラストラクチャーを支援する取組みである。2012年3月から2013年9月までの期間、イングランドにおける74地域で実施された。TLIは、市民社会局（Office for Civil Society: OCS）による競争的資金であり、資金の管理はBig Lottery Fundによって行われた。予算は、3,000万ポンドであった。

　プロジェクトでは、地域の中間支援組織が協働することにより、フロントライン組織がより広範な支援を受けたり、ネットワークを構築したり、他セクターとのパートナーシップ関係を築いたりすることが期待された。

　特に、下記①〜⑤を促すことにより、結果としてフロントライン組織が、より効果的・効率的そして、公的資金への依存をせず成長できることがその目的とされた。

　　①協働と合併の支援（collaboration and consolidation）
　　②サービスの再設計と統合（redesign and integration of services）
　　③地元企業との関係改善（better links with local businesses）
　　④仲間同士による支援（peer-to-peer support）
　　⑤地域の公的機関とのより強固なパートナーシップ（stronger partnerships with local statutory bodies）

　TLIの検証結果によると、この取組みによる主要な成果は、次のように整理されている。[49]

　　①高品位の支援、ネットワーク、ボランティアの紹介機会が活用できるようになること
　　②地域の市民社会に強いリーダーシップがあり、それが公的機関や企業とつながること
　　③効率的・効果的で、反応のよいインフラストラクチャー組織が形成され、また、公的資金への依存度が低減されること

　TLIでは、インフラストラクチャー組織が、地域のフロントライン組織を支援する様々な方法が試験的に行われた。プログラム終了時に提出された様々

---

[49] Munro, Ellie and Barney Mynott, Analysis of Transforming Local Infrastructure, NAVCA, 2014.

な取組みを共有することにより、フロントライン組織の支援の充実をはかるものであったと理解できよう。

ここでは TLI から資金を得た、ロンドン・タワーハムレッツ区（London Borough of Tower Hamlets）の事例を紹介したい。

タワーハムレッツ区は、ロンドン東部に位置する全国的にも荒廃度の高い地域である。この区では、地域の CVS である Tower Hamlets CVS（THCVS）が中心となって、TLI の資金を獲得した。この取組みでは、THCVS を含めた10の中間支援団体がパートナーシップを形成し、TLI の資金を活用して地域のフロントライン組織に対するボランティアの紹介、組織開発などの力量形成のほか、次の取組みが行われた。

①コミッショニング・コンソーシアム（Commissioning Consortium）：中小規模のボランタリー組織がコンソーシアムを組み、公共サービスのコミッショニングを獲得することを支援した。これは、コミッショニングの大規模化、広域化、パッケージ化に対抗したものである。

②調達協同組合（Procurement Co-operatives）：中小規模のボランタリー組織が、必要な物品・サービスを共同購入する仕組みを構築した。規模の利益により、調達コストの削減を目指したものである。この取組みは、地域の協同組合開発機構（co-operative development agency: CDA）との協働によるものである。

③コミュニティ資産管理プロジェクト（Community Asset Management Project）：タワーハムレッツ区と協働して、コミュニティ資産戦略を策定し、フロントライン組織が活用できる不動産（資産）の管理支援やデータベース作成を行った。これは、地域主権法（Localism Act）に対応した取組みである。

（3）BIG Assist

BIG Assist は、NCVO が Big Lottery Fund の資金を得て開始した、インフラストラクチャー組織を対象とした支援プログラムである。2012年10月に開始されたこのプログラムでは、Big Lottery Fund から600万ポンドが提供された。対象となるインフラストラクチャー組織は、「インフラストラクチャー組織とは、市民社会組織でありその主要なもしくは唯一の目的は、ボランタリー・コミュニティ・セクターにある他の組織の活動を支援することである」と

定義される。具体的には、登録チャリティ（registered charity）、任意団体であるチャリティ（unincorporated charitable association）、産業節約組合（Industrial and Provident Society）として登録されたコミュニティ利益組合（Community Benefit Society）、コミュニティ利益会社（Community Interest Company: CIC）、その他の社会的企業で原則としてその剰余金を社会利益に対して再投資する組織、が列挙されている[50]。

当初、3年間の予定であったが、2015年2月に1,800万ポンドの追加資金が提供され、プログラムは12か月延長された。

プログラムに参加するインフラストラクチャー組織は、申請によりバウチャーを得て、自身の力量形成にその資金を活用することができる。最初の申請により認められた支給額の平均は、5,000ポンドであった。また、バウチャーによる資金提供以外にも、参加者同士（peer-to-peer）の支援やベスト・プラクティスの共有の場（オンライン、オフライン）も用意されている。支援内容には、戦略計画、資金調達、資産管理、イノベーション、商品・サービス開発、マーケティング、組織文化、スキル開発などが含まれる。

4　政府とインフラストラクチャー組織との関係

現在の連立政権では、内閣府市民社会局（Office for Civil Society: OCS）に、インフラストラクチャー組織のメンバーからなる、「市民社会局戦略パートナー（Strategic Partners of the Office for Civil Society）」が設置されている。この「戦略パートナー」は、労働党政権時代の2006年に開始されたプログラムである。2011年4月より大幅な改変がなされ、それまでの42団体から9団体（複数団体によるパートナーシップを含むため、実際には17団体）に縮小された。特に、障がい者や若者、LGBTなど、社会的弱者の支援団体がリストから削除されている。多くの領域特定型のインフラストラクチャー組織がパートナーシップから削除され、一般型のインフラストラクチャー組織の比率が高まっている。

現在、「戦略パートナー」となっている団体は、次の9団体である。これらの団体に対しては、2011年度からの3か年で、計820万ポンド（1ポンド＝180円換算として約15億円）の資金が政府から提供される。

50）〈http://www.bigassist.org.uk/news/are-you-eligible〉（2015年11月9日最終確認）。

①ACEVO

②コミュニティ財団ネットワーク（Community Foundation Network）：ただし、チャリティ財団協会（Association of Charitable Foundations）とのパートナーシップによる

③ファンドレイジング機構（Institute of Fundraising）

④Locality（英国セツルメント・社会活動センター協会（British Association of Settlements and Social Action Centre: Bassac）と開発トラスト協会（Development Trust Association: DTA）とが合併）

⑤NAVCA

⑥NCVO

⑦社会的企業家パートナーシップ（Social Entrepreneurship Partnership）：具体的には、School for Social Entrepreneurs, UnLtd, CAN, Plunkett Foundation and Social Firms UK の4団体で構成される。

⑧社会的企業連合（Social Enterprise Coalition: SEC）：ただし、コーペラティブ UK（Cooperatives UK）とのパートナーシップによる

⑨ボランティアリング・イングランド（Volunteering England）

内閣府市民社会局（OCS）のほか、政府省庁は、それぞれ独自のパートナー制度をもっている場合がある。たとえば、NAVCAの資料によると、パートナーシッププログラムをもつ省庁・政府機関は、次のとおりである。[51]

①コミュニティ・地方自治体省（Department for Communities and Local Government: DCLG）

②教育省（Department for Education: DfE）

③保健省（Department of Health: DoH）

④内務省（Home Office）

上記 NAVCA の資料によると、チャリティコミッションには、インフラストラクチャー組織との間には、内閣府市民社会局やその他省庁にみられるような正式なパートナーシッププログラムは設けられていない。チャリティコミッションは、チャリティやチャリティセクターに対して、「友人（friend）」と

---

[51] NAVCA, National Governmental Boards, Advisory Groups and Similar Bodies on which NAVCA is Represented, February 2012, NAVCA, 2012.

「取締官（regulator）、もしくは警察官（policeman）」、という2つの役割をもっているとされていた。「友人」とは、チャリティの設立や設立後の運営において、法律やその目的に照らし合わせて適切であるよう支援する役割である。しかし、議会決算委員会（The Public Accounts Committee）や会計検査院（National Audit Office: NAO）による「目的に適合していない（not fit for purpose）」など、その役割に対する批判に応えるように、「取締官（regulator）」としての役割を強化する方向が示されている。2014年6月からチャリティコミッション事務局長（Chief Executive Officer）を務めるポーラ・サセックス（Paula Sussex）も、これまでの受身的（reactive）な態度を改めて、より積極的（proactive）な取締官をめざすと表明している。この背景には、先述の議会や会計検査院からの批判とともに、予算削減に伴いチャリティコミッションの機能を絞る必要性があるものと思われる。このような状況で、これまでチャリティコミッションが担ってきたチャリティやチャリティセクターの「友人」、すなわち、それを支援する役割を担うため、インフラストラクチャー組織とチャリティコミッションとの協働的関係がますます重要になると考えられる。

5　まとめ

　英国におけるチャリティのインフラストラクチャー組織は、「セクター」という概念が生まれたと同時に、その必要性も指摘されてきた。その時々の政権による力点の置きようは異なるものの、チャリティセクター（あるいはボランタリーセクター）は、政府の重要な政策対象であり、その支援と振興を行うインフラストラクチャー組織も、政府による重要な支援対象であった。

　インフラストラクチャー組織の役割としては、対象となるフロントライン組織の力量形成が、政府・自治体からの期待としては大きい。それは、公共サービスの担い手としてのチャリティやボランタリーセクターに対する期待の表れでもあろう。しかし、チャリティやボランタリーセクターの側からは、インフラストラクチャー組織が、自分たちの利害を代表して、政府・自治体や他セクターに対して様々な提言を行う機能も重視されている。保守党・自由民主党政権下では、緊縮財政も相まって公的資金に依存してきたインフラストラクチャー組織の経営は、厳しいものとなっている。中間支援組織の財政を誰が支えるのかは日本でも大きな課題となっているが、チャリティやボランタリーセクタ

一、あるいはそのサービスに頼っている受益者の利益と、政府・自治体からの期待とが必ずしも一致しないなかで、英国においてもそのあるべき姿が模索されている。

(中島智人)

第4章 社会的企業とチャリティ

I 社会的企業とチャリティ

　社会的企業（social enterprise）は、社会的・経済的包摂、近隣地域再生・都市再生など、多様な政策分野での役割が期待されている。2002年のブレア労働党政権による社会的企業戦略では、社会的企業は「社会的目的を第一とする事業体」として定義付けられ、ビジネス、すなわち市場での取引を通じて、社会的課題の解決に取り組むものと理解された。
　社会的企業への様々な期待の中で、公共サービスの新しい担い手としての役割は、政権を超えて継続して重視されている。保健省での取組みにみられるように、公共サービスを担いつつ市場取引や社会的投資など民間活動を取り入れることにより、公共サービスのコスト削減を含めた近代化が期待されているのである。
　チャリティを中心とした伝統的なボランタリーセクターは、当初、社会的企業とは距離を置く姿勢であったものの、緊縮財政の進展に伴い、チャリティが社会的企業的な活動を取り入れるようになってきている。

1　はじめに

　全国ボランタリー組織協議会（NCVO）の『2014年市民社会セクター年鑑（UK Civil Society Almanac 2014)』の記述よると、登録チャリティの45％は、自らを社会的企業であると認識しているとされる[1]。また、43％は、少なくとも25％以上の収入を事業活動（ここには、政府委託を含む）から得ている。また、Social Enterprise UK が実施したチャリティに対する調査（2013年実施、対象102団体）では、90％以上の団体が、今後事業活動からの収益を増やそうと考えており、半数以上（52％）が、社会的企業という言葉に「わくわくする

1）NCVO, The UK Civil Society Almanac 2014, NCVO, 2014.

(excited)」と回答している。

　2014年は、「社会的企業（social enterprise）」が伝統的なチャリティ（もしくは、より広範なボランタリーセクター）に受け入れられるようになった年といえるかもしれない。たとえば、NCVO は、「2014-2019年戦略計画」において、自らをより社会的企業であるべきと再定義している。また、2014年4月に刷新された ACEVO の新しいウェブサイトのトップページでは、「The leading voice of the UK's charity and social enterprise sector（英国のチャリティと社会的企業セクターの主要代弁者）」という文字がそのヘッダーに記載されており、チャリティだけではなく、社会的企業を意識した文言となっている。このように、これまでボランタリーセクターを対象としてきた中間支援組織も、社会的企業を強く意識していることが窺えよう。

　本節では、英国における社会的企業を定義し、その発展過程と現状を明らかにする。そのうえで、社会的企業の概念がどうチャリティの中に受け入れられてきたかについて考察したい。

2　社会的企業とは何か

（1）　社会的企業の類型

　社会的企業は、特定の法律や制度によって規定された存在ではない。そのなかには、多くの異なる形態の組織が含まれる。たとえば、英国における初期の社会的企業政策に大きな影響を与えた、Social Enterprise London（SEL）は、2001年に発表した「Introducing Social Enterprise」というパンフレットの中で、社会的企業の諸類型として、次のように挙げている。

- 従業員所有協同組合（Employee-owned business）
- クレジット・ユニオン、コミュニティ・ファイナンス・イニシアチブ（Credit Union and Community Finance Initiative）
- 協同組合（Co-operative）

2）Social Enterprise UK による調査。
3）NCVO, Together We Make a Bigger Difference: NCVO Strategic Plan 2014-19, NCVO, 2014.
4）〈https://www.acevo.org.uk/〉（2015年2月13日アクセス）。
5）Social Enterprise London, Introducing Social Enterprise, SEL, 2001. 日本語訳に、「社会的企業とは何か――イギリスにおけるサード・セクター組織の新潮流」生協総研レポート No.48（財団法人生協総合研究所・2005年11月）がある。

- 開発トラスト（Development Trust）
- ソーシャル・ファーム（Social Firm）
- 媒介的労働市場会社（Intermediate Labour Market Company）
- コミュニティ・ビジネス（Community Business）
- チャリティのトレーディング・アーム（Trading-arm）

これらのうち「ソーシャル・ファーム」は、特に障がい者や条件の不利な人たちに雇用と職業訓練を提供する。「媒介的労働市場（IML）」は、長期失業者を対象として訓練や就労経験の場を提供する。「コミュニティ・ビジネス」は、特定地域での市場・サービスによって特徴付けられる。そして、「チャリティのトレーディング・アーム」は、チャリティの事業子会社として、チャリティの目的達成のために資金獲得を行う。

なお、2006年の改訂版では、「クレジット・ユニオン、コミュニティ・ファイナンス・イニシアチブ」は、このリストから外された。また、「チャリティのトレーディング・アーム」は、「社会的・倫理的企業（Social and Ethical Business）」とし、チャリティの資金獲得ためではなく、単に「社会的・倫理的」な目的をもって設立された企業（事業体）を含むように、その範囲が拡大されている[6]。

この「類型」は、社会的企業に対する注目が集まる以前から、イギリスにおいて取り組まれてきた社会的企業的な活動であり、社会的企業を理解するうえで参考となろう。

さらに、SEL は、現実の社会的企業が多様な形態をとっていることをふまえ、それらに共通する特性として次の3点を挙げている[7]。

①企業志向（enterprise orientation）：市場での財・サービスの提供に直接関わり、市場活動から利益を挙げて持続的に存続することを可能にする。

②社会的目的（social aim）：明確な社会的目的を有しており、メンバーとより広いコミュニティとに対して、社会的・経済的、あるいは環境上の影響を与える。

③社会的所有（social ownership）：複数の利害関係者の参加によるガバナ

---

6) Social Enterprise London, Social Enterprise in the 3rd Sector, SEL, 2006.
7) Social Enterprise London, Introducing Social Enterprise, SEL, 2001.

ンス構造と所有構造とをもった自律的な組織であり、その利益は、利害関係者への分配のほかコミュニティのための利益に費やされる。

上記の SEL による社会的企業の類型やその特性に対する視点には、社会的企業による雇用の促進や民主的な所有・意思決定など、協同組合的な社会的企業観が強くみられる。それは、もともと SEL が、ロンドンにあった 2 つの協同組合開発機構（Co-operative Development Agency: CDA）の合併によって設立されたことにもよると思われる。

（2）社会的企業政策と社会的企業の定義

このように、多様な形態としての実態がある社会的企業について、英国では、政府による「定義」が提供されたことにその特徴がある。

英国の社会的企業政策は、第 2 期目に入ったブレア労働党政権によって本格化された。2001年10月、社会的企業ユニット（Social Enterprise Unit）が貿易産業省小企業局（Small Business Service, Department of Trade and Industry: DTI）に設置され、さらに翌2002年 7 月に、「社会的企業：成功への戦略（Social Enterprise: Strategy for Success）[8]」が発表され、社会的企業に対する政策が本格化した。このなかで、社会的企業が次のように定義された。

> 「社会的企業とは、社会的目的を第一とする事業体である。その剰余金は、主としてその事業もしくはコミュニティにおける目的のために再投資されるものであり、出資者や所有者に対する利益最大化要求によって動機付けられたものではない」。

この「成功への戦略」の発表に際してブレア首相は、その序文の中で社会的企業を評価しており、社会的企業がもつビジネスと公益（public benefit）の推進とを結び付ける姿勢に期待を込めている[9]。

> 「社会的企業は、公益を扱うのに斬新で新しい方法を提示する。強力な公共サービスのエートスとビジネスへの洞察を結び付けることにより、われわれは起業家的な組織の可能性を開拓することができる。このような組織は、顧客に対する高度な応答性と民間セクターの自由をもち、しかしながら純粋に利害関係者への利益の最大化ではなく公益に対するコミットメ

---

8) Department of Trade and Industry, Social Enterprise: Strategy for Success, DTI, 2002, p. 13.
9) DTI, Social Enterprise: Strategy for Success, 2002, p. 5.

ントによって突き動かされている」。

　この「成功への戦略」は、社会的企業の振興のために政府が取り組むべき活動を示したものであり、特に、社会的企業が期待される分野として、市場経済における競争力と生産性の向上、持続的な経済活動による富の創造、近隣地域再生・都市再生、公共サービスの提供と改革、そして、社会的・経済的包摂に関わる活動が挙げられており、公共サービスや近隣地域再生や社会的・経済的包摂にとどまらない広範な政策分野での社会的企業への期待が示されている。

　「成功への戦略」は、今後の英国における社会的企業政策の基礎となった。特に、財務省による「公共サービス提供におけるボランタリー・コミュニティ・セクターの役割：横断的レビュー」[10]発表以降、ボランタリーセクターとともに社会的企業が、公共サービスの担い手として重視されるようになっていくのである。

（3）「Private Action, Public Benefit」にみる社会的企業

　「成功への戦略」の発表の2か月後、2002年9月、内閣府戦略ユニット（Strategy Unit, Cabinet Office）によって発表された、「Private Action, Public Benefit」は、チャリティ法や規制の改革の端緒となった。[11]社会的企業に関わる項目としては、コミュニティ利益会社（Community Interest Company: CIC）制度の提案と、産業節約組合（Industrial and Provident Society: IPS）の改革とが提言された。この提言に至る考えを補完するものとして、本体とは別に、いくつかのディスカッションペーパーが提供されており、その1つが社会的企業向けとなっている。[12]

　この中では、社会的企業の定義は、先に発表された「成功への戦略」を引用するにとどまっているものの、社会的企業の利点（advantage）が、利害関係者ごとに整理され列挙されている。

　　①政府
　　　・ソーシャル・キャピタルの醸成

----

10) HM Treasury, The Role of the Voluntary and Community Sector in Service Delivery: A Cross Cutting Review, HM Treasury, 2002.
11) Strategy Unit, Private Action, Public Benefit: A Review of Charities and the Wider Not-For-Profit Sector, Strategy Unit, Cabinet Office, 2002.
12) Strategy Unit, Private Action, Public Benefit: Organisational Forms for Social Enterprise, Strategy Unit, Cabinet Office, 2002.

- 富の創造
- 公共サービス供給の代替手段

②利用者／顧客
- 投資家のニーズが最優先事項ではないこと
- 非分配制約が、市場の失敗や市場支配力による不正行為からの防御となること
- 社会的企業が行う、より責任のあるビジネスの実践に対して、要求が高まっていること

③スタッフ
- 多くの社会的企業で、スタッフがガバナンスに関わっていること

④社会的企業家／慈善事業家
- 社会的企業が、チャリティ資格の制約の外で、よきことを行う（doing good）手段となること

　社会的企業制度の創出にあたっては、これらの「利点」を損なわないよう、制度設計を行うことが意識されたと考えることができよう。

（4）　社会的企業を取り巻く言説

　これまでみてきたように、英国では、従来から社会に存在していた社会的企業的な活動のうえに、政府政策が策定されるなかで社会的企業が定義された。その結果、「社会的企業」という言葉は、それを使う人によって想定される特徴が異なり、様々な事業体が同じ言葉の中で表現される。統一的な法制度も存在しないことから、他セクター・他団体との境界はあいまいであり、一層、統一的な定義を困難にしているのである。

　この点について、英国における社会的企業を5つの言説（ディスコース）から分類する試みがある[13]。これらの言説は、それぞれを推奨している団体と併せて次のように分類される。

　①事業収入（earned income）言説：社会的企業は、ボランタリー組織による商品やサービスを販売する活動である、とするもの。NCVOに代表される。

---

13) Teasdale, Simon, "What's in a name? The construction of social enterprise", Third Sector Research Centre Working Paper 46, 2010.

②公共サービス供給（delivering public service）言説：国家は、公共サービスへの資金提供は行うものの、その供給からは撤退すべきであり、サード・セクターがそのギャップを埋める、とするもの。ACEVO に代表される。

③ソーシャル・ビジネス（social business）言説：社会的企業は、社会的あるいは環境に関わる目的を達成するために、市場本位の戦略を適用するビジネスである。通常の企業と異なり、社会的企業は社会的・環境上の目的を中心に据えて活動を行う。外部投資家に対する配当制限や資産保全は必要ない。Business in the Community（BITC）に代表される。

④コミュニティ・エンタープライズ（community enterprise）言説：コミュニティの富の創造に貢献する。「非属人的利益（not-for-personal-profit）」の視点で取引活動を行い、剰余金はコミュニティに再投資し、社会的、経済的、環境という3つのボトムラインの成果に影響を与える。開発トラスト協会（Development Trust Association: DTA）に代表される。

⑤協同組合（co-operative）言説：協同組合は、協同所有され、また、民主的に意思決定されるという点で、異なる方法によりビジネスを行う。事業活動の受益者は会員（メンバー）である。コーペラティブ UK（Co-operatives UK）に代表される。

　これらの言説は、英国の社会的企業「セクター」で共存しているものの、その時々の政策課題の主眼は変化している。ティーズデイルは、まず、近隣地域再生戦略にみられるように、「コミュニティ・エンタープライズ言説」から始まり、「成功の戦略」の発表を受けて「ソーシャル・ビジネス言説」へと移り、その後、「事業収入言説」へと進んだことを指摘している。しかし、公共サービス供給がボランタリーセクターへの期待となるように、「公共サービス供給言説」も有力である。さらに、保守党・自由民主党連立政権では、従業員所有の社会的企業、協同組合が注目されている。このように、これら言説は、どれか1つに集約されるというわけではなく、常に併存しているものと思われる。

3　社会的企業に対する現実的対応

　社会的企業を支援すべくその対象を明確にしたり、その全体像を把握したりするためには、「社会的企業」のある程度明確な基準が必要となる。ここでは、

社会的企業をめぐってどのような基準が採用されているか、紹介したい。

（１） 社会的企業市場トレンド2013年[14]

　これは、ビジネス・イノベーション・職業技能省（Department of Business, Innovation and Skills: BIS）中小企業年次調査（Annual Small Business Survey）から、内閣府が作成したものである。次の基準が設けられており、基準⑤については5段階評価を行う。

　　①自社が社会的企業であると認識していること
　　②50％以上の剰余金を所有者もしくは株主に分配していないこと
　　③75％以上の収入を補助金もしくは寄附金から得ていないこと
　　④事業収入が25％未満ではないこと
　　⑤「社会的もしくは環境に関わる目的を有した事業体であり、その剰余金は主として株主や所有者にではなく、その事業もしくはコミュニティに再投資される」ということに同意すること

　基準①から④を満たし、基準⑤について「とてもよくあてはまる」と回答した企業（回答の6％）から判断すると、中小企業のうち社会的企業は約7万社と推計される。また、基準⑤を「とてもよくはてはまる」「よくはてはまる」と回答した企業（回答の15％）から判断すると、17万9,500社となる。この推計に従業員のいない企業を含めると、その推計値はそれぞれ28万3,500社、68万8,200社となる。

　この基準は、その調査対象が小規模企業ということからもわかるように、企業から社会的企業を定義したものである。

（２） チャリティおよび社会的企業全国調査（National Survey of Charities and Social Enterprises）

　この調査は、内閣府市民社会局（Office for Civil Society, Cabinet Office）からの委託に基づき、民間の調査会社が2008年および2010年に実施したものである。調査の母集団は、イングランドに所在する登録チャリティ（registered charity）、コミュニティ利益会社（Community Interest Company）、保証有限責任会社（Company Limited by Guarantee）および産業節約組合（Industrial and Provident Society）であり、その情報は、Guidestar UKから提供された。回

---

14) Cabinet Office, Social Enterprise: Market Trends, Cabinet Office, 2013.

答者は、2008年が4万8,939団体、2010年が4万4,109団体であった。

　この調査の設問38で、社会的企業に関する記述があり、それに自組織があてはまるかどうかの判断が求められている。その記述は、2002年に発表された「成功への戦略」での社会的企業の定義と同一のものである。

　2010年調査では、回答者の51%が、この設問に「Yes」と回答した（2008年調査では48%）。

　なお、この設問38だけで、社会的企業と判断されるわけではないことが、注釈として示されている。他の調査（上記(1)の中小企業年次調査）との整合性をはかるために、その団体が社会的企業であるか否かの判断は、他の設問の回答を複合的に評価して行われる。

・収入の50%以上を事業活動から得ていること
・剰余金の50%以上をそのミッションに再投資していること
・定義に照らし合わせて、自己を社会的企業と認識していること

　この基準は、チャリティ（もしくは、ボランタリーセクター）の側から社会的企業を定義しようとするものである。企業からの社会的企業へのアプローチである「社会的企業市場トレンド」と、基本的に同じ基準が用いられていることが、社会的企業の多様性を物語っているといえよう。

(3) 社会的企業マーク（Social Enterprise Mark）認証基準

　「社会的企業マーク」は、自身もコミュニティ利益会社（CIC）の認証を得た社会的企業であるSocial Enterprise Mark CICが運営する、民間の社会的企業認証制度である。その認証基準は、次のとおりである。

・社会・環境に関わる目的を有すること
・独自の定款およびガバナンスがあること
・少なくとも50%の収入を事業収入から得ていること
・少なくとも50%の利益を社会・環境に関わる目的に使うこと
・清算する場合、残余財産を社会・環境に関わる目的に提供すること
・社会的価値を示すこと

　ここでは、特に残余財産の処分制限について基準が設けられている点が、上記(1)と(2)の調査基準と異なる。また、ガバナンスについての基準も調査にはない。この認証基準は、調査と異なり、いわば社会的企業のブランドを構築し、社会的な認知を高めることが目的であると考えられるので、実際の運営を

規定する必要があるものと理解できるのではないだろうか。

(4) 法律に明記された「社会的企業」

本節の冒頭で、社会的企業は特定の法律や制度によって規定された存在ではない、と述べた。一方で、近年、様々な制度改正の結果、「社会的企業（social enterprise）」が、法律の条文に明記される事例が出てきた。

1つは、2012年医療およびソーシャル・ケア法（Health and Social Care Act 2012）である。国民保健サービス（NHS）を含む医療福祉分野の大改革であり、その中で、「社会的企業」を活用できることが規定された（2012年医療およびソーシャル・ケア法183条2項・7項）。

もう1つは、社会的投資税額控除（Social Investment Tax Relief: SITR）制度である。この制度は、2014年ファイナンス法（Finance Act 2014）で制度化された（2014年ファイナンス法57条）。同法には、SITRの対象となる社会的企業として、コミュニティ利益会社（CIC）、チャリティ以外のコミュニティ利益組合（community benefit society: CBS）、チャリティが挙げられている（同法付則11）。

このように、特定の文脈における限定的な規定上ではあるものの、英国においては、「社会的企業」という文言が、法律の中で言及されるようになってきている。

4　社会的企業政策の展開

労働党政権では、明示的な社会的企業政策が打ち出された。保守党・自由民主党連立政権では、政権樹立後すぐに、「より強固な市民社会の構築——ボランタリー・コミュニティグループ、チャリティおよび社会的企業の戦略が発表され、「市民社会組織」全般への戦略が示されたものの、社会的企業にターゲットを絞った戦略は明確にされていない。[15]

しかし、政府が進める様々な政策に、社会的企業の活躍が期待されている。ここでは、保健省（Department of Health）における取組みを紹介する。

---

15) Office for Civil Society, Building a Stronger Civil Society: A Strategy for Voluntary and Community Groups, Charities and Social Enterprises, Cabinet Office, 2010.

(1) 保健省社会的企業ユニット「Right to Request」

保健省社会的企業ユニット (Social Enterprise Unit, Department of Health) は、労働党政権時代の2006年に設立された。政府全体の社会的企業政策を担う貿易産業省の社会的企業ユニットのほか、独自の社会的企業支援部署をもつのは保健省だけであったことから、保健省における社会的企業への期待の高さが窺える。同年保健省は、医療サービスの将来像を示した白書を発表し、その中で、社会的企業の活用とそれを支援するための基金の設立を宣言した[16]。この白書に示された医療保健分野における社会的企業の活用は、「Right to Request」プログラムとして、2008年に開始された[17]。

Right to Requestプログラムでは、医療保健分野の職員、具体的には、Primary Care Trust (PCT) の職員で、かつ国民医療サービス (NHS) のコミュニティ保健サービス部門で働いている公務員である職員が、自分たちの仕事を保持したまま国民保健サービス (NHS) から独立するものである。国民保健サービス (NHS) からの「スピン・アウト」により、社会的企業を立ち上げるものである。社会的企業を立ち上げる職員に対しては、次の点が保証される。スピン・アウトした社会的企業に対しては、最長3年間はPCTとの契約が保証される。その後は、基本的に公開入札に移行する。独立した職員に対しては、適格性のある社会的企業を設立し、国民保健サービス (NHS) との契約によりサービスを提供している限りにおいて、独立時の条件で年金が保証される。

なお、適格性のある社会的企業は、次のとおりである。

- チャリティ
- コミュニティ利益会社 (CIC)
- 産業節約組合 (IPS)
- その他、剰余金がサービスやコミュニティに再投資される非営利型企業

なお、コミュニティ利益会社 (CIC) は、保証有限責任会社 (CLG) と株式有限責任会社 (CLS) のどちらも適格である。

会計検査院 (National Audit Office) によれば、この「Right to Request」プログラムによって2011年末までに約9億ポンドが提供され、社会的企業に移籍

---

16) Department of Health, Our Health, Our Care, Our Say, Department of Health, 2006.
17) Social Enterprise Unit, Department of Health and Social Enterprise Coalition, Social Enterprise-Making a Difference: A Guide to the Right to Request, 2008.

する国民医療サービス（NHS）スタッフは1,700名あまりにのぼることが予想された（ただし、保健省の資料によると、実際に独立したスタッフの数は2,500名となっている[18]）。

（2）「Right to Provide」と相互組合

労働党政権時代に始められた「Right to Request」は、連立政権へも引き継がれた。連立政権では、その対象となる範囲を、保健省からすべての省庁の職員へと広げた「Right to Provide」を開始した[19]。この取組みは、保健省での成功を受けたもので、公共サービス改革の一環として位置付けられている。

この公務員のスピン・アウトによる社会的企業は、しばしば、労働者所有の形態をとる。連立政権では、これを「公的セクター相互組合（Public Sector Mutual）」として、特別な支援プログラムを用意している。

そもそも、連立政権では、政権発足当初から公共サービス改革の一環として、その担い手たるべき相互組合（mutual）、協同組合、社会的企業、チャリティに対して、大きな期待を寄せていた。内閣府内に「Government's Mutual Team」を設置し、政府省庁を挙げて公共サービスに関わる社会的企業の支援に乗り出した。それと同時に、政府からは独立したPublic Sector Mutualの研究機関として、Mutual Taskforceを設立した。このほか、内閣府では、Public Sector Mutualを支援するために、Mutuals information ServiceやMutuals Support Programmeなどが展開されている。さらに、民間人のMutual Ambassador（大使）が任命され、公的セクターにおける社会的企業の認知度を高める役割を果たしている。

5　チャリティと社会的企業

チャリティと社会的企業との関わりで、現実的に最も関心の高い領域は、事業収入の獲得である。NCVOの『2014年度版市民社会年鑑[20]』によると、2011年度のボランタリーセクター全体の収入のうち、事業収入（earned income）

---

18) National Audit Office, Establishing Social Enterprises under the Right to Request, NAO, 2011. Department of Health, Making Quality Your Business: Guide to the Right to Provide, DoH, 2011.
19) HM Government, Open Public Services 2012, Cabinet Office, 2012.
20) NCVO, UK Civil Society Almanac 2014, NCVO, 2014.

は213億ポンドであった。それに対して寄附や遺贈、補助金など、いわゆるボランタリー収入（voluntary income）は153億ポンドであった。全体収入に占める割合は、事業収入が54％なのに対し、ボランタリー収入は39％にすぎず、NCVOの年鑑によれば、2003年度に事業収入がボランタリー収入の額を初めて上回って以来、この傾向は継続している。このように、すでにチャリティを主とした英国のボランタリーセクターでは、事業収入が主要な収入源になっているのである。

事業収入のうち、政府・自治体など公的機関からの事業収入は大きく減少しているのに対して、個人や企業にからの収入は拡大している。チャリティも、個人を「利用者」ではなく「顧客」としてとらえる必要性が指摘できるよう。

チャリティが事業収入を得る方法、つまり、社会的企業的な活動を取り入れる方法は、自らの組織（チャリティ本体）で事業活動を行う、あるいは、事業子会社を設立して事業活動を行う、に大別できる。[21]

(1) チャリティ本体による事業活動

チャリティ本体による事業活動は、その内容により2つに分類される。「主目的取引（primary purpose trading）」と「非主目的取引（non-primary purpose trading）」である。

主目的取引は、チャリティの定款に規定されたチャリティの目的を達成するための活動である。この主目的取引から得た事業収入の収益に対して、チャリティは税金を支払う必要がない。

非主目的取引は、主目的取引以外のすべての活動である。非主目的取引活動から得られた収益は、基本的に課税対象となる。しかし、チャリティの収入規模に応じて「小規模取引税額控除（small trading tax exemption）」が設定されており、非主目的取引からの収益がこの額を下回れば、課税されない。少額取引税額控除が受けられる収入額は、次のとおりである。

- チャリティの総年間収入額が2万ポンド以下の場合、5,000ポンドまで
- チャリティの総年間収入額が2万1ポンドから20万ポンドの場合、総年間収入額の25％まで

---

21) チャリティと取引活動については、チャリティコミッションのガイダンス「CC35」を参照。Charity Commission, Trustees Trading and Tax: How Charities may Lawfully Trade (CC35), Charity Commission, 2007.

・チャリティの総年間収入額が20万ポンドを超える場合、5万ポンドまで

　これは主観的な判断ではあるが、「小規模」とはいえ、年間収入額の4分の1程度の非主目的取引からの収入があっても非課税となるのは、チャリティに対する税優遇措置の手厚さを示しているように思われる。

（2）事業子会社による事業活動

　チャリティ本体による事業活動とは別に、チャリティが事業子会社を設立して事業活動を行う方法がある。事業子会社が獲得した利益は、チャリティへの寄附を通してチャリティの主目的に使われる場合、事業子会社もチャリティも免税となる。チャリティの子会社それ自体には、事業内容の制約はない。

　チャリティが事業子会社を設立するメリットは、次のように整理されている。[22]

- チャリティが、非主目的取引から収益を挙げようとする場合で、その額が小規模取引税額控除の上限を超える可能性がある場合
- 事業損失からチャリティの資産を保全したい場合
- 取引活動をチャリティ本体から切り離したい場合

　チャリティが事業子会社に投資を行う場合、その投資がチャリティの利益になることが証明できなければならない。また、投資から適正な配当を得られなければならず、その配当はチャリティの主目的に使われなければならない。これを証明できない場合は、免税資格を失うことになる。

　通常、チャリティが事業子会社を設立する場合、株式有限責任会社（CLS）あるいは株式有限責任会社であるコミュニティ利益会社（CIC）を、100％子会社として設立する。

6　まとめ

　英国では、社会的企業が政府の政策対象として明確に位置付けられたところに特徴があろう。社会的企業は、政府が掲げる政策を遂行する主体として期待されているのである。ブレア労働党政権発足以降、社会的企業に対しては、社会的・経済的包摂、近隣地域再生・都市再生を含めた幅広い政策課題への対応が期待されていた。それが、「横断的レビュー」発表以降は、公共サービスの担い手としての役割が強調されるようになった。保健省による「社会的企業ユ

---

22) 〈https://www.gov.uk/charities-and-tax/tax-reliefs〉（2015年11月9日最終確認）．

ニット」の設立もあり、公共サービスという公益的活動を担いつつ、市場取引や投資的資金の活用といった民間手法を取り入れる社会的企業の性格が、重視されるようになった。

　英国の社会的企業政策は、当初、貿易産業省（DTI）によって担われ、また、その法制度として設立されたコミュニティ利益会社（CIC）制度は会社法の一部であったように、外形上は企業（会社）からのアプローチがなされた。一方で、実際には、社会的企業の多くはチャリティであり、また、産業節約組合（IPS）といった協同組合形態の社会的企業もあり、ここでも社会的企業の多様性が表われている。英国の社会的企業は、コミュニティ利益会社（CIC）に代表される起業家的イニシアチブだけではなく、伝統的チャリティの企業化・事業化、あるいは、労働者所有企業や相互組合（mutual）にみられるような利害関係者の参加や民主的意思決定の担保など、様々な性格をもった事業体の総体としてとらえる必要がある。

　チャリティにとって社会的企業は、社会的企業政策の発表当初は、チャリティに対する変革の圧力としてとらえられたようにも思われる。伝統的な寄附や補助金といったボランタリー収入だけに依存するのではなく、事業化して必要な資金を取引活動を通じて得ることは、「慈善的」な活動の中に「商業的」活動を取り入れるものとして、ある程度の抵抗感もあったのではないだろうか。しかし、現政権下での緊縮財政とそれに伴うチャリティの資金獲得環境の悪化につれて、チャリティの価値を維持するための手段として、事業収入の重要性が高まってきている。チャリティも、事業化なくしてその目的を果たすことが、年々困難になっているのである。その場合、英国の制度では、法人としてのチャリティが親法人となって事業子会社を設立する方法が採られる。これにより、チャリティ本体と事業会社とのマネジメントを分けることができ、「慈善的」性格と「商業的」性格とを1つの法人の中に不必要に混在させることを避けることができる。

（中島智人）

II　社会的投資政策の展開

　社会的企業の台頭などに伴う新たな資金需要に対応するため、寄附・補助金に代わって社会的投資が注目されている。社会的投資は、「社会的目標の達成と投資家へのリターンの提供の双方を意図した金融取引」と定義される。
　英国では、2000年の社会的投資タスクフォース設置以降、政策的に社会的投資の促進がはかられてきた。当初は、コミュニティ開発金融機関の促進が中心だったが、その後、社会的企業への資金提供へと重点が移り、近年は、社会的インパクト投資や社会的インパクト債が中心となっている。
　社会的投資を促進するためには、社会的投資市場のエコシステムを整備する必要がある。英国では、資金提供、資金仲介、資金需要、社会的投資市場の制度的枠組みの4つの分野で、様々な政策が進められている。
　しかし、社会的投資に対しては、チャリティ団体の理念を否定するものだと懸念する声も上がっており、また、チャリティ団体の資金需要や意識とのギャップ、資金受入れ体制の未整備など、様々な課題がある点にも留意する必要がある。
　日本でも、社会的インパクト投資の導入が始まっており、英国の経験をふまえて早急に社会的投資整備に向けた制度設計の議論を進める必要があるだろう。

1　はじめに

　本節では、チャリティセクターを含めた英国市民社会諸組織の資金調達に大きな影響を与えつつある社会的投資政策について概観する。
　ここまで分析してきたとおり、英国の市民社会は、近年、大きく変容しつつある。従来型のチャリティ団体に加えて、社会的企業の受け皿としてCommunity Interest Company（コミュニティ利益会社：CIC）が新たに設立されたように、担い手は多様化しつつある。また、チャリティ団体だけをみても、事業収入は、2000年の115億ポンドから2011年には213億ポンドとほぼ倍増し、現在では、事業収入がチャリティ団体の総収入の54％を占めるに至っている。[23]こうしたチャリティ団体の収入構造の変化や社会的企業の台頭は、市民社会団体の資金需要にも変化をもたらし、事業収入基盤の安定化のための設備投資や人材確保のための資金が求められるようになっている。こうした資金需要を満たすには、従来のチャリティ団体の主要収入源であった個人からの寄附、財団の

---

23) David Kane, Joe Heywood, Pete Bass, The UK Civil Society Almanac 2014, NCVO, 2014.

グラント、政府の補助金などに加えて、一定の事業収入見込みを前提とした借入れや株式・社債発行などの資金調達手法が必要となる。英国において、社会的投資の促進が市民社会政策の重要な柱の1つとして浮上してきた理由は、ここにある。

社会的投資は、「社会的目標の達成と投資家への投資リターンの提供の双方を意図した金融取引」と定義される[24]。社会的投資は、社会的目標の達成を追求する点で、投資リターンのみを求める経済的投資と区別される。英国では、2000年に社会的投資タスクフォースが設立され、同年に英国大蔵大臣に報告書が提出されて以来、社会的投資を市民社会セクターに対する重要な資金供給源のひとつとすべく、様々な施策がなされてきた。2011年には、休眠預金口座を活用したビッグ・ソサエティ・キャピタルが設立され、社会的投資マーケットの発展が本格化している。また、2013年のG8英国サミットの際に、英国政府は社会的インパクト投資フォーラムを開催、フォーラムでの議論をふまえてG8社会的インパクト投資タスクフォースを設立し、2014年には報告書を取りまとめて、G8各国における社会的インパクト投資促進に向けた提言を行っている。

英国政府によると[25]、国際社会の2013年度における社会的投資総額は63億ポンドで、2014年には19％増の75億ポンドに成長することが見込まれている。英国だけに限定した場合でも、2011年から2012年にかけて、英国の社会的投資市場は2.02億ポンドに成長し、765件の投資契約が締結されている。この投資は、340のソーシャル・ベンチャーの設立・維持に貢献し、6,870の正規常勤雇用を生み出し、年間5,800万ポンドの粗付加価値をもたらしている。このように、社会的投資は雇用と経済発展に貢献しつつ、市民社会諸組織の資金源として大きな役割を果たしつつある。

本節では、このような英国における社会的政策の発展を、主として、2000年の社会的投資タスクフォース設立以降を中心にみていく。そのうえで、社会的投資のエコ・システムと、これを発展させるための主要な政策手法を分析する。

---

24) The Social Investment Task Force, Enterprising Communities: Wealth Beyond Welfare, UK Social Investment Forum, 2000.
25) HM Government, Growing the social investment market: 2014 progress update, HM Government, 2014.

さらに、社会的投資の発展において中心的な役割が期待される社会的インパクト債についても概観する。最後に、このような英国の社会的投資政策の展開の過程で明らかになった主要課題を分析し、英国の経験が日本の非営利・公益セクターにもたらす意義について考察する。

2　社会的投資政策の発展

英国における社会的投資政策の発展（表1参照）は、2000年に社会的投資タスクフォースが設立され、同年、財務省に対して報告書が提出されたことを契機とする。[26] タスクフォースの当初の主要関心事項は、コミュニティ開発金融機関（Community Development Financial Institutions: CDFIs）をいかに発展させるかにあった。2000年時点において、英国の地域コミュニティは荒廃し、失業、貧困、青少年非行等の深刻な社会問題に直面していたが、この問題を解決するための政府支出の拡大には限界があった。このような現状をふまえ、タスクフォースは、地域コミュニティ再生の担い手として、地域の社会問題に起業家精神で取り組む社会的企業やコミュニティ企業に着目し、彼らの活動を支援するためにコミュニティ向けの民間投資を拡大する必要性があると考えた。他方、民間資金が、リスクの高い荒廃した地域コミュニティへの投資に向かうことはむずかしい。このため、タスクフォースは、1970年代に米国で導入されたコミュニティ開発金融機関をモデルに、英国にもコミュニティ開発金融機関制度を設立し、これによってリスクをコントロールすることで、コミュニティの社会的企業やコミュニティ企業への資金提供を拡大することをめざした。

この目的を達成するため、タスクフォースは、コミュニティ投資税額控除（Community Investment Tax Credit）の導入、コミュニティ開発ベンチャー基金の設立、助成財団の資産運用に関するガイドラインの見直しを通じた財団資産の社会的投資への活用、コミュニティ開発金融機関セクターの構築等を提言した。それぞれの提言は、その後、英国政府により、具体的な政策として実現されている。

その後、英国における社会的投資発展政策は、コミュニティ開発金融機関の

---

26) The Social Investment Task Force, Enterprising Communities: Wealth Beyond Welfare, UK Social Investment Forum, 2000.

発展という当初の政策目標の範囲を超えて、多様な領域へと発展していく[27]。

2004年には、金融包摂（Financial Inclusion）タスクフォースが設立され、同年に報告書を提出している[28]。同報告書は、低所得者層が銀行口座開設や低利子ローン借入れなどの金融サービスから排除されている現状をふまえ、彼らの金融包摂を進めるための金融包摂基金の設立と、コミュニティ開発金融機関や信用組合などの活用を提言した。こうした金融包摂は、その後の社会的投資政策の1つの流れを形作ることになる。

同時に、2004年に、コミュニティ利益会社が法制化され、社会的企業育成政策が本格化する。これに伴い、社会的投資政策の中心は、社会的企業に対する資金提供へと移行する。英国政府は、社会的企業への資金を提供するために、1億2,500万ポンドのフューチャー・ビルダーズ基金を設立し、社会的企業向けの資金提供を開始する。さらに、2007年には、保健省が1億ポンドの社会的企業基金を設立して支援を開始するとともに、ブリッジズ・ベンチャー社会的企業基金やトリオドス社会的企業基金など、民間の社会的投資基金も設立されるに至る。

さらに、2008年には、休眠預金・住宅金融組合口座法（The Dormant Bank and Building Society Accounts Act 2008）が制定され、休眠預金を基礎とする基金を設立し、これを社会的投資の発展に活用することが決定される。これに基づき、2012年には、ビッグ・ソサエティ・キャピタルが設立され、卸売り銀行（Wholesale Bank）として、社会的投資団体に対する支援を本格化する。また、2010年には、新たな社会的投資の枠組みとして社会的インパクト債が、司法省により初めて導入される。これら一連の施策を通じて、社会的投資政策は、個別の社会的企業やコミュニティ開発金融機関への資金提供をいかに確保するかという観点から、寄附や補助金と並ぶ市民社会への主要な資金提供手段の1つとして社会的投資セクターをいかに自律的に発展させていくかという観点へと、その重点をシフトさせていく。

・・
27) 以下の記述にあたっては、Alex Nicholls, The landscape of social investment in the UK, Third Sector Research Center of University of Birmingham, 2010, Alex Nicholls, Cathy Pharoah, The Landscape of Social Investment: A Holistic Topology of Opportunities and Challenges, Skoll Center for Social Entrepreneurship, 2008 等を参照した。
28) Financial Inclusion Taskforce, Promoting financial inclusion, HM Treasury, 2004.

2010年には、労働党政権から、保守・自由連立政権へと政権が交代するが、社会的投資政策の基本的な枠組みは変わらずに新政権へと継承される。これは、政権交代をへても、ビッグ・ソサエティ・キャピタルや社会的インパクト債制度が継続されていることでも明らかである。ただし、保守・自由連立政権の「ビッグ・ソサエティ」という理念を反映し、社会的投資政策の中心課題として、コミュニティの自助努力、民間資金とマーケット・メカニズムの活用、政府支出の削減という側面が、より強調されることになる。

　これを端的に示すのが、「社会的投資」から「社会的インパクト投資」へと政策の重点が移行した点である。「社会的インパクト投資」とは、2007年に米国のロックフェラー財団が新たに立ち上げたイニシアチブで使用した言葉であり、「金銭的リターンとともに、社会的・環境的インパクトを生み出すことを企図して、企業、団体、ファンドになされる投資」と定義される。[29] 社会的投資と異なり、社会的インパクト投資では、金銭的リターン以外に求められるものが「社会的目標の達成」から「社会的・環境的インパクト」へとより対象範囲を拡大しており、また、投資対象に明示的に企業やファンドが含まれている。このように、社会的インパクト投資は、従来の社会的投資が、基本的にはコミュニティ開発金融機関や政府が設立した基金を原資として社会的企業やコミュニティビジネス団体に資金を提供しようとするのに対し、ゴールドマン・サックスやJPモルガンなどに代表される民間金融機関からの資金を積極的に利用して、社会的・環境的インパクトをめざす一般企業に対しても資金を提供しようとする点に特徴がある。英国においても、保守・自由連立政権は、この「社会的インパクト投資」を政策の中心に据え、より民間金融機関が参入しやすい環境整備をめざすことになる。この背景には、保守・自由連立政権の「小さな政府」「財政削減」「市場原理の活用」などのイデオロギーがあることはいうまでもない。

---

29) Global Impact Investing Network のウェブサイト〈http://www.thegiin.org/cgi-bin/iowa/resources/about/index.html〉参照。

表1 英国における社会的投資政策の発展[30]

2000年	社会的投資タスクフォース (SITF) 設立 (4月)、報告書刊行 (10月)
2001年	ミレニアム基金の1億ポンドを使って UnLtd 立ち上げ コミュニティ開発ベンチャー基金へのマッチング資金提供を発表 チャリティコミッションが社会的投資に関するガイドラインを発表 CAF Venturesome 設立
2002年	コミュニティ投資税額控除 (CITR) 制定 コミュニティ開発金融協会 (cdfa) 設立 チャリティ・バンク、ブリッジズ・コミュニティ開発ベンチャー基金、アドベンチャー・キャピタル基金立ち上げ
2003年	11のコミュニティ開発金融機関 (CDFIs) が、CITR のもとに初めて認定される。 チャリティコミッションがプログラム関連投資についてのガイドを刊行
2004年	コミュニティ利益会社 (CICs) 導入 金融包摂タスクフォース設立、1億2,000万ポンドの金融包摂基金設立を発表 政府資金により、1億2,500万ポンドのフューチャー・ビルダーズ基金設立 チャリティコミッションが財団の社会的投資に関する CC14 を公開
2005年	ビッグ・イシュー・インベスト立ち上げ
2006年	サード・セクター局 (Office of the Third Sector) 設置 CAN がブレイクスルー社会的投資プログラムを設立
2007年	ブリッジズ・コミュニティ開発ベンチャー基金2立ち上げ 未請求資産委員会 (Commission on Unclaimed Assets) が休眠預金口座資金を使った社会的投資銀行の設立を勧告 保健省が1億ポンドの社会的企業基金の設立を発表 ソーシャル・ファイナンス・リミティド設立
2008年	ブリッジズ・ベンチャー社会的企業基金立ち上げ トリオドス・オポチュニティ基金立ち上げ (現トリオドス社会的企業基金) カタリストが社会的投資のためのファンド1立ち上げ 休眠預金・住宅金融組合口座法 (社会的投資向け卸売り銀行構想を支持)
2009年	7000万ポンドのコミュニティ・ビルダーズ基金立ち上げ サード・セクター局と NESTA が「社会的企業の投資アクセス」プログラム開始

---

[30] The Social Investment Task Force, Social Investment: Ten Years On, Social Investment Task Force, 2010, HM Government, Growing the social investment market: 2014 progress update, HM Government, 2014, UK National Advisory Board to the Social Impact Investment Taskforce, Building a social impact investment market: The UK experience, UK National Advisory Board, 2014 より筆者作成。

2010年	ソーシャル・ファイナンスが司法省と初の社会的インパクト債立ち上げ NESTA がビッグ・ソサエティ・ファイナンス基金設立
2011年	チャリティコミッションが CC14 を改訂 労働・年金省がイノベーション基金を設立
2012年	公共サービス社会的価値法（Public Services (Social Value) Act, 2012）制定 CAF 社会的インパクト基金立ち上げ ビッグ・ソサエティ・キャピタル（BSC）設立 財務省が社会的インパクト債センター設立 財務省が1,000万ポンドの投資および契約準備基金設立 財務省が2,000万ポンドのソーシャル・アウトカム基金設立
2013年	G8 社会的インパクト投資フォーラム開催、G8 社会的インパクト投資タスクフォース立ち上げ 社会的証券取引（Social Stock Exchange）設立 内閣府が1,000万ポンドのソーシャル・インキュベーター基金を立ち上げ
2014年	社会的投資税額控除（SITR）導入 G8 社会的インパクト投資タスクフォース報告発表 英国社会的債基金設立

　こうして、2011年には、内閣府が、社会的投資市場の成長に向けたビジョンと戦略を取りまとめ、ソーシャル・ベンチャーに対する資金源として、社会的投資を伝統的な寄附や政府補助金と並ぶ「第三の柱」と位置付け、社会的投資市場の発展を政策の中心課題とした。これをふまえ、英国政府は、2013年の社会的証券取引（Social Stock Exchange: SSE）の設立、2014年の社会的投資税額控除（Social Investment Tax Relief: SITR）の導入、社会的インパクト債の拡大などを行っている。また、対外的にも、2013年に G8 社会的インパクト投資フォーラムを開催し、英国型の社会的投資政策を主要先進諸国の政策モデルとして対外的に発信するなど、積極的な取組みを進めている。

3　社会的投資市場のエコ・システム

　以上、英国における社会的投資政策の発展を時系列に沿って概観した。次に、こうした英国の社会的投資政策を、1つのエコ・システムとしてとらえ、それぞれの領域においてどのようなプレイヤーが存在し、プレイヤーの活動を支援

31) UK Cabinet Office, Growing the Social Investment Market: A vision and strategy, HM Government, 2011.

するためにどのような政策が求められるかという点をみておこう。

社会的投資がマーケットとして持続的に発展していくためのエコ・システムには、資金提供、資金仲介、資金需要、社会的投資市場の制度的枠組みという4つの領域が必要である[32]。この4つの領域が機能し、それぞれが有機的に結合すれば、社会的投資市場は、エコ・システムとして自律的発展の軌道に乗ることができるだろう。以下、英国の事例をふまえて、この4つの領域の主要プレイヤーとこれを育成する主要政策を概観する。

(1) 資金提供

社会的投資市場は、一般の投資市場と異なり、社会的成果と経済的成果の双方を追求する。投資の対象となるのは、社会的企業や非営利セクター、あるいは社会的領域への意識が高い企業などである。こうした投資は、一般に、社会的成果を確保することと引き替えに経済的成果が制限される傾向がある。これは、利益の最大化を追求する民間営利金融機関が社会的投資市場に参入する動機を阻害する。このため、社会的投資市場が発展・成熟するためには、一般投資家や民間金融機関が参入するようになるまでの間、政府・公的機関や財団等が、一定の政策目的に沿って資金を提供して市場の拡大を促し、また一定程度、市場が拡大した後でも、民間金融機関の負担を軽減するために何らかの支援を継続する必要がある。前者に関係する措置としては、政府や財団による資金提供が一般的であり、後者については民間金融機関や投資家に対する税制優遇措置が挙げられるだろう。

資金提供の領域における主要プレイヤーは、政府、社会的投資卸売り機関(Social investment wholesaler)、財団、機関投資家や銀行、企業、資産家、一般などである。政府は社会的投資のための基金設立などを通じて、財団は基本財産の運用に社会的投資を導入するプログラム関連投資を通じて、機関投資家や銀行・企業は主として社会貢献活動の一環として、それぞれ資金を提供する。資産家や一般も、経済的投資というより社会貢献の一環として資金を提供するだろう。

以上のように、様々なプレイヤーが社会的投資市場に資金を提供することを

---

32) Social Impact Investment Taskforce, Impact Investment: The Invisible Heart of Markets, Social Impact Investment Taskforce, 2014.

促進するための政策として、英国政府は、以下のような政策を推進してきた。
（ａ）　政府による直接的な資金提供

　フェニックス基金、フューチャー・ビルダーズ基金、社会的企業基金などを設立し、これら基金を通じて社会的企業等に資金を直接提供。
（ｂ）　社会的投資卸売り機関の設立

　社会的投資団体への資金提供を目的に、休眠預金口座の資金を活用したビッグ・ソサエティ・キャピタルを設立。
（ｃ）　財団によるプログラム関連投資の促進

　チャリティコミッションのCC14などのガイドライン策定を通じて、財団のプログラム関連投資を促進。
（ｄ）　民間金融機関、企業、資産家、一般大衆の社会的投資の促進

　コミュニティ投資税額控除や社会的投資税額控除などの税制優遇措置の導入を通じて、民間投資を促進。

（２）　資金仲介

　社会的投資市場は、一般の投資市場と異なり、証券取引所などの制度が整備されていない。このため、投資先の選定・審査・運用状況のモニターなどにおいて、投資家に求められる負担が大きい。また、市民社会団体は、おおむね規模が小さく、資金需要の規模も小さいため、投資家が選好する資金規模との間にギャップが存在する。このような資金の需要と供給の規模のギャップを埋め、投資にあたっての投資家の様々な負担を軽減するためには、主要な投資先となる社会的企業や非営利団体の情報を収集して潜在的な投資家に提供したり、大規模な投資資金を受け入れてこれを少額のマイクロファイナンスのかたちで再投資したりという活動を行う、資金仲介の領域が必要となる。

　資金仲介の領域における主要プレイヤーは、ソーシャル・バンク、コミュニティ開発金融機関、インパクト投資ファンドのマネージャー、インパクト投資仲介団体、クラウド・ファンディング・プラットフォームなどである。これらの資金仲介団体は、投資先となるコミュニティ開発団体、社会的企業、非営利団体などの情報を集積し、政府、公的機関、財団、民間金融機関、企業、資産家、個人などからの投資資金を仲介することで、社会的投資市場の制度的不備を補い、投資を促進することで、社会的投資市場の発展に貢献する。

　以上のような資金仲介領域を促進する政策として、英国政府は、以下のよう

な政策を推進してきた。
（a） 資金仲介団体の認証と税制優遇措置

コミュニティ投資税額控除の対象となるコミュニティ開発金融機関を認証し、認証されたコミュニティ開発金融機関への投資にあたって税額控除を行うことで、資金仲介団体としてのコミュニティ開発金融機関を育成。

（b） 社会的投資卸売り機関を通じた資金提供

ビッグ・ソサエティ・キャピタルを通じて、資金仲介団体に資金を提供し、その活動や基盤整備を支援。

（c） ネットワーク形成

コミュニティ開発金融機関の全国ネットワークであるcdfaの設立支援を通じて、コミュニティ開発金融機関セクターの基盤を整備。

（d） 資金仲介団体設立への支援

ブリッジズ・コミュニティ開発ベンチャー基金設立時に政府のマッチング資金を提供したり、UnLtdの設立に際しミレニアム基金から資金を提供することにより、資金仲介団体の設立を支援。

（e） 社会的証券取引メカニズムの設立

オンライン上に投資適格審査（Due Diligence）をへた社会的企業の情報を掲載し、これを社会的投資に関心をもつ投資家や投資機関に提供することで、社会的投資を仲介しようという、社会的証券取引（Social Stock Exchange）を設立。

（3） 資金需要

社会的投資市場が発展するためには、いうまでもなく、社会的投資資金への需要が存在しなければならない。社会的投資を受け入れるのは、チャリティ団体、社会的企業、コミュニティ開発団体、社会的達成目標を掲げる企業などである。一般的に、こうした社会的投資の受入れ団体は規模が小さく、経営の専門性も低い。このため、社会的投資資金を受け入れるための投融資申請書の策定や投融資受入れ後の報告、あるいは事業経営などの面で、社会的投資を受け入れる態勢が整備されていない。また、チャリティ団体は、利益分配制約のために、株式の発行を通じた資金調達を行うことができないなどの制約がある。このような資金需要面での問題点を解消し、社会的投資受入れを促進する政策として、英国政府は、以下のような政策を推進してきた。

（ a ） 社会的企業に関する新たな法人格の設立

　コミュニティの利益の増進をめざしつつ、株式の発行を通じて資金調達が可能な法人格として、新たにコミュニティ利益会社という法人格を設立。

（ b ） 社会的企業等の資金受け入れ体制強化

　投資および契約準備基金を通じて、ソーシャル・ベンチャー団体がより大規模な投資や調達契約を獲得するために、コンサルティングを受けたり、計画策定を行うことを支援。また、ソーシャル・インキュベーター基金を通じて、初期段階にあるソーシャル・ベンチャーに対して投資やコンサルティングを行うソーシャル・インキュベーターの活動を支援。

（ c ） 社会的企業の認証

　社会的投資税額控除（SITR）の対象となる社会的企業を認証することで、社会的企業の投資受入れを間接的に支援。

（ 4 ） 制度的枠組み

　前述したとおり、社会的投資は、社会的目標の達成と投資リターンの確保の双方を追求する。これが市場として成立するためには、社会的投資市場に参加する多様なプレイヤー間で、社会的目標の達成度を客観的に評価する社会的成果指標が共有される必要がある。一度、このような社会的成果指標が確立され、客観的な基準として共有されれば、社会的投資市場の透明性が高まり、さらに多くの投資家が参加するようになることが期待される。また、社会的企業やチャリティ団体も、自らの活動を社会的成果指標で客観的に提示することにより、営利企業との差別化をはかることが可能となる。社会的意識をもった消費者や企業、あるいは政府や財団は、価格や品質に加えて、社会的成果指標が組み込まれた財やサービスをより選好すると考えられるからである。これは、営利企業と社会的企業やチャリティ団体が混在する社会的財・サービス市場において、後者の競争力が強化されることを意味する。このように、社会的成果指標が確立されれば、社会的投資市場の資金供給と資金需要双方の発展が期待できる。

　このような制度的枠組みの発展のために、英国政府は、以下のような政策を推進してきた。

（ a ） 政府や公共機関の調達契約における社会的成果指標の導入

　ソーシャル・セクターの財・サービスの最大の購買者は、政府や公的機関である。英国政府は、公共サービス社会的価値法（Public Services (Social Value) Act 2012) を制定し、政府や公的機関が調達契約を締結する際には、単に価格や品質だけでなく、社会的成果にも配慮することを制度化し、これによって社会的企業等からの調達を促進するとともに、社会的成果指標の普及をめざしている。

（b） 社会的成果指標の共通化に向けた取組み

英国政府は、社会的成果を測定する基本的な手法である費用便益分析（Cost Benefit Analysis: CBA）を普及するため、費用便益分析ガイドとモデルを公開するとともに、費用便益分析に必要なユニット・コストのデータベースを構築し、これを一般に公開している。

4　社会的インパクト債の発展

社会的インパクト債（Social Impact Bonds: SIB）とは、社会的投資家が、社会的成果を達成し、かつ、政府機関にとって財政節減効果がある一連の社会的介入行為に資金を提供することを可能にする金融メカニズムである。もし、社会的成果が改善されれば、政府機関は、投資家に対し、投資元本に投資リスク分の利益を上乗せしたリターンを支払う。もし、社会的成果の改善が事前に合意された目標に達しなければ、投資家は投資元本を損失することになる。[33]

社会的インパクト債の基本的なメカニズムは図1のとおりである。[34] 政府機関は、社会的インパクト債を利用した特定の社会的サービス提供を目的に設立された特定目的投資ビークルと、コミッション契約を締結する。政府機関は、このコミッション契約に基づいてなされた事業の社会的成果の程度に応じた報酬を、特定目的投資ビークルに支払う。契約の形態は多様であるが、社会的成果が達成されなかった場合には、政府機関が報酬を支払わないこともありうる。逆に、一定以上の社会的成果が達成されれば、政府機関は投資家に対し、元本と投資リターンの双方を還元することも可能である。特定目的投資ビークルは、このコミッション契約に基づいて、投資家と資金調達契約を締結して資金を集め、この資金に基づいて、別途コミッション契約のサブ契約をサービス・プロ

---

33) Social Finance Limited のウェブサイト 〈http://www.socialfinance.org.uk/services/social-impact-bonds/〉 参照。
34) 英国内閣府社会的インパクト債センター 〈http://data.gov.uk/sibknowledgebox/〉 の情報に基づいて作成。

図1　社会的インパクト債の基本的メカニズム

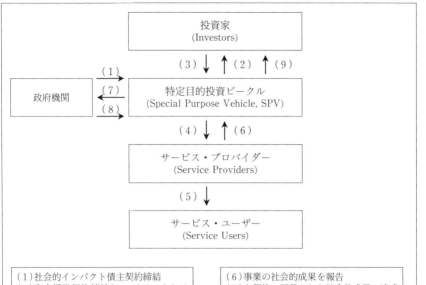

バイダーと締結し、これらサービス・プロバイダーに事業資金を提供する。サービス・プロバイダーは、この資金を使ってサービス・ユーザーに財やサービスを提供し、その社会的成果を特定目的投資ビークルに報告する。報告に基づき、特定目的投資ビークルは政府に社会的成果を提示し、この達成度に応じて政府から報酬を受け取り、これを投資家に分配する。これが、一般的な社会的インパクト債のメカニズムである。

社会的インパクト債は、ソーシャル・ファイナンス・リミティドが2010年に司法省と契約し、ピーターバラ刑務所を出所した短期受刑者向けの更生事業のための資金を調達することから開始された。当初、ソーシャル・ファイナンス・リミティドが対象としていたのは、主として犯罪者の社会的更生や青少年の非行予防など、予防的措置に関する事業である。社会的インパクト債の導入により、政府は、投資リスクを投資家に転化しつつ、再犯に伴う被害や警察・

裁判・刑務所等の社会的・財政的コスト削減に取り組めるようになることが期待された。ピーターバラ刑務所の試みは一定の成果を収め[35]、社会的インパクト債は、新たなソーシャル・ファイナンスのメカニズムとして注目を浴びた。

さらに、社会的インパクト債は国際的にも発展を遂げ、2014年8月の時点で、世界7か国で25の社会的インパクト債が導入されており、投資コミットメントの総額は6,500万ポンド以上となっている[36]。また、対象も再犯防止以外に、子供・青少年、ホームレス、若者の雇用などに広がりをみせている。2014年には英国国際開発省がアフリカのウガンダ共和国の眠り病の防止に取り組むための開発インパクト債（Development Impact Bond: DIB）の立ち上げを発表している。

英国政府は、社会的インパクト債を社会的投資促進のための主要な施策の1つと位置付け、その発展に向けて積極的に取り組んでいる。英国政府の社会的インパクト債の発展に向けた主な施策は、以下のとおりである。

（a） 社会的インパクト債センターの設立

ウェブサイト上に、社会的インパクト債の基本的考え方、契約ひな形、事例研究、利用可能な政府資金の情報などを集約した情報センターを設立し、社会的インパクト債の普及を促進。

（b） 社会的インパクト債促進のための基金設立

2,000万ポンドの「社会的成果基金（The Social Outcome Fund: SOF）」と4,000万ポンドの「よりよい成果へのコミット基金（Commissioning Better Outcomes: CBO）」を設立し、社会的インパクト債の成果報酬の一部（通常は約20%）を基金から支払うことで、社会的インパクト債の導入を支援。

（c） 費用便益分析ガイドラインの設定と単価データベースの開発

社会的インパクト債の実施にあたっては、社会的成果を客観的に測定できることが不可欠の前提条件となる。前述したとおり、この測定の基礎となる費用便益分析手法の普及のため、英国政府は、費用便益分析のガイドライン[37]を策定

---

35) Darrick Jolliffe and Carol Hedderman, Peterborough Social Impact Bond: Final Report on Cohort 1 Analysis, QinetiQ Ltd, 2014.
36) Social Finance, The Global Social Impact Bond Market, Social Finance Limited, 2014.
37) HM Treasury, Supporting public service transformation: cost benefit analysis guidance for local partnerships, HM Treasury, 2014.

してウェブサイト上で公開するとともに、社会的成果の貨幣換算に不可欠となる単位コストのデータベースを開発し、ウェブサイト上で公開している。

5　社会的投資政策の課題

　以上のとおり、2000年以降、英国において、社会的投資政策は発展を遂げてきたわけだが、では実際に、社会的投資を受け入れる側のチャリティセクターや社会的企業は、こうした一連の動きをどのように受け止めているのだろうか。

　たとえば、英国のチャリティ団体の主要全国組織であるNCVO（The National Council for Voluntary Organizations）は、英国のボランタリーセクターと市民社会の資金調達手段の1つとして、社会的投資を次のように位置付けている。

> 「社会的投資またはローン・ファイナンスとは、社会的成果と金銭的リターンをあわせもつ投資活動のことである。ボランタリー組織やコミュニティ組織は、成長・発展するに伴い、どのファンド・レイジングやファイナンスの選択肢が、最も有用で、また長期的視点から究極的に最も持続可能かを考慮する必要がある。
> 　ローンまたは投資収入は、たとえば、助成金の支払を受け取るまでの間のギャップを埋めたり、あるいはより伝統的なファンド・レイジング手法によって資金を調達するまでの間にプロジェクトを進めていったりするなど、大規模な資金が必要とされる場合の選択肢となるだろう。それは、ボランタリーセクターやコミュニティ・セクターにとっては比較的新しいツールであり、それ自体が収入源というよりも、むしろファイナンスのためのツールやプロジェクトを実現する助けとなるものである」[38]。

　このように、NCVOは社会的投資を、ボランタリー組織やコミュニティ組織がその発展段階に応じて活用するファイナンス手法の1つと位置付けている。そのうえで、NCVOは、ファンディング・セントラルというボランタリー組織向けのファンド・レイジング支援サイトに「社会的投資」サイトを開設し、

38）NCVOのウェブサイト〈http://www.ncvo.org.uk/practical-support/funding/social-investment〉参照。

ボランタリー組織が社会的投資を受け入れる際に留意すべき点や、どのような手法を利用すべきかを解説している。さらに、NCVO は、ノウハウ・ノンプロフィットという非営利組織向けの経営支援サイトに、「わかりやすい社会的投資ガイド」サイトを開設し、社会的投資の様々な手法と主要な資金提供団体の情報を提供している[39]。以上のとおり、ボランタリー団体の全国組織であるNCVO が社会的投資の普及啓蒙活動を積極的に展開している点をみる限り、現時点では、社会的投資手法は、英国のボランタリー組織や市民社会組織の資金調達手法の1つとして、一定の市民権を得ていると判断してよいだろう。

もちろん、英国政府が推進する社会的投資政策に対しては、否定的な意見も含めて様々な議論がある。社会的投資をめぐる論点は多岐にわたるが、主なものとしては以下の諸点が挙げられる。

（a） 社会的企業を核とする政策への懸念

英国市民社会の中には、伝統的なボランタリー団体・チャリティ団体を中心とした政府の政策が、社会的企業を中心とした政策へと転換し、これに伴って営利と非営利との境界が曖昧になって、チャリティ団体のアイデンティティと独立性が失われることに対する懸念が根強く残っている。たとえば、Panel on the Independence of the Voluntary Sector[40]は、チャリティの独立性の基本となる政府のグラントが削減され、Payment by Results を通じた成果志向と契約中心のシステムに移行することは、コミュニティレベルで活動する中小のチャリティの存続の危機をもたらすとして、これに反対している。社会的投資に対しての直接的な言及はないが、Payment by Results を前提とする社会的インパクト債は、当然、反対の対象に含まれるだろう。

（b） 非営利・公益セクターの資金需要や意識の問題

ボランタリーセクターにおける資金需要の中心は、事業の回転資金やつなぎ資金が中心で、事業基盤の整備や発展・拡大のための資本については、その必要性が認められているものの、いまだ潜在的なものにとどまっているというのが現状である。この問題を解消し、ボランタリーセクターが適切な資本を獲得して持続可能な発展を遂げていくためには、ボランタリーセクターの意識改革

---

39) 〈http://knowhownonprofit.org/funding/social-investment-1〉参照。
40) Panel on the Independence of the Voluntary Sector, Independence Undervalued: The Voluntary Sector in 2014, The Baring Foundation, Civil Exchange and DHA, 2014.

が求められる[41]。また、限られた人材とリソースの中で、投資や融資を受け入れるための投融資計画の策定や投資に対する報告書作成などを行う体制をいかに整備するかという点も、課題として挙げられる。

（ c ）　社会的投資における資金の受け手と投資家との準備体制の問題

　社会的投資に関する制度が整備されても、実際に資金を提供する社会的投資家と、この資金を使って事業を行うチャリティ団体や社会的企業の間で、社会的投資の提供・受入れに関する準備体制が整っていなければ、社会的投資は発展することができない。Big Lottery Fund が行った調査は、このような準備体制の問題として、以下の諸点を列挙している[42]。

（ⅰ）　投資受入れ側と提供側の間の、投資受入れに必要なスキルや資質についてのギャップ　　チャリティ団体や社会的企業は、それぞれの発展段階によってビジネス・モデルが異なり、事業収入の見込みも異なる。スタートアップ段階の社会的企業が短期間に安定した事業収入を確保することは困難だろう。このため、発展段階ごとに社会的投資の手法や投資規模も異なる必要があるが、この点についての投資家と資金受入れ側との間に共通理解が形成されていない。さらに、資金受入れ側には、グラントや補助金と異なる投資資金を受け入れるのに必要な財務運営の知識がなく、資金提供側には、資金を受け入れるチャリティ団体や社会的企業の活動に対する理解がない場合がみられる。

（ⅱ）　必要とされる支援の不在　　チャリティ団体や社会的企業が、自分たちの必要とする資本を獲得するためにどのような社会的投資手法が適しているのか、また、このような手法は自分たちの活動に適合的なのかを判断する自己診断ツールがないため、やみくもに社会的投資家に申請をして拒否されることが往々にして見受けられる。これでは、資金提供・資金受入れ双方の側で時間と労力が浪費されることになる。また、社会的投資家の側にも、適切な投資先を探し出し、投資適格性を審査するための標準的なツールがないことから、投資先探しに多大な時間と労力を費やしているという不満がある。

（ⅲ）　支援へのアクセスの問題　　コミュニティ開発金融機関やマイクロファ

---

41) Joe Ludlow, Capitalizing the Voluntary and Community Sector: A Review for the NCVO Funding Commission, NCVO, 2010.
42) Dan Gregory, Katie Hill, Iona Joy, Sarah Keen, Investment Readiness in the UK, ClearySo and New Philanthropy Capital, 2012（Commissioned by Big Lottery Fund）.

イナンス機関など、地方や貧困地域で活動をしている団体は、所在地の地理的位置のために、コンサルティングのような社会的投資に関する適切な支援を受けることに制約がある。

（ⅳ）その他の問題　上記以外にも、社会的投資を受け入れることに伴い、チャリティ団体や社会的企業が、投資の返済のために事業収入の確保を優先して、結果的に当初の事業目的から遊離してしまうというミッション逸脱の問題や、社会的投資を受け入れることが可能な比較的大規模な組織のみが発展し、これ以外の中小規模の組織が恩恵を受けることができないというセクター内の格差拡大の問題なども考えられる。

6　おわりに

2014年7月、G8社会的インパクト投資タスクフォース報告の一環として、日本のナショナル・アドバイザリー・ボードは、日本の社会的インパクト投資に関する現状報告を発表した。[43] 報告によると、日本の社会的インパクト投資市場は、まだ生まれたばかりだが確実に成長しつつあり、過去2～3年間の金融機関・企業ファンド・資金仲介団体の努力のおかげで、社会的投資市場は、2.47億ドルの規模にまで発展するに至っている。報告は、現在の日本の社会的インパクト投資市場の主要アクターの分析を行ったうえで、今後の社会的インパクト投資の発展に必要な施策として、社会的企業に対する新たな法人格の付与または認証制度の設立、英国ビッグ・ソサエティ・キャピタルと同様の休眠預金口座法の制定、社会的インパクト投資評価手法の標準化などを提案している。

実際、近年、非営利団体や社会的企業に対して、投融資の手法を使って資金支援しようという動きは、日本においても広がりつつある。

日本政策金融公庫は、ソーシャルビジネス支援サービスを実施しており、平成25年度は全体で4,987件総額449億円のソーシャルビジネス関連の融資を行っており、これは前年比で、件数が112.5％増、金額が108.6％増である。こうしたソーシャルビジネス関連の融資のうち、NPO法人を対象としたものも、

---

43) The Japan National Advisory Board, The Social Impact Investment Landscape in Japan, The Japan National Advisory Board, 2014.

740件58億6,700万円で、それぞれ前年度比で、件数が115.6％増、金額が118.3％増となっている。各地の信用金庫や信用組合・労働金庫なども、ソーシャルビジネスやコミュニティビジネス向けの投融資を進めている。

また、財団セクターにおいても、信頼資本財団が社会起業家に対して無利子・無担保の融資事業を行っており、さらに京都信用金庫と共同で無担保・固定金利（1％）による「ソーシャルビジネス共感融資」を近年開始した。なお、京都信用金庫は、「きょうとNPO支援連携融資制度」としてNPO法人に対する無担保・固定金利（2％）の融資事業も行っているが、この制度では、京都地域創造基金から年率1～2％の利子支払の補助を受けることができるため、実質的な金利は0～1％となる。また、三菱商事復興支援財団は、東日本大震災復興支援事業の一環として、産業復興・雇用創出支援に取り組んでおり、2013年度には17の地元企業やNPOに対して、総額7億1,000万円の投融資を行った。さらに、日本財団は、社会的企業に対する投融資も含めた資金提供と経営支援を行う日本ベンチャー・フィランソロピー基金の設立や、地域の金融機関への助成を通じてNPO、ソーシャルビジネス、コミュニティビジネスに融資や各種サポートを提供する「わがまち基金」の設立などを通じて、日本における社会的投資の促進に取り組んでいる。

財団以外でも、パートナーが出資金として拠出した資金に基づいて、ソーシャル・ベンチャーに投資とキャパシティ・ビルディング支援を行うSVP東京や、主にカンボジアを中心に開発途上国の社会的企業に対する社会的投資を行うARUN合同会社など、様々な試みが進められている。また、全国NPOバンク連絡会や市民ファンド推進連絡会、一般社団法人全国コミュニティ財団協会などが設立されており、コミュニティ開発金融の潜在的な担い手による全国ネットワークの形成も進んでいる。休眠預金の活用についても、休眠口座国民会議が活動を行っており、2014年5月には休眠預金活用推進議連が立ち上げら

---

44) 日本政策金融公庫のウェブサイト〈http://www.jfc.go.jp/n/finance/social/index.html〉参照。
45) 京都信用金庫ウェブサイト〈http://www.kyoto-shinkin.co.jp/business/start/kyotoNPO.html〉参照。
46) 三菱商事復興支援財団ウェブサイト〈http://mitsubishicorp-foundation.org/outline/pdf/report2013.pdf〉参照。
47) 日本ベンチャー・フィランソロピー基金ウェブサイト〈http://www.jvpf.jp/〉参照。
48) SVP東京ウェブサイト〈http://www.svptokyo.org〉参照。
49) ARUNウェブサイト〈http://www.arunllc.jp/〉参照。

れ、法制化に向けた動きが進められている。

　このように、今後、日本においても、英国と同様に、社会的投資の発展に向けた議論が活発化することが予想される。これは、日本の公益法人セクターにとっても大きな影響をもつと思われる。

　他方、日本における社会的投資の現状は、様々な問題をはらんでいる。日本と英国の社会的投資の発展を比較検証することは本稿の分析範囲を超えているが、英国と比較した場合、日本では、①社会的投資発展の基礎となる社会的成果指標の標準化や中間支援組織の整備、社会的投資に対する税制優遇措置など、エコ・システムの確立に向けた政策が不在である、②現行の公益法人制度では、助成財団が社会的投資に積極的に取り組むうえでの明確な枠組みが存在しないため、助成財団の社会的投資に向けた取組みが限定的なものにとどまっている、③社会的投資の対象となる社会的企業の定義が不明確で営利目的企業の参入を制限する枠組みがない、④出資を受け入れることのできるハイブリッドの法人格が整備されていないため、融資が中心で投資は限定的のものにとどまっている、などの問題点がある。また、英国の事例を概観したように、社会的投資の発展は、社会的企業に対する新たな資金提供の可能性を開くという利点がある反面、営利と非営利の境界の曖昧化や補助金の削減などの問題があり、同様の問題が、今後、日本においても顕在化する可能性がある。

　このような問題の発生を未然に防ぎつつ、寄附・補助金に加えた新たなファイナンス手法として社会的投資を発展させていくうえで、英国の経験から学ぶべき点は多々あるだろう。英国における社会的投資促進に向けた諸政策がもたらすメリットとデメリットを慎重に見極めたうえで、日本においても、早急に社会的投資整備に向けた制度設計の議論を進めていく必要があると思われる。

（小林立明）

第5章　チャリティの政治活動の規制[1]

　チャリティの政治活動の規制をめぐる議論は、古くから続いている。チャリティ法の判例法の積み重ねの中で、政治活動に対する規制が行われてきた。しかし、歴史的にいえば、奴隷制廃止運動の高まりや女性参政権運動などに、チャリティが大きな役割を果たしてきたことも忘れてはならない。

　チャリティを「慈善団体」と考えると、慈善団体が政治に関わることはおかしいのではないか、と考える人々がいる。しかし、チャリティの意味は、いわゆる「慈善団体」の枠を超えて、社会的諸問題を解決するための非営利公益的な団体というものへと広がっている。そうなると、たとえば、貧困という問題に対しても、単に直接の衣食住の提供のような救済のみならず、貧困をもたらしている社会的原因にまで踏み入ってその解決に尽力することは、自然の成り行きである。発展途上国の支援や人権擁護についても、同様であろう。悲惨な結果の後始末やその緩和だけではなく、結果をもたらす原因の解決に目を向けるのは、その責務でもあるだろう。それは必然的に政治的となる。チャリティ（charity）という言葉は、カリタス（caritas：神の愛）であれば、語義の変転も自然であろう。

　2006年のチャリティ法で分類された公益追求の活動領域のなかには、貧困の防止や人権の擁護など、政治的な活動が特に重要な役割をもつ領域もある。チャリティの政治活動についての法的規制は、一層論争の的になっている。本章では、現時点での規制内容、その実態、そしてそれをめぐる議論を紹介することにしたい。この知的・実践的営みから学ぶものは多い。

　日本では、日本版のチャリティといえば、（認定）特定非営利活動法人と公益法人ということになるであろうが、これらに対する政治活動の規制は二重構造となっており、首尾一貫していないのみならず、規範も不明確である。公益的なアドボカシー、立法活動、立法反対活動、政党政治活動（政治献金や選挙での支持・集票活動）など、多様な政治活動があるが、それらにチャリティ、つまり公益的民間社会活動はどのように関与すべきか、あるいはすべきではないのか、英国における活発な議論から考えたい。これらは租税減免の問題であるのみならず、実は、チャリティとは何かという根本的問いに関わる問題でもあることが、浮かび上がってくるだろう。

　本章では、まず、チャリティの政治活動に対する規制の概要を説明し、次に、この規制をめぐる論争内容を紹介し考察する。

I　規制の概要

　英国におけるチャリティの政治活動に関する制度的規制は、大きく2つに分かれる。1つは、チャリティ法に基づく規制であり、もう1つは、政治資金規制、選挙関係諸法、ロビー活動透明化法に基づく規制である。この構造は、基本的に日本におけるそれと同様である[2]。

　当然ながら、チャリティ法に基づく法規制は、チャリティコミッションを規制者として、団体のチャリティ資格に関わる、つまり規制に違反するとチャリティ資格の剥奪の可能性に繋がる規制である[3]。チャリティコミッションの2008年ガイドライン「声をあげる――チャリティによるキャンペーンと政治活動に関するガイダンス（以下「CC9」という）」（*Speaking out: Guidance on Campaigning and Political Activity by Charities*: CC9）[4]に基づく規制が行われている。労働党政権のもとで改定されたこのガイドラインについては、その後、保守党を中心とする連合政権に変わったこともあり、その妥当性を含めて緊張感のある議論が戦わされている。

　他方、選挙関係諸法の場合には、基本的には選挙期間中の政党政治活動・選挙政治活動に関する選挙委員会による規制であって、チャリティのみならず、あらゆる団体や個人に対するものである。その違反については刑事罰が科され

---

1) 本章は、2014年度～2018年度「公益法人制度改革による非営利団体の政治活動への影響と制度条件の国際比較研究」（JSPS 科研費20169155）の助成を受けた成果である。
2) 日本でいえば、「公益社団法人及び公益財団法人の認定等に関する法律」などの公益法人制度改革関連法や「特定非営利活動促進法」、また社会福祉法人・宗教法人・学校法人など、それぞれの法人形態を定めて規制している法群による規制と、「公職選挙法」、「政治資金規正法」、「政党助成法」、「政党交付金の交付を受ける政党等に対する法人格の付与に関する法律」などによる規制に該当する。これ以外にも、政治的キャンペーンに関しては、放送関連法などの法的規制も関係しているが、この点も両国で同様である。なお、テロ対策関係でのチャリティに対する監督の強化の問題は、**第3章Ⅰの拙稿を参照**。
3) さらに、理事（trustee）に対する賠償責任が課せられることになるし、横領などの犯罪行為があれば、当然、一般法での責任追及が行われる。ただし、チャリティ資格の剥奪については、シプレ原則との関連もあり、微妙な論点が存在する。
4) このガイドラインの維持の当否についても、政治的議論の的である。2014年秋にも、チャリティコミッションのチーフエグゼクティヴであるポーラ・サセックス（Paula Sussex）が、2015年の選挙明けに CC9 のレビューについて議会で言及したことも、セクターでは重要なニュースとして受け止められた（Sam Burne James, "Guidance on charity campaigning will be assessed after election, says Paula Sussex," *The Third Sector,* 19 November 2014 など参照）。

ることもある。

　チャリティ等の市民社会団体の政治活動の重要性に鑑み、選挙委員会は、新法に基づいて、「非党派キャンペナー」を対象にした規制ガイドライン「チャリティとキャンペーン（Charities and Campaigning）」を作成しており、チャリティコミッションと緊密な連携をとりながら規制を行っている。チャリティコミッションの側も、2014年法改正を受けて独自に、「チャリティ、選挙、レファレンダム（Charities, Elections and Referendums）」を作成し公表している[5]。それだけ、チャリティにとって、この規制が重要な意味をもつと考えられている。

1　チャリティ法による規制——チャリティコミッション
（1）　チャリティコミッション「声をあげる——チャリティによるキャンペーンと政治活動に関するガイダンス（CC9）」

　CC9 は、1994年に最初に作られ、その改定版が労働党政権誕生直前の1997年に出た。2006年チャリティ法の改正の後に、2008年に再改定されたが、この版が現行規制の基準である。

（a）　基本的な原則

　チャリティ法の規定上、チャリティであるためには、組織は、同法3条1項に列挙されている目的のいずれかに該当し、かつ公益（public benefit）に資するチャリタブル目的のみによって設立されなければならない。組織は、その目的が政治的である場合には、チャリタブルであることができないとされる。

　この点、日本の特定非営利活動促進法（以下、「特活法」という）のように、「特定非営利活動を行うことを主たる目的」とする、という規定ではない。つまり、「主たる目的」と「従たる目的」などの区別はなく、組織目的を排他的にチャリタブル目的のみに限定している。

　他方、キャンペーンや政治活動はチャリティの「正当で価値ある活動」であることが、明確に承認されている。一見すると矛盾がある。しかし、この矛盾は、組織目的とその手段としての活動とを区別することで解決される。つまり、キャンペーン、あるいは政治活動は、そのチャリタブル目的の実現を支持・遂

---

5) Charity Commission for England and Wales, Charities, Elections and Referendums, July 2014.

行する文脈において (in the context of supporting the delivery of its charitable purposes) のみ、チャリティによって取り組まれうる。「主たる」「従たる」ではなく、組織目的をチャリタブルなものに限定したうえで、その遂行の手段としてであれば、広範囲な活動（その意味では、明言してはいないが諸活動を体系付けるという意味での「目的」も含まれるといってよいであろう）が許容されるのである。

ただし、チャリティは、「政党政治活動」を行うことができない。つまり、政党を支持したり利益を与えたり（反対したり）することができない。チャリティは、「自らのチャリタブル目的を支持・遂行する方法において、政党と関与することができるが、そうするにあたっては、政治的中立性を維持しなければならず、公衆の中立性についての認識を確保できるように他の諸政党との共同も考慮すべき」であり、「理事は、チャリティが政党とのいかなる関与についても可能な限り公開かつ透明であるようにすべき」とされている。

（b）用語法

このガイドラインの理解のために、まず、用語法を確認しておくことが必要である（CC9）。

① キャンペーン（Campaigning）：われわれは、この言葉で、意識の向上（啓発）、および、特定の問題について支持を動員して、公衆を教育したり巻き込もうとしたり、公衆の態度に影響を与えあるいは変化させようとする試みを指す。われわれは、また、現行法の順守を確実にすることを目的とするキャンペーン活動を指すためにも用いる。

② 政治活動（Political Activity）：われわれは、この言葉を、この国であろうと海外であろうと、法律、または中央政府、地方政府、その他の公的機関の政策または決定の変更に対して、支持を確保したり、または反対したりするチャリティの活動を指すものとして使用する。それは、チャリティがその廃止や修正に反対する場合に、現行法の一部を保持しようとする活動を含む。これは、現行法の順守を目的とする活動とは異なる。これは、① キャンペーンにあたる。

このほかに、「政党政治活動（party political activity）」という表現がある。政党の利益を推進したり、政党や、選挙候補者・政治家に対する支持や資金支援を行うことを意味する。

このガイドラインでは、「キャンペーン」はそれ自体で「政治活動」とされておらず規制されていないことに、注意が必要である。現行法の順守を目的とする、といった場合、たとえば、「難民関係のチャリティが、難民が行う社会的に積極的な貢献を強調し、政府に対して難民の権利を実現するために現行法の実施を要求する」ことも入る。日本では、憲法の順守を訴える運動、現行法に定められている生活保護施策の完全実施を求めたり、労働法による労働時間規制の完全順守のための施策を国に求めたりすることは、ここでいう「キャンペーン」であり、「政治活動」にはあたらない。改正が争点の場合には、順守と現行法の擁護との間の区別は容易ではないが、順守を求めることは政治活動とはされていないわけである。

　また、「貧困および環境に関するチャリティが、銀行の化石燃料採掘計画への投資に反対してキャンペーンを行う」ことも、対象が政府等の公的機関の政策変更でないため、「政治活動」として規制されない。[6]

　他方、ここで示されている狭義の「政治活動」には、「政党政治活動」は入らない。一般に、広義で使う場合には、「キャンペーン」や「政党政治活動」が含められる場合もあるし、特に「政党政治活動」は、典型的な「政治活動」でありうるけれども、CC9の文脈では、「政党政治活動」は基本的に禁止されている。したがって、狭義における、つまり「政党政治活動」と区別される「政治活動」が、どの程度まで可能かが、特に重要な焦点として取り上げられている。

（c）　論点

　以上の原則の適用について、次のような境界線問題が重要である。

　　①政治的目的が同時にチャリタブルであることができるか。
　　②チャリタブル目的を支持・遂行する文脈であっても、どこまで政治活動を行うことが許容されるか。
　　③禁止されている「政党政治活動」と許容される「政治活動」との境界線

6）日本での法律上の政治活動の定義は、判例や政治資金規正法などによると、「政治上の主義もしくは施策を推進し、支持し、もしくはこれに反対し、または公職の候補者を推せんし、支持し、もしくはこれに反対することを目的として行なう直接間接の一切の行為」となっている。なお、CC9の現行法や政策の変化・維持を求める活動のみを「政治活動」とするのは、後述のように、重要判例の定義によるのであって、英国でも、一般社会での用語法と同じというわけではない。また、米国における規制の用語法とも異なっているので、注意が必要である。

はどのようになっているか。

（ⅰ）政治的目的が同時にチャリタブルであることができるか　CC9は、「政治的目的はチャリタブル目的ではありえない」という立場に立っている。列挙されているチャリタブル目的は、論理的には同時に政治的目的でありえても、その場合には、法的な意味ではチャリタブル目的であることが否定される。

（ⅱ）チャリタブル目的を支持・遂行する文脈であっても、どこまで政治活動を行うことが許容されるか　これについては、「政党政治活動」を行わない限り、非常に広範囲に許容されている。具体的には、たとえば、①政治目的を、チャリタブル目的を支持・遂行する文脈に位置付けられていれば定款上に書くことも可能であり、また、②一定の時期に、その資源の全部を「政治活動」に投入することも可能であるし、さらに、③情動的な、あるいは論争的な方法で活動することや、デモなどの示威行為を行うことも許容される。

資源について、CC9には次の事例が挙げられている。

〈事例〉　あるチャリティが、英国のある村の保存を実現するために設立されその地域で長く続いてきた。しかし、実施されれば農村の保存を大きく損なうであろう大規模な新しい開発を行う提案を、地方政府が承認する過程にある、ということがわかった。このチャリティは、その提案に反対してキャンペーンを行うことが、チャリタブル目的の実現の支持・遂行、あるいは貢献の効果的な方法であると信じるべき合理的な根拠があるがゆえに、この活動のためにすべての資源を投入するべきであると決定する。初めは、どのぐらいの間キャンペーンをする必要があるのかもわかっていないが、理事は、リスクを考えて、この活動にチャリティの資源を使い続けることの妥当性を定期的にレビューすることを決定する。

非常に説得的な事例であるといえるだろう。また、「事実的に正確でよく基礎付けられた証拠」に基づいている限りは、「公衆に強い情動を喚起する」宣伝・広報も許容される。リスクを伴うが、それを理事会が十分に確認して意思決定を行っていれば、妥当であるというのがCC9の基準である。

ただし、このような広範囲な政治活動の許容も、それがチャリティの「持続的な唯一の存在根拠」になることは否定される。チャリティ目的のみが存在根拠であり、それが政治的目的であることが否定されているからである。つまり、事実上の存在目的になることが否定されているといってよい。

（ⅲ）禁止されている「政党政治活動」と許容される「政治活動」との境界線は

どのようになっているか　「政党政治活動」への関与は否定されることを前提としても、具体的な「政治活動」は、「政党政治活動」や選挙活動と関係をもつことがある。チャリティは、政党への一般的支持を与えることはできないし、候補者を支持することもできないが、政党の個別の政策を支持することは、そのチャリタブル目的の文脈において妥当と判断すれば可能である。また、政党の集会などでも、政党への投票を支持してはならないが、逆に、政党の政策に影響を与えようとすることはできる。

このように、チャリティコミッションは、チャリタブル目的における限定や政党政治における限定はあるものの、チャリティの広い意味での政治活動の正統性を非常に明確に認めたうえで、具体的な規制のラインを事例を挙げて明示するように努力している。この態度は、CC9 の基本的な立場として、次のような姿勢が明示されていることに明らかである。

　「キャンペーン、アドボカシー、そして政治活動は、チャリティが取り組むまったく正当で価値ある活動である。多くのチャリティは、それぞれの受益者（beneficiaries）、さらにより一般的にその地域社会と、強い結び付きをもっている。高い水準の公衆の信頼を受けており、非常に様々なコーズを表現している。これゆえに、チャリティは、受益者のためにキャンペーンしアドボケイトする独特の文脈に置かれている。チャリティが法や政府の政策の変更を求める場合、一定のルールが適用される。

　われわれは、すべてのチャリティが、もしすることを決定したのであれば、正当にできることについて自信をもつことを望んでいる。それゆえ、チャリティのキャンペーンについての基本的な法的立場は、ガイダンス改定以前と変わっていないけれども、このガイダンスでは、チャリティがキャンペーンする自由と可能性とに最初に焦点を当て、その後にのみ、理事が心にとめておかなければならない制限とリスクについて述べることにする」。

このような基本姿勢が、この CC9 というガイダンスにはよく表れている。

そのうえで、チャリティコミッションは、規制について、摘発的ではなく指導するかたちでの執行を行うことを確認したうえで、もし規制に違反した場合には、チャリティ資格の喪失や理事による損害賠償などの可能性があることを[7]

---

7) この点は、CC9 およびチャリティ法に明記されているが、チャリティコミッションの権限の問題としては、法的な議論が存在している。

指摘している。

2　選挙法による規制——選挙委員会
(1)　2000年選挙法（PPERA）、2014年ロビー法

　選挙関係の規正法は、Party Parties, Elections and Referendum Act 2000 (PPERA) である[8]。ロビー法（Transparency of Lobbying, Non Party Campaigning and Trade Union Administration Act 2014）は、2014年の9月19日に発効し、PPERAの規制を変化させることになった。ほかにも、たとえば、放送で活動しようとすれば放送法の規制を受けるといった関係法令は存在するが、ここでは、このPPERAおよびロビー法に基づく選挙委員会の規制を概観する[9]。

　特に、2014年ロビー法は、その立法過程においてボランタリーセクターが関与する激しい政治的論争があり、法案自体も変遷を遂げ、さらに、議会でも最終的な修正が僅差で修正が否決されて成立したという、いわくつきの法律である[10]。そして、その執行のために選挙委員会によって作成された中心的なガイドラインであるIntroduction: Charities and Campaigningも、発表されてから何度も修正を受けている。また、ボランタリーセクターの側からは、その執行をめぐって様々な反発がなされている状況があり、2014年夏には、野党から本法の廃止提案も出され、2015年の選挙結果によっては本法の廃止ないし大規模修正の可能性も取り沙汰されていた。選挙後も、その執行状況についての意見収集が議会によって行われている。

　日本では、NPO、特に、公益法人や特活法人の政治活動について議論する

---

8) 本法については、たとえば、間柴泰治「『2000年政党、選挙及び国民投票法』の制定とイギリスにおける政党助成制度（資料）」『レファレンス』643号（2004年）、に部分的な紹介がある。
9) なお、本文に示した2法は中心的なものであるが、それ以外にも関連する多くの法規制が存在している。
10) 1st readingは、House of Commonsで2013年7月13日に行われた。その後、NCVOなどのセクター団体から強力なロビー活動を受け議会での審議が中断し、パブリックコメント期間を設けたり、法案自体に大きな修正が加えられたりした結果、2014年1月30日にRoyal Assentを受けて法となった。この過程において、NCVOやACEVOを含めて広範囲なボランタリーセクターからの支援を受けてThe Commission on Civil Society and Democratic Engagementが立ち上げられ、議会に対する具体的な改正提案等を行った。また、この委員会は、立法後もそのモニタリングのパブリックコメントを行っているが、本章執筆時点（2015年8月））では結果は公表されていない。なお、制定過程におけるボランタリーセクターの活動は、それ自体、セクターの活発な政治活動の事例として非常に興味深いところである。

こと自体が多くない。それ以上に、NPO にとっての公職選挙法・政治資金規正法をはじめとする諸法による規制を視野に入れて、きちんと検討し議論することがほとんどない状況がある。英国における同様の領域での法規制の概要と、それをめぐるボランタリーセクターの強い関心とその実践的な議論を紹介しておくことは、意義があると思われる。

（２） 選挙委員会ガイドライン「チャリティとキャンペーン」

　これらの法は、チャリティのみならず、様々な団体および個人の選挙活動についての規制である。特に、チャリティの政治活動規制について議論する場合には、関係する部分を取り出し、かつチャリティの活動に特有の問題点について解釈をふまえて基準を具体化することが必要である。これらは、寄附、選挙運動、連合体での運動、非党派キャンペーナーとしての登録、規制対象経費、報告様式など、様々な細かいガイダンスや書式として用意されている。ここでは、この概要を把握するために、各チャリティ規制機関と選挙委員会が共同で作成したガイダンスである「Charities and Campaigning」[11]を中心に紹介したい。

（a）　非党派キャンペーナーの登録

　このガイダンスの意図は、次のように説明されている。

　「その意図するところは、チャリティが、法的義務に合致し、政治的独立を保持し、その公衆からの信頼を確保しつつ、選挙の準備期間に自信をもち、かつ効果的にキャンペーンを行う力を与えることである」。

CC9 同様、チャリティの政治活動を抑圧するのではなく、できる限り基準を明確にして、チャリティが「自信をもち、かつ効果的にキャンペーンを行う」ことを目的として明確にしている。そのうえで、チャリティ法と区別された選挙法による規制を具体化している。

　この規制では、一定の要件に合致すると「非党派キャンペーナー」としての登録が求められる。

　まず、「非党派キャンペーナー」とは、選挙準備期間（in the run-up to the election）にキャンペーンを行う個人・団体を指す。ここでいう「キャンペーン」は、CC9 の定義する限定された意味とは異なっていることに注意する必要がある。より一般的辞書的な、「（政治）運動」、「推進（反対）活動」という語義

---

11) The Electoral Commission, *Charities and Campaign*.

で使われているといってよい。また、非党派キャンペナーとは、単にチャリティを指しているのではなく、定義されている活動を行っている者すべての名称であり、規制も一般的なものである。

この非党派キャンペナーのうち、一定金額以上を支出して「規制された非党派キャンペーン」を行う者は、選挙委員会に登録しなければならない。一定金額以上の支出とは、「規制期間」に、イングランドで2万ポンド、スコットランド他では1万ポンド以上である。登録した場合、この個人・団体は「登録非党派キャンペナー」と呼ばれる。「規制期間」とは、UKの総選挙の場合には365日、ウェールズ・スコットランド・北アイルランドの各議会、EU議会では4か月間の選挙準備期間である（ただし、2015年選挙については、2014年9月19日の新法の発効日から2015年5月7日の投票日までとなっている）。

なお、チャリティ規制機関（チャリティコミッション等）は、「選挙期間」（選挙が公示されてから投票日まで）については、特別のガイダンスを作成している。[12]この期間は22〜24日であって、上記の選挙準備期間における「規制期間」とは異なっているので、注意が必要である。

「規制された非党派キャンペーン」とは、下記の2つの条件に合致したものである。

1つは、「目的テスト」である。

これは、その活動が、「政党、特定の政策や争点を支持したり支持しなかったりする候補者集団、を含めて、政党や候補者集団への支持あるいは反対の投票を、投票する人々に影響を与えようとしていると、合理的にみなされる」かどうか、である。

もう1つは、「公衆テスト」である。

これは、「公衆を対象にしており、公衆によって見られたり聞かれたり、あ

---

12) Charity Commission for England and Wales, *Charities, Elections and Referendums*. なお、さらに、政党や候補者については、"long campaign period" と "short campaign period" の違いがあり、選挙資金の規制が別々に行われている。2015年の総選挙の場合、long campaign は2014年12月19日に始まり解散日（公式に、議員や議員立候補予定者が候補者になる日）に終わる。short campaign は、解散日に始まり、投票日、つまり2015年5月7日に終わる。それぞれの期間に候補者が使うことができる資金の額が、別に規制されている。なお、short campaign period が、上記のチャリティコミッションのガイドラインの「選挙期間」にあたる。ただし、日本の公職選挙法のような広範囲の運動規制をするための期間ではまったくない。

るいは公衆が参加する活動」かどうか、である。

つまり、目的として投票者の行動に影響を与えようとし、対象が開かれた公衆であれば、「規制された非党派キャンペーン」にあたるわけである。ただし、この「規制された非党派キャンペーン」自体を禁止するのではなく、その支出費用上限等を定めるのが、選挙法による規制である。

(b) 規制内容

非党派キャンペーナーは、定められた上限金額以上の支出を行うことができず、かつ支出・寄附についての報告義務が課せられる。たとえば、英国の国会議員選挙に使える金額の上限は、イングランドは31万9,800ポンド、スコットランドは5万5,400ポンド、ウェールズは4万4,000ポンド、北アイルランドは30,800ポンドである。特定の国会議員選挙区（群）に対する支出「特定選挙区キャンペーン」は、9,750ポンドまでである。

規制されたキャンペーン活動に支出された500ポンド以上の寄附は、すべて報告されなければならない。これらの報告は、選挙委員会のウェブ上で公開される。これに該当しない一般的な活動に対する寄附についての報告義務はない。なお、チャリティは、その子会社も含めて、政治献金を行うことはできないし、政党にいかなる財政的支援や資源提供を行うこともできない。

政党や政治家との接触については、「公衆の認知における中立性の確保」をチャリティコミッションは求めている。ロビーイング等は選挙法の規制外であるが、公衆の参加を求めるかたちでのロビーイングであれば、政党や候補者への支持や反対について有権者に影響を与えることとみなされて、規制された活動としてカウントされる（つまり、報告義務と支出上限規制とが課される）。

なお、選挙資料として政党や候補者支持を示すものを会員等に送ることは規制された活動にあたり費用制限に該当するが、その活動自体がチャリティコミッションによるチャリティの政党政治への非関与の制限に該当するので、違法ということになる。公衆向けの演説会などで、特定の政党や候補者を招いたり招かなかったりすることも、チャリティ法上の規制によって禁止されているが、選挙法上は、費用上限対象活動になるだけである。つまり、政党に対して非選択的であれば、どちらの基準によっても規制されない。非選択的であり、かつ特定の政党や候補者を招かない場合というのは、招かないことに「公平な」理由が必要である。「公平」な理由としては、たとえば、会の運営が非常に困難

になるであろうような安全上の理由が考えられるし、その地域での知名度や、地域での議員の数などによる選択理由も考えられるとされている。

なお、他の非党派キャンペーナーと「連合してのキャンペーン（joint campaigns）」についても、一定の計算に基づいて費用上限が適用される。

(ｃ) 論点

ここでも、境界線問題が重要になる。２つの登録要件のテストについてが、論点として重要である。

　　（ア）目的テスト　目的テストそのものが多くの議論を呼ぶ条件である。というのは、先にみたように、チャリティ法による規制としてチャリティは、政党政治活動を行うことを禁じられている。そうであるとするならば、目的テストに合致するようなチャリティはその資格を奪われるのではないか、という当然の疑問が出てくるからである。

これに対して、選挙委員会は、この基準はチャリティコミッションの基準よりも広く、差があることを強調し、チャリティコミッションも、チャリティ法上の規制においては一定の範囲で合法的領域があることを確認している。

この領域に該当する可能性があるとして注意が喚起されているのは、以下のような場合である。選挙委員会によれば、選挙法は、「特定の政党や候補者の名前を出さない場合」で、「特定の争点に対して関心を高めようとする活動」であっても、規制された活動に該当する場合がある、としている。CC9で認められた特定政策に関するアドボカシーであっても、また、チャリティの主張している特定の政策を支持する政党や候補者を支持する、またその政策に反対している政党や候補者に反対するというようなかたちであっても、投票に影響することを意図しているとみなされれば、規制された活動になる可能性があるわけである。

ただし、注意すべきなのは、これらの活動自体を禁止しているわけではないことである。規制されたキャンペーン活動に使う金額に対する制限があるだけであって、その活動自体を禁止しているわけではない。チャリティコミッションが許容している活動であっても、その活動に費やされる金額に上限を置くというのが規制内容になっている。

いずれにせよ、この基準は、何がこの規制された活動の範囲になるのか（また、どこまでの費用がこの活動費用として算出されるのか）が大変あいまいであっ

て、チャリティの自己規制を誘発し抑圧的な影響があるとして、NCVOや ACEVO等が中心的に批判している点である。

　（イ）　公衆テスト　「公衆テスト（the public test）」は、以下のように説明されている。

　ガイドラインによれば、「会員や関与している支持者（members and committed supporters）」は、公衆あるいはその一部とはみなされない。このなかには、「ダイレクトデビットによる定期的寄附者、毎年の予約をしている人々、そのチャリティに活動的に関与している人々」が含まれる。

　当然、「関与している支持者」の具体的な範囲が問題となる。ガイドラインによると、「フェイスブックグループやツイッターフィードへの参加、一般的な商業的目的のために作られたメーリングリストの参加者、e-mailアップデイトに登録している人々」というだけでは、このなかに含まれないとする。公衆あるいはその一部とみなされる人々に対して、選挙関係資料を作成配布したり、戸別訪問や（電話によるものを含め）「市場調査」（のかたちでの勧誘）を行ったり、公開のイベント等を行ったりすれば、この規制された活動に該当し、それに対する支出金額がカウントされることになる。

3　その他

　具体的な法執行の点から、特に問題とされているのが、費用計算事務が過大であることである。なかでも、「スタッフコスト」の問題が指摘されている。つまり、特定職員が専従に「規制されたキャンペーン」を行うのであれば明確であるが、具体的には、スタッフが様々な関連活動をするなかの一部が「規制されたキャンペーン」に該当するであろうことが想定される。その場合の線引きの基準が不明確であるという問題が指摘されている。

　また、特定選挙区への支出上限と選挙全体への支出の上限との関連、その計算方法についても、その複雑さから改善が必要という声が多い。

　いずれにせよ、NCVOも、チャリティ自体に、また選挙関係活動についても、透明性が重要であることを認めている。しかし、2014年のロビー法以前の選挙法自体にあいまいな点が多いことが、問題の根本にあるとされている。2014年ロビー法がその改善に値するよきバランスを得た明確な法となっていない、というのが、批判者側の主張である。

しかし、ロビー法自体は、上述のように、法案段階でパブリックコメントや批判の声を受けて大きな修正を経たうえで、立法まで漕ぎつけられたという経緯があり、その意味では、政府側としては、すでに多くの意見を取り入れてきたのであるから2015年選挙での経験をふまえ、必要な部分について見直していけばよいと主張している。

　NCVO等は、チャリティの政治活動に関するCC9基準に基本的に肯定的であって、その基準以上の制限をかけることについて、懐疑的であるといえるだろう。

　NCVOは、2015年選挙に向けてチャリティセクターを代表してマニフェストを発表して、セクターの発展のための一連の政策の実現を要望し、各チャリティにも、それぞれのチャリティ目的の政策的実現に向けて、積極的に選挙に関与することを唱導している。そして同時に、NCVOとしては、自らはチャリティとして非党派キャンペナーとしての選挙委員会への登録は必要ない、という立場である。それは、基本的にはCC9で許容されていない政党政治活動は行っておらず選挙委員会の基準にも該当しないはずだ、という考え方があるからである。ということは、他のチャリティに対しても、積極的な登録を呼びかけることが必要だとは考えていない、といってよい。

　2015年の選挙の保守党の勝利によって、ロビー法の廃止という話は沙汰やみになった。ただし、具体的な執行状況についての議会での調査が行われており、それを経て改正が行われる可能性も存在している。

II　チャリティの政治活動をめぐって

　前節では、チャリティ法および選挙法の2つの方向から、チャリティの政治活動規制について概観した。以下では、この概観をふまえ、選挙委員会の規制ではなく、特に、チャリティ法に基づくチャリティコミッションの規制をめぐる動向を紹介することにしたい。

　日本での公益認定等委員会による公益認定やその後の監督、特活法に基づく都道府県知事の認証とその後の規制のあり方にとって、参考になるとこが多いと思われるからである。選挙法による規制については、日本での政治資金規正法、公職選挙法による規制体制との比較になるが、彼我の違いは非常に大き

くかつ重要であり、本章の検討範囲を超える。

以下では、最初に、現行チャリティ法による規制の背後にある論理を整理し、次に、現行2008年 CC9 成立についての政治的文脈を論点とともに紹介する。さらに、このような寛容な規制に対する反対派の動向と議論とを、複数の事例で紹介したい。さらに、現行規制の具体的あり方を示す2つの事例について、チャリティコミッションおよび審判所の対応を紹介しよう。

1 現行の法的規制の論理

本来、非営利公益団体と政治活動との関係は、十分に原理的に考えられてしかるべき問題である。

結社の自由と表現の自由とが承認されている民主主義国家においては、自由に団体を形成することができるし、その言論や表現の自由についても、政治的表現の自由を含め承認されるべきことが規範として存在している。そのうえで、特に税制上の優遇措置と結び付いたチャリティの登録の要件としては、どの程度の政治活動規制が可能なのか、が問題となる。この場合、一般には、チャリティは、一定の限定された公益目的のサービス提供が公益に資するがゆえに、税制上の優遇措置が与えられる、とされる。

そこで、第1に、団体の目的として、政治的目的はそれ自体として公益目的足りうるか、あるいは主要には政治的目的でなくても一定の政治的性格をもった目的は公益目的足りうるか、非政治的公益目的と政治的目的とを併存してもちうるか、また、主要目的としては非政治的目的であっても従属的目的、あるいは手段として政治的目的をもちうるかなどの、目的の政治性に関する議論がある。第2に、目的自体の政治性とは別に、その団体の活動として政治性をもった活動は認められるか、どの程度まで、あるいはどのような種類の政治的活動が認められるかという、許容される活動の政治性に関する議論がある。

先にみた、イングランド・ウェールズのチャリティコミッションの規制の現状は、これらの点について、次のように整理することができる。若干繰り返すことになるが確認しておきたい。

第1に目的について。チャリティは、団体として公益目的のみをもつことができる。法に列挙されているどれかに該当し、かつ公益（public benefit）に資するチャリタブル目的のみによって設立されなければならない。組織は、その

目的が政治的である場合には、チャリタブルであることができない。

　第2に活動について。政治活動は、当該チャリタブル目的にとって手段として位置付けられる限り、広範囲に認められる。政治活動が唯一の存在意義になってはならない。ただし、政治活動のうち、政党政治活動は認められない。

　この枠組みにおいて、第1に議論になるのは、政治的目的はチャリタブルでありえないか、あるいは公益的ではありえないか、である。

　チャリティコミッションがこの問いに否定的であるのは、従来の判例法の主流の解釈によっているからである。この解釈は、典型的には、マクガバン事件（*McGovern v Attorney-General* (1982) Ch 321）に表現されている政治活動の定義に関する判例、あるいはそれ以前の判例の名を取ってボウマン（Bowman）の原則などと表現されることもある、政治活動規制の考え方である。

　マクガバン事件とは、1961年に任意団体として設立された国際人権救援機構（Amnesty International）が、公益目的として考えられる部分について、1977年にアムネスティ・インターナショナル・トラスト（Amnesty International Trust）を設立しチャリティ資格を求めたことに端を発する訴訟である。この求めをチャリティコミッションが拒否したことから、トラスト側が訴えて裁判となり、高等法院での判決が下された。

　この判例には、以下のとおり重要な論点がいくつもある。

　　①政治的目的を含む場合には、その目的はもっぱらチャリタブル（exclusively charitable）であるとはいえない。
　　②現行法や政府政策の変革を求めることは、政治的である。国内法のみならず外国の法や政府政策の変更を求める場合も同様である。
　　　スレイド（Slade J.）判事は、政治的目的について、以下を示した。
　　　「㈦特定の政党の利益を促進する、㈤本国の法の変化をもたらそうとする。㈦外国の法の変化をもたらそうとする、㈣本国の政府政策や政府機関の特定の決定の転換をもたらそうとする。㈥外国の政府政策や政府機関の特定の決定の転換をもたらそうとする」こと（これが、CC9における「政治活動」の定義に反映されている）。
　　③団体の目的の手段としての付随的な政治的活動は、チャリタブルな地位を覆すものではない。
　　④現行法や政府政策の変革を求めることがチャリタブルでないのは、チャ

リティコミッションも法廷も、その公益性を判定する手段がないこと、また立法府の権限を侵すことになるからである（これは、以前の判例からの継承）。

　この判例は、ボウマン事件（*Bowman v Secular Society* [1917] AC 406)、NAVS事件（*the National Anti-Vivisection Society v IRC* [1948] AC 31) などの基本判例の継承として位置付けられている。その意味では、これら判例での言及をまとめて（あるいは拡大整理して）表現したものといえるだろう。

2　現行2008年CC9成立の文脈

　2008年版現行CC9は、この判例の考え方を覆したものではないとされているが、この判例法解釈を前提としたうえで最大限の許容性を規範化したものということができる。

　もともと、日曜労働の廃止を唱えた the Lord's Day Observance Society や奴隷制廃止を進めた Anti-Slavery International[13]、婦人参政権運動の展開など、活発なアドボカシーは、英国のチャリティの伝統である。法律的な政治活動への規制は、20世紀に入ってからのことだともいわれる。[14]

　しかし、他方で、チャリティの目的制限と関連して、福祉・教育・宗教などの領域での・サ・ー・ビ・ス・提・供・の役割に限定されるべきだという主張も根強く存在している。これらの論争や規制をめぐる闘争は、歴史上、しばしば行われてきた。[15]

　たとえば、サッチャー時代にあたる1990年には、当時の最大規模のチャリティであったオクスファム（Oxfam）は、少なくとも1980年代には、活発な国際的なアドボカシーを展開していたが、これに対して、チャリティ・コミッショ

---

13) Mike Kaye, *1807-2007: Over 200 years of campaigning against slavery*, Anti-Slavery International, 2005 は、この団体の歴史的なキャンペーンについての概観を与えている。同時に、「21世紀における奴隷制」として、債務奴隷、児童労働、人身売買、国家による強制労働、世襲的奴隷制を列挙し、現在の活動も紹介されている。
14) 判例上は、初期のものとして、1897年に、ビショップが「保守クラブと村図書館」を「すべての酒精飲料やダンスから守り、保守主義的原理の増進と宗教的精神的改善を図る」ために遺贈したケース（「保守」と訳したが大文字であり実際には保守党の意味）について、チャリティ資格を認めたものもある（Re Scowcroft [1898] 2 Ch. 638、L. A. Sheridan, 'Charity versus Politics', *Anglo-American Law Review*, 47, 1973 に言及がある）。
15) たとえば1969年にチャリティコミッションのレポートには、「現代の発展」として「圧力集団」、「アクショングループ」「ロビー」が出現してきたことが言及されている（Sheridan, *op. cit.*）。

ナー（Charity Commissioners for England and Wales：チャリティコミッションの前身）が、チャリティの地位の政治的乱用に関する調査に入り、1991年には、その報告が公表されている[16]。同報告のなかで、チャリティは、南アフリカの「アパルトヘイトの廃止（やその他）、あるいは特に制裁の持続（やその他）を確保することに名前を貸すべきではない。これらはチャリティの権限の範囲外にある政治的問題である」として、その活動が批判されている。チャリティは、「当該の国や社会における社会的経済的政治的構造における貧困の原因に影響を与えたり変化を与えたりすること」を避けるべきだというのである。これに対してオクスファムは、キャンペーンの再組織を行って関係の修復に努めて対応したが、結局、キャンペーンをやめることはなかった。

　その後、1997年のブレア率いる労働党の地滑り的勝利によって保守党政権が終わると、ニューレイバーの政策は、ボランタリーセクターの役割を高め、1998年のコンパクトにおいては、政府との間でボランタリーセクターの政策形成への参与を明確に認めることとなった。ナショナル・コンパクトにおいて、「ボランタリー組織・コミュニティ組織は、その目的を増進するために法の範囲内でキャンペーンを行う権利をもつ」とされ、「法の範囲内において、キャンペーンを行い、政府政策にコメントし、政府政策にチャレンジする権利」を、政府は承認するとされた[17]。2006年12月には、サード・セクター担当大臣のエド・ミリバンド（Edward Samuel Miliband）（2015年選挙までの労働党党首）は、

・・

16) 以下、この事件については、Peter Burnell, "Charity law and pressure politics in Britain: after the Oxfam inquiry," *Voluntas: International Journal of Voluntary and Nonprofit Organizations*, Vol. 3, No. 3 (Dec. 1992), pp. 311-334 が詳しい。同様に、Christian Aid に対して、南アフリカや中東の過激な集団への支援に関して公的な調査が行われた。また、サッチャー政権の末期には、労働党や労働組合、平和運動と結び付きの強かった War on Want の財務破綻についても、チャリティ・コミッショナーの調査が行われ、1991年に報告が公表された。なお、当時は、1960年チャリティ法のもとにあった。

17) この経緯については、チャリティの政治活動に対して（同時に労働党に対して）非常に批判的な立場をとるチャリティ法の重鎮の1人である、ヒューバート・ピカルダ（Hubert Picarda QC）（Queen's Counsel：上級弁護士）の簡潔な政治的動向の表現がある（'Speak out: campaigning and the voluntary sector,' *Solicitors Journal*, 17 June 2008）。なお現在の保守党主体の連合政権との間のコンパクトの改定によって、直接の本文の表現はなくなったが、現行コンパクトでも、「われわれは以下のことを信ずる。すなわち、強力で独立した市民社会組織は、このビジョンにとっての中心的存在である。その働きは、社会的変革のための社会貢献活動とキャンペーンを奨励する役割を通じて、また公共サービスの企画と提供においてより大きな役割を果たすことを通じて、そしてコミュニティエンパワーメントを促進することを通じてなされる」とされている。

チャリティセクターの居並ぶリーダーたちを前にして、「特定のキャンペーンについて大臣がどんな見解をもっていようとも、あなた方のキャンペーンの役割を擁護するのは、革新的な政治家の大きな利益である。それは、その個々の内容によってではなく、あなた方のキャンペーンする力と権利を擁護し、あなた方の声に対して政府を開くことにおいてである。……地方であろうと国のレベルであろうとも、政治家は、あなた方のキャンペーンの権利を理解し、賞賛し敬意を持つべきである。そして、（チャリティが）地方政府のサービス提供を支援しつつ、地方政府に対するキャンペーンを行うのはまったく矛盾しないことを理解すべきなのだ」と宣言した。[18]

この文脈の中で制定施行された2006年チャリティ法は、チャリティの政治活動についての法的構造に大きな影響を与えた。その最大のポイントは、初めて広範囲に列挙された13のチャリティ目的（13番目は、旧法の継承およびその他条項）の中に、「貧困の救済と防止」、「シティズンシップの促進」「人権の促進」「宗教的人種的調和、平等、多様性の促進」「動物福祉の促進」などが挙げられたことである。このことは、チャリタブル目的として、政治性をもつ目的が含まれる可能性を大きく広げた。

この変化を前提として、CC9の改定がなされた。このガイドラインの作成において大きな役割を果たしたのが、労働党の議員であるヘレナ・ケネディ（Baroness Helena Kennedy QC）をチェアとして、[19] NCVOやACEVOなどのア

---

[18] "Miliband talks up campaigning," *Third Sector*, 06 Dec. 2006. Third Sector紙の主催するBritain's Most Admired Charity賞の授賞式に出席した際の150人のセクター・リーダーの前での発言。また、内閣府の戦略ユニットレポート（2002年）は、「チャリティコミッションのキャンペーンについてのガイドラインを修正し、トーンとしてより少なく警告的にし、チャリティが取り組めるキャンペーンと他の非党派的政治活動について、より強調を置くようにする」、さらに、「チャリティの最長の利益であると理事会が判断した活動はなんであれ追求できる自由を理事会がもてるように強調すべきである」とした（Strategy Unit Report, *Private Action, Public Benefit: A Review of Charities and the Wider Not-For-Profit Sector*, September 2002）。

[19] あるインタビューでは、チェアであったヘレナ・ケネディは、「キャンペーンがチャリティの中心的活動となる時が来るであろうと考えている」と発言している（Mary O'Hara, "The third way", 23 May 2007, *The Guardians*, 23 May 2007）。本報告書によれば、チャリティは伝統的にアクティブに政治活動を行ってきており、20世紀になって法規制が強化されたけれども、本来の伝統を正当に認め活性化していくことが、特に英国の市民の投票率の低下、政党への参加率や信頼の衰退などに表れている政治参加水準の低下とに対して、有効な対策であると位置付けられている。その意味で、チャリティの政治活動の承認という主張は、伝統によるのみならず、英国における新しい民主主義のかたちを展望した位置付けが与えられている。

ンブレラ組織を含む多くの有力なチャリティ（Oxfam, English Pen等）の代表者と法律専門家とからなる Advisory Group on Campaigning and the Voluntary Sector, May 2007[20]である。

本報告は、政党政治への関与への禁止を前提にして、チャリタブル目的の遂行の範囲内であればもっぱら政治的キャンペーンに携わることも承認すること、政治的キャンペーンに対する資源制限をやめること、従来のガイドラインにおける「主要と補助的」（dominant and ancillary rule）の基準を廃止することなどを求めた。これらの提案は、2006年法の範囲内で可能であるが、判例法については、その解釈や運用を変更することを求めるものであるといってよい。つまり、いわゆるマクガバン判例などの限定的な解釈を批判し、チャリティの政治活動の積極的承認を提言したのである[21]。

本報告書は、それまでのCC9が主張してきた、ボウマン判例からマクガバン判例に受け継がれた中心的な政治活動の制限根拠を批判した。すなわち、「政治的目的が公益的であるかを、裁判所やチャリティコミッションが判断できない」という前提のうえに、もし「補助的」に活動が行われているのであればチャリティコミッションはその公益性を判断する必要はなく、その活動が合理的にその目的を促進するかどうかを判断すればよい、だから、政治的目的は公益的ではない、という理由について、報告書は次のように批判する。

①裁判所とチャリティコミッションは、政治的キャンペーンと法の改正提案の公益性を判断できる。

②チャリティの目的と活動のテストは同じテスト、すなわちチャリティの受益者の利益を合理的に増進するか否かであるべきである。

③政治的キャンペーンの制限、および主要・補助的という区別のルールについての法的な正当化は信ぴょう性のある論理的根拠ではありえない。

特に、裁判所やチャリティコミッションの公益判断は立法府に対する権限蹂

---

20) Advisory Group on Campaigning and the Voluntary Sector, The Report, May 2007（本レポートには、表題部分にグループ名が書かれているが、レポートの表題自体はないので、便宜上、The Reportとした）.

21) なお、この報告書に影響を与えた文書として、Perri 6, *Restricting the freedom of speech of charities: do the rationales stand up?* Demos, 1994がある。短いパンフレットであるが、チャリティの政治活動に対する制限の論拠を列挙しつつ反論し、特に、表現の自由と法の前の平等の根拠に基づいて、その廃止を強く主張している。

越を起こす、という問題については、次のような理由を挙げて批判している。

①チャリティコミッションは、2006年法で制定法上初めて、公益の理解の増進と、議会が回避した一般的な公益の定義についてガイドラインを発行し、かつ判断する権限を与えられている。

②裁判所もチャリティコミッションも、公益を判断することをこれまで実際に行ってきたし現在もしておりその能力をもっている。

③現行法の推進擁護は「政治活動」とされていないがそれは現状維持に偏向している。

④チャリティコミッションや裁判所は、個々のアドボカシーのメリットを判断する必要はなく、アドボカシーが公論に参加することによって民主主義が促進されるというメリットを判断すればよい。

また、税制上の優遇措置の付与の条件であるという議論に対しても、一般企業を含め数多くの税制上の優遇措置があるなかで公益を追求しようとするチャリティだけに政治活動の制限を行うのは、公平に反しているとしている。[22]

この報告書は議会でも取り上げられ、最終的に2008年にCC9の改定がなされることとなった。実際、2008年版のCC9には、決して全面的にではないが、実質的にはこの内容がかなりの程度反映されているといってよい。このような経緯で改定された2008年版CC9をもとにした規制が、現在行われているわけである。

現在、ボランタリーセクターからは、しばしば、この2008年版のCC9について、肯定的な評価が聞かれる。しかし、それは決して安定したものではない。一方では、この基準のなかで、あるいは基準を超えて、チャリティの政治活動の自由を確保しようとする動向があり、他方では、チャリティの政治活動を強く制限しよりサービス提供活動に特化させようとする動向がある。以下に、まず、チャリティの政治活動への批判派の動向を紹介しておきたい。

---

22) この点、Perri 6（筆名）の議論が踏襲されている。また、Perri 6 は、公益活動を行うチャリティの政治活動の制限を、公務員に対する政治活動の制限と比較し、国有化もされていないチャリティの民間での活動に対して制約を行うのは、「国家による民間の自立性に対する最も赤裸々な否定」であるとしている。

3　政治活動反対派の議論と「風向きの変化」

　ボランタリーセクターを代表するアンブレラ組織は、チャリティの政治活動を積極的に推進する立場からの意見表明やロビーイングを行っている。とはいえ、チャリティの政治活動について反対の意見も、もちろん十分な支持層をもっている。

(1)　2014年のオクスファムのキャンペーンへの批判

　2014年の6月にオクスファムから、ツイッターにフィルムポスターが発信された。

　荒れ狂う海の画像に「完全な嵐」と書かれ、その下方に「配役：ゼロ時間契約、物価高、ベネフィット削減、失業、託児コスト」[23]と書かれた画像が添付され、「耐乏生活の英国のふたを開けると、そこには、全き嵐が現れる。それは、どんどん人々に貧困を強いている」というツイッター投稿とともに発信された[24]。これに対して保守党の議員から、「高度に政治的なキャンペーン」であり「納税者の金の恥ずべき濫用」、と激しい批判がなされた。「オクスファムのチャリティ資格は海外の貧困や飢餓の救済に焦点があるはずなのに、どうして人々から献金された資金を政治的キャンペーンに使うことができるのか理解できない」と。2015年5月の総選挙を控え、体制批判は選挙政治に直結すると、保守党の政治家が感じるのも当然であろう（この件は、チャリティコミッションの調査が要求され、その結果も12月に公表された。後述4(1)）。

　また、2014年の9月初めには、キャメロン政権の8月に就任したばかりのブルックス・ニューマーク（Brooks Newmark）市民社会担当大臣の発言が、大きく報道されて大問題になった。彼は、「われわれは、チャリティやボランタリーグループが政治の領域から外に出ていることを本当に望んでいる。

---

[23]　就業時間が雇用契約に明記されないで、使用者の呼び出しに基づいて就業する雇用契約のこと。簡単には、山下順子「ゼロ時間契約はなぜ問題か」『労働調査』（労働調査協議会・2014年2月）、沼知聡子「英国：ゼロ時間契約の増加」（大和総研・2013年8月26日）、國武英生「イギリスにおける労働法の適用対象とその規制手法」『日本労働法学会誌』（法律文化社・2006年）、等を参照。1996年のメジャー政権の時に導入されたが、ブレア改革の1998年白書『職場における公正』でも肯定されてきた。その拡大か廃止は、現キャメロン政権と労働組合との最大の争点の1つである。

[24]　"The perfect storm... starring zero hour contracts, high prices, benefits cuts, unemployment, childcare costs." "Lifting the lid on austerity Britain reveals a perfect storm-and it's forcing more and more people into poverty. pic. twitter. com/2MzzyMXcsU-Oxfam（@oxfamgb）June 6, 2014".

……99.9％は、確かにそうしている。政治の領域に踏み込んだ時には、それは、関係ないことをしているのだし、政治への関与は人々がお金を寄附している理由でもない」「チャリティがすべき重要なことは、自分たちの本来の仕事から離れないこと（stick to knitting）だし、すべき仕事を進めるために最大限のことをすべきで、それは、他者を助けることであるべきだ」と述べた。この「ニッティング」発言は、たとえば、ガーディアン紙では、報道されると、コメントが数日間で777件寄せられ、世間の関心を呼んだ。[25]

（２） 法律家からの批判

このように、保守党の政治家の一部からは、強い批判の声が上がることはしばしばであるが、これらの批判は、決して理論的裏付けがない攻撃というわけではない。たとえば、幾人かの有力なチャリティ法の専門家からは、2008年版のCC9はそれまでの判例法を無視している、という強い批判が出されている。

ピーター・ラクストン（Peter Luxton）[26]やヒューバート・ピカルダ（Hubert Picarda QC）[27]（チャリティ法協会の元会長）らは、2008年版CC9に対して（さらには2006年法などについても）非常に批判的である。その要点は、それまでの判例法解釈と異なっており、判例法違反である、また実質的にもチャリティの過度の政治化を招き公衆の信頼を失う、ということである。ラクストンは、旗幟鮮明である。

> 「1990年代後半まで、チャリティコミッションの公開された政治活動についてのガイダンスは本質的に法を反映したものであったが、それからコミッションのガイダンスは気付かれないうちに修正がなされ、今では顕著に法から離れたものになっている。特に、その（判例法では本質的に政治的である）キャンペーンに対するますます増大する許容的な態度においてである。これは、法におけるいかなる変化によっても支持されない」。[28]

---

25) 彼は、同月の終わりには、レポーターのおとりに引っかかって女性関係のスキャンダルで大臣を辞任し、その後、次の選挙にも出ないと宣言した。

26) 著書に、*Charity Fundraising and the Public Interest*, Aldershot, 1990, *The Law of Charities*, Oxford University Press, 2001 がある。

27) 著書に、*Picarda Law and Practice relating to Charities*, 4th edn, 2010, Bloomsbury Publishing, *First Supplement to the Fourth Edition*, Bloomsbury, 2014 などがある。

28) Luxton, *Making Law? Parliament v The Charity Commission, Politeia*, 2009, pp. 30-38. 2008年にHanchett-Stamford v A-G［2008］2 P&CR 102 によって2006年法のもとでもチャリティの政治活動についてのルールは変わらない、と判例上示されており、裁判所は、ボウマンやマクガ

「チャリティコミッションは、チャリタブル目的を遂行するうえで『限界なく』キャンペーンに携わるチャリティが公益を生み出すかどうかには、目をつむっているようにみえる。政治活動は補助的でなければならないという法的要請は、キャンペーン以外何もしないチャリティは、その目的を遂行していないことを意味する。もしチャリティコミッションが、目的を決定する際に活動をみているという点で公益について一貫したアプローチを取っているのであるならば、実質的なキャンペーンに携わる団体は、政治的であってチャリタブルではない、と結論付けたであろうが、そうではなかったのである」。

「150年間の歴史の中で初めて、チャリティコミッションは、チャリティ法の適用に関する独立組織であることをやめ、政府政策の推進の道具、法の外にある政策の推進の道具になり下がってしまった、という結論を避けることは困難である」[29]。

ピカルダも同様に、2008年CC9が従来の判例法を「ますます無視するようになっている」として、その政治性（労働党政権による）を指摘する。彼は、「追求される活動が主たるチャリタブル目的を推進する合法的な手段である範囲は、チャリティ法によって客観的に判断されなければならない」として、この範囲についての判断は、「事象についての理事会による、（裁判所やチャリティコミッションによって）チェックされない期待や確信という主観的な裁量に任せられるべきではない」とする。

さらに、CC9が許容するような「高度に論争的な手段を採用することが、そもそもチャリタブルな結果を達成するための『もっとも適切な手段』でありえるだろうか」「法廷がしようとしない裁量を、なぜ理事会がするように譲歩するべきなのか」と批判するのである。こうして彼は、単一イッシューやその他のアドボカシーについても、論争的でかつ公的な問題に関わる場合には（もちろん、過去の判例を根拠としつつ）「政治的」であるとして、チャリティは関わるべきではないとするのである。

・・
バンなどをふまえて、「一貫して異口同音に裁判所は政治的目的が公益のためになるかを判断する手段を持たないと判示している」としている。彼は、インデペンデント・スクールに対する公益判断の厳しさと、政治活動に対する寛容さ、キリスト教系の団体に対する公益認定の厳しさなどを取り上げ（これらは実際大きな政治問題となったケースであるが）、本文のように、時の政権の道具になった、と結論付けるのである。
29) Luxton, *op. cit.* 政策的主張を明確にしてチャリティコミッション自体の政治化を批判している。

このほかにも様々な論点があるが、ここでは、それらの論点を個々に検証していく必要はないだろう。このような議論を展開したうえで、彼らは、2006年(および2011年)チャリティ法の一部改正[30]、CC9の修正[31]、審判所を使っての判例法の再確認によるチャリティコミッションの決定の破棄(事実上のCC9の骨抜き)などを求める。

次に、このような激しい政治的・理論的論争のなかで、実際に、チャリティコミッションや審判所が、具体的な問題をどのように処理しているかについて、紹介したい。

ただし、その前に、法律家からではなく、保守系のシンクタンク・チャリティからのチャリティの政治活動批判として、多くの注目を集めた議論を紹介し、それに対するセクターの反論をみておくことにしたい。

(3) 「ソック・パペット(靴下人形)」批判

(a) 批判

別の文脈からの批判を紹介しよう。それは、ブレア政権以後の国家セクターからボランタリーセクターへの公金の流れが拡大したことを前提としたうえで、そのもとでのチャリティの社会的位置の変化、政府との関係変化に関連する議論である。典型的な議論が、Institute of Economic Affairs (IEA) という、ハイエクの強い影響を受けて作られたシンクタンク・チャリティから2012年に出された報告書、『ソック・パペット(靴下人形)——いかに政府は自らにロビ

---

30) 基本的論点のほとんどは、ケネディ報告書やPerri 6(筆名)にも出ているので、それらの論点についてどのように評価するのか、をめぐる理論的対立といってよい。

31) Picardaは、2011年改正前の段階では、2006年法の3、4セクションの全廃、1993年法の1Aセクションの修正を求めていた。ラクストンも、2009年時点でコミッションの目的・機能・義務などの部分の縮小を求めていた。

なお、ニュージーランドでは、2012年5月に、Charities Amendment Act (No 2) 2012が成立し、チャリティコミッションが廃止され、その機能の多くが内務省に7月1日から移行した。3人からなるCharities Registration Boardが設立されて、登録および登録の廃止についての決定を独立性をもって行う体制になっている。オーストラリアでも、現政権がチャリティコミッションの廃止を掲げていたこともあり、廃止が議論になっているが、チャリティセクターは反対している。

英国でも、ピカルダなどからチャリティコミッションを廃止し税務当局に任せるべきだ、という議論もある。本文で述べたCC9をめぐる議論は、その他の論争などとも関連して、チャリティコミッション自体や、チャリティ法自体のあり方をめぐっても、議論が拡大しているわけである。ただし、2015年時点では、チャリティコミッションの規制権限強化の方向でチャリティ法の改正作業が進んでおり(この点については、**第3章I**を参照)、チャリティコミッションの廃止やCC9の改正は政治日程にのぼっていない。

ーするか、そしてそれはなぜか：国家資金を得たチャリティの根本的なオーバーホールの時』である。IEA は、登録チャリティであるが、Policy Exchange, Cherish Freedom Trust（マーガレット・サッチャーセンターを運営）などと同様、保守系・リバタリアン系のチャリティである。左翼・労働党系のみならず、右翼・保守党系のチャリティの活動もそれなりに活発に行われているといってよい。[33]

その主張の概要は、以下のとおりである。

過去15年間に国家から資金を得ているチャリティは増えているが、その間、政治的ロビーイングについての規制は緩められてきた。2万7,000のチャリティが、その収入の75％以上を政府資金から得ている。政府資金はチャリティの独立を弱め、政府政策への批判を弱める傾向を作ると議論されてきた。しかし、新規立法への草の根の支持という幻想を生み出す市民社会の「靴下人形」を作り出す意図のもとに、政府が圧力団体に資金を出し、そして／あるいは作り出しているとすれば、問題はより深刻である。国家資金を得ている活動家たちは、チャリティの金を使って政治家に直接ロビーイングを行い、公衆に間接ロビーイングを行っている。その結果、公的活動と私的活動の区別があいまいになっている。

国家資金を得たチャリティや NGO は、通常は一般公衆に広範な支持を得られにくいためにキャンペーンする。たとえば、海外援助、禁酒等の節制、アイデンティティ・ポリティックスなどである。典型的には、大きな政府、高い税金、より大きな規制、新しい法を監督し執行するための新しい機関を創造すべく、ロビーイングを行う。多くの場合、それらは、自分たちと関連する省庁への増大した資金供給を求める。公共選択の言葉でいえば、それらは、「集中化された利益」であって、納税者に、政策実施のためのコストのみならずロビーイングのコストまでも支払わせるものである。

政治的に活動的なチャリティ、NGO や利益集団への政府の資金供与は、3つの点で問題がある。すなわち、①民主主義を歪め、チャリティの概念を汚す、②納税者の金の不必要な浪費である、③同様の組織に資金供与を行い他を無視することによって、真の市民社会が政治過程で冷遇されることになる。

32) Christopher Snowdon, *Sock Puppets: How the government lobbies itself and why: It's time for a radical overhaul of state-funded charities*, 11 June 2012.
33) また、The Atlantic Bridge Research という、サッチャー元首相が代表となって作られたチャリティは、2010年にチャリティコミッションによる規制コメントを受け、2011年に解散した。

このための対策として、以下の4点が列挙されている。

(i) 政府は、制約のない助成金をやめて、サービス提供の契約を行う。その契約には、「啓蒙」、「公衆の教育の増進」などは含めない。行う場合には、政府資金によることを明示する。

(ii) 政府機関による政治的宣伝を禁止する。2010年に地方議会ではすでに導入されている。

(iii) 政府資金を得る非営利組織のカテゴリー（事業収入と政府委託事業収入のみで運営される）を創設し、その政治ロビーイングを完全に禁止する。場合によっては、チャリティが、国家によるファンドを受けたサービス提供非営利部門と、寄附資金による政治的に活動的なチャリティ部門とを分け、後者から前者への資金供与は認めるが逆は禁止することも可能であろう。

(iv) 2008年版CC9での政治活動の許容範囲を、NAVS事件の判例水準に戻す、つまり、チャリティが「主たる活動」としてロビーイングに関与することを禁ずる。[34]

この報告書は、マスコミでもかなり大きく取り上げられ、一部の保守党議員にも影響を与え、議会での2006年チャリティ法のレビューでも著者が証言に立った。

(b) 反論

NCVOは、このレポートが発表されてすぐに、「恐ろしく近視眼的」であり、チャリティによるキャンペーンはその正当な権利であると同時に重要な活動であり、しかも公衆によって支持されていることが実証されている、という会長のコメントを出した。また、このレポートが議会の2006年法のレビューの場でも保守党の政治家によって言及されたことを受けて、NCVOは公式に議会に提出した文書で、次のように反論している。[35]

① キャンペーンは、多くのチャリティの活動にとって中心的かつ完全に正

---

34) Stanley Brodie, 'The Charity Commission Politicised and politicising', *Economic Affairs*, 30, 3, 2010, pp. 9-13 という、同じIEA発刊の雑誌論文の主張が引かれている。ブロディは、チャリティコミッション自体の廃止とガイドラインCC9の廃止、専門性をもったチャリティ・コミッショナー制度の復活を主張している。ピカルダの主張とほぼ同様である。

35) Public Administration Committee Supplementary written evidence submitted by National Council for Voluntary Organisations (NCVO) (CH 53).

当な活動である。政府は、チャリティの独立とキャンペーンの権利を認め、尊重しなければならない。

②キャンペーンは、チャリティがその受益者のニーズを満たすことができる重要な方法である。チャリティのキャンペーンは、積極的なインパクトを与えている。チャリティキャンペーンは、主要な社会的問題に公衆の注意を喚起し重要な社会的変化をもたらすために必須であり続けてきた。

　たとえば、The Royal British Legion の2007年の退役軍人のためのキャンペーンは、Armed Forces Act 2011 の中に組み込まれた。Royal National Institute for Deaf People の1990年代のデジタル・ヒアリング・エイド・キャンペーン（Digital Hearing Aid Campaign）は、国民保健サービス（NHS）の助成によって、デジタル補聴器のコストを2,500ポンドから55ポンドにまで下げた。BeatBullying のキャンペーンは、いじめ問題で重要な成果を挙げた。

③政府資金がチャリティのキャンペーンに流れ込んでいるという主張は、根拠付けられないものである。チャリティが政府から受け取るいかなる資金も、サービス提供に限定されている。

　政府から受け取った金でチャリティがキャンペーンする事例は、ごく稀である。大方の承認するところでは、「靴下人形」レポートは問題を過大に表現しており、政府資金がチャリティキャンペーンに流れ込んでいるという主張をバックアップする証拠は示されていない。ボランタリー組織の4分の3は、行政機関から収入を受け取っていない。政府からのチャリティへの資金は、補助金であれ契約であれ、一貫してサービス提供に限定されている。

　ただし、国家から公共サービスの提供のために特定の金額を受け取った場合ですら、チャリティは、その制限の中でできる最善のサービスを提供するのであれば、同時に、変化のためにキャンペーンできるべきである。

　政府資金を受け取ったチャリティはロビーを許されるべきではない、という「靴下人形」レポートによる示唆は、セクターと政策形成過程についての完全な無理解を示している。チャリティのキャンペーンは、自

己に仕えるものではなく、受益者のために発言するのであって、そうやってチャリティは受益者のニーズを満たそうとする。加えて、キャンペーン活動によって、チャリティは独立性を強化する。なぜなら、チャリティは人々のためにアドボケイト（advocate）するか、あるいは人々が自らのために発言するのを支援し勇気付けることによって、人々の声が聴かれるようにするからである。それゆえ、「チャリティの概念を汚す」ことからはほど遠い。キャンペーンはチャリティが権利を奪われた人々のためにアドボケイトするためのものであるし、強く独立性をもったセクターを形成するために貢献する。

　NCVOは、キャンペーンとサービス提供とは、相互に排他的ではなく、仕事の補完的な方法であると、一貫して主張してきた。提供するサービスの形や質は、利用者のニーズについての知識によって形成される。一方、キャンペーンの仕事は、サービスを提供する経験によって、強められ正当性を与えられる。もし、チャリティが政府政策の変化を受益者のよりよいニーズ実現のために必要とみなす場合には、それは完全に合法的で正当である。

④チャリティのキャンペーンには、広範な公衆の支持がある。

　nfpSynergyの調査によれば、56％の公衆が、「政府や他の組織にロビーすること」はチャリティの価値ある活動であるとし、67％の回答者は、「チャリティは、その活動に関係する法と政府政策の変化のためにキャンペーンできるべきである」という主張を支持している。世論の、このスナップショットが明らかに示しているのは、チャリティキャンペーンに参加し、かつキャンペーンするチャリティに寄附し続けることによって、人々はチャリティのキャンペーンに反対するのではなく、一貫してそれを支持しているということなのである。

ほかにも、下記のような反論もなされている。[36]

①流入する政府資金の増大というのは一面的で、実際には助成金・補助金は減っており、委託の形態での資金供与も増大したとはいえ、近年は大

---

36) Toby Bulme's posterous, "Sock puppets? What utter nonsense!" *Social Enterprise*, 11, June 2012; David Ainsworth, "Does state funding for charities create 'sock puppets'", *The Third Sector*, 19, June 2012.

きく削減されている。
②制限された委託事業等の契約は、チャリティの独立性を侵す傾向があり、より政府機関にすり寄らせる効果をもつのであって、助成金の方がチャリティの独立性をより高める。
③不人気な問題についてキャンペーンしているというのは、まさにそれだからこそ重要なのだ。チャリティは、亡命志望者、元服役囚、ジプシー、ホームレス、ドメスティックバイオレンスの被害者、差別されたマイノリティや公衆の注目を集めていない人々や問題について、それらの受益者のために活動するのだ。これらは、IEAの唱導する市場では解決されない問題である。巨額の資金を使った大企業のロビーイングが、はるかに大きく問題となっていることを、考えるべきであろう。

以上のような「靴下人形」論とその反論の成否については、実際のチャリティの政治活動や政策過程についての実証研究が必要であり、ここでは判断を行うことができない。[37]

ただし、NCVOが2012年の議会で主張したように、2014年の時点での世論調査によっても、世論は、チャリティのアドボカシーについて基本的に支持しているように思われる[38]（図1）。調査された公衆の15％のみが、チャリティのロビー活動が制限されるべきであると答え、50％は制限されるべきでないと答えている。これに比して、たばこ産業はそれぞれ62％、10％、石油・ガス会社は59％、13％、富裕な個々人は55％、14％である。「よくわからない」の回答が多いとはいえ、チャリティのロビー活動の制限への支持が少数派にとどまっていることは確かであって、世論は保守党の支持基盤となっている大企業や富

---

37) 議会では、スノードン（Snowdon）の証言に対して、槍玉に挙げられた禁煙チャリティのASHからの証人が、報告書についてまったく根拠がないばかりか、IEAは、資料が得られる1963年から1999年までBritish American Tabacco 会社から寄付を受けており、このような報告書の背後には禁煙運動を攻撃してたばこ会社の利益を守ろうとする隠された意図がある、と激しく批判した。このことは、2006年チャリティ法の議会レビューの報告書の中に記載されている（Public Administration Committee, *Third Report: The role of the Charity Commission and "public benefit": Post-legislative scrutiny of the Charities Act 2006*, 21 May 2013. この中の、「10 Political campaigning and independence」での報告）。
38) nfpSynergy, 'Public at odds with Coalition Government over charity lobbying' 29 April 2014. インターネット調査。サンプル数1,000、16歳以上、nfpSynergy, Charity Awareness Monitor, Jan. 2014 による結果。nfpSynergyとは、NPO系のコンサル・調査会社である。

図1　調査1　チャリティは、制限なくロビーイングが許容されるべきである。たばこ会社、石油・ガス会社、金融業者や富裕層のロビーイングは許容されるべきではない。

	明らかに制限されるべきだ	おそらく制限されるべきだ	よくわからない	明らかに制限されるべきではない	おそらく制限されるべきではない
チャリティ	-6%	-9%		28%	22%
製造業	-12%	-20%		21%	8%
労働組合	-18%	-17%		17%	9%
宗教団体	-20%	-21%		13%	7%
金融業者	-25%	-25%		11%	5%
富裕な個々人	-33%	-22%		9%	5%
石油・ガス会社	-29%	-25%		9%	4%
たばこ産業	-39%	-23%		5%	5%

質問事項：「次に挙げる主体は、どの程度まで政治的ロビーイングを制限されるべきだと思いますか」
対象：1,000人の16歳以上の成人、英国

出典：nfpSynergy Charity Awareness Monitor, Jan. 2014 〈http://nfpsynergy.net/public-on-lobbying〉.

裕層のロビーイングに、より一層懐疑的なようである。

　また、チャリティに対する信頼も、2014年は2013年のデータより下がっているなど、年によって上がり下がりがあるものの、基本的には、BBCや警察以上の信頼度（年にもよるが、王室や学校よりも高いことが多く、法律制度、教会、公務員よりも高い）56％（「非常に信用している」11％、「かなり信用している」45％）を得ており、聞かれたなかでは、最低は政党で12％（それぞれ2％、10％）、次が政府で20％（17％、3％）と比較しても、はるかに高い（図2、図3）。このことが、NCVOやチャリティセクターの政治活動に対する強い自負と自信を支えているように思われる。[40]

･･･
39) nfpSynergy, 'Charities hit by significant drop in trust levels over the past year' 23 June 2014. サンプル数1,000、16歳以上、nfpSynergy Charity Awareness Monitor, Apr. 2014 による結果。
40) 議会は、報告で別の調査に言及している（Ipsos MORI, Public trust and confidence in charities 2012）。これによると、2012年調査では、2010年より41から37へ高い信頼ポイント指数（8〜10/10）の割合が減っている。ただし、2006年は31、2008年は36、2014年は38であり、例外的に2010年は高かったが、回復してきているとも言える。また、信頼性については、2014年では低い方か

図2　調査2　制度に対する信頼（ⅰ）

機関・団体	ほとんど信頼していない	あまり信頼していない	よくわからない	かなり信用している	非常に信用している	聞いたことがない
軍隊	-8%	-17%		42%	28%	
国民健康保険制度事業	-8%	-21%		49%	19%	
ボーイスカウト・ガールスカウト	-6%	-20%		47%	17%	
小企業	-7%	-23%		54%	8%	
学校	-8%	-26%		50%	11%	
王室	-17%	-21%		39%	18%	
チャリティ	-12%	-26%		45%	11%	
郵便局	-10%	-30%		45%	10%	
警察	-14%	-28%		43%	12%	
BBC	-14%	-28%		42%	11%	
テレビ・ラジオ局	-9%	-36%		44%	6%	
スーパーマーケット	-11%	-36%		44%	5%	

質問事項：「下記は公的な機関や団体のリストです。それぞれの機関・団体について、どの程度あなたは信頼しているか、適切な□をチェックしてください」
対象：1,000人の16歳以上の成人、英国

出典：Charity Awareness Monitor, Apr. 2014, nfpSynergy 〈http://nfpsynergy.net/trust-2014〉.

4　「風向きは変わった」のか――チャリティコミッション、および審判所の最近の判断

　2006年法の大改革、2008年CC9の改訂は、1997年以来13年間続いた労働党政権下での出来事であった。しかし、2010年5月に保守・自民連立政権が始まった。実際、人事面でも、チャリティコミッションのボードには、労働党政権のもとでの任命からは変わって、保守党系の人材が任命されてきている。また、ロンドンでのテロ事件や英国人のテロリストの活動が報道されて、世論を揺るがしている時に、シリアへのテロリストグループにチャリティを通じて資金が

ら、大臣、新聞（議員2012年）、議員（新聞2012年）、地方議会（銀行2012年）、銀行（地方議会2012年）等があり（注記のない項目は2012年と2014年は同じ順位）、高い方から医師、警察、チャリティと続き、政治家との比較ではnfpSynergyと同様の傾向を示す。「街頭の普通の人」がほぼ真ん中にある。

図3 調査3 制度に対する信頼（ⅱ）（つづき）

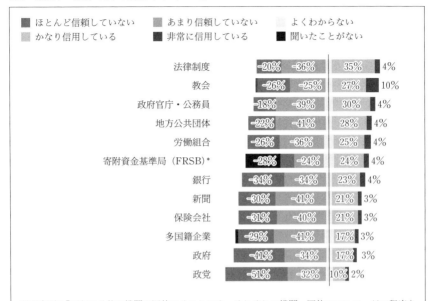

出典：Charity Awareness Monitor, Apr. 2014, nfpSynergy〈http://nfpsynergy.net/trust-2014〉.

流れたという報道もされる一方、チャリティの一部の幹部の高給与が報道されて、かなりの批判が集まるなどの事件があった。そのようななかで、ボードメンバーの1人[41]は、2013年には「風向きは変わった」と表現した。

本節では、これまでみてきたチャリティの政治活動についての激しい応酬が交わされる状況を前提として、2つの公的機関の決定を紹介したい。第1に、先に紹介した2014年に起きたオクスファムの政治活動についてのチャリティコミッションの決定、また、第2には、あるチャリティに対して、その活動の政

---

41) チャリティコミッションのボードメンバーの1人でLSEの政治学経済学の教授であるグウィティアン・プリンス（Gwythian Prins）が、2013年9月に、次のように言っている。"The weather has changed on this front. The public expects charities to stick to their knitting, to use an old-fashioned phrase." Stephen Cook, "Interview: Gwythian Prins," 30 September 2013, *Third Sector*.

治性が最大の問題であるとしてチャリティコミッションが不認定決定を行い、それに対する異議申立てにつき審判所が下した判断である。これによって、最近のチャリティコミッションおよび審判所の立場を垣間みることができると思われるからである。

(1) オクスファム・キャンペーンへの対応

先に示したオクスファムのキャンペーンに対する激しい批判に対して、オクスファムは、次のように正面から反論を行っている。

「われわれが働いている英国で、貧困者が被っている困難に対する関心を高めるのは、われわれの義務」であり「貧困に対する闘いは、政党政治の問題ではない。これまでの政府が、不平等の波を増大させたのであり、昨年には、フードバンクや他の支援者が、自分たちで食べていくことのできない200万人の人々に食事を供給するような状況を作り上げた」のである。英国は「世界最大の経済規模をもつ国の1つで、これは、受け入れられる状況ではないし、すべての党派の政治家は、これと闘う責務がある」のだ、と応答している。[42]

しかし、この件について議員から調査要請がなされた結果、チャリティコミッションは、公式にオクスファムに調査に入り、12月19日にレポートを公表した。[43]

この結果を、BBCを含む多くのマスコミが、なかなかセンセーショナルに取り上げた。[44]「オクスファム、貧困ツイートについて、ウォッチドッグより批

---

[42] フードバンク利用者の急拡大については、オクスファムが、子供の貧困活動グループ (CPAG)、フードバンク・チャリティの英国最大のネットワークであるトラッセル・トラスト、さらにイングランド国教会と協力して出した報告書がある (Jane Perry, Martin Williams, Tom Sefton, and Moussa Haddad, *Emergency Use Only: Understanding and reducing the use of food banks in the UK*, Child Poverty Action Group (CPAG), The Church of England, Oxfam GB, The Trussell Trust, Nov. 19, 2014)。また、イングランド国教会チャリティの支援を受け、2014年12月に超党派国会議員が対応策に関する報告書を発表した (Inquiry team established by the All-Party Parliamentary Group on Hunger and Food Poverty, *Feeding Britain---A strategy for zero hunger in England, Wales, Scotland and Northern Ireland: The report of the All-Party Parliamentary Inquiry into Hunger in the United Kingdom*, 8 December 2014)。簡単な情勢の紹介として、岡久慶「【イギリス】飢える英国―食糧貧困と増加するフードバンク」『外国の立法』(2015年2月) が分かりやすい。保守層の支持者が多い国教会チャリティと左派の支持者が圧倒的なオクスファムとが社会問題の提起において協働しているということに注目したい。岡久も、国教会の関与と超党派の議員の活動との関係に言及している。

[43] Charity Commission for England and Wales, *Operational Compliance Report Oxfam (registration number 202918)*, 19, Dec. 2014.

[44] Tom Moseley, "Oxfam criticised by charities watchdog over poverty tweet", *BBC News*, 19 December 2014; Laura Pitel Political Correspondent, "Oxfam tweet too political, says

判される」(BBC)、「オクスファムのツイート、あまりに政治的、ウォッチドッグ発言」(タイムズ)、「オクスファム、ツイッターキャンペーンは政治的偏向だと叱られる」(テレグラフ)、「オクスファムの完全なる嵐　風刺映画ポスター、ウォッチドッグが、『連合』による耐乏生活プログラムに関するメッセージを、混乱させるものとしてチャリティを叱責」(デイリーメイル)等々。

　このレポートの内容をみよう。チャリティコミッションは、調査する理由として、上記事件とともに、8月14日、15日に「囚われたガザ」という意見広告を新聞に出しソーシャルメディアでも発信した点についても、苦情を受け付けたという。この広告は、イスラエルによるガザの封鎖の解除と紛争当事者双方に暴力行使の停止を訴えたものであった。チャリティコミッションは、これら2つについて、調査を行い、オクスファムはそれに「協力した」。チャリティコミッションは、「囚われたガザ」については、この政治活動がオクスファムのチャリタブル目的の推進に対する補助的な文脈で取り組まれた活動かという点、「完全な嵐」広報については、政党政治的な点で世論に影響を与えようとしたかという点について、それぞれガイダンスに従っているかを確認したとする。

　結論的に、ガザに関する広報については、第1に、理事会がチャリタブル目的との関連を検討したうえで決定している、第2に、その決定内容を検討したうえで、目的の遂行の範囲内でなされた活動であるというオクスファムによる説明を、チャリティコミッションは承認した。つまり、オクスファムの政治活動を、合法的な範囲内であることを確認した。

　「完全な嵐」ツイートについても、チャリティコミッションは、政党政治的方法において行動することを意図したものではないというオクスファムの説明を受け入れた。ただし、「より明快な説明」によって、また「特定のイッシューについてのキャンペーンの成果である共同レポート『パンの水準以下』[45]に、

---

watchdog", *The Times*, December 20, 2014; Christopher Hope, Senior Political Correspondent, 'Oxfam rapped for political bias in Twitter campaign', *The Telegraph*, 19 Dec. 2014; Tamara Cohen, Political Correspondent for the Daily Mail, 'Oxfam's perfect storm mock-movie poster: Watchdog reprimands charity for its confusing message over Coalition's austerity programme', *The Daily Mail*.

45) この活動は、Church Action on Poverty, Trussell Trust との共同レポート『パンの水準以下』の出版に至る一連のソーシャルメディア・キャンペーンの一環として行われたものであるという、オクスファムからの説明を受けたことが前提となっている。

より明確に結び付くようにすること」によって、「政治的バイアスについての誤解を避けるようにすべきであった」、と結論付けた。

どちらも、政治活動自体については承認したうえで、「完全な嵐」広告については、「誤解を避ける」ような努力を求める、というものだったわけである。その結果、オクスファムは、特に選挙準備期間におけるソーシャルメディアについての見落としを防ぐ必要について認め、キャンペーン活動についてのガバナンス枠組みを改善した、という。

オクスファムは、これを受けて、応答を発表した[46]。それによると、「チャリティコミッションは、このツイートが、われわれの意図に対する誤解を避けるという点で十分でなかったということを見出した。われわれは、これを受け入れた。われわれは、ツイートについて将来誤解を減らすように、ソーシャルメディアの手続きを見直した」とする。ただし、意図的な政治キャンペーンを行ったという「メディアの多く」による誤解は、チャリティコミッションの調査によって間違いであることが明らかになった、としている。また、ガザ広報については、その法的正当性が認められたことを伝えている。

結局のところ、チャリティコミッションは、オクスファムの政治活動を基本的に承認し、「誤解を避ける」ようにすべきだと勧告したにとどまったことからすれば、現行でのチャリティの政治活動の自由は、依然として広範囲に認められているということができるだろう。

（2） ヒューマン・ディグニティ・トラスト（Human Dignity Trust）のチャリティ資格をめぐって

ヒューマン・ディグニティ・トラスト（HDT）は、2010年12月に設立された保証有限責任会社である。その目的は、①国際人権宣言、およびそれに続く国連の諸条約、宣言によって定められた人権の促進と擁護、とりわけ、人間の尊厳の権利と残酷で非人道的な、または品位を傷つける取扱いや刑罰からの自由、プライバシーの権利と人格的社会的発展の権利、および、②法の健全なる執行を促進する、という公益的目的であり、その目的のための法的支援を中心に行っている。特に、世界中で、同性愛者等を犯罪にしている法律によって上記の権利が侵されている人々を支援し、当該国の国内法による訴訟の支援、当

---

46) Oxfam, 'Oxfam response to Charity Commission case review', 19th Dec. 2014.

該国によって受け入れられている国際裁判所や審判所において当該国家に対する訴訟を起こすなどの方法を取っている。訴訟は、国際法や憲法専門の法律家や法律事務所のパネルによって行われている。パネルメンバーには、世界最大規模の法律事務所に属している者が参加している。[47]

　この団体のチャリティ登録の申請を、チャリティコミッションは、2013年10月に却下する決定を行った。理由として、この団体の目的は、「この団体がチャリタブルな目的のみのために設立されたのかを確証するにはあまりにあいまいで不確定」であり、さらに、それが「チャリティの地位を得られない、外国の法を変化させることを求めるという政治的目的をもっている」からである、とされる。[48] これに対して、HDTは、目的はあいまいではないこと、さらに、「市民の憲法上の権利を確保する訴訟は、当該法域の法の変化を目的としておらず、むしろ当該国の憲法によって保障された上位の権利を実現しようとするものであるから、チャリティコミッションの決定には、憲法上の人権の性質についての根本的な誤解がある」、と主張した。

　2014年7月9日、チャリティ問題を扱う第1次不服審判所は、HDTのチャリティ資格を否定したチャリティコミッションの決定を覆し、チャリティへの登録を指示した（Appeal number: CA/2013/0013）。また、チャリティコミッションは、審判所の第2審である上級不服審判所（Upper-Tribunal）や裁判所に訴えることなく、トラストのチャリティ資格を認めた。

　この決定内容を、少し詳しく紹介したい。2011年チャリティ法3条1項は13のチャリタブル目的を列挙しており、そのなかの（h）は、「人権、紛争の解決または和解、宗教的または人種的調和、または平等および多様性の増進」である。チャリティコミッションのあいまいであるという主張には一連の論点があるが、法に定められている「人権」概念は、国内法において認められているものに限るべきであるという点、および「人間の尊厳の権利」という概念は抽象的で不明確である、という点が重要であろう。これに対して、審判所は、国

---

47) First-Tribunalによって発表された裁決（Appeal number: CA/2013/0013 FIRST-TIER TRIBUNAL (CHARITY) GENERAL REGULATORY CHAMBER, THE HUMAN DIGNITY TRUST Appellant-and-THE CHARITY COMMISSION FOR ENGLAND AND WALES Respondent, TRIBUNAL: JUDGE ALISON MCKENNA Ms. SUSAN ELIZABETH）、およびこの団体のウェブページを参照。
48) 審判所の裁決の要約的表現による。

内法に認められているものに限定するという解釈は採用できないこと、さらに、国際法の専門家証言に基づいて、「人間の尊厳の権利」が国際人権条約等の国際法上の具体的な権利に、関連付けられており法の定める「人権」概念の意味に含まれる、とした。

また、目的として掲げられている「法の健全なる執行の促進」については、チャリティコミッションは、これは独立の目的の1つであり、一般的な表現ではあるが、実際には「戦略的訴訟」に基づいて、(たとえ、国際法や憲法に準拠させようとしているとしても)外国の実定法の改廃を行うことを目的としているとした。

審判所は、この「戦略的訴訟」も、正当な「法の健全なる執行の促進」というチャリタブル目的の「受け入れられうる手段」であるとした。

さらに、CCは、カミーユ＆ヘンリー・ドレフュス財団事件 (*Camille and Henry Dreyfus Foundation Inc. v IRC* [1954] Ch 672) を引きつつ、「外国の法の健全なる執行の促進は、その目的の達成に使われる手段が英国の外交政策に反せず、かつ英国社会の公益のためであることが示される場合のみチャリタブルであり得る」と主張した。国の外交政策上の得失とチャリティ法上の公益との間での比較が求められたといえよう（審判の段落番号：70）。

また、マクガバン判決（*McGovern v AG* [1982] Ch 321）を引きながら、外国の住民にとって提案されている法を導入する試みのありうる効果は、疑いもなくその歴史的社会的構造において英国とはまったく異なっていることを考慮すべきであるとも、主張した（70）。

さらにまた、チャリティコミッションは、「HDTに関連した決定的問題は、①便益があるか、②英国の裁判所が、評価できる便益の十分な証拠を持っているか、必要な場合には、その制度を統制したり改革したりする能力があるか、またそうすることは不適切ではないか、である」として、マクガバン判決で、スレイド（Slade J.）判事が「英国の裁判所は外国の法の変化が公益かどうかを評価することができない」点を指摘したことにも注意を喚起した。

これに対して審判所は、外国で活動するチャリティの公益増進要件は、同じ目的をもって国内で活動するチャリティが公益性を認められれば、公共政策上の理由でその公益性が否定されない限り認めるという従来の基準で足りるとし、その場合、HDTの目的は公益増進要件に妥当するとした。

しかも、たとえ英国の公衆への便益増進が必要だとしても、HDTの場合に

は認められるとした。すなわち、国際人権法に対する重大な侵害を矯正しようとすることが、当該国のコミュニティのみならず、英国の公衆にとっても公益的であると判断したのである。さらに、通常の公益増進テストを満たす場合でも、たとえば、英国に損害を与えるという理由（つまり公共政策上の不利益）で目的が承認されない場合がありうることを認めたうえで、このケースの場合には具体的にどのような損害が与えられるかが論証されていないし、LGBTI（レズビアン（L）、ゲイ（G）、バイセクシュアル（B）、トランスジェンダー（T）、インターセックス（I））の権利については、英国政府も最近の国際人権イニシャティブを支持している、として、公共政策上の危惧を却下した（79）。

さらに、チャリティコミッションは、一連のチャリティの政治活動禁止の判例、ボウマン事件（*Bowman v Secular Society* [1917]）、NAVS 事件（*National Anti-Vivisection Society v Inland Revenue Commissioners* [1948]）を参照し、当然ながらマクガバン判例を引きつつ、判決のなかで示された外国の法の改廃を目指すことは政治的目的にあたるという点を強調した。マクガバン判例のなかで、スレイド判事は、「イスラム法諸国での不倫に対する死刑の廃止やその罪で死刑判決を受けた人々に対する刑の執行の延期を目指すトラストが作られた場合、裁判所は、そのような信託の執行や改革を行うことを求められたときには、公益増進について英国の標準を用いざるをえず、それは当該地域社会の状況においてはまったく不適切であるかもしれないし、またはほとんど知識のない地域社会の標準を適用しなければならなくなる。したがって、英国の裁判所は信託の執行や改革を行うには無能力であり、それを行おうとすることは不適切であろう」とした。チャリティコミッションは、この判例の事例に HDT のケースはまったくあてはまる外国法の改廃を目指すものであり、政治的であり、その公益増進性を認めることはできない、とした。

審判所は、これに対して、HDT は、上位法規である憲法や国際法の順守執行に当たるのであって、法の改廃に当たらず、完全に別個のカテゴリーであるとし、また、立法府の権限を簒奪するという論点についても、上位の憲法規範

---

49) この主張には、情報収集や管轄権の問題からして判断できない、という点と、文化的多様性の点から自己の文化的基準から他の文化的慣行を判断できない、という点と、2つの論理がある。後者は、自己相対化による相対性の問題でもあるが、同時に、文化的多様性の尊重と普遍的価値規範との接点の問題として、政治哲学的には周知の論点が、この文脈で争われたことになる。

によって規定されている権利が下位の国内法によって侵されていないかを法の解釈を争う訴訟において判断することは、裁判所の正統な役割であるとして退けたのである（背景の1つには、1998年の人権法によって、ヨーロッパ人権条約の適用が裁判所の義務となったこともある）。

　以上のような論点整理の仕方からすれば、マクガバン等の判例を覆すのではなく、憲法訴訟あるいは国の認める国際法に基づく訴訟という形式を取ることによって、法の改廃が政治的であるという主張を迂回したといえる。

　この裁決の資料によれば、成人間の同性愛を犯罪と規定する法律は80か国以上において存在しているという。その実質的な活動において、それらの法律の改廃を基本的な目的とする団体のチャリティ資格が認められたということは、明らかに画期的なことであるといってよい。マクガバン判決が否定したアムネスティ・インターナショナル（Amnesty International）の運動も、国際人権法の順守を求める活動であって、法の改廃ではない、という論理構成を行えば認められるのであろうか。

　この裁決に対して、NCVOのCEOであるステュワート・エザリントン（Sir Stuart Etherington）は、声明を発表した。[50]

　「チャリティ法が人権の増進をチャリタブル目的として認めたことは、われわれを新しい領域に導いている。審判所は、この事案で正しい決定をなしたと思う。チャリティは、世界中で、多様な方法で、もっとも弱く傷つきやすい人々を守るために長い間たくさんのことをしてきた。私は、迫害されている人々の権利を守ろうとすることは、明らかに、チャリティがすべきこととして公衆が期待することに該当すると考える」。

　他方、ガーディアン紙の記事で、ジェフリー・ロバートソン（Geoffrey Robertson QC）は、「チャリティコミッションはチャリティが何かを知らない」という記事で、議会が「人権の増進」をチャリタブル目的に入れたのに、法改革の趣旨や常識を理解せずに、相変わらず法の改廃は政治的だからチャリタブルではないとしているのはあきれた所業だ、と非難した。チャリティコミッションは、現行法の順守はチャリタブルだと主張するが、ウガンダで現行法に基づいて同性愛者を訴追することを支援するトラストであればチャリタブルと認

---

[50] 'NCVO comment on Human Dignity Trust ruling in the Charity Tribunal', 09 July 2014.

めるのだろう。チャリティコミッションは、その昔ギルバート（W. S. Gilbert）が法律家を茶化したように、「法は、すべてすばらしいことのすべての体現だ」と考えているのじゃないか、と。

　これに対して、チャリティコミッションの理事長ショウクロス（William Shawcross）は反論を投稿して、われわれは、HDT は大変よいことをしているのは分かっているのであって、道徳規範の点から登録申請を拒否したのではなく、法の解釈において問題があると考えたからだ、そして、審判所の裁決において法解釈がより明確になったことを歓迎する、とした。[51]

　論点がずれているとはいえ、ショウクロスが言うように「法の解釈」というかたちで、チャリティの政治活動の許容性が、「法的に」より広がったといえることは明らかであるように思われる。第1次不服審判所の裁決は、判例拘束力をもつものではないが、実質的には、必ず今後参考にされることになるであろう。判例法を重んずる国々では、時代への適応性は判例の積み重ねによってなされていくが、ヒアリングにおいても、チャリティ関係判例あるいはそれに準ずるものが審判所の裁決というかたちでも蓄積されることに対する高い評価を聞くことができた。

　以上、オクスファムの政治活動に対するチャリティコミッションの対応、HDT 審判所裁決とその反応をみてきた。これらの動向からは、労働党から保守党・自民党連立政権への政権交代があったとはいえ、2006年法および2011年法の影響は大きく、チャリティの政治活動のかなり広範囲な正当性の承認が行われているように思われる。[52] もちろん、ロビー法の2014年制定にみられるよう

----

51) Geoffrey Robertson, "The Charity Commission doesn't know what charity is", *The Guardian*, Thursday 5 June 2014; William Shawcross, "Charity Commission clarifies its position on the Human Dignity Trust", *The Guardian,* Friday 11 July 2014.

52) 2006年法に対する議会の2012年のレビューでは、当時の市民社会担当大臣ニック・ハード（Nick Hurd）もチャリティコミッションも、現行規制を妥当と評価する証言を行った。最終的に、この報告書では、現行規制の強化か弱化かについては、両方とも決定的な証拠は出されなかったこと、チャリティによる不適当な政治活動の事例は非常に少ないことから、現行規制を変更する必要はないとした。ただし、より透明性を高めるためにチャリティコミッションが、毎年の会計報告で政治活動にいくら使われているか、またその収入の中で補助金やその他の方法を通じて公的資金からいくら出ているのかを報告するように、チャリティに義務付けることを推薦した。また、政治的キャンペーンに加わっているチャリティに政府が補助金を出す決定をした場合には、大臣が議会に報告することを要求した。この報告書を受けた動きは、すでにチャリティコミッションなどでも始まっており、会計報告内容の変化について2014年8月からパブリックコメントが行われた。

に、法的規制自体は、国会の多数派によるある程度の変転を受けることは間違いない。しかし、政治家や政党よりもはるかに市民の信頼を得ているチャリティセクターの社会的存在感は大きく、政治的な影響力も強い。したがって、CC9の改定による政治活動規制の強化なども容易には行いえないであろう。実際、筆者が、市民社会局でインタビューを行った時には、「CC9の改定については考えていない」と担当者（チャリティ法改正の原案作成の担当者）は明言した。それだけ、ある種の安定性を得ているように思われる。

III　NPOの公金受入れとアドボカシー

1　活発化する政治規制に関する研究

チャリティの政治活動の規制に関する議論については、英国においてのみならず、チャリティ法、税法の文脈を中心にして活発な議論が国際的な広がりをもって行われている[53]。特に、英国の2006年チャリティ法の改革以後の新しい展開をふまえ、そのコモンロー諸国への影響を受けた法制度改革や判例の新しい展開などに注目が集まっている。新自由主義的政治改革、福祉国家の変容、国際NGOの発展など[54]、ある程度共通の政治的環境条件に対する各国の対応の問題としても考えられる[55]。であれば、上記のような英国の議論を、このような国際的な議論の状態、また政治的構図の中に位置付けることによって、おそらくは、上述の英国における論争状態の、歴史的・世界的な意味もより理解できる

---

53) たとえば、Robert Meakin, *The Law of Charitable Status: Maintenance and Removal*, Cambridge University Press, 2008; Matthew Harding, *Charity Law and the Liberal State*, Cambridge University Press, 2014（ロールズを代表とする、リベラリズムの政治哲学的立場からチャリティ法の根拠を再構成しようとする意欲的な試み）；Matthew Harding, Ann O'Connell and Miranda Stewart, ed., *Not‐for‐profit law: Theoretical and Comparative Perspective*, Cambridge University Press, 2014（保守派の重鎮PicardaやHuman Dignity Trust事件で審判所での判事であったAlison McKennaなどをはじめ、米国やカナダ、オーストラリア、ニュージーランドをも取り扱っている）；Samuel P. King and Randall W. Roth, *Broken Trust: Greed Mismanagement & Political Manipulation at America's Largest Charitable Trust*, University of Hawaii Press, 2006.

54) Kerry O'Halloran, *The Politics of Charity*, Routledge, 2011. O'Halloranは、ほかにも比較研究の成果を出版。法的制度論のみならず、政治的背景の説明も興味深い。

55) Sabine Lang, *NGOs, Civil Society, and the Public Sphere*, Cambridge University Press, 2013は、ヨーロッパ諸国と米国の比較をしつつ、国際NGOの展開をも視点に入れて、公共圏・公論の視点からの議論を展開している。

であろう。多くの論点が提示されているが、それらの紹介については、残念ながら紙幅の都合もあり他日を期し、本節では、英国の文脈での、特に「靴下人形」論に関連する点についてのみ言及することにしたい。

2　公金を受けたチャリティの政治活動

　公金を受けた団体が、政治活動を行うことについての制限は、団体の公益性とは異なった論点である。本章では、「靴下人形（sock puppet）」論として批判の議論を紹介した。この議論についての反論もすでに紹介したところではあるが、この論点は、そのような時事的な論争においてのみならず、検討されるべき構造的問題を含んでいるように思われる。

　特に1990年代以後、国家セクターの縮小の新自由主義的な展開として、営利セクターへの「民営化」のみならず、非営利セクターへの「民営化」による公共サービスの民間団体による代替が進んでいることは明らかである。その結果として、当然に非営利団体の国家財政への依存性が増大している。この歴史的文脈においては、公金を受けたチャリティの政治活動の問題はますます重要なものとなることも明らかであって、問題を原理的に考えていくべき必要があると思われる。

　英国の文脈でみると、ボランタリーセクターからの議論はすでに紹介したNCVOの国会での反論文書があるが、そのほかに、インディペンデンス・パネル（Independence Panel）という民間の委員会の一連の報告書での議論が重要だろう。本パネルはセクターの独立という問題関心をもって多様な論点を取り上げているが、公金の受領に伴う問題点を1つの中心的論点として議論していることが注目される。その議論の方向性は、「靴下人形」論とは正反対ではあるが、政府資金の拡大がチャリティセクターに影響を与え、その独立性に影響を与えているという点では、議論の背景として同一の現象があるといってよい。

　このパネルは、Baring Foundationによって2011年に作られたもので、チェアはロジャー・シングルトン（Sir Roger Singleton）で、メンバーは有名なディーキン委員会の委員長だったニコラス・ディーキン（Nicholas Deakin CBE）や、コンパクトコミッショナーだったバート・マッシー（Sir Bert Massie CBE）、Joseph Rowntree FoundationのCEOジュリア・アンウィン（Julia Unwin CBE）など、セクターの著名人からなっている。また、はじめは、

政府の2006年チャリティ法のレビューの責任を担ったホッジソン卿（Load Hodgson）もメンバーだった。その出版物は、2011年にコンサルテーションレポート（Consultation Report）、2012年版から2013年、2014年版と3年度にわたって発行されている。

本報告の内容を瞥見しよう。

チャリティセクターは、政府関係からの収入が2000年代は一貫して10年間上昇してきた。これによって、セクターの政府収入への依存性が高まった（図4参照）。しかも、補助金から契約ベースによる割合が拡大してきた。

図4　ボランタリーセクターの政府からの助成および契約収入（2000年度から2011年度）

（単位：10億ポンド　2011年度換算）

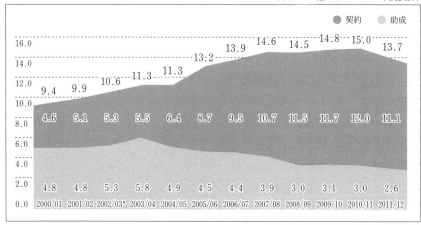

＊：変化には、会計方法等の変更によるものも含まれる。
出典：NCVO, UK Civil Society Almanac, Sourse: NCVO/TSRC/Charity Commission 〈http://data.ncvo.org.uk/a/almanac13/how-have-government-grants-and-contracts-changed/〉.

---

56) 独自のウェブページを持っており、そこからすべてダウンロード可能。なお、公法協調査では、この母体となった Baring Foundation でのキャロライン・スロコック（Caroline Slocock）への聴き取りを行った。氏は、インデペンデンス・パネルの事務局団体中心的事務局団体である Civil Exchange を立ち上げ、その Director を務めている。チャリティでの役職と政府の高いレベルでのアドバイザーや、ガーディアン紙のコラムニストも務めてきた。Civil Exchange は、*The Big Society Audit* 2012, 2013 を発行している。『ビッグ・ソサエティ・オーディット』では、キャメロン政権の目玉政策である『ビッグ・ソサエティ』への批判が強く出されており、政権与党に対する批判性が強いといってよい。その意味で、強い政治性をもっているともいえるだろう。2014年の、*Making Good: the future of the voluntary sector: A collection of essays by voluntary sector leaders*, 2014 は、ディーキンをはじめとするセクター・リーダーによるセクターの将来への提言集であり、大変興味深い。スロコックは、同書の編集でも中心的役割をしており、その序文とほかに提言1本を執筆している。

その依存の割合は、一般的には、特に大規模チャリティで大きく、小さなチャリティでは個人寄附の割合が高く政府資金への依存は低い。しかし、2011年以来政府資金からの収入は大いに減り始めた。収入が100万ポンド以上の大規模チャリティでは、80％が単一種類の収入に75％以上依存しているが、そのうち44.9％が政府資金に依存しているという。つまり、約36％の大規模チャリティは、政府資金から収入の75％以上を得ている。小さいチャリティでは逆の傾向があり、単一収入への依存は減り、かつ政府資金への依存も少ない。平均すると、61％のチャリティが単一種類の収入に75％以上依存しているが、政府資金への依存は、そのうちの16％にすぎず、全体では9.8％が政府資金からの収入に依存しているという（図5参照）。

　「チャリティゼイション」[57]とも呼ばれる行政業務のチャリティへの委託による政府からの収入の拡大や質的変化は、政府に、ボランタリーセクターが行政や私企業セクターと代替可能な、「単に国家の道具、つまり独立の発言をしない実施事業者、委託事業者」としてみなされる危険を拡大している、という。もちろん、政府資金を獲得するために政府機関である委託事業者に対する批判や発言を抑える「自己検閲」が「委縮効果（chilling effect）」をもたらすことは、容易に理解できる。

　具体的にも、Department of Communities and Local Government（DCLG）は、2012年12月に発したガイダンスで、「一層の国家規制と一層の国家資金をロビーし要求する」「偽のチャリティ」に注意を喚起したという。これは、先の「靴下人形」論と同様の議論である。本報告書は、こうしたガイダンスはチャリティにアドボカシーをさせない重要な圧力であるとして、政府に対する批判を行っている。

　また、契約内容や契約発注者に関する情報の外部公表やその社会的信用を損なったり、争論に巻き込んだり、否定的な評判をもたらしたりするような行動の禁止が契約の中に盛り込まれる、いわゆる「口止め条文（gagging clauses）」が多くみられるとし、それが、チャリティの独立した発言やアドボカシーを制

---

[57] 2000年にガーディアン紙で、ニック・カーター（Nick Cater）が、政府の「400年ぶり」の行政業務のチャリティへの移管を指して使った言葉で、政府責任のあいまい化やチャリティでの行政以下の透明性水準による民主主義機能の低下などについての批判的な意識をもって、しばしば使われている（"Creeping 'charitisation' threatens public services" *The Guardian,* Sept. 30, 2002）。

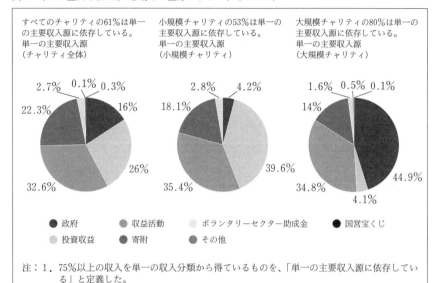

図5 単一の主要な収入源に依存する登録チャリティ（2009-10）

注：1．75％以上の収入を単一の収入分類から得ているものを、「単一の主要収入源に依存している」と定義した。
　　2．年間収入1万ポンド以下を小規模チャリティ、年間収入100万ポンド以上を大規模チャリティとした。

出典：National Audit Office and National Council for Voluntary Organisations（INDEPENDENCE PANEL, *Independence Undervalued: The Voluntary Sector in 2014－The Panel's Third Annual Assesment*, The Baring Foundation, January 2014

約していることに注意を喚起している。

　もちろん、政府資金の縮小や委託契約の競争入札による（多国籍巨大）営利企業との間の競争の激化や、単年度等による雇用の不安定性、本来事業へのしわ寄せ等、委託契約に伴う一般的な問題点も、当然のこととして指摘されている。

　労働党政権時のコンパクトを継承して、ナショナルのみならず多くの自治体でローカルレベルのコンパクトが結ばれており、それを、保守・自民連立政権も、改訂しつつ基本的に継承することになっている。しかし、報告書によると、コンパクトに対する政府側の違反が多く発生して、チャリティに対する単なる事業者扱いが増えているという。それは、ボランタリーセクターの本来の姿、すなわち受益者のための代弁者として独立のミッションをもち、政府や社会に対する発言力をもつ姿を、危機に陥れているというのである。ディーキンの表

現で言えば、「今やボランタリーセクターは、次の10年間で縮小された国家の、声も歯もない単なる道具に成り下がってしまうリスクを抱えている。もし、アジェンダを作り自らのビジョンを創造できなければ」、ということである。

　この背景には、特にブレアに始まるニューレイバー政権から、政権交代後のキャメロン政権に至って、チャリティが国家の機能を代替する政策は、単なる1つ2つの政権の一時的政策ではなく、福祉国家の大きな歴史的変容の局面となっているのではないかという認識がある。つまり、政府からチャリティへの、主に委託事業（契約）を通じた資金流入の一定以上の拡大水準は、たとえ政府資金が絞られることがあっても基本的傾向として続くであろう、そして、そのような役割をボランタリーセクターが担うことが不可避的に行われざるをえないであろう、この傾向のもとで、チャリティは政府に対するそれ以前の関係とは異なった構造的関係をもたざるをえないであろう、といった歴史認識と想定が存在している。

　この認識は、キャメロン政権の「ビッグ・ソサエティ」政策についての評価においても、コミュニティ水準に決定権限を与えその自立性を高めるという方向性自体については、肯定的に評価したうえで、その具体的政策の水準での資源配分やセクターの自立性を弱めるような政策に対して批判する、という姿勢とつながっている。

　その意味では、「靴下人形」批判に対するセクターの反批判は鮮烈なものであったとはいえ、財務的な政府依存が拡大するなかでいかにセクターの独立性を維持することができるのかは、単に批判することによっては解決されない大きな問題として、意識されているといってよい。

　実体的には、国際的には、委託事業の受入れはNPOのアドボカシーを抑えるというよりも、むしろ活性化させる傾向があるという研究もある。[58] 行政業務に関与することによる知の獲得や、財政的強化による活動基盤の拡大などが原因として考えられるが、今後の実証研究が待たれるところである。

---

58) Robert J. Pekkanen, Steven Rathgeb Smith, Yutaka Tsujinaka, ed., *Nonprofits and Advocacy: Engaging Community and Government in an Era of Retrenchment*, Johns Hopkins University Press, 2014（筑波大学の辻中豊を含む、国際的かつ政治学的な実証的比較研究）、坂本治也「サードセクターと政治・行政の相互作用の実態分析―平成26年度サードセクター調査からの検討」（経済産業研究所・2015年5月）15-J-025。

制度論的には、インディペンデンス・パネルの報告書には、コンパクトの法制化を含め、具体的な提言もあるが、ここでは立ち入らないでおきたい。現状では、政府規制の問題として、補助金や政府契約等を受ける事業者への政治献金や政治活動の規制は、腐敗防止等や政治資金の規制の点から各国で規制法制が作られており、チャリティの役割が大きくなった場合にどのようにこれらの法制に変化が起こるのかは、定かではない。そこには、政府からの資金の支出か独自財源からの支出か、事業者が営利目的か非営利公益目的か、政党や候補者への政治献金か独自のキャンペーンか、政治活動を行う別団体を形成した場合の資金関係はどうか等、関連する様々な論点がある[59]。

　また、論点を俯瞰的にみれば、先の公益法人の政治活動規制は、実は、行政機関の政治的中立性の法的規制と繋がる可能性がある。行政の担う公共的業務の代替性という根拠付けが税制優遇の重要な理由であるとすると、行政機関の政治的中立性や、公務員の政治活動の制限など、憲法上、行政法上の周知の政治活動制限と、公益法人などに対する政治活動規制の根拠との比較の余地が生まれてくるだろう。したがって、行政組織に関する政治活動の制限の議論が、民間の団体である公益的非営利団体にも類推的に参考になる可能性がある。もちろん、本質的に民間団体であるということと、国家セクターであるということとの違いは大きいし、侵されるべきではない重要な区別であるが[60]、公共的業務という点での、ある程度の類推的議論の可能性も指摘されている[61]。

　これらを含め、インディペンデンス・パネル等の、福祉国家の変容のもとでの、チャリティによる公的資金の受入れとセクターの独立の問題は、今後、ますます重要な争点となっていくことが予想される。

---

59) 日本でいえば、「補助金」等の積極的利益や「出資」を受けている場合には、政治献金規制の対象となる。公職選挙法199条（「請負その他特別の利益を伴う契約の当事者」、「融資を受けている場合において、……利子補給金の交付」）、政治資金規正法22条3項以下「寄附の質的規制」において国や地方自治体から「補助金、負担金、利子補給金その他の給付金」を受けていたり「資本金、基本金その他これらに準ずるものの全部又は一部の出資又は拠出を受けている会社その他の法人」に対する規制。米国では、シティズン・ユナイテッド（Citizen United）判決を受けて、ワグナー事件（Wagner, et al. v FEC）で、政府契約を受けている事業者に対する政治献金規制の禁止の合憲性が争われている。

60) 日本での公益法人に対する税制上の優遇による規制の根拠論に対する優れた批判的検証として、出口正之「『公益目的事業財産』とNPOの存在意義―『第三の財産』を巡って」（2015年3月）日本NPO学会第17回年次大会報告論文参照。

61) Harding, *op. cit.*

以上、公的資金の拡大とセクターの独立性の問題について、若干の論点を提示した。

Ⅳ　むすび

　英国におけるチャリティの政治活動の概要とそれをめぐる議論の一端を紹介した。本章の目的は、チャリティの政治活動規制についてのあるべき規範を議論し明示することではなく、英国における状況を紹介することで、日本におけるその規範の探求のための素材を提供することであった。

　英国におけるチャリティの政治活動の規制は、主に、チャリティ法に基づくチャリティコミッションによるものと、選挙関係法に基づいて選挙委員会の基準になるものとがある。

　チャリティコミッションによるものは、CC9というガイドラインが現行の規制基準となっており、判例法を含む現行法のもとで広範囲にチャリティの政治活動の正統性を認めたうえで、その限界となる基準を示したものとなっている。

　選挙法による規制は、通常は１年にわたる選挙準備期間における非党派キャンペーナーに対するものであるが、その内容は、公衆の投票に影響を与える活動に対して報告と資金的な限界を与えるものである。

　これらの政治活動の規制は、政党支持とも関連しつつ、激しい政治的論争の的となっている。労働党政権時に現在の規制枠組みが形成された後、保守党自民党連立政権に代わって以後は、チャリティの政治活動に対する規制強化の声もより強く政治的に表現されてきている。とはいえ、CC9に表現される寛容な規制のあり方は、2006年チャリティ法そのものの変化によって支えられている点もあり、ある程度の法的安定性をもっているように思われる。これらは、近時のチャリティコミッションの話題となった、チャリティの政治活動に対する対処の仕方や審判所でのヒューマン・ディグニティ・トラスト（Human Dignity Trust）に関する裁決などにも表現されている。

　なお、この問題は、国際的にも、特にコモンローの伝統を引く諸国で議論となっており、判例や実践上の新しい展開もみられる。本章では触れることができなかったが、１．非営利団体・法人の政治活動の権利と限界についてヨーロッパ評議会の議論、２．公益団体・法人の政治活動の権利と限界について、オ

ーストラリアとニュージーランドの最高裁判所の判例などの議論をふまえ、新しい研究が進展しつつある。[62]

　本章では、公的資金の拡大とセクターの独立性の問題について、インディペンデンス・パネル等の議論を紹介することを通じて、今後の議論に参考となる論点の提示を試みた。

　これらの議論からも、チャリティや非営利公益団体の政治活動規制の問題は、民主主義の根幹に関わる問題につながっていることが了解されうるだろう。政治思想的にいえば、民主主義とは、古代ギリシャでは、もともとデモスが統治することなのであって、単に意思決定のみならず、広範な公務の執行を直接に民衆が担うことが想定されていた。その意味では、行政そのものを民衆が担う仕組みであるといってよい。一方で公務の執行を担い、他方で様々な対立をふまえて何が公共的な仕事（公務）であるかについて定義していく過程としての政治に参与するということは、この意味で、古典的民主主義的課題を担っているともいえよう。

　公益的非営利団体のもつ公益性はどのように政治性と関わるのか、公共業務の執行者として、かつ公共業務の定義をめぐるアクターとしても役割を果たすことは新しい民主主義の担い手を発展させることになるのか、あるいは、かつてホッブズが嘆いたように[63]国家の中に巣食う巨大な寄生虫として駆除されるべきものなのか、具体的な一つひとつの制度改正をめぐって、今後も激しい議論が続いていくと思われる。

　本章における英国の制度紹介や関連する重要論点の検討が、今後の日本における議論の水準を向上させるために役立てば幸いである。　　　　　（岡本仁宏）

・・・

62) 前掲注53）のほか、Chia, Joyce; Harding, Matthew; O'Connell, Ann, "Navigating the Politics of Charity: Reflections on *Aid/Watch Inc v Federal Commissioner of Taxation*" [2011] UMelbLRS 9 が、俯瞰的論点の整理を行っている。2011年までの研究のレビューとして、最も包括的なものとして、Not-for-Profit Project, Melbourne Law School, *Defining Charity: A Literature Revue*, 23 Feb. 2011, 'Advocacy and Politics', pp. 30-47 がある。このプロジェクトは、メルボルン大学ロースクールのタックスグループのプロジェクトで、Chief Investigators は、マシュー・ハーディング（Matthew Harding）、アン・オコンネル（Ann O'Connell）、ミランダ・ステュワート（Miranda Stewart）であった。このプロジェクトは2012年までのようであるが、リンクを含め基本的かつ重要な資料が得られる。

63) 大きすぎる「組合」や「政治的熟慮をもつと称する人々が、絶対的権力に対して争論する自由」は、国家の中に巣食う「腸虫」であるとしている（トマス・ホッブズ、水田洋訳『リヴァイアサン 2 〔改訳版〕』（岩波書店・1992年）254頁）。

第6章 スコットランドにおけるチャリティの現状

2005年、スコットランドでは、チャリティ法制の大改革が行われた。この年の立法により、スコットランド・チャリティ規制局というスコットランド独自のチャリティ規制機関が設置され、そこでやはり新たに設けられたチャリティ登録簿が管理されることになった。また、スコットランド独自のチャリティの定義も導入されるなど、改革は、スコットランド独自の包括的なチャリティ規制を実現するものだった。こうした改革は、2006年に実現したイングランドの改革への動きと並行するかたちで進められたが、今日のスコットランドのチャリティ法制は、いくつかの点で意識的にイングランドと異なる立場を採っている。本章では、2005年法を中心に、スコットランドにおけるチャリティ法の背景から2005年の改革まで、イングランドとの対比を交えつつ検討する。

I はじめに

スコットランドにおけるチャリティ法の枠組みをなすのが、2005年にスコットランド議会で成立した、チャリティおよび受託者投資（スコットランド）法[1]（以下、「2005年法」という）である[2]。以下では、まずIIでスコットランドにおけるチャリティの歴史的背景を押さえたうえで、IIIにて2005年法の概要を紹介する。この立法により新たにスコットランド・チャリティ規制局（Office of Scottish Charity Regulator）とスコットランド・チャリティ登録簿（Scottish Charity Register）が設けられたので、それぞれIVとVで解説する。VIでは、や

---

1) Charities and Trustee Investment (Scotland) Act 2005.
2) スコットランドにおけるチャリティ法の概説として、Stuart Cross & Patrick Ford, 'Charities: Reissue', in N. R. Whitty, (ed.) *The Laws of Scotland: Stair Memorial Encyclopaedia* (LexisNexis/Law Society of Scotland, 2010), vol. 2 ('*Stair Memorial Encyclopaedia*')。

はり2005年法で採用されたスコットランドの新たなチャリティ・テストを、イングランドと比較を交えつつ検討する。Ⅶでは、スコットランド・チャリティ規制局の判断に対する不服審査手続を概観し、Ⅷでは、スコットランドで活動するチャリティが選択することのできる法形態として、新たに設けられたスコットランド公益法人を扱う。スコットランドの採用したチャリティ・テストは、とりわけ公益増進要件に顕著にみられるように、意識的にイングランドとは異なる立場を採った面がいくつかある。これは、イングランドとスコットランドにおけるチャリティ像やチャリティに対する期待といったものの質的な違いを反映するが、現実としてはⅨで扱う、いわゆるクロスボーダー問題を生じさせる。これは、英国全土で、スコットランドとイングランドとの境界をまたいで活動するチャリティが、それぞれで異なるチャリティ要件を満たし、異なる会計要件に応えなければならないことに伴う問題である。これは、イングランドの国際的チャリティを取り巻く諸問題とはやや次元を異にするが、それでも広範囲に活躍するチャリティにとっては頭の痛い問題である。

Ⅱ　スコットランドにおけるチャリティの歴史的背景[3]

　スコットランドは、1603年にスチュアート朝のジェームズ6世がイングランド王ジェームズ1世として即位するとともに、イングランドと同君連合となり、1707年にイングランド王国と合同して、グレート・ブリテン連合王国となった。法制度面でスコットランドは、同君連合や合同以降イングランドの影響も受けているが、それ以前からローマ法の影響を受けた独自の法制を有している。
　信託やチャリティの分野でも、スコットランドには、従来からパブリック・トラスト（public trust）の概念が存在する。これは、プライベート・トラスト（private trust）と対比され、イングランドのチャリティよりも広い概念である。こうした区分は、1601年 Charitable Uses Act に由来するイングランドにおける区分とは系譜を異にする。ただし、税法上のチャリティの免税措置との関係

---

3) Stuart Cross, 'Charity law: an issue of choice' in EE Sutherland, KE Goodall, GFM Little, & FP Davidson (eds.), *2011 Law Making and the Scottish Parliament: The Early Years* (Edinburgh UP, 2011), 103-123.

では、1891年の貴族院によるペムゼル判決[4]以来、イングランドの1601年法に基づく「チャリティ」の定義が、連合王国全土に適用されてきた。

スコットランドにおけるチャリティについて、立法による規制がなされたのは比較的最近で、1990年の法改革（雑則）（スコットランド）法（Law Reform (Miscellaneous Provisions) (Scotland) Act 1990）による（以下、「1990年法」という）。これは、基本的にイングランドのチャリティ法制に沿って、スコットランドのチャリティを規制するものであった。チャリティはイングランドにおける定義が用いられ、規制当局は当時の税務当局（内国歳入庁：Commissioners of Inland Revenue）で、チャリティの管理も税務当局の有するインフォーマルな登録簿で行われるにとどまった。

1990年法に基づく規制のあり方は、イングランドでのチャリティコミッションによる規制よりも不徹底なものだった。これに対しては批判が強く、すでに1990年代後半からスコットランド独自のチャリティ法制を設けるべきだとする提言や報告書が相次いだ[5]。1998年には、英国からスコットランドへの権限移譲がなされ、そのなかで「チャリティの成立、規制および解散」に関しては、スコットランド議会が権限を有することが明記された[6]。

2001年にいわゆるマクファッデン報告書が公表され、スコットランド独自のチャリティ立法の青写真が示された[7]。同報告書では、チャリティの定義を改正し、公益増進の概念をより強く打ち出すとともに、チャリティ独自の法人形式を導入することが提言された。また、スコットランド独自のチャリティ規制機関と、新たなチャリティ登録簿の創設も提言された。2000年代に入るとMoonbeamsとBreast Cancer Research (Scotland) という2つのチャリティをめぐるスキャンダルが露見し、これがより効果的なチャリティ規制を求める世論の盛り上がりにつながった。そして、「チャリティのブランドを守る」、がスコットランドのチャリティ立法に向けた議論の1つのキーワードになってゆ

---

4) *Inland Revenue Special Commissioners v Pemsel* [1891] AC 531.
5) Report of the Commission on the Future of the Voluntary Sector in Scotland, *Head and Heart* (1997)（以下「ケンプ報告書（Kemp Report）」）; Dundee Law School's Charity Law Research Unit, *Scottish Charity Legislation: An Evaluation* (2000)（ダンディ・ロースクール・チャリティ法制調査班報告書）。
6) Scotland Act 1998, s 30, Sch 5, Pt II Head C1.
7) Report of the Scottish Charity Law Commission, *Charity Scotland* (2001)（以下「マクファッデン報告書（McFadden Report）」）。

く。

　こうして1990年法に基づく制度を抜本的に改正する立法として成立したのが、2005年法である。改革へ向けた検討は、スコットランド内での議論に加え、イングランドの2006年チャリティ法につながる改革と並行するかたちで進められた。最終的に、スコットランドのチャリティ改革立法は、イングランドの2006年チャリティ法改正に先立って成立したが、イングランドでの改革をかなり織り込んだ内容となっている。以下にみる、新たな公益法人の導入やチャリティの定義などが顕著な例である。

　なお、チャリティについては、英国からスコットランドへの権限移譲が実現したが、税法に関わる権限は、依然として英国政府に留保されている。このため、2005年法ではチャリティの定義を含め、スコットランド独自の包括的なチャリティ規制が実現したが、税の減免に関しては税務当局が用いるイングランドの伝統に基づくチャリティの定義が引き続き適用されることになる。

III　2005年法の概要

　2005年法を概観しておこう。第1編がチャリティと題され、第1章でスコットランド・チャリティ規制局、第2章でスコットランド・チャリティ登録簿と、スコットランドにおけるチャリティ規制の基本構造が定められ、この登録簿に関する規定のなかにチャリティ要件や公益増進要件などの実体的な定めも置かれている。続けて、第3章にチャリティ規制のための情報共有、第4章にチャリティ監督の定めがあり、また第5章にチャリティの組織変更、第6章にチャリティの会計に関する規定がある。第7章では、新たにスコットランドのチャリティに特化した法人形態として導入された、スコットランド公益法人の定めがある。第8章は宗教チャリティについての特則、第9章がチャリティ理事の定め、そして最終章の第10章は、スコットランド・チャリティ規制局の決定に対する不服審査の手続で、チャリティ規制局の内部再審査、スコットランド・チャリティ上訴審査会による審査、さらに民事上級裁判所へ上訴という手続が

----

8) Cross (n 3), at 109.
9) Stuart Cross and Patrick Ford, *Charities and Trustee Investment (Scotland) Act 2005* (W. Green & Son Ltd 2006).

設けられている。

第1編　チャリティ
　第1章　スコットランド・チャリティ規制局
　第2章　スコットランド・チャリティ登録簿
　　登録簿【3条】
　　適用【4条～6条】
　　チャリティの判断基準【7条～9条】
　　チャリティの名称【10条～12条】
　　チャリティ・ステイタスの使用【13条～15条】
　　変更【16条・17条】
　　登録簿からの削除【18条・19条】
　第3章　協力と情報
　　協力【20条】
　　チャリティに関する情報【21条～23条】
　　情報の共有【24条・25条】
　　補則【26条・27条】
　第4章　チャリティの監督等
　　審問【28条～33条】
　　民事上級裁判所の権限【34条～37条】
　　補則【38条】
　第5章　チャリティの組織変更【39条～43条】
　第6章　チャリティの会計
　　会計義務【44条・45条】
　　スコットランド・チャリティ規制局への報告義務【46条】
　　休眠チャリティ口座【47条・48条】
　第7章　スコットランド公益法人（SCIO）
　　性格と基本構造【49条～53条】
　　スコットランド公益法人の設立と登録簿登録【54条・55条】
　　法人形態変更、合併、資産の移転【56条～61条】
　　一般規定【62条～64条】
　第8章　宗教チャリティ【65条】
　第9章　チャリティ理事
　　一般的義務【66条】
　　報酬【67条・68条】
　　欠格事由【69条・70条】
　第10章　決定：通知、再審理及び上訴
　　予備【71条】
　　通知および決定の効力【72条・73条】
　　再審理【74条】
　　上訴【75条～78条】

2005年法は、チャリティに関係しつつ、より広いカテゴリーの団体に関する規定も置いている。第2編は、チャリティを含め、慈善団体（benevolent bodies）による資金集めについての規定を置いている。これは、イングランドでは1992年チャリティ法で行われた改革に対応した内容である[10]。また第3編では、スコットランド法のもとでの受託者の投資権限を拡張し明確化するなど、イングランドの2000年受託者法で実現した信託法改正に対応する規定が盛り込まれている[11]。さらに第4編にも雑則があるが、本章では第1編のチャリティに関する規定を中心に扱うことにする。

IV　スコットランド・チャリティ規制局

1　概要

　スコットランド・チャリティ規制局（Office of the Scottish Charity Regulator）は、チャリティ登録簿を管理し、チャリティを認定し、チャリティに対する規制を行う機関である。

　スコットランド・チャリティ規制局という機関は、2005年法以前から存在していた。これは、1990年法により、スコットランドの法務総裁（Lord Advocate）の権限を行使するために1992年に検察庁（Crown Office）の一部局として設立された、スコットランド・チャリティ局（Scottish Charities Office）にさかのぼることができる。1998年スコットランド法によって実現した権限移譲に伴い、スコットランド法務総裁の権限はスコットランド政府に移管され、この権限を行使する機関として、2003年にスコットランド・チャリティ規制局が設立されたのである。当時のスコットランド・チャリティ規制局は、政府の外局（executive agency）として1990年法に基づくスコットランド大臣の権限を行使していた。

　現在の2005年法に基づくスコットランド・チャリティ規制局は、イングランドのチャリティコミッションをモデルとしている。法形式としては、特定の政府省庁に対しては責任を負わず、スコットランド議会に対して責任を負う政府

---

10) Charities Act 1992.
11) Trustee Act 2000.

部局(Non-Ministerial Department)である。この形式は、イングランドではサッチャー政権以降しばしば用いられているが、スコットランドではあまりみられない。しかし、こうした形式をとることによって、スコットランド・チャリティ規制局のスコットランド執行部からの独立性を担保することが図られた。

　スコットランド・チャリティ規制局の権限も、イングランドのチャリティコミッションと共通の部分が多い。具体的には、チャリティの資格を与えるか否かの判断を行い、チャリティ登録簿を維持管理・公表し、チャリティという呼称の使用を規制し、チャリティから年次会計と年次報告書の提出を受けてこれを管理し、チャリティの組織変更について審問や介入を行う、といった権限を有する。また、新たに認められたスコットランド公益法人の登録も、スコットランド・チャリティ規制局に対して行われる。

2　規制権限とアプローチ

　2005年法制定過程以来のスコットランドにおけるチャリティ法改革のキーワードは、「強力でありかつ均衡性を保ち、かつ透明な(robust, proportionate and transparent)」規制枠組みである。[13] スコットランド・チャリティ規制局の設置は、この枠組みの中核をなすものである。チャリティの活動を監督する権限は、1990年法で与えられていた権限から拡充された。スコットランド・チャリティ規制局は、チャリティに対して審問を行う権限を有し(28条)、また民事上級裁判所の手続を介することなく、チャリティの活動に介入する権限を有する(31条)。ただしこの権限は、イングランドの2006年法によりチャリティコミッションに与えられた権限に比べるとやや限定的で、スコットランド・チャリティ規制局がチャリティの活動に介入した際に、そこで管轄権を行使できる期間は、チャリティコミッションに比べると短い。[14]

　スコットランド・チャリティ規制局による規制は、スコットランド・チャリティ登録簿に登載された主体だけでなく、チャリティ登録簿に登載されないま

---

12) 2005年法は、やや複雑な設置形式を踏んでいる。まずスコットランド・チャリティ規制局という官職を創設し(1条(1))、かつスコットランド・チャリティ規制官という法人を設立し、これに当該官職を保有させ(1条(2))、この官職保有者を2005年法でOSCRと呼ぶ(1条(3))。
13) Policy Memorandum of the Charities and Trustee Investment (Scotland) Bill (2004), para 5.
14) 2005 Act, s 31 and Charities Act 1993, s 18; Charities Act 2006, ss 19-21.

まチャリティの呼称を用いる主体に対しても及ぶ (28条(1)(e))。イングランドのチャリティコミッションの規制権限は、実質的にチャリティである団体にしか及ばないので、スコットランドの2005年法は意図的な政策として規制対象を定めたものである。こうしたところにも、チャリティというブランドを信頼して寄附をする人やサービスを受ける人を広く保護し、チャリティのブランドを守ることを強調するスコットランドのアプローチの特徴が出ている[15]。実質的な差異としては、イングランドのチャリティコミッションは、イングランドで活動するスコットランドのチャリティに対して規制を及ぼすことはないが、スコットランドのチャリティ規制局は、スコットランドで活動するイングランドのチャリティに規制を及ぼすことができる。

　スコットランド・チャリティ規制局は、チャリティ要件の認定についてガイダンスの公表を義務付けられている（2005年法9条）ほか、チャリティ法の解釈適用をめぐる重要な諸問題についてガイダンスを公表している。ガイダンス公表に先立っては、チャリティ部門や関係者との協議 (consultation) が行われるのが一般的で、その過程でスコットランド・ボランタリー組織協議会 (Scottish Council for Voluntary Organisation: SCVO) などのアンブレラ組織との協力関係なども形成されている。

　スコットランド・チャリティ規制局は、イングランドのチャリティコミッションと比べて歴史が短く、ガイダンスなども長年の積み重ねは少ない。予算や人員面での規模も小さいため、その分、チャリティセクター、とりわけアンブレラ組織との協力を重視している。たとえば、後述する公益法人のモデル定款は、イングランドではチャリティコミッションで内製されているが、スコットランドではスコットランド・ボランタリー組織協議会によって作成公表されている。

　他方で、本書の第3章Ⅰにもあるように、イングランドのチャリティコミッションをめぐっては、その独立性についての議論が国会の内外で高まっている。しかし、スコットランド・チャリティ規制局については、独立性をめぐる批判はあまり目立たない。規制当局の規模や、規制対象チャリティのもつ政治力の違いもあるであろうが、これまでのところスコットランド・チャリティ規制局

---

15) Cross (n 3), at 113.

がチャリティのアンブレラ組織などを通じて、チャリティセクターと協調的なアプローチをとっていることも要因であるように思われる。

3 今後の規制アプローチ

　2010年代に入る前後から、スコットランド・チャリティ規制局は、チャリティのガバナンスを重視して規制を行う姿勢を明らかにしている[16]。とりわけチャリティが政府や他の団体と関係をもっているため、その独立性が曖昧な場合や、チャリティの組織構造が複雑であったり、指揮・責任系統がみえにくかったり、上位の団体の監督に服するなどして、責任の所在がわかりにくい場合に、特に要注意として重点的に審査がなされる。

　スコットランド・チャリティ規制局はガイダンスを公表しており、そのなかには具体的な審査や対応が行われた事例が示されている[17]。Scottish Natural Heritage は、スコットランド政府により設立され、閣僚による指示を受けるものとされていたため、審査の結果チャリティの資格を喪失せざるをえなかった。Lothian Health Board Endowment Fund は、理事の多くが当該地方の国立保健サービスの委員と兼任であったことから、利益相反を避けるため、定款の変更や組織構造の変更を求められた。また、Shetland Charitable Trust は、意思決定過程が不透明で、地方自治体との利益相反が疑われたため、継続的な監督対象とされた。

　2015年、スコットランド・チャリティ規制局はパブリックコメントを経て、特に注意を要するチャリティに焦点を絞って規制を行うための諸方策を提示した[18]。具体的には、年次報告書の記載内容の変更、会計報告書の公開、チャリティ理事のデータベースの構築、重大な違反の可能性のある事象についての報告義務の定めなど、立法による対応も必要になりうる内容も検討されている。具体的な変更は2015-16年度から始まり、2016-17年度初頭から本格的に実施されることになっている。

----

16) Office of the Scottish Charity Regulator, *Who's In Charge: Control and Independence in Scottish Charities* (2011).
17) *Id*. ch 2, at 19-23.
18) Office of the Scottish Charity Regulator, *Targeted Regulation of Scottish Charities: Progressive, Preventative and Proportionate* (March 2015).

V　スコットランド・チャリティ登録簿

　2005年法は、スコットランド独自のチャリティ登録簿を設けた。従来の税務当局の有していたチャリティの情報が不完全で不正確だったものを、スコットランドとしてより包括的な登録簿を整備し、公開しようとするものである。2014年3月末時点で、チャリティ登録簿には2万3,827のチャリティが登録されている[19]。

　スコットランド・チャリティ登録簿の項目は、イングランドのチャリティコミッションの有するチャリティ登録簿と類似している。2005年法で記載内容と定められている項目は、チャリティの名称、主要な事務所、チャリティ目的、宗教チャリティと指定されている場合にはその旨の記載、スコットランド・チャリティ規制局の関与があった場合にはその旨の記載、その他政府やスコットランド・チャリティ規制局が記載を求めた内容、である（2005年法3条(2)）。

　スコットランドでチャリティの呼称を用いて活動する主体は、すべて登録義務を負う。スコットランド・チャリティ規制局によってチャリティ要件を満たしたと認定され、チャリティ登録簿に登載されて初めて、チャリティの呼称を用いることができる（2005年法13条）。これは、イングランド・ウェールズなど他の法域や国でチャリティとして登録し、規制されている団体も例外ではない。そうした団体も、スコットランドでチャリティと称して活動するには、スコットランド・チャリティ登録簿に登録し、スコットランド・チャリティ規制局の規制を受けなければならない。イングランド・ウェールズにおいては、従来からイングランド外でチャリティとして登録して規制を受けていれば、チャリティコミッションに登録する義務を負わないとしているから、スコットランドでは政策判断としてこれと意図的に異なる立場を採ったものである。このことに伴う、いわゆるクロスボーダーで活躍するチャリティの問題については、Ⅷにて詳しく扱う。

　チャリティが、チャリティ登録簿から抹消された場合には、いわゆる財産保

---

19) OSCR, *Annual Report and Accounts 2013-14* (2015), 6.

全（アセット・ロック）がかかる（2005年法19条(1)）。すなわち、抹消された団体も、その財産や収入を抹消前のチャリティ目的のために使用する義務を、引き続き負うことになる。抹消された団体は、抹消後も、スコットランド・チャリティ規制局と民事上級裁判所の管轄に服し、スコットランド・チャリティ規制局は、アセット・ロックの対象となる財産や収入を保全するため、必要であれば民事上級裁判所にスキームの設置を求める申立てを行うことができる（2005年法19条(2)-(4)）。こうした手続を経て、抹消された団体の財産は抹消前の目的のために使用されるか、または他のチャリティに移転されることになる。

　他方で、スコットランドのチャリティ登録簿は、あくまでスコットランド・チャリティ規制局による規制を目的としたもので、税法上の目的とは切り離されている。スコットランドのチャリティとして認定された団体が税の恩恵を受けられるかは、租税当局による判断が別途必要となる。イングランドではチャリティコミッションでチャリティ認定を受ければ、ただちにチャリティとしての租税上の恩恵を受けるから、これは大きな違いである。スコットランドでチャリティ認定を受けた団体であっても、租税当局によるチャリティ要件の審査はイングランドでのチャリティ認定基準によって行われるので、理論的には、判断の結果チャリティに対する租税の減免が受けられない場合もありうる[20]。ただし、後述のとおり、スコットランドの方がイングランドよりもチャリティ要件が厳しい面が多いため、実際にスコットランドのチャリティがチャリティとしての租税減免を受けられない事態は考えにくい。

VI　新しいチャリティ・テスト

1　概要

　スコットランドの2005年法におけるチャリティ・テストは、イングランドの従来の判例をふまえ、イングランドのチャリティ法案の審議過程で提案された修正とスコットランドでの議論を反映しつつ、2005年法に結実した。以下では、スコットランドのチャリティ・テストを、イングランドとの比較を交えてみて

---

20)　ただし、事業者の負担する地方税（non-domestic rate）の減免については、スコットランド・チャリティ登録簿によって決まる。

いく。

スコットランドのチャリティ・テストは2つの要件から構成される。第1に団体が16項目のチャリティ目的のいずれかを有すること（2005年法7条(1)(a)）、第2に団体が公益増進に資することである（7条(1)(b)）。これら2つの要件にはイングランドの判例法の影響が及んでおり、とりわけ16項目のチャリティ目的にはイングランドでの判例上認められたものが取り込まれている。以上の2要件に加え、チャリティはその財産をチャリティ目的以外には用いてはならず、政府の介入を許してはならず、また政党の支援を目的とすることも許されないという欠格事由が定められている（7条(4)）。これは、スコットランドでの議論の積み重ねを反映したものである。[22]

2　チャリティ目的

2005年法は、7条2項において16項目のチャリティ目的を挙げている。これらの目的には、イングランドの2006年法2条2項、2011年法3条1項に列挙された目的と共通のものがかなり多い。

従来のスコットランドにはチャリティ目的を定義する機関がなく、英国の歳入税関庁が課税の目的でチャリティ目的の判断を行っていた。マクファッデン報告書は、こうした状況を問題視し、スコットランドの独自のチャリティ定義の必要性を説いた。[23] ただし、チャリティ目的の定義については、最終的にイングランドの2006年チャリティ法制定に向けての議論を反映し、イングランドの伝統的な4つのチャリティ目的を拡大したかたちで列挙されることになった。

スコットランドのチャリティ目的とイングランドのチャリティ目的の対応は、表1のとおりである。

スコットランドのチャリティ目的とイングランドのチャリティ目的を対照すると、チャリティの目的類型の数はスコットランド（16項目）の方がイングランド（13項目）よりも多いので、一見すると、スコットランドにおいてチャリティ目的がより広く認められているようにみえる。しかし実際のところ、スコ

---

21) スコットランドとイングランドのチャリティ・テストの比較一般について、*Stair Memorial Encyclopedia* (n 2), at paras 67ff.
22) *McFadden Report* (n 7), at 14 (Recommendation 2).
23) *Id*. at para 1.26.

表1　スコットランドおよびスコットランドのチャリティ目的

スコットランド (2005年法7条(2))	イングランド (2006年法2条(2)・2011年法3条(1))
(a)貧困の防止および救済	(a)貧困の防止および救済
(b)教育の振興	(b)教育の振興
(c)宗教の振興	(c)宗教の振興
(d)健康増進	(d)健康増進または生命の救助
(e)生命の救助	
(f)公民性およびコミュニティ開発の振興	(e)公民性およびコミュニティ開発の振興
(g)技芸、遺産、文化または学術の振興	(f)技芸、文化、遺産または学術の振興
(h)社会一般におけるスポーツ参加の振興	(g)アマチュアスポーツの振興
(i)レクリエーション施設の提供またはレクリエーション活動を組織することであり、その目的が主たる対象となる人々の生活条件の改善にあること	(m)(i) 5条（レクリエーションや同様の信託等）または旧法〔Recreational Charities Act 1958〕に基づきチャリティ目的と認められるもの
(j)人権、紛争解決もしくは和解の推進	(h)人権、紛争解決もしくは和解の推進、または宗教的もしくは人種的和解または平等と多様性の促進
(k)宗教的和解の促進	
(l)平等と多様性の促進	
(m)環境保全および改善の振興	(i)環境保全および改善の振興
(n)年齢、病弱、障害、経済的困窮その他不利な境遇にあるために、他人の支援を必要とする者の救済	(j)若年、老齢、病弱、障害、経済的困窮その他不利な境遇にあるために、他人の支援を必要とする者の救済
(o)動物愛護の促進	(k)動物愛護の促進
	(l)国軍の能率または警察、消防、救助作業もしくは救急作業の能率の向上
(p)以上の条項のいずれかの目的に類似すると合理的に考えられるその他の目的	(m)(ii)(a)ないし(1)のいずれかの目的に類似するか、またはその目的の精神に含まれると合理的に考えられるその他の目的
	(m)(iii)イングランドおよびウェールズにおけるチャリティに関する法のもとで、本項(m)(ii)または本サブパラグラフに含まれると考えられてきた目的に類似するか、またはその目的の精神に含まれると合理的に考えられるその他の目的

Ⅵ　新しいチャリティ・テスト

ットランドのチャリティ目的はイングランドのそれよりも広いわけではない。

以下では、2005年法7条2項に列挙されたスコットランドのチャリティ目的を順にみてゆく。

「貧困の防止および救済」(2005年法7条(2)(a))、「教育の振興」(同(b))、「宗教の振興」(同(c))という冒頭3つのチャリティ目的は、1601年のエリザベス1世法以来[24]、ペムゼル判決に代表されるイングランド判例法で認められてきたもの[25]ので、スコットランドの2005年法においても、イングランドの2006年法と同様に維持されている (2006年法2条(2)(a)-(c)・2011年法3条(1)(a)-(c))。このうち「貧困の防止および救済」については、判例法においては「貧困の救済」とされていたものから拡張するもので、これもスコットランドはイングランドと平仄を合わせるかたちで立法に取り込んでいる。

続く「健康増進」(2005年法7条(2)(d))、「生命の救助」(同(e))、「公民性およびコミュニティ開発の振興」(同(f))と「技芸、遺産、文化または学術の振興」(同(g))は、イングランドの2006年法・2011年法のチャリティ目的 (2006年法2条(2)(d)-(f)・2011年法3条(1)(d)-(f)) と実質的に同一である。

「社会一般によるスポーツ参加の振興」(2005年法7条(2)(h))は、立法過程の当初には、イングランドのチャリティ目的類型と同様に「アマチュアスポーツの振興」とされていた。しかし、「アマチュア」という文言では、専門的な指導員を雇用する団体がチャリティとして認められなくなるおそれがあると懸念されたので、法案審議の最終段階で「アマチュア」という文言が規定から削除された[26]。

「レクリエーション施設の提供またはレクリエーション活動を組織すること」(2005年法7条(2)(i))は、公民館やレクリエーション施設を提供することを、スコットランドにおいて初めて明示的にチャリティ目的と認めたものである[27]。これは、イングランドでは1958年の立法 (Recreational Charities Act 1958) でチャリティ目的と認められてきたものに相当する。イングランドの2011年チャリティ法は、従来のチャリティ関係諸法を統合するなかでこの1958年の立法も取

---

24) Charitable Uses Act 1601.
25) *Inland Revenue Special Commissioners v Pemsel* [1891] AC 531.
26) Cross and Ford (n 9), at 29-30.
27) *Id*. at 30.

り込んでいる（2011年法5条・3条(1)(m)(i)）ので、この点でもスコットランドとイングランドは実質的に同じである（2006年法2条(4)(a)）。

「人権、紛争解決もしくは和解の推進」（2005年法7条(2)(j)）、「宗教的和解の促進」（同(k)）、「平等と多様性の促進」（同(l)）、「環境保全および改善の振興」（同(m)）、「動物愛護の促進」（同(o)）は、イングランドの2006年法・2011年法と同一の規定である（2006年法2条(2)(h)(i)(k)・2011年法3条(1)(h)(i)(k)）。

スコットランドの2005年法は、「年齢、病弱、障害、経済的困窮その他不利な境遇にあるために、他人の支援を必要とする者の救済」（7条(2)(n)）をチャリティ目的と認めている。イングランドは、「若年、老齢、病弱、障害、経済的困窮その他不利な境遇にあるために、他人の支援を必要とする者の救済」（2006年法2条(2)(j)・2011年法3条(1)(j)）としており、スコットランドの「年齢（age）」と、イングランドの「若年、老齢（youth, age）」とで規定に差異があるようにみえる。しかしスコットランドでも、若年であるがゆえに支援を必要とする者に救済を与える団体を、チャリティ目的に含めないとする立法者の意図はないとされ、スコットランドのこのチャリティ目的はイングランドと実質的には同一だと理解されている。[28]

以上が、スコットランドの2005年法で具体的に列挙されたチャリティ目的である。イングランドの2006年法・2011年法には、「国軍の能率または警察、消防、救助作業もしくは救急作業の能率の向上」（2006年法2条(2)(l)・2011年法3条(1)(l)）がチャリティ目的として挙げられているが、スコットランドではチャリティ目的として認められない。スコットランドの2005年法の1つの特徴は、チャリティの政府に対する独立性の強調にあるので、そうした意味でも、この目的はスコットランドではチャリティ目的とはしにくかったであろう。

以上の具体的なチャリティ目的に加え、スコットランドとイングランドでは、厳密にはこれらの目的にあたらない目的も、類推によってチャリティ目的とする余地を認める条項を設けている。ただし、その範囲には若干の差異がある。スコットランドの2005年法は、「以上の条項のいずれかの目的に類似すると合理的に考えられるその他の目的」（7条(2)(p)）と定めている。これは、イングランドの「a号ないし1号のいずれかの目的に類似するか、またはその目的の

---

[28] *Id*. at 30-31.

精神に含まれると合理的に考えられるその他の目的」(2006年法2条(2)・2011年法3条(1)(m)(ii)) に大まかには対応する。ただし、スコットランドの規定には「または〔その目的の〕精神に含まれる (or within the spirit of)」という文言が含まれていない。これは、イングランドの判例法におけるチャリティ目的の拡張解釈アプローチを反映するかたちで、イングランドでは2006年法の制定過程で盛り込まれた。スコットランドの2005年法制定過程では、この文言を取り込まなかったが、立法過程ではこれらの差異が意識されていたとはいえず、この文言上の違いをそれほど重視すべきではないとされる[29]。

さらにイングランドには、スコットランドには存在しない、より広い包括的な規定がある。「イングランドおよびウェールズにおけるチャリティに関する法のもとで、本項(m)(ii)または本サブパラグラフに含まれると考えられてきた目的に類似するか、またはその目的の精神に含まれると合理的に考えられるその他の目的」(2006年法2条(4)(c)・2011年法3条(1)(m)(iii)) という規定である。これは、上記のように具体的に列挙されたチャリティ目的から類推することはできないが、従来の判例で認められた目的からは類推できるようなものまでチャリティ目的を認める余地を設けているので、その意味ではより広いチャリティ目的を認める契機となりうる条文である。イングランドの2006年法・2011年法は、従来の判例法を包括的に取り込むものなので、この条文の意義はほとんどないと考えるか[30]、制定法で判例法を網羅的に取り込むことは不可能なので、この条文の意義はなお存すると考えるか[31]、どちらの議論もありうるが、これは今後のイングランドのチャリティコミッションや裁判所の判断をみていくしかないだろう。他方で、スコットランド・チャリティ規制局が、2005年法で認められたチャリティ目的からの類推を柔軟に認めれば、実質的には同じ帰結を導くことも可能かもしれない。

3　公益増進の要件

スコットランドにおいてチャリティ・テストを満たすためには、団体の目的

---

29) *Id.* at 31.
30) *Id.* at 31.
31) Hubert Picarda, *The Law and Practice Relating to Charities* (Fourth Edition 2010; First Supplement 2014), at 217.

がチャリティ目的のみからなることに加えて、スコットランド内またはそれ以外の場所において、公益増進に資する必要がある（7条(1)(b)）。

　貧困の救済、教育の振興、宗教の振興というチャリティ目的の3つの伝統類型については、イングランドの判例法上、公益増進が自動的に推認されると考えられてきた。しかし、2005年法は、これらの伝統類型であっても公益増進は推認されないとして、判例法の立場を変更した（8条(1)）。これはイングランドと同様である（2006年法3条(2)・2011年法4条(2)）[32]。

　公益増進要件を満たすためには、団体は形式的に定款などで公益増進を謳うだけでなく、実際に公益を増進するか、これから活動を始めるのであれば公益を増進する意図をもっている必要がある（2005年法7条(1)(b)）。この公益増進の実質がスコットランド・チャリティ規制局や裁判所によって審査されることになる。そこでは、社会全般が受ける利益が重視され、これが特定の集団または個人が受ける利益や、社会にとってのマイナスの利益との関係で考慮されなければならない（8条(2)(a)）。そして社会の一部（a section of the public）のみに利益がもたらされる場合には、利益を享受する条件が「不当に制限的であるか」（unduly restrictive）否かが考慮される（同(b)）。利益を享受する条件の制限として問題となりうるのが、チャリティが利益を提供するにあたって料金を徴収する場合である。

　スコットランドとイングランドにおいて大きな違いがみられるのが、この公益増進要件に対するアプローチである。スコットランドでは「チャリティの最重要の目的が公益増進にあること（whose overriding purpose is for the public benefit）」[33]を提唱したマクファッデン報告書の提言を反映し、チャリティが実際にいかなる活動をしているか、または活動する予定かを考慮し、公益増進の実質が審査される。こうした審査基準を「活動テスト」と呼ぶことがある[34]。イングランドでは従前から、建前としては、チャリティ目的の審査にあたっては、規約に書かれている団体の目的を審査すれば足りるとされてきた。しかしチャリティコミッションでは、実務上長らく、この活動テストが用いられていたとされる。これに対しては、イングランドのチャリティセクターから批判が強く、

---

32) Charities and Trustee Investment (Scotland) Act 2005, s 8 (1); Charities Act 2011, s 4 (2).
33) *McFadden Report* (n 7), at 14.
34) Cross and Ford (n 9), at 26-27.

首相直属戦略班の『民間活力・公益増進』報告書も活動テストの採用には否定的だった[35]。こうしてイングランドでは、公益増進があくまでチャリティ目的にとどまる（2011年法2条(1)(b)）のに対し、スコットランドではチャリティが実際に公益を増進する活動をするか、そうした意図があるか、その実質が問われるという対照的な立場がとられることになったのである。

　公益増進テストの関係で、スコットランドで大きな話題となったのが、プライベート・スクールのチャリティ資格である。授業料をとる学校が公益増進テストを満たすかという問題は、スコットランドでは2005年法の立法過程からすでに議論の対象となっていた。同様の問題はイングランドにおいても、独立学校評議会事件において、上位不服審判所で司法審査が求められる事態にまで発展した（第2章Ⅱ2参照）。イングランドとスコットランドとでは、そもそも公益増進テストも異なるのではあるが、実際の紛争もかなり対照的な展開をたどった。

　2007年、スコットランド・チャリティ規制局は、52校のプライベート・スクールに対し、調査を開始した。その結果、2012年には10校のプライベート・スクールが、教育上の便益へのアクセスを不当に制限しているとして、公益増進テストを満たさないと判断された。これに基づきスコットランド・チャリティ規制局は、対象となった学校に対し、一定の期限までにチャリティ・テストを満たす手段を講じない限り、チャリティ登録を抹消するとして、対応を求めた。学校側は、経済的に恵まれない生徒への奨学金や無料での教育活動を拡充するなどして、具体的な対応を取った。その結果、スコットランド・チャリティ規制局は2014年12月、実質的にすべてのプライベート・スクールに対して公益増進テストを満たしたとする判断を下した[36]。

　こうしたスコットランド・チャリティ規制局の活動に対し、批判がないわけではない。しかし、報道等をみる限り、イングランドのように、プライベート・スクールを支持する側が規制当局に対し強い反発を示したり、審判手続や裁判手続が開始したり、ということはなかったように見受けられる[37]。調査対象

---

35) Cabinet Office Strategy Unit Publications, *Private Action, Public Benefit: A Review of Charities and the Wilder Not-for Profit Sector* (September 2002), at para 4.11.
36) OSCR, *Fee-charging schools, public benefit and charitable status* (December 2014).
37) Simon Johnson,'Scotland's independent schools pass charity test' (8 December 2014) The

となったプライベート・スクールも、スコットランド・チャリティ規制局の求めにより対応策を取っている。むしろ、スコットランド・チャリティ規制局は、全プライベート・スクールのチャリティの資格を剥奪すべきだったとの批判が報じられているほどである。[38]

こうしたスコットランドでの展開、またイングランドとの対照性は、伝統的に労働党の強い国柄や社会におけるプライベート・スクールの位置付けなど、政治的・社会的要因も大きく働いていると思われる。ただし、チャリティ法の観点に絞っても、いくつかの点を指摘することができるだろう。

第1に、スコットランドの2005年法が、チャリティが実際に公益を増進する活動をしているか、実質的な審査を求める公益増進テストを定めている点である（7条(1)(b)・8条(2)）。これは、イングランドの独立学校評議会事件の上級審判所が判断のなかで、チャリティが最低限の公益増進をしていれば、具体的にどのように公益を提供するかは、チャリティの理事らの裁量に委ねられるとしたのと対照的である。スコットランド・チャリティ規制局は、プライベート・スクールがどのような公益を社会に提供しているかについて立ち入った調査を行っているし、学校側の対応によって公益増進テストが満たされたと判断した後も、こうした学校の活動に対して注意を払う旨を明言している。

第2に、2005年法は、公益増進テストの具体的な内容として、チャリティの利益が社会の一部のみにもたらされる場合には、利益を享受する条件が不当に制限的であるか否かが考慮されると定めていた（8条(2)(b)）。これが調査において特に重視された規定であり、スコットランド・チャリティ規制局は、この判断基準を適用するにあたって、授業料を支払えない人への支援が提供されているか、社会への利益の提供の幅、授業料の高さと提供される利益の均衡、授業料の料金体系の透明性、利益を提供するための費用、といった具体的な考慮要素を明らかにしている。イングランドでは、このチャリティの利益が及ぶのが社会の一部にとどまる場合について、2005年法では明示的な文言はなく、2008年のチャリティコミッションのガイダンスで示されるにとどまった。すで

Telegraph ⟨http://www.telegraph.co.uk/news/uknews/scotland/11281096/Scotlands-independent-schools-pass-charity-test.html⟩ accessed 13 February 2015.

38) 'Scotland's charities regulator accused over private schools' (13 January 2015) *Herald Scotland* ⟨http://www.heraldscotland.com/news/education/scotlands-charities-regulator-accused-over-private-schools.116040663⟩ accessed 13 February 2015.

に述べたように、上級審判所は、チャリティであるためには貧しい階層のために最低限の便益の提供をしなければならないというかたちで、ガイダンスの示した原則を支持したものの、チャリティコミッションの具体的な解説は不適切だと判断した。その意味で、スコットランドの2005年法が、チャリティの利益を享受する条件が不当に制限的であるかが考慮される、と明示的に規定していたことは、重要な意味をもっていたといえよう。

　第3に、実質的なチャリティの活動の審査を伴う公益増進テスト、あわせて新しく設置されたスコットランド・チャリティ規制局など、2005年法が新たに打ち出したスコットランド独自のチャリティの理念や制度について、幅広い支持があったことも重要な要素であったように思われる[39]。スコットランド・チャリティ規制局も、ガイダンスの公表や、プライベート・スクールへの調査の開始に先立ってパブリックコメントを行うなど、社会との対話的アプローチを維持している。2015年にチャリティ・テストのガイダンスを7年ぶりに改訂した際も、パブリックコメントを含めた関係者との対話がなされた[40]。

4　欠格事由

　2005年法は、チャリティ目的要件と公益増進要件に加え、チャリティ・テストを満たすことの前提として、3つの禁止事項を定めている（7条(4)）。

　第1に、チャリティはチャリティ目的以外に財産の配分をしてはならない（同(a)）。これは従来のイングランドの判例法を取り込んだものである[41]。

　第2に、政府による指導または監督を許してはならない（同(b)）。チャリティが政府から独立でなければならないことは、スコットランドのチャリティ法の1つの特徴である。立法過程当初の段階では、チャリティの独立性が強調され、政府だけでなく第三者からの指導または監督も許されないとする規定が提案されていた。しかしこれに対しては既存のチャリティの多くがチャリティ資

---

39) '20% of private schools faced threat of losing charitable status unless they widened access' (8 December 2014) *Herald Scotland* 〈http://www.heraldscotland.com/news/home-news/a-fifth-of-scottish-private-schools-face-threat-of-losing-charitable-status-unless-th.1418052322 〉 accessed 13 February 2015.
40) OSCR, *Meeting the Charity Test: Guidance for applicants and existing Charities* (August 2015).
41) *Inland Revenue Commissioners v Glasgow Police Athletic Association* [1953] A.C. 380.

格を奪われる懸念があるとされたため、指導または監督の主体は政府に限定された。[42] イングランドにおいては、裁判所による管轄が実質的に排除されない限り、政府による一定の統制が認められているので、スコットランドの独立性要件はイングランドよりも厳格である。[43]

なお、スコットランドにも、スコットランド国立美術館（National Gallery of Scotland）、スコットランド国立図書館（National Library of Scotland）、スコットランド国立博物館（National Museums of Scotland）、王立エジンバラ植物園（Royal Botanic Garden Edinburgh）、スコットランド古代歴史記念碑委員会（Royal Commission on the Ancient and Historical Monuments of Scotland）など半官半民のチャリティが存在する。これらがチャリティの資格を失わないよう、政府には特定の団体について上記2つの禁止条項を適用除外する権限が与えられている（2005年法7条(5)）。

第3に、チャリティは政党であってはならず、また政党の支援を目的としてはならない（2005年法7条(4)(c)）。これは、政党政治活動（party political activities）を目的とすることを禁じたものであるが、法制度改革や政策転換等を求めるような政治的キャンペーン（political campaigning）を目的とすることは許容されている。イングランドでは、政党政治活動のみならず政治的キャンペーンも目的とすることは判例法上許されないとされてきており、2006年法後もこれが維持されている。[44] しかし、スコットランドではこれを意図的に緩和し、政党活動でなければ政治的キャンペーンを目的とすることを認めた。マクファッデン報告書では、スコットランドのチャリティが公の場での討論に貢献することは重要なことだとして、そのチャリティ目的を実現するために特定の問題についてキャンペーンを張ることを促進していくものである、と述べている。[45]

スコットランド・チャリティ規制局は、政治キャンペーンについてのガイダンスを出している。[46] そこでは、スコットランドのチャリティは、中央政府・地方政府に影響を与え、立法に対応し、その実現をはかり、また反対または支持

---

42) Cross and Ford (n 9), at 32.
43) *Stair Memorial Encyclopedia, Charities* (n 2), at para 67.
44) *McGovern v Attorney General* [1982] 1 Ch 321.
45) *McFadden Report* (n 7) paras 1.52-1.54.
46) OSCR, *Frequently Asked Questions: Charities and campaigning on political issues* (v 1.2, October 2014).

を表明すること、公の政策の変更を求めて請願等をすること、特定の政党の主張する政策を支持する（ただし政党そのものの支持は許されない）ことを目的とすること、またこれを実際に行うことは可能である、と明記されている。2014年の夏にスコットランド独立の賛否を問う国民投票が行われた際にも、ガイドラインが公表された。その冒頭では、チャリティが国民投票の過程で自らの声を人に伝えることは適切なことであるとしたうえで、キャンペーンは、多くのチャリティがその設立の目的を実現するため、すなわちそのチャリティ目的を発展させるための、正当な方法である、と述べている。

　これら2005年法の規定は禁止事項というかたちを採っているが、これはマクファッデン報告書において、スコットランドのチャリティの真髄ともいうべき原理として勧告された内容を反映したものである[47]。ここの部分は、スコットランドにおけるチャリティ法改革にかける意気込みと野心がよく表れているので、やや長いが引用しておく。

> 1.30　われわれは……この機会をとらえ、スコットランドにおいていかなる種類の組織に対しチャリティの地位が与えられるべきかを検討した。1601年法と1891年の判例で示された分類の背後にある理由を検討し、チャリティ法の根底にある原則を明らかにしようとしたのである。われわれは、ここに新たに一連の基本原則を提案する。これがスコットランドのチャリティの地位を与えられる資格を判断する根拠として用いられるようになることを期待する。さらに、これらの基本原則が英国全土で採用されることがなお望ましいと考えており、これらがイングランド、ウェールズ、北アイルランドにおいて採用されることを期待している。短期的には、これらの基本原則をスコットランドで導入すべきだと考えており、それがチャリティ資格要件としてイングランドの判例法を利用し続けるよりも、望ましいであろう。
>
> 1.31　われわれは、チャリティスコットランドがチャリティの地位を与えるか判断するにあたり、次の基本原則を用いるべきだと考える。これに立法上の根拠も与えるべきである。

---

47) *McFadden Report* (n 7), paras 1.29-1.31; Recommendation 2.

> 第 2 提案
>   われわれは以下の基本原則を提案する。スコットランドのチャリティは次のような団体でなければならない：
>   ・最重要の目的を公益増進とすること
>   ・非営利による財産の配分を行うこと
>   ・独立であること
>   ・政党ではないこと

　イングランドのエリザベス 1 世法と1891年のペムゼル事件で示された一連のチャリティ目的の根底からマクファッデン報告書が見出したのが、この引用で「第 2 提案」として示された 4 つの基本原則であった。 1 つ目が公益増進要件として2005年法 7 条 1 項 b 号に結実しており、 2 つ目から 4 つ目が欠格事由というかたちではあるが、2005年法 7 条 4 項に取り込まれている。マクファッデン報告書は、これが英国全土で採用されることが望ましいとしていたのである。

VII 規制局の判断に対する不服審査

　2005年法は、スコットランド・チャリティ規制局の判断に対する不服審査手続を整備した[48]。これは 3 段階からなり、まず規制局自身による再審査がなされ、これに不服な当事者はスコットランド・チャリティ上訴審査会（Scottish Charity Appeals Panel: SCAP）に上訴し、またこれに不服の当事者は民事上級裁判所へと上訴することになる。

1 再審査とスコットランド・チャリティ上訴審査会の手続

　スコットランド・チャリティ規制局の判断は、当該判断の通知を受けたチャリティや関係者による請求に基づき、まずスコットランド・チャリティ規制局自身によって再審査される。この手続の対象となるのは、登録簿への登録の申立てを拒否する処分、チャリティの名称変更を認めない処分、名称変更を命ず

---

48) Charities and Trustee Investment (Scotland) Act 2005, Pt 1, ch 10, ss 72-78.

る処分、チャリティの定款変更、合併、解散または終了といったスコットランド・チャリティ規制局の同意を要する重要な変更につき当該同意を与えない処分、チャリティに対する質問検査に関わる諸処分などである。

　スコットランド・チャリティ規制局が処分の再審査を行った結果、これが適切で維持すべきだとすれば、処分を確認する。処分が不適切だと判断した場合には、変更、破棄または撤回する。処分が確認された場合に、これに対する不服を受け付けるのが、やはり2005年法に基づき設置されたスコットランド・チャリティ上訴審査会である[49]。これは常設機関ではなく、内閣によって選任された委員によって時宜に応じて構成される。審査会には幅広い裁量権が委ねられ、スコットランド・チャリティ規制局の処分を確認するか、そうでなければ処分を破棄し規制局に対して特定の行為をするよう命ずるか、または規制局に差し戻して処分を再検討するよう命ずることもできる。

　これらの審査手続の利用は、必ずしも多くない。2013-14年度の再審査の請求は7件、スコットランド・チャリティ上訴審査会への上訴は3件にとどまった。上訴審査会への上訴のうち1件は取り下げられ、1件では規制局の判断が確認され、1件では規制局の判断が破棄された[50]。

2　民事上級裁判所

　スコットランド・チャリティ上訴審査会の判断に不服がある場合は、民事上級裁判所へ上訴する途が残されている。上訴審査会への上訴と異なり、民事上級裁判所へは、上訴審査会への上訴人だけでなく、スコットランド・チャリティ規制局も上訴することができる（2005年法78条）。民事上級裁判所は、スコットランド・チャリティ規制局の判断を確認するか、またはこれを破棄し必要に応じてスコットランド・チャリティ規制局に特定の行為をするよう命ずることができる。

　なお、民事上級裁判所は、チャリティ法に関して、不服審査手続とは別にもう2つの権限を有している。1つが、スコットランド・チャリティ規制局の申立てに応じて、チャリティやチャリティの支配下にある団体に対し、特定の行

---

49) Charities and Trustee Investment (Scotland) Act 2005, s 75, sch 2.
50) OSCR, *Annual Report* (n 19), at 6.

為をするよう命じたり、管財人や受託者・理事を任命したり、チャリティの役員の停職や解職を命じたり、財産の処分や取引を制限したりする権限である（34-36条）。この権限は、登録を受けたチャリティではなくても、自らチャリティまたはスコットランド・チャリティを名乗っている団体に対しても行使することができ、その場合には、チャリティの呼称の使用を禁じるほか、適切な措置を命じることができる。チャリティ登録簿から抹消された団体についても、スコットランド・チャリティ規制局のスキームに基づき、当該団体の財産をチャリティ目的で使用するアセット・ロックを実施するため、民事上級裁判所が権限を行使することができる（19条(4)-(7)）。

　もう１つの権限が、チャリティの組織再編にあたって、スコットランド・チャリティ規制局の申立てに応じて、スキームを承認する権限である（40・42条）。チャリティの目的が社会の趨勢に合わなくなったなどして、目的の変更や他のチャリティへの財産の移転やチャリティの統合が必要な場合について、2005年法は、スコットランド・チャリティ規制局にそうした組織再編を承認する権限を与えている。スコットランド・チャリティ規制局は、自らイニシアティヴを取って組織再編を命じることもできるが、その場合には、上級民事裁判所の承認を要するとされたのである。

Ⅷ　スコットランド公益法人（SCIO）

　2005年法は、新たにスコットランド独自の公益法人（Scottish Charitable Incorporate Organisation: SCIO）を導入した。チャリティは、伝統的に信託（trust）、権利能力なき社団（unincorporated association）、保証有限責任会社（company limited by guarantee）といった法形式で設立することができ、これらの法形式は2005年法成立後も用いることができる。しかし、新たなスコットランド公益法人の導入によって、法人格と理事の有限責任を得つつ、かつ会社法の規制を受けないチャリティ専用の法人形式がスコットランドに実現した。保証有限責任会社の形式によれば、法人格と有限責任を得ることができるが、英国全土に適用になる会社法制に基づき、イングランドにある会社登記所に登記するとともに、2005年法成立後はスコットランド・チャリティ規制局にも登録しなければならない。年次報告や年次会計報告も、会社登記所とスコットラ

ンド・チャリティ規制局の双方にする必要がある。しかし、スコットランド公益法人の形式をとれば、スコットランド・チャリティ規制局にチャリティ登録を行い、年次報告等をすれば済む。会社法制は英国全土に共通であるが、スコットランド公益法人はスコットランドの立法である。

1 導入の経緯

スコットランドにおける公益法人の導入に向けた検討は、1990年代のイングランドにおける公益法人の検討と並行して進められた[51]。1997年の「スコットランドのボランタリーセクターの将来検討委員会」の最終報告書（いわゆるケンプ報告書）において、すでに「チャリティが選択により用いることができる法人格を導入する」ことが提言されている[52]。その後イングランドで2000年に通産省の会社法審議会の報告書において、チャリティに特化した法人格を認めるべきだとの提言がなされると、2001年のマクファッデン報告書も、これをほぼ全面的に支持するかたちで、チャリティが法人格を取得できるような固有の法形式を設けるべきとして、イングランドおよびウェールズと並行して検討を進めることを提言した[53]。イングランドでは、2001年のチャリティコミッションの諮問委員会の公益法人に関する報告書、2002年の内閣府戦略班の『民間活力・公益増進（Private Action, Public Benefit）』報告書と検討が進められるのと並行して、スコットランドでも2003年に政府が公益法人を盛り込んだ立法提案を行った。

公益法人を盛り込んだイングランドおよびウェールズのチャリティ改革法案は、2004年5月にウェストミンスターの国会に提出され、スコットランドでも同年11月にスコットランド議会に提出された。スコットランド議会の立法過程では、公益法人は特に大きな反対を受けることなく2005年法の成立に至った。英国の国会では総選挙などもあり、チャリティ法の成立は翌年にずれ込んだが、こうした経緯からわかるように、スコットランド公益法人に関する2005年法の規定は、イングランドの2006年法の制定に向けた議論の影響をかなり受けてお

---

51) スコットランド公益法人の導入の経緯について、*Stair Memorial Encyclopaedia* (n 2), at paras 28-32. イングランドにおける経緯については、同報告書2章(4)参照。
52) *Kemp Report* (n 7), recommendation 7.16.2.
53) *McFadden Report* (n 7), paras 2.11-2.17, Recommendation 11.

り、内容面でもかなり共通した内容となっている。

2　法の施行と公益法人の利用

　スコットランド公益法人の登録受付に向けた動きは、イングランドおよびウェールズの公益法人に先行して進められた。2011年には、スコットランド公益法人に関する一般的な従位立法[54]と、スコットランド公益法人の登録簿からの抹消と解散に関する従位立法[55]が公表された。2011年にスコットランド・チャリティ規制局がガイダンスを公表し、これに基づき2011年 4 月 1 日、スコットランド公益法人の登録受付が開始された[56]。登録は段階的に対象を広げ、2011年 4 月から、新規のチャリティの設立と、権利能力なき社団および信託から公益法人への転換の登録受付が開始された。そして2012年 4 月には、会社および産業節約組合から公益法人への転換の登録受付が開始された。ちなみに、イングランドで公益法人の登録が開始されたのは、2013年 5 月 4 日のことである。

　スコットランド・ボランタリー組織協議会（SCVO）などのアンブレラ組織もスコットランド公益法人制度の促進に協力した。SCVOは、スコットランド公益法人のモデル定款と手引きを作成してウェブサイトで公開している[57]。またSCVOは2014年 7 月、自らスコットランド公益法人の法形態を採用した。筆者が、調査訪問の折にその事情を伺うと、SCVOは規模が大きく組織形態としても複雑であるため、保証有限責任会社からスコットランド公益法人への転換は容易ではなかったという。ただし、スコットランド公益法人の形式が、規模の大きなチャリティに適合しないわけではないことも明らかになった。SCVOのような大規模なチャリティにとって、公益法人という形式をとることの利益があるのか、と筆者が、問うたのに対しては、特段に大きなメリットがあるわけではなく、むしろスコットランド公益法人の促進を目指すという政

---

54) Scottish Charitable Incorporated Organisations Regulations 2011.
55) Scottish Charitable Incorporated Organisations (Removal from the Register and Dissolution) Regulations 2011.
56) OSCR, *Guidance on the Scottish Charitable Incorporate Organisation for charities and the advisers*（2011）.
57) 'Scottish Charitable Incorporated Organisation' 〈http://www.scvo.org.uk/setting-up-a-charity/write-your-constitution/scottish-charitable-incorporated-organisation/〉, accessed 12 February 2015.

治的な目的が大きかったとの答えが返ってきた。こうしたところからも、スコットランド・チャリティ規制局やこれと協力するアンブレラ団体の姿勢からは、スコットランド公益法人を根付かせ促進させようという意気込みが感じられる。これは、イングランドのチャリティコミッションや実務家のやや冷ややかな態度と比べると対照的であった。

　スコットランド公益法人の数は順調に増え、2014年4月3日には、第1,000番目のスコットランド公益法人が登録した。2013-14年度の新たなチャリティ登録の申立てのうち、3分の1を超える数はスコットランド公益法人が占めるなど、利用は順調に伸びている。[58]

IX　クロスボーダー問題

　スコットランドがイングランド・ウェールズとの関係で、一定の独自性をもつチャリティ法制を確立したことに伴って生じた問題がある。スコットランド外で登録されたチャリティをスコットランド内でいかに規制すべきか、というクロスボーダー問題である。第2章II5で扱ったイングランドでの国際チャリティの問題とは異なり、必ずしも英国の国境を越える問題ではないが、スコットランドの境界に絡む点ではパラレルである。

1　問題の所在

　すでにVで触れたように、スコットランド内でチャリティとして活動する団体は、他の法域でチャリティとして登録し規制を受ける団体でも、原則としてスコットランド・チャリティ登録簿に登録し、スコットランド・チャリティ規制局の規制を受けなければならない（2005年法13・14条）。この例外として認められるのは、スコットランド外で設立されてチャリティと表示することを許され、主にまたは全面的にスコットランド外で管理またはコントロールされた団体であって、スコットランド内で土地建物に入居せず、また事務所や店などの建物で活動も行わないものに限られる。スコットランド外のチャリティにも原則として登録を求めるのは、2005年法の意図的な政策による。しかし2005年法

---

58) OSCR, *Annual Report* (n 19), at 6.

がイングランドとは異なるチャリティの定義を採用していることもあり、これは複雑な問題を生じさせる。[59]

　イングランド・ウェールズでは、イングランド・ウェールズ以外でチャリティ登録している団体に対しては、チャリティコミッションでの登録を義務付けていないので、同様の問題は生じない。しかし、アイルランドや北アイルランドでは、スコットランドと同様に、域外で設立・登録された団体に対しても、それぞれ北アイルランド、アイルランドで登録を義務付けている。北アイルランドでも2008年、アイルランドでは2009年にチャリティ改革がなされており、そこで掲げられているチャリティ政策には、スコットランドやイングランド・ウェールズと共通のものもあるが、それぞれの国と地域で独自のものもある。したがって、スコットランドのクロスボーダー問題と同様の問題は、北アイルランドとアイルランドでも生じているのである。

　クロスボーダー問題は、英国（UK）とアイルランドで活動するチャリティからみると、4つの異なる法域で登録を行い、4つの異なる規制に服さなければならないことを意味する。たとえばイングランドで設立され、チャリティコミッションで登録したチャリティが、仮にスコットランドでチャリティ目的として認められないとすると、このチャリティはイングランドでのチャリティ定款を変更し、場合によっては公益増進をはかる活動のしかたも変更しなければならなくなる。同様の問題を北アイルランドやアイルランドとの関係でもクリアしなければならない。さらに年次報告や会計報告の記載・提出義務、加えてガバナンスや資金集めを含めた様々なチャリティ活動について、4つの異なる規制をすべてクリアする必要があるとなると、これは相当の負担になりうる。

2　登録・年次報告

　2012年3月の時点でスコットランド・チャリティ登録簿には、787のスコットランド外で設立されたチャリティが登録されていた。[60] クロスボーダーで複数の登録・会計報告を行うのは経済的にも負担となるので、クロスボーダーで登

---

59) Oonagh B. Breen, Patrick Ford & Gareth G. Morgan, 'Cross-Border Issues in the Regulation of Charities: Experiences from the UK and Ireland' (2009) 11 International Journal of Not-for-Profit Law 5.
60) OSCR, *Monitoring* (2012), at 3.

録しているチャリティは、自ずと大規模チャリティが多くなる。また初期の頃は、一部のチャリティは、クロスボーダーの登録のため定款変更を余儀なくされた。しかし、長期的にみてチャリティにとって負担となるのは、年次報告・会計報告義務を始めとした、日々のオペレーションをめぐる二重規制である。

スコットランド・チャリティ規制局は、こうした懸念をふまえ、クロスボーダーの登録チャリティのモニタリングを行い、これをふまえたパブリックコメントを行っている。またガイダンスを公表し、そこで年次報告と会計報告、審問や調査、チャリティの呼称の使用、チャリティの名称や組織変更、役員の報酬、資金調達など個々の問題について、スコットランドとイングランドにおける規制の違いとチャリティ関係者の取るべき対応について、情報を提供している。

年次報告書については、クロスボーダーで活躍するチャリティを監督するために、通常の年次報告書に追加して情報申告書の提出が求められる。そこでは、特にスコットランドでの活動に関するチャリティ目的や活動内容があればこれを記載し、またチャリティの収支全体に占めるスコットランドでの活動の割合について情報を提供することが求められている。

年次報告書や情報申告書を通じて集められた情報によると、スコットランドで別個に目的を定めている団体は、クロスボーダーで登録したチャリティの18%で、残りの82%は英国全体に適用になる目的のもとで運営を行っている。具体的に、スコットランド固有の目的としては、教育の振興、病気の人々へのサービス提供、動物の福祉など多様なものが記載されていた。他方で、クロスボーダーで活躍するチャリティのうち、スコットランドの理事やスコットランドを担当する委員会を設けているのは59%で、残りの4割強はスコットランドの

---

61) ややデータは古いが、2008年9月の時点でクロスボーダーで登録をしていたチャリティのうち、93%が年間収入で2万5,000ポンドを超え、60%が100万ポンドを超えていた。スコットランド内のチャリティで2万5,000ポンドを超えたのは67%、100万ポンドを超えたのは3%にすぎない。
62) Breen (n 59), at 18.
63) OSCR, *Monitoring of cross border charities: An initial evaluation* (2010); OSCR, *Monitoring of cross-border charities: Second year evaluation report* (2012).
64) The Office of the Scottish Charity Regulator, *Cross-border charity regulation in Scotland: Guidance on statutory requirements and reporting to the Office of the Scottish Charity Regulator*, available at http://www.oscr.org.uk/media/1349/2012-01-30v2xbguidance.pdf.
65) OSCR, *Second year evaluation report* (n 63), at 6.

外からスコットランドでの活動を管理していることになる。

こうしたなかで、スコットランド・チャリティ規制局としての懸念が、クロスボーダーのチャリティの間で、スコットランドでの活動の内容や、これに適用になるスコットランドの規制の理解について、組織的なコントロールが利いているかが必ずしも明らかでない点である。チャリティに対する外部監査でも、関係するスコットランド法や規則への適合性が明記されていない場合もあり、スコットランド・チャリティ規制局としては、こうしたチャリティに対し、会計報告書の再提出を求めるなどして、スコットランド法の遵守を求めてゆくとしている。[66]

3 覚書を通じた規制監督

スコットランド・チャリティ規制局は、他の規制機関と協力し、情報を共有し、クロスボーダーで法の執行を行う権限を与えられている(2005年法20・24・25・36条)。スコットランド・チャリティ規制局は、イングランドのチャリティコミッションと覚書を交わし、そこで情報共有の枠組みを定めるとともに、規制方針の一貫性や判断の統一性を確保するための協議の場を年2回設けている。[67]

クロスボーダーでのチャリティに対する規制監督の問題が生じた場合には、スコットランド・チャリティ規制局とイングランドのチャリティコミッションの方針や活動の重複・齟齬を避けるため、チャリティコミッションが主要規制官(lead regulator)として活動する。[68] スコットランド・チャリティ規制局がイングランドとスコットランドで活動するチャリティについて苦情や紹介を受けた場合、スコットランド・チャリティ規制局は、主要規制官としてのチャリティコミッションに連絡を取り、審問権限をスコットランド・チャリティ規制局に委譲するか、または共同で審問を行うかを決定する。これと同様に、チャリティコミッションも、苦情を受け付けたチャリティがスコットランドでも登録

---

66) *Id*. at 11.
67) Memorandum of Understanding between the Office of the Scottish Charity Regulator and the Charity Commission (March 2007). 資金集めとの関係では、アイルランドと英国との間の協議の場(UK and Ireland Charity Regulators Forum)が設けられている。
68) OSCR, *Second year evaluation* (n 63), at 4.

されている場合には、スコットランド・チャリティ規制局に連絡を取る。

これまでのところは、クロスボーダーのチャリティに対し審問などの介入を必要とする事例は発生していない。

X 今後のゆくえ

スコットランドの権限移譲の状況を再検討した通称カルマン委員会は、2009年の報告書で、チャリティの定義は英国全土で統一すべきだと提言した[69]。英国の国会で2006年法の再検討を行ったホッジソン報告書もこれに言及している[70]。

しかし、チャリティの定義の英国国内統一が容易に実現するとは考えにくい。これまでみてきたように、2005年立法におけるチャリティの定義は、チャリティについてスコットランド独自の理念を反映したものである。イングランドにおいても、チャリティの定義には長年の判例の積み重ねがあり、これを容易に変更することはむずかしいであろう。象徴的なのが、プライベート・スクールにチャリティとしての地位を認めるかという問題に対する、チャリティ規制機関、チャリティセクター、さらには世論の反応である。これらの反応は、イングランドとスコットランドでまさに対照的であったが、その違いは、単に2005年法と2006年法における公益増進テストの規定の違いだけではなく、社会がチャリティに求めているもの、あるいは政治や伝統といった社会の根底にあるものの違いを反映していた。

クロスボーダー問題は、スコットランドとイングランドとでチャリティの定義を異にすることと表裏一体の関係にある。この問題は、2005年法の制定後に最も大きな問題として議論されたものであり、二重登録の義務がクロスボーダーのチャリティにとって負担となっている点は、論者の間でほぼ争いがない。建設的な意見としては、それぞれの国・地域で相互に承認をするなどして調和をはかるだけで、チャリティにとっての負担は相当に軽減されるという提言もある[71]。二重登録は廃止すべきだとの強い見解もあるにはある。しかし、クロス

---

69) Commission on Scottish Devolution, *Serving Scotland Better: Scotland and the United Kingdom in the 21st Century (Final Report)* (June 2009), recommendation 5.3, at 169.
70) Lord Hodgson of Astley Abbotts, *Trusted and Independent: Giving charity back to charities —review of the Charities Act 2006* (July 2012), para 4.8, at 27.
71) Breen (n 58), at 35-36

ボーダー問題は、二重登録の廃止やチャリティの定義の統一などのラディカルな対応よりも、スコットランド・チャリティ規制局として年次報告の負担を軽減し、ガイダンスを分かりやすくするなど、より現実に即した改善によって対応がなされることになると思われる。

　スコットランドのチャリティの定義に対しては、スコットランドのパブリック・トラストの伝統も放棄し、租税減免と直結したイングランドの定義も取らずで、虻蜂取らず（fallen between two stools）だとの有力な批判もなされている[72]。この論者は、スコットランドのパブリック・トラストの概念への回帰を主張するのだが、そこまでラディカルな独自路線が採用されることが現実的とは思われない。

　2014年の夏に行われたスコットランド独立の是非をめぐる住民投票のように、独自路線の主張が今後いつどのように活気づかないとも限らない。しかし、2005年法で実現したスコットランドのチャリティ法制は、イングランドの伝統と共通性と差異とをともに内包しながらも、スコットランドの社会に着実に浸透しつつあるように思われる。2015年8月、スコットランド・チャリティ規制局は、2008年に出されたチャリティ・テストに関するガイドラインを改訂したが、基本的には従来の内容を継承しつつ、ケース・スタディを盛り込むなどわかりやすさを向上させることに力点をおくものとなっている[73]。　　（溜箭将之）

X　今後のゆくえ

---

72) Patrick Ford, 'Third Sector Regulation in Post-devolution Scotland: Kilting the Charity Cuckoo' in S. D. Phillips & Rathgeb Smith, S. (eds.) *Governance and Regulation of the Third Sector: International Perspectives* (2011, Abingdon: Routledge), 69, at 87.
73) OSCR, Meeting the Charity Test (n 40).

第7章 日本の市民社会組織への示唆

　英国も日本も早くから近代化し経済的にも成熟している国家であり、法の支配のもとにある議会制民主主義国家である。かつ、現在置かれた社会・経済的な状況にも共通性がある。そこで、市民セクター・市民社会組織が置かれた立場には類似性がある。一方で、もちろん、それぞれの国においては、歴史・哲学・思想を含めた背景事情、政治・経済・社会事情、制度の枠組み等で異なる点は多々あり、市民セクター・市民社会組織が置かれた立場には相違点も多数ある。以下は英国チャリティ変容の日本の市民社会組織への示唆について、素描を試みるものである。

I　市民社会政策の変容と市民セクター・中間支援組織の果たしている役割

　英国政府は、政権交代をはさんで、地域再生・市民再生政策、公共サービス改革、社会的企業政策、コンパクト、ビッグソサエティ、コミュニティ政策、地方分権といった政策を打ち出した。これらの政策それぞれにおいて、重要なパートナーとして、個別のチャリティや社会的企業、また、市民セクターとそのインフラストラクチャーとしての中間支援組織が位置付けられている。
　これに対し、日本では、一部を除き、上記のような政策を現在の政府が包括的に採用するという方向性では必ずしもなく、なおかつ、市民セクターが存在

---

1) 以下で、「英国」というときは、イングランドおよびウェールズのみを指す場合がある。なお、スコットランドについては特別に記載をする。
2) 「市民セクター」の用語は、「新しい公共」推進会議に置かれた政府と市民セクター等との公契約等のあり方等に関する専門調査会の報告書「政府と市民セクターとの関係のあり方に関する報告」に従う（岡本仁宏編『市民社会セクターの可能性』（関西学院大学出版会・2015年）130頁以下参照）。
3) 本書第1章V・VI。
4) 本書第1章V・VI、第3章II 2 (3)。

し、政府と協同するという政治思想上、政治上のコンセンサスもないといってよいと思われる。したがって、上記のような政策につき市民セクターが協同するという事態はにわかには生じにくいものの、これらの英国における実例は、今後、日本において、よりよい市民社会を作っていくという政策論・運動論・方法論を議論するうえでは貴重な例であるといえる。

なお、そのなかでは、政府の政策形成にセクターが提言を行ったり、実施に協力する一方で、独立性を失わないことが望まれる。また、市民セクター自体およびその代表がどのように代表性を確保していくかも自覚的に論じていく必要があろう。その際はまた、セクターと政府が協力して講じられた政策についての説明責任も問題となってくるであろう。この観点から、英国の実例を再度研究する必要もあろう。

II　市民社会政策の変容と市民セクター・中間支援組織の変容

(1) 中間支援組織の役割の拡大

1978年のウォルフェンデン報告書と1996年のディーキン報告書は、中間支援組織に期待をする。実際にも、中間支援組織は、セクターの代表として中央・地方政府と対峙し政策決定に影響を与える存在となっていっている[5]。さらに、2002年の「公共サービス提供におけるボランタリー・コミュニティ・セクターの役割―横断的レビュー」を経て、セクターに対し、公共的サービス供給の担い手としての期待が高まると、中間支援組織に対して、支援対象であるボランタリー組織の力量形成をより重視したものとなっていった[6]。このなかで、政府主導でインフラストラクチャー組織の定義がなされたが[7]、政権を超えて様々な省庁横断的な支援策（ChangeUp、TLI、BIG Assist 等）が実施され[8]、現在、内閣府市民社会局には、インフラストラクチャー組織のメンバーからなる市民社会局戦略パートナーが設置されている[9]。

日本においても、かかる施策が講じられることが期待される。

------

5) 本書第3章II 2 (1)(2)。
6) 本書第3章II 2 (2)。
7) 本書第3章II 2 (3)(a)。
8) 本書第3章II 3。
9) 本書第3章II 4。

各論的には、公共サービスの供給において、市民セクターを構成する組織に期待がかかるとともに、そのサービスのコストや品質に対する基準が設定され（Value for Money（VfM）、best practice 等）、したがって、フロントライン組織と呼ばれるボランタリー組織の力量形成への支援の期待が高まり、中間支援組織の役割が増大したことに注目すべきであろう。この発想と仕組み作りは日本に取り入れ可能かさらに検討を進める必要があろう。

　また、中間支援組織の類型化（一般型組織、領域特定型組織の別、地理的活動範囲による類型化）も参考になる。特に、地理的活動範囲による類型化は、英国では、政府とのパートナーシップが重視されていることに加え、地方分権化の推進により、インフラストラクチャー組織の活動範囲と対応すべき政府機関の階層が対応することとなり、効率的に施策が実施されることと整合的である。日本においてもかかる観点からの類型化、組織化を進める必要があると思われる。

　さらに、地域政策において、多セクターによるパートナーシップ（地域戦略パートナーシップなど）が重視され、地域振興・地域再生資金のほとんどがパートナーシップを前提に投じられることは中間支援組織の役割の日本における各論的理解の参考となる。

（2）　中間支援組織の収入構造とその変化

　緊縮財政下での中間支援組織の財政を誰が支えるかという観点では、重要な視点をもたらしている。

（3）　チャリティコミッションの性質の変化と対応

　チャリティコミッションは、「取締官」としての役割に重きを置くように変化しつつある。これに対応して、中間支援組織は、セクターの支援の役割を増大させる必要が生じつつある。しかしこの点、日本における公益認定等委員会

10）本書第3章Ⅱ2（2）。
11）本書第3章Ⅱ2（4）。
12）同上。
13）本書第3章Ⅱ2（4）。
14）本書第3章Ⅱ4。
15）同上参照。
16）ただし、早い段階での情報収集と分析能力、適切な「助言」により未然防止的に機能することが要請されていること、事実としては両機能に重要な役割を果たしていることに留意すべきである（本書第3章Ⅰ5参照）。

等の役割論にはストレートに影響させるべきではないと思われる。公益法人制度改革から日が浅く、政府は、民間公益活動を過度に規制する方向のメンタリティから必ずしも抜け出ていないように思われる。中間支援組織の支援機能を充実させる施策が求められることは同じとしても、その反面での公益認定等委員会の支援機能を後退はなされるべきではないと思われる。彼我の比較に慎重な観察が必要である。

III　チャリティ制度の変容

1　チャリティの認定
（1）　要件・基準論

　チャリティ法は、チャリティの認定について従来より、目的と公益増進性の2段階での認定としている[17]。日本における公益認定法では、公益法人認定の要件の1つを、公益目的事業を行うことを主たる目的とするものとしたうえで（同法5条1号）、公益目的事業の定義を別表に掲げる種類の事業で不特定かつ多数の者の利益の増進に寄与するものとしている（同法2条4号）。そして、別表には23の種類を置いている。全体として、英国のチャリティ認定の基準と建付けが類似している。また、特定非営利活動促進法では、特定非営利活動法人認証の要件の1つを、特定非営利活動を行うことを主たる目的とすることとしたうえで（同法2条2項）、特定非営利活動の定義を別表に掲げる活動に該当する活動であって、不特定かつ多数の者の利益の増進に寄与することを目的とするものとし（同法2条1項）、別表には20の活動を置いている。これも全体として、英国のチャリティ認定の基準と構造が類似している[18]。そこで、チャリティ法上の議論は、日本法上も参考となる[19]。

---

17) 本書第2章I 3（2）、同第2章II 2。
18) もちろん、公益法人は、一般法人が公益認定を受けるものであり、したがって、法人格の付与と認定の2段階となっていること、NPO法人は認証により法人格を付与される1段階となっていることは両法人で異なる。また、NPO法人が一般社団法人との比較で語られ、認定NPO法人が公益法人との比較で語られることがあるが、この点は留保する。
19) 公益法人は英国チャリティを、NPO法人は米国NPO制度をひとつのモデルにしており、この点で異にする。本章では、チャリティとの比較を行うものであるが、NPO法人の場合、米国制度との比較が重要である。

（a）　目的をめぐって

　目的の類型は、従来の3より13に増加し、これまで判例と制定法でチャリティにあたるとされたものはほぼすべて制定法の枠内に取り込んだ[20]。また、「他の法で定めるチャリティ目的」が入ることで、将来チャリティ目的かどうか問われそうな活動を議会制定法で認定できる途を拓いた[21]。

　これに対して、日本の公益認定法では、現在、ほとんど書き尽くされている（ほとんどすべての分野が入る）という理解であろう。別表23号の政令も制定されていない。NPO法でも限定列挙とされているが、理解はほぼ同じであろう[22]。また、認定NPO法人のための認定基準にもかかる方面からの特段の絞りはない。

　今後、イングランドおよび日本の双方において、争いになる目的は現在想定できないという理解であるといってよいか、また、今後争いとなった場合、どのように解すべきか、仮に取り込むとして、目的の解釈で対処するか、立法を必要とするか（なお、日本の公益認定法の場合には政令の制定で足りるがNPO法の場合はそうではない）[23]が論点であるだろう[24]。

（b）　公益増進性をめぐって[25]

（i）当初の建付け　　公益増進性については、要件としてはチャリティ法が定めるものの、詳細については定義せず、チャリティコミッションがガイダンスを作ることとした[26]。

　また、3つの目的は、従前、公益増進性が推定されるとされていたものが改正後のチャリティ法では推定されないものとされた[27]。

　これに対して、日本では、認定法では、法律・政令・規則・ガイドラインによって基準を定めているが、政令以下は、行政府が制定する法規または基準で

20）本書第2章Ⅰ3(2)(3)。
21）本書第2章Ⅰ3(3)。
22）ただし、平成14年改正（平成15年施行）により12分野から17分野へ、平成23年改正（平成24年施行）により17分野から20分野へ拡充している。
23）ただし、別表20号の「前各号に掲げる活動に準ずる」を前各号全体と読むのであれば、条例でかなり広くカバーできる。
24）スコットランドと比べたときのイングランドの包括的な規定について、本書第6章Ⅵ2。
25）スコットランドでは、実際に公益を増進するか、これから活動を始めるのであれば公益を増進する意図をもっていなければならないとされる（本書第6章Ⅵ3）。
26）本書第2章Ⅰ3(4)。
27）同上。

ある。また、NPO法は、法人設立に関する認証[28]の基準は法律に書き込まれているという説明がなされるが、実務上の基準は不明瞭である。

　法律に書き込まれることは民主的である一方、法律で書ききれない部分はどうしても残る。また、法律に書き込むことは硬直化することに繋がる。準則主義の発想をとらないのであれば、結局行政府が基準を定め、対処せざるをえない。しかし、逆に行政府に任せることは民主的統制の見地からも、専門性の見地からも問題であるので、相反する2つの考慮要素間のバランスをとる解決としては、権限をある程度コミッションに与えたうえで、コミッションの独立性を高め、さらに、コミッションのガイドライン・運用を、国会や審判所等の機関および市民セクターが外部からチェックしていく。これが英国チャリティの建付けであるとみることができる。日本の公益認定法の建付けとある意味では類似している。この建付けは、行政があるところで線を引くことを許容しつつそれをどのようにコントロールするかという点で共通の問題意識をもつことに帰結する。そして、かかるコントロールの方法として、ガイドライン等で行政府が基準を作成し公開すること手法をとることを是とした場合、次の問題は、ガイドラインの改廃の手続的規制、民主的な意見集約、あるいはその改廃の適時性等という各論・具体論となる。かかる意味で、次項の運用にあたっての英国の経験が公益認定法の運用に参考になるところである。もっとも、公益認定法と英国法が異なる部分も大きい。同じ建付けではあるが、委員会の独立性[29]および委員会に対する監視の部分（国会や審判所等の機関および市民セクターによる）が弱いといわざるをえない。この点は、同じ議論ができないところであり、わが国で制度改革を進めるべき部分である。

　一方で、法律に書ききることができること、また、その法律上の基準は準則主義的に運用できること・すべきことを前提とすると、異なる発想となる。この立場では、NPO法と英国チャリティの建付けとは異なる。NPO法の運用に認証の英国チャリティの実例は利用がしづらいという発想となると思われる。ただし、現在の所轄庁の運用は異なっているようにもみえ、NPO法の議論で[30]

----

28) 以下では認定NPO法人のための認定については留保する。
29) たとえば公益認定等委員会は、内閣府設置法37条に基づく機関であり、国家行政組織法8条機関に相当する。
30) ただし、認定については留保する。

は、英国におけるような、正面から所轄庁の規制を是としその代わりに所轄庁をさらに規制する制度を作る方向には行かない理路であるようにみえる。ここでは問題点の指摘に留める。

　（ⅱ）　その後の運用にあたっての問題　　以上の点につき、その後の運用において、公益増進性の基準については、推定が排除された3つの分野で争われ[31)]、ガイダンスが改訂された[32)]。また、ホッジソン報告書と、行政委員会報告書が出された。

　チャリティコミッションの公益増進性を判断する権限について、ホッジソン報告書は、是認し行政特別委員会報告書は詳細まで法定すべきとしたが、政府は従前どおりという対応である。また、推定されないことについては、行政特別委員会はこの推定は元に戻すべきとしたが、政府は従前どおりという対応である[33)]。

　結果として、現在では、2006年法の枠組みは維持され、制定法的な一般的定義ではなく、チャリティ審判所を含めた判例法的な基準形成に準拠させる。チャリティコミッションの管轄権は維持ということになった[34)]。

　このような動きは、上記で述べた2つの考慮要素のバランスをとりつつ現実的解決をしていくほかないということをわが国に示すものとなろう。

　なお、旧ガイダンスは、原則・下位原則とこれに伴う解説という形式であったが、新ガイダンスは、具体的な判断は個々の事案によることをしばしば明記し、判断に際して考慮する事項を大まかに示すかたちをとる[35)]。日本の公益認定法のガイドラインをめぐる議論の参考になろう。

（2）　認定・不認定に対する不服申立ての手段

　チャリティ関係を管轄する審判所ができ、かつ、その後横断的なものの一部として整理された[36)]。チャリティコミッションにおいて裁量があるなかで、簡易・迅速な不服申立ての制度があることはきわめて有益である。日本においては、これにあたる制度はない。

────────

31)　本書第2章Ⅱ2。同第2章Ⅰ3（6）、同第3章Ⅰ3も参照。
32)　本書第2章Ⅱ2（4）。
33)　以上、本書第2章Ⅱ2（5）。同第3章Ⅰ4（1）も参照。
34)　本書第3章Ⅰ4（1）。
35)　本書第2章Ⅱ2（4）。
36)　本書第2章Ⅰ3（11）、同第2章Ⅱ3も参照。

また、審判所に対しては、審査請求および審査の申立てのほかに、付託（照会）ができる[37]。処分前に当該事案の解決を求めるもので、実際に利用されているが、日本では、これにあたる制度もない。

　以上はすぐさま取り入れることができるものではないが、国税審判等の制度（あるいは、公正取引委員会の審判の制度）を視野に入れつつ研究をすることが必要である。

2　チャリティの監督[38]

(1)　チャリティコミッションの監督

　チャリティコミッションの権限は強大なものであるが、その手続・処分等が開示されていることで権限行使に対して市民の監視の目がありうるということが重要であろう。また、手段が詳細に類型化されていることも参考になる[39]。

　これに対し、日本において公益認定等委員会の権限を強大なものにすべきかどうかについては議論がありうる[40]。また、NPO法は、認証においては[41]、簡単な規定を置くに留まっている（これは所轄庁に対するある種の不信があり、かつ、情報開示（市民による監視）を主としたことによる）ので、仕組みが英国のチャリティとは異なる。直接の参考にはならないかもしれない。

(2)　リスクの把握と対応

　チャリティコミッションは、3つのリスク（詐欺・財産犯罪、弱者である受益者の保護の失敗、テロリスト目的へのチャリティの悪用）を戦略的優先事項とする。戦略的優先事項を定めているのは合理的であり参考になる。ただし、そこでの対象は、日本では異なるであろう[42]。

　また、具体的な報告義務が多様であること、したがって、リスクの把握とそ

---

37) 本書第2章II 3 (2)。
38) なお、スコットランドでは、規制局による規制は、登録簿に登載された主体だけではなく、チャリティの呼称を用いる主体にも及ぶ（本書第6章IV 2。日本法では名称の制限（公益認定法9条4項、NPO法4条）を除きとっていないアプローチである。
39) 以上本書第3章I 2 (3) (b) (c) (d)。
40) 日本に比べて強大だと思われるチャリティには、しかしさらに、これへの規制が不十分であるとの批判がある（本書第3章I 4 (2)）。
41) 認定NPO法人のための認定については留保する。
42) 日本においても将来同様の問題が生じる可能性がある。早くから取組みだけはしておく必要があろう。

の監督の方法が合理的であることも参考になる。[43]

（3）チャリティの悪用を防げない無能力への批判

　脱税の道具となっているとの批判（カップ・トラスト事件とこれに対する下院財務委員会の調査報告、会計検査院による報告）、テロリスト組織に利用されているとの批判とこれらに対する対応は真摯なやりとりである。[44]日本でもかかる応答を行政庁と関係組織が行うことが望ましいと考えられる。また、内容的にも、日本において類似の事案が出てくることを予測して研究を進める必要があろう。

（4）不服申立ての手段

　チャリティコミッションの権限が強大なものである反面、これに対する不服申立てのメニューも充実している。今後日本において、公益認定等委員会の権限を強大なものにすべきとした場合には、かかる手段とセットで議論すべきであろう。

3　登録チャリティの情報の開示

　年次報告書や年次申告書等の提出が求められているが、重要なのは、必要な開示の方法が規模により類型化されていることとインターネットにより公衆が閲覧できることである。[45]

4　登録除外[46]

　英国では、チャリティ法改正により、登録除外チャリティの主管機関は、チャリティ法に準拠して監督することとなった。[47]

---

43) 以上本書第3章 I 2（3）（b）。
44) 以上本書第3章 I 3（2）（b）。
45) 以上本書第3章 I 2（3）（b）。
46) 制度を統一化していくという英国の方向性自体にも十分着目すべきであろう。日本においては、公益法人は英国をモデルとし、NPO法人は米国をモデルとしているという点、公益法人制度が主として55年体制の崩壊までの戦後日本の体制のもとで成長した制度である一方、NPO法人制度は、55年体制の崩壊が語られた21世紀開始直前の市民社会の創造という文脈で始まった制度であるという点（研究会での岡本仁宏教授の指摘による）等をみると、両制度がにわかに近づくということは予想しづらい。しかし、今後は、制度を統一化していくという方向性を目指すべきであろう。そして、両法人制度の関係を議論する場合には、英国モデルと米国モデルの検討をし、さらに、公益法人制度とNPO法人制度のよって立つ社会的基盤とその変化の研究をすることが肝要であると思われる。
47) 本書第2章 I 3（9）。

日本では、所管する分野（法律）ごとに広義の公益法人の管轄が異なる。事業法的な発想が強いことが１つの原因である。当該分野において特殊な問題があり、その特殊性が、法人の仕組みと密接に結び付いているので、法人格の規制と同一の行政庁が規制を行った方が効率的・妥当という議論もありうるが、公益を統一的に把握して１つの省庁が管轄し、事業法的な規制は個別の法律で、法人形態を問わないイコールフッティングをもって進めることは１つの選択肢である。規制庁は別異で可としても、少なくとも規制の根拠法と基準を横断的にしていくという英国の現実的な手法は、１つの事態の収束の方法として参考になると思われる。[48]

　なお、日本において、市民セクターを１つのセクターとみることができない原因のひとつとして、準拠法と所管が異なる法人類型が多数あることが指摘されている。[49] 市民セクターの醸成のためにも、かかる英国の手法は参考になろう。

5　登録免除[50]

　報告義務の規模別の類型とともに、プロポーショネイトな規制であるといえる。日本法では、事業分野ごとの規制となっており、プロポーショネイトな規制という発想は、NPO法人の認定の際の基準の精粗を除き存在しない。参考とされるべきである。

6　CIO制度[51]

（１）　チャリティへの登録と法人格の付与とが同時に行われる。チャリティに独自の法人格がないという状況から変化した。

　日本法ではNPO法人はいわゆる1.5階建てであるが、認定の部分はもう１階加わっている。公益法人では２階建てである。

　１階建てであることは、二重の手続が不要である等のメリットが大きい。日

---

48) とはいえ、各論的には、NPO法人のモデルの１つは米国であり、本文のような登録除外という英国の制度的工夫をもってしては公益法人とNPO法人が同一制度への収束なされるということ（ここでは、収束させるべきかどうかという議論は置く）は考えにくいのではないかと思われる。
49) 公益法人とNPO法人の間でもそのような問題があることは否定できないであろう。
50) 本書第２章Ⅰ３(10)。
51) スコットランドでは、SCIOと呼ばれ、活発に利用されている。イングランドおよびウェールズとは異なる（本書第６章Ⅷ）。

本法でも1階建ての公益法人の制度があらためて検討されてもよいと思われる[52]。
（2） 社員と理事の二元構造が存在する（社員がいない類型を求めたが認められなかった）[53]。ただし、社員と理事の重複があるもの（基金型）として設立することができるので、運用でこの点をカバーしようとしている。参考になる制度である[54]。

7　チャリティコミッション
（1）　独立性・組織

　独立性への批判があるとはいえ、理事会をもち、権限行使にあたっては強力な独立性を有している。職員の人事権も有する。日本の公益認定等委員会および都道府県の合議制機関は合議制ではあるが、内閣総理大臣や都道府県知事の諮問機関に留まる。職員の人事権もない。NPO法人における所轄庁には合議制の機関もなく権限行使の独立性もない[55]。この点は今後の課題である。

（2）　権限

　強い権限をもつことについて社会とのある意味での合意があること、ただ、その行使にあたっては詳細な規定があり、開示もされていること、さらに、国会、審判所、裁判所および市民セクターによる監視のシステムが機能していることといったエコシステム的な見方が重要であろう。一部だけを取り出して移植することはできないであろう。

　今後日本において市民社会組織の事業規模の拡大を促進し、市民社会組織がもっと力を付けるようにすることを是とするのであれば、法人の活動の規律の厳正化は避けては通れない。その際、自主的規律（ここには情報開示と市民による監視が含まれる）だけがよいのか、英国のように規制庁に対する監視も含めて外部からの規律をより充実させていくほうがよいのかそろそろ問われるべきであり、その際、十分検討の余地のある制度体系であると思われる。

・・・
52）ただし、この1階建ての法人については、公益認定法における公益認定等委員会および合議制機関を用いた認定とほぼ同様の手法で設立を認めるという制度としないと、公益法人改革を後戻りさせることになりかねないとの指摘があることを付言する。
53）本書第2章Ⅰ3(12)(b)(ⅰ)。
54）現在の一般法人法を前提とするものであるが、公益法人協会では、平成25年5月、非営利法人法研究会報告書において、合同会社等を参考にした簡便な新しい法人類型の創出を提案している。
55）もっとも、NPO法人は米国制度をモデルの1つにしており、問題の立て方が異なる。

なお、このようにみてくると、英国チャリティ制度を比較の対象に置くなかで、日本法では、準則主義的であることかつ情報開示および市民による監視の充実をめざすNPO法人の制度と公益認定等委員会の制度を持ち監督制度の合理化をめざす公益法人の制度との間で、規律の厳正化をめぐって制度間競争が生じるであろう（もちろん、NPO法の制度自体を考えるには、米国制度との比較も必要であろう）。もっとも、公益法人・NPO法人ともに事業内容の拡大・深化をめざさず、したがって、規律の厳正化もめざさないとするのであればかかる競争すら生じないと思われる。この点の議論が必要である。

（3）　擁護と規制の権限のバランス

　チャリティコミッションは、チャリティやチャリティセクターに対し、「友人」と「取締官」の双方の役割をもっているとされてきたが、行政特別委員会は、両権限は矛盾し、規制者の役割に資源を投入すべきとし、政府はこれを支持した。このため、アンブレラ組織と協同する方向性である（コミッションは規制に重点を置く）。筆者は、この動きをすぐさま日本に取り入れることには躊躇を覚える。中間支援組織の支援機能を充実させる施策が求められることは同じとしても、その分、公益認定等委員会が規制に重心を置くようにするという状況には未だ至っていないと思われることは上述のとおりである。

IV　チャリティの政治活動をめぐって

1　政治活動とチャリティ目的

　2008年CC9が現行規制の基準となっている。その概要は次のとおりである。その目的が政治的である場合はチャリタブルであることができない（ただし、批判は多い）。チャリタブル目的を支持・遂行する文脈に位置付けられていれば政治活動は広範囲に許容される（ただし、政党政治活動は除かれる）。なお、キャンペーンは政治活動ではなく、規制されていない。このCC9は、マクガバン（McGovern）事件の判例の考え方を覆したものではないとされているが、

---

56) ただし、NPO法上の認定については別の考慮が必要であろう。この点は留保する。
57) ここでは、IRSによる規制と州当局による規制の振り分けの態様およびその規制の比較という視点も忘れてはならない。
58) 本書第3章I 4(1)、同第3章II 4。

この判例法解釈を前提として最大限の許容性を規範化したものと考えられる。そして、オクスファムの政治活動をめぐる事案およびヒューマン・ディグニティのチャリティ資格をめぐる事案をみても、CC9の改訂後に連立政権への政権交代があったとはいえ、チャリティの政治活動は広範な正当性の承認が行われている。CC9の改訂も予定されていないようである[59]。

このように、イングランドおよびウェールズでは、許容性が広がったものの、その目的が政治的である場合はチャリタブルであることができないという法規制がある。しかし、それでもまた、規制は、上記の２事案をみても、議論により積み重ねられた法理によって行われている。

では、日本法ではどうか[60]。

NPO法では、政治上の主義と政治上の施策とを区別し、前者を主たる目的とすることはできないが、前者であっても、従たる目的で行うことはでき[61]、かつ、施策については、主たる目的でできるものとする。これは、上記のイングランド・ウェールズにおける規制よりも政治活動の自由を広く認めるものであり、望ましい姿であるものと考えられ、継承していくべきである。

公益認定法ではどうか[62][63]。

法令の文言は、政治目的を有することを排除しないはずのものであるが、公益認定等委員会は、法制化の推進そのものを直接の内容とし、立法上の措置により解決すべき問題を含む場合につき、その公益性の判断を通じて、本来国会においてなされるべき立法政策の適否の判断を国会における判断に先だって示すことになりかねず適切ではないとしている[64]。しかし、この判断内容には、法的先例もなく、制定法上の根拠もない[65]。また、強い批判がすでにイングランドおよびウェールズではなされており[66]、さらに、NPO法の規制とも整合しない。

・・・

59) 以上本書第５章Ⅱ４（２）。
60) 法人の制度改革が進行してきた状況で、法人の政治活動への理論的検討はほとんど行われていないことがそもそも問題である（研究会での岡本仁宏教授の指摘による）。
61) ただし、認定の際の要件では外れる（NPO法45条1項4号イ(2)）。
62) なお、特定非営利活動促進法の対象となる組織における問題関心と慎重な立法上の議論および公益認定法の対象となった組織における問題関心のレベルについて研究会で岡本仁宏教授より指摘があった。
63) なお、『公益法人』43巻8号（公益法人協会・2014年）8頁以下〔岡本仁宏執筆〕も参照。
64) 詳細は、前掲注53）8頁以下〔岡本執筆〕参照。
65) 同上15頁以下。
66) 本書第５章Ⅲおよび第５章注63）参照。

また、ある意味で機能不全に至っているとみられる議会制民主主義のもとでの公論の機能（特に少数者のための）について理解しようとする姿勢があるとは必ずしもいえない。公益認定等委員会で実質的な議論がなされ、公開されることを期待したい。

　もっとも、公益認定等委員会は、上記の場合における判断を示したにすぎず、その他の場合についてまで判断を示したわけではない。この点の今後の動向についても注視が必要である。

　また、一般法人においては、法人法上は規制がない。これは意義あることと考えられるが、十分に受け止められているとはいえない。一般法人法は会社法をモデルにしているといわれるところ、会社法等の法令上の議論もなされる必要があるが、さらに、一般法人法自体の議論も必要である。そこでは、個人の結社の自由、個人および法人の政治的活動の自由（表現の自由）の観点から現行法の正当性を受け止め直す必要があろう。また、非営利団体における政治活動と公益団体における政治活動の違いについても各論的な議論が必要である。

---

67) 研究会での岡本教授の指摘による。
68) 同上。
69) 株式会社の政治献金につき、八幡製鉄政治献金事件（最判昭和45年6月24日民集24巻6号625頁）がある（近時のものでは、熊谷組株主代表訴訟事件（名古屋高金沢支判平成18年1月11日判時1937号143頁がある）。今後も論点を整理する必要がある。すなわち、株式会社についていえば、政治献金についての議論が、寄付一般についての議論（企業の行う社会貢献についての議論）とどのように関連すべきか、政治活動一般の議論とどのように関連するかが重要である。法律上の構成としては、権利能力の問題か、取締役の忠実義務違反の問題か、内部の者の人権の問題か等がある。また、営利性との関係、株主の権利（配当請求権等）との関係、政治過程を富が歪曲する危険性、法人の人権論等が関係する。なお、強制加入団体については、大阪合同税理士会政治献金事件（最判平成5年5月27日判時1490号83頁）、南九州税理士会政治献金事件（最判平成8年3月19日民集50巻3号615頁）があり、労働組合については、国労広島地本事件（最大判昭和50年11月28日民集29巻10号1698頁）がある。これらの団体の場合は、上で株式会社について述べたこと（ただし営利性との関係は除く）のほかに、さらに、構成員の人権の問題（思想良心の自由・政治的活動の自由が重要である。ここに、強制加入団体か否かという団体の種類の問題が関係する）、構成員への決議等の拘束力の問題、構成員の協力義務の問題という論点もある。なお、強制加入ではない公益法人における退社の自由について、日本歯科医師連盟（政治連盟）事件（大津地判平成15年10月16日判時1840号76頁）がある。
70) また、政治資金の規制について、チャリティやNPOという組織類型の問題を離れた一般論として英国制度の取り組み方と米国制度の取り組み方の対比という視点も重要である。そのうえで、チャリティやNPOという組織類型における政治資金の規制について両国の制度の対比をする必要がある。また、これらを日本の制度の検討に用いるとしたときには、日本の政治資金の規制が一般論として両国の制度とどのような関係になっているのかを検討し、その後、日本における公益的団体における制度論の一般論を論じ、そのなかで、具体的に、公益法人とNPO法人につい

2　チャリティと他の法律による政治活動の規制[71]

(1)　「ソック・パペット（靴下人形）」批判

　公金を受け入れた団体が政治活動を行うことは、国家資金により新規立法への草の根の支持という幻想を作り出すのであり、それは、いわば市民社会の「靴下人形」[72]であるとして、その制限が主張されている。その方法としては、資金供与の禁止、ロビーイングの禁止等が含まれている（この論点は、団体の公益性認定の問題とは異なった問題である）。議論を注視しなければならないが、重要なのは、反対に、チャリティセクターのほうが資金供与によって独立性を害されないかという視点である。日本法においても具体的な水準で検討をしていく必要がある[73]。

(2)　政治資金に関する法、選挙法

　2000年選挙法と2014年ロビー法がある。また、論争をへて、選挙委員会による「チャリティとキャンペーン」ガイドラインが作成されている[74]。

　日本法においては、政治資金規正法や公職選挙法等が存在する。前者は、政治資金団体というカテゴリーで規制し、法人格の有無・種類を問わない。公職選挙法は、団体の規制を目的としていない。比較法的な研究が不可欠である[75]。また、市民セクターとしてもしかるべき研究を進めていくこと[76]、および問題となったときに適切に対応する体制をもつようにしておくことが必要である[77]。

　　て議論をすべきであろう（その際には、両法人制度のモデルとするところと異なるという問題が出てくるであろう）。
71) 公益認定法と政治資金規正法などの法との関係（棲み分け）についての議論もする必要がある。また、準則主義である会社法において、政治献金の議論をする際、能力論で論じられていることからすると、一般法人法のうえでも、権利能力の制限との棲み分けの議論も必要となると思われる。なお、政治資金の規制から入るのが米国的アプローチである。
72) ネットスラングで、日本語でいう「自作自演」と同じ意味のようである。
73) 以上本書第5章Ⅱ3(3)、同第5章Ⅲ。
74) 本書第5章Ⅰ2(2)。
75) 上記の法人法制のなかでの規制の根拠が政治資金の規制や選挙法制での根拠と如何なる関係になるかも重要であろう。
76) たとえば、新聞報道によると、民主党は、今般、租税特別措置による税の優遇措置を受けた企業・団体の献金を新たに規制することも検討するとのことである（平成27年3月26日付毎日新聞朝刊〈http://mainichi.jp/select/news/20150326k0000m010166000c.html〉など。内容面を議論するのは本章の主題ではないが、この案は、主として企業献金を念頭に置いているのかもしれないものの、公益法人やNPO法人の行う政治献金はどのような取扱いを念頭に置いているのか、注意深い研究と必要に応じた意見交換とが必要であろう）。
77) むしろ現在の問題は、大規模な政治活動や政治資金の調達が行われていないことかもしれない。

Ⅴ 社会的経済の生成と育成——社会的企業の育成

1 社会的企業政策

　社会的企業は多様な実態をすでに有し、すでに2002年、「社会的企業——成功への戦略」のなかで、政府により定義が提供されている[78]。そして、同年の「Private Action, Public Benefit」でも新しい法人類型の提案等がなされた[79]。登録チャリティの45％は自らを社会的企業として認識する状況でもある。そのなかで、現政権は、明示的な社会的企業政策を講じているわけではないが、社会的投資税額控除等において、活躍が期待されている[80]。

　これらの取組みは、日本においても参考になろう。ただし、政策のなかに社会的企業を位置付けるにあたっては、下記の利点と欠点を十分勘案した取組みが必要である。

　社会的企業の利点としては、企業的発想や寄附・補助金に加え新しいファイナンス手法を利用できること、しかし一方で、営利に偏らない経営を社会的な目的のためにできること等である。また、その欠点は、営利に偏らない経営をどのように担保するのかについての設計がむずかしいこと（特に、ファイナンスを持分の供与によって得る場合）である。これらは、日本においてもすでになされている議論であろう（多元的目標論、マルチステークホルダー論がある。また、オーナーシップコストの高さの議論もなされる）。

　したがって、現実に、社会的企業に関する政策について日本で議論するときには、その欠点（現実に、政府資金をめぐる競争において営利企業と競争する場合、目標の単一化、経済の単一化、プロフェッショナリズムの後退とそれに伴うボランタリズムの後退や当事者参加の後退等が生じる）についてどのようにカバーするのか、さらには、法人制度それ自体で解決すべき問題とするのか、市民社会政策を策定する場合の資金助成の方法等の問題とするのかが論点となろう。また、政府からの競争的資金の獲得を前提とする場合、その環境のなかで、市民社会

---

78) 本書第4章Ⅰ2(2)。
79) 本書第4章Ⅰ2(3)。
80) 本書第4章Ⅰ2(4)。

組織相互の連帯の維持をどのようにはかるかも問題である。[81]

2　社会的企業の器としての CIC の制度
(1)　総論
　社会的企業の育成が政策化されたことを前提に、その器たる法人制度として、同制度が整備された。
　日本において省庁縦割りの社会的企業政策はあっても、統一的な社会的企業政策は存在しない。したがって、法人制度も縦割りで存在するほかない。CICのような制度を日本においても構築していくためには、政府としての社会的企業政策を求めていく必要があるであろう。
(2)　制度の内容
　同様のものの導入が望ましいかどうかは別として、次のように指摘することができる。
（a）　設立の要件として、コミュニティ益が必要である。基準の曖昧さ、チャリティにおける公益増進性との関係について批判があるが、類似のものをイメージする際の先行例として貴重である。
（b）　会社登記と、会社登録官を通じた CIC への登録申請が必要である。監督も2層であり、開示も2種類が必要である。これは折衷的ではあるが、やむをえないと思われる。日本における2階建ての仕組みと似ており、2つの手間がかかるという点では問題がありそうである。逆にそのなかでできる限りコストを減らすという方法があるのであれば参考になるであろう。今後の研究課題である。
（c）　監督官が存在する。日本において、この制度を取り入れるについては賛否があろう。
（d）　資金調達
　株式有限会社形態を取る場合、株式の発行による資金調達ができる。その場合、資本が必要な事業のスタートアップには適する。寄附・補助金に加えた新しいファイナンスの手法の開発とマッチするのである。日本においても参考となる。

81）以上につき、藤井敦史ほか編『闘う社会的企業』（勁草書房・2013年）ほか参照。

(e)　非営利制約と資産配分

　株式有限会社形態では利益分配時および残余財産の分配時における所有者（株主）への配分の問題が生じるが、制度として、これを制限し、コミュニティに還元する等の仕組みをもつ。利子制限も存在する。十分参考にできる。

　なお、この配分を通じて、非営利の社会的企業のネットワークが促進されるとの指摘がある。日本においてもこの視点が大切である。

(f)　ガバナンス

　本制度は、従来の会社法のガバナンスをそのままにしてそれ以外の要件に基づき認定を行うもので、特定のガバナンスを想定しない。ただし、手引きは、構成員または役員の役割を地域社会の利益と会社とが追求する目標に関連付けて決める必要があることを述べる。日本においてもこの視点が大切であろう。

　また、機関間の権限分配についても、特別の規定をもたない。すなわち、形態が保証有限会社の場合は1人1票、株式会社の場合は資本投資額と意思決定権限の通常の相関関係が適用される。後者では、民主主義的な意思決定のルールを法律上はもたない。

　社会的企業には、社会的所有とステークホルダー民主主義の観点が必要だとすれば、形態が株式会社の場合には、使いづらい制度ではあろう。この点、日本において議論するときには避けられない論点である。

　もっとも、ステークホルダーの権利については、手引きがこの点を補完している。日本でも同じ方法がとれるかどうか論点であろう。

(g)　説明責任

　コミュニティ益年次報告書の公表が義務付けられている。これは、会社法の通常の情報開示義務を補強するものである。また、これは、構成員に対する義務であるのみならず、ステークホルダー一般に対する義務でもあるとされる。

---

82) 以上本書第2章Ⅰ4(1)(c)。
83) 本書第2章Ⅰ4(1)(c)(d)。
84) OECD編著・連合総合生活開発研究所訳『社会的企業の主流化』（明石書店・2010年）55頁。
85) 構成員の義務を想定し、これに対する指導をすることで理事の行動を縛るようにするというアイディアである（OECD編・前掲注84）55頁参照）。
86) 本書第2章Ⅰ4(1)(e)(ⅱ)。
87) OECD編・前掲注84）55頁以下参照。

(h) 組織形態間の関係

新設または既設の株式有限責任会社、保証有限責任会社が登録をすることができる。チャリティとして登録されている株式有限責任会社、保証有限責任会社も転換登録することができる。

これは日本でも取り入れたい。法人を設立した時点とは異なるニーズや志向がその後構成員等から生じることはままある。この必要性に従い柔軟に対応することが必須であろう。

VI 社会的投資

1 社会的投資

社会的投資が政策課題となっている。またそこでは、公共投資の縮減・公共政策の効率化という問題もある。寄附・補助金に加えた新しいファイナンスを創出する必要がある。日本でも同じ問題状況である。しかし、日本においては、英国のような、社会的投資政策とみるべきものはないようである。今後の課題である。

2 社会的インパクト債[88]

英国政府は、社会的インパクト債を社会的投資促進のための主要な施策の1つと位置付け、その発展に向けて積極的に取り組んでいる。センター、基金、ガイドラインとデータベースの開発・公開等を施策とした。これらをめぐって形成されるエコシステムも整備されつつある。社会的インパクト債についても取組みが始まったばかりである。今後の課題である。

3 市民セクターにおける評価

市民セクターは、施策につき、一定の評価をしている。

しかし、次のことが問題として指摘される。すなわち、営利と非営利の境界が曖昧になり、チャリティ団体のアイデンティティと独立性が失われる、政府の助成削減は独立性を害する。成果志向と契約中心のシステムは中小チャリテ

---
88) 本書第4章II 4。

ィに危機をもたらす等である。また、ミッション逸脱の問題や、社会的投資を受け入れることのできる比較的大規模な組織のみが発展するという問題も抱える。

　別の議論として、受入れ側の基盤整備の問題も指摘されている。

　以上をふまえた日本の課題は、まずは、現在の日本では市民セクターに対する資金では、融資が中心（正確には、それすらも整っていない）、投資は限定的であるという問題意識を市民セクターがもつことを前提として、投資という資金調達方法が組み込まれたエコシステムを確立するための取組みの必要があるとの問題意識を共通化し明確にすることであろう。そして、具体的には、社会的成果指標の標準化、中間支援組織の整備、社会的投資に対する税制優遇をどのようにするか、助成財団が社会的投資に取り組むことへの躊躇をどのように解消するか、そもそも社会的投資の対象となる社会的企業の定義が不明確なことをどのように整理するか、営利目的の企業参入制限の枠組みの不存在が含まれよう。また、英国と同様、受入れ側の能力開発が問題となる。そして、上記社会的企業を成長させる場合の桎梏についてどのように整理し進めていくか、ハイブリッド法人の必要性とその課題についてもここでの問題となる。[89]

（濱口博史）

---

89) 以上、本書第4章Ⅱ5。

事項索引

あ

アセットロック（asset lock）の原則 …34,103
Advisory Group on Campaigning and the Voluntary Sector, May 2007 ………258
アンブレラ組織（umbrella organisation） ……………………………194

い

異議申立て（decision review）………73,83
異議申立手続（decision review procedure） ……………………………84
一般型組織（generalist infrastructure organisation）……………………194
Institute of Economic Affairs（IEA）……263
インディペンデンス・パネル（Independence Panel）………………………281
──の報告書 ……………………286
インディペンデント・スクール …173,182,183
インフラストラクチャー ………………193
インフラストラクチャー組織（infrastructure organisation）………………193,323

う

ウォルフェンデン報告書（Report of the Wolfenden Committee）………191,323

え

英国市民社会年鑑（The UK Civil Society Almanac）……………………2,204
英国ボランタリーセクター年鑑（The UK Voluntary Sector Almanac）…………2
ACEVO（Association of Chief Executives of Voluntary Organisations）……195,205
ACRE（Action with Communities in Rural England）……………………195
NAVCA（National Association for Voluntary and Community Action）……195
FRS（Financial Reporting Standards）…166

お

横断的レビュー（A Cross Cutting Review） ………………………10,11,192,323
大きな社会 ─▶ ビッグ・ソサエティ（Big Society）
オクスファム（Oxfam）………260,271,334

か

会計書類 ………………………………166
会社（監査、調査およびコミュニティ企業）法（Companies（Audit, Investigations and Community Enterprise）Act）………100
活動テスト ……………………………305
カップ・トラスト（CUP Trust）………115,182
カップ・トラスト（CUP Trust 事件） ………………………176,183,330
株式有限責任会社（CLS: Companies limited by shares）………………………99
カルマン委員会 ………………………320

き

規制された非党派キャンペーン …………248
規制順守事案（regulatory compliance cases: RCCs）………………………170
キャンペーン（Campaigning）…………242
休眠預金・住宅金融組合口座法（The Dormant Bank and Building Society Accounts Act 2008）………………………222
行政特別委員会 …………128,130,181,333
行政特別委員会報告書 ………114,122,328
協同組合（Co-operative）………………205
協同組合開発機構（Co-operative Development Agency: CDA）………207
業務運営順守事案（operational compliance cases）………………………168
業務運営モニタリングチーム（OMT）……168

く

靴下人形 ─▶ ソック・パペット

け

契約文化（contract culture）……………4
ケンプ報告書（Kemp Report）…………314

こ

公益増進（public benefit）………33,53,56

――の査定 …………………………72
――報告 ……………………………74
――要件 …………………59,67,73,305
公益増進ガイダンス ………………………121
公益増進（基準）テスト（public benefit test）
　………………………56,67,113,116,173,307
公益増進性 …………………………………182
　――の判断 …………………………181,183
公益増進要件の適用に関するガイダンス／指針
　（guidance as to operation of public benefit
　requirement）……………………56,58,67,74
公益法人（CIO: charitable incorporated
　organisation）……………33,38,40,44,75,93,
　　　　　　　　　94,95,97,104,112,129
公共サービス社会的価値法（Public Services
　（Social Value）Act 2012）………………229
高等法院（High Court）
　……………………………40,54,56,123,124,127
声をあげる――チャリティによるキャンペーン
　と政治活動に関するガイダンス（Speaking
　out: Guidance on Campaigning and
　Political Activity by Charities: CC9）
　………………………………………240,241,333
コーポレートガバナンス …………………102
コーポレートディスクロージャー・アカウンタ
　ビリティ …………………………………102
コーポレートファイナンス ………………102
コミュニティ開発金融機関
　（Community Development Financial
　Institutions: CDFIs）……………………221
コミュニティ・ビジネス
　（Community Business）…………………206
コミュニティ利益会社（CIC: Community
　Interest Company）………34,38,41,44,99-102,
　　　　　　　　103,112,208,219,229,338
コミュニティ利益会社規則（Community
　Interest Company Regulations 2005）…100
コミュニティ利益増進共済組合（ベンコムス／
　BenComs: community benefit societies）
　………………………………………34,38,41,42
コンサルテーションレポート
　（Consultation Report）…………………281
コンパクト（Compact）…………7,9,11,23,192
コンパクト・ヴォイス（Compact Voice）…25
コンパクト文化 ……………………………31

さ

サード・セクター（Third Sector）………12,13
財産の利用目的限定団体（asset-locked
　body／アセットロックド団体）…………103
再審査請求（onward appeals）…………73,84
最大総額配当制限（maximum aggregate
　dividend cap）……………………………105
産業節約組合（Industrial and Provident
　Society: IPS）……………………………208

し

CIO 規則→2012年公益法人（支払不能および
　解散）規則
CIO（公益法人）に関する詳細規定 ………98
CIC 規制官（CIC Regulator）…44,105,107,109
CIC 規則 ……………………………………100
CIC 法 ………………………………………100
私益増進（private benefits）………………71
市民社会セクター（civil society sector）…13
市民社会組織（CSOs）………………………25
社会的・倫理的企業（Social and Ethical
　Business）…………………………………206
社会的インパクト債（Social Impact Bonds:
　SIB）…………………221,222,225,230,340
社会的インパクト投資 ……………………223
社会的企業（social enterprise）……11,14,15,
　　　　　　　　33,38,39,99,204,205,207
社会的企業――成功への戦略
　（Social Enterprise: Strategy for Success）
　………………………………………207,208,337
社会的証券取引（Social Stock Exchange:
　SSE）…………………………………225,228
社会的投資 ………………136,219,220,340
社会的投資税額控除（Social Investment Tax
　Relief: SITR）……………………213,225,229
社会的投資タスクフォース ……………220,221
従業員所有協同組合（Employee-owned
　business）…………………………………205
重大な出来事の報告（Report of Serious
　Incidents: RSI）…………………………168
受託者／理事無報酬原則（Principle of unpaid
　trusteeship）…………………………110,112
小規模チャリティ（small charities）………77
上級審判所（Upper Tribunal）……73,124,127
審査請求（appeal）………………………73,83

事項索引

す

スコットランド公益法人（Scottish Charitable Incorporate Organisation: SCIO） ………313
スコットランド・チャリティ規制局（Office of the Scottish Charity Regulator） …292, 294
スコットランド・チャリティ上訴審査会（Scottish Charity Appeals Panel: SCAP） ………311
スコットランド・チャリティ登録簿 …292, 298
スコットランド・ボランタリー組織協議会（Scottish Council for Voluntary Organisation: SCVO） ………296

せ

政治活動（Political Activity） ………242
政党政治活動（party political activity）…242
全国規模の中間支援組織（national intermediary body） ………191
全国ボランタリー組織協議会（National Council for Voluntary Organisations: NCVO） ……2, 62, 157, 190, 195, 204, 205, 233
戦略パートナー ………200

そ

相互組合（mutual） ………215
ソーシャル・インキュベーター基金 ………229
Social Enterprise UK ………204
Social Enterprise London（SEL） ……205, 206
ソーシャル・ファーム（Social Firm） ……206
ソック・パペット（靴下人形）…263, 281, 336

た

第1次不服審判所 ………73, 124
第三の道（Third Way） ………7, 31, 37
第2層組織（second-tier organisation） …194

ち

地域戦略パートナーシップ（Local Strategic Partnership: LSP） ………9
地域の中間支援組織（local intermediary body） ………191
チェンジアップ（ChangeUp） ………196
Charitable Trust Act 1853 ………158
チャリティ（charity） ………32, 40, 43, 53
──とキャンペーン（Charities and Campaigning） ………241, 247
──のトレーディング・アーム（Trading-arm） ………206
チャリティおよび受託者投資（スコットランド）法（2005年法） ………289
チャリティ会社（charitable companies） …94
チャリティコミッション（Charity Commission: CC） ………32, 48, 49, 54, 157
チャリティ審判 ………84
チャリティ審判所（Charity Tribunal） ………33, 40, 41, 73, 82, 124
チャリティゼイション ………283
チャリティ、選挙、レファレンダム（Charities, Elections and Referendums） ………241
チャリティ・テスト ………299, 308
チャリティ登録制度 ………53
チャリティ登録簿（register of charities） …98
チャリティ不服審判所 ………183
チャリティ法（charities acts） ………32
　1992年──（Charities Act 1992） ………53
　1993年──（Charities Act 1993） ………53
　2006年──（Charities Act 2006） ……40, 47
　2011年──（Charities Act 2011） …40, 44, 48
チャリティ（保護および社会投資）法案（Charities (Protection and Social Investment) Bill） ………136
チャリティ保護法案（Protection of Charities Bill） ………115, 134, 136
チャリティ目的（charitable purposes） ………32, 40, 53, 56
チャリティ用 Statement of Recommended Practice（Charities SORP） ………166
中間支援組織（intermediary organisation） ………194, 324
忠実義務（duty to exercise reasonable care, skill and diligence） ………108

て

TLI（Transforming Local Infrastructure） ………196, 198
ディーキン委員会 ………192
ディーキン報告（Deakin Report） ……5, 323

と

登録組合（registered societied） ………34
登録除外チャリティ（exempt charities） ………75, 77, 79

344

登録チャリティ（register charities）
　　　　　　　　　　　　　　　　33,104,113
登録非党派キャンペーナー　　　　　248
登録簿（The Register）　　　　　75,76
登録免除チャリティ（excepted charities）
　　　　　　　　　　　　　　　75,77,81
特定非営利活動促進法（特活法）　　　241
独立学校評議会（Independent Schools Council）　　　　　　　　　　　116
独立学校評議会事件　　　　　74,128,306
独立苦情審査人（ICR: independent complaints reviewer）　　　　　　90

に

2011年法の改革法案草案（Protection of Charities Bill）　　　　　　　　　184
2012年医療およびソーシャル・ケア法（Health and Social Care Act 2012）　　213
2012年公益法人（支払不能および解散）規則（The Charitable Incorporated Organisations (Insolvency and Dissolution) Regulations 2012: CIO（支払不能等）規則）　　44,95
2012年公益法人（総則）規則（The Charitable Incorporated Organisations (General) Regulations 2012: CIO 規則）　　94,95
ニッティング発言　　　　　　　　　261
任意登録（voluntary registration）　　　78

ね

年次申告書　　　　　　　　　　　166
年次報告書（Trustees' Annual Report）
　　　　　　　　　　　　　　　72,166

の

農村地域協議会（Rural Community Council: RCC）　　　　　　　　　　　196

は

パートナーシップ文化　　　　　　　7
媒介的労働市場会社（Intermediate Labour Market Company）　　　　　　206
配当制限（dividend cap）　　　　　104
ハイブリッド事業体（hybrid entity）　100,112
Panel on the Independence of the Voluntary Sector　　　　　　　　　　234
パブリック・トラスト（public trust）　　290
バリュー・フォー・マネー（Value for Money: VfM）　　　　　　　　　　3,192,324

ひ

PPERA（Party Parties, Elections and Referendum Act 2000）　　　　　246
ビッグ・アシスト（BIG Assist）　　196,199
ビッグ・ソサエティ（Big Society）
　　　　　　　　16,17,19-21,25,31,33,38,39
ビッグ・ソサエティ・キャピタル　　220,228
非党派キャンペーナー　　　　　　　247
ヒューマン・ディグニティ・トラスト（Human Dignity Trust: HDT）　　131,165,274
ヒューマン・ディグニティ・トラスト（Human Dignity Trust）事件　　　　　131

ふ

プライベート・スクール　　　　　306
プライベート・トラスト（private trust）　290
プレストン・ダウン・トラスト（Preston Down Trust: PDT）　　118,119,164,175
プレストン・ダウン・トラスト事件　　128
フロントライン組織（frontline organisation）
　　　　　　　　　　　　　　　193
分配制限（distribution cap）　　　34,104

へ

ベヴァリッジ報告（Beveridge Report）　2,31
ベスト・プラクティス（best practice）
　　　　　　　　　　　　　　192,324
ベドー命令　　　　　　　　　　　129
ペムゼル事件（Pemsel case）　　53,54,302

ほ

ボウマン（Bowman）の原則　　　　254
法律委員会　　　　　　　115,123,128,136
保証有限責任会社（CLG: Companies Limited by Guarantee）　　　　　　　75,99
ホッジソン報告書（Hodgson Report）
　　　　　　114,123,127,130,181,183,328
ボランタリー・アクション　　　　4,31
ボランタリー・コミュニティ・セクター
　　　　　　　　　　　　　　　10,24
ボランタリー・サービス協議会（Council for Voluntary Service: CVS）　　　　195
ボランタリーセクター　　　2,4,23,24,31

ま

マクガバン（McGovern）事件
　　　　　　　　　…………254, 258, 276-278, 333
マクファッデン報告書（McFadden Report）
　　　　　　　　　………………………………291

み

民間活力、公益増進（Private Action, Public Benefit）………………10, 37, 49, 208, 337
民事上級裁判所　………………………………312

ゆ

有償チャリティ　………………………………70

り

利子（配当）制限（interest cap）…34, 104, 106
領域特定型インフラストラクチャー組織（specialist infrastructure organisation）
　　　　　　　　　………………………………194

ろ

ロビー法（Transparency of Lobbying, Non Party Campaigning and Trade Union Administration Act 2014）………………246

●執筆者紹介● （＊は執筆担当章）

石村耕治（いしむら・こうじ）　＊2章Ⅰ
1948年生まれ。モナシュ大学ロースクール修了。現在、白鷗大学法学部教授、同大学院法学研究科長。（公財）公益法人協会顧問、名古屋市経営アドバイザーを兼務。『日米の公益法人課税法の構造』（成文堂・1992）、「イギリスのチャリティと非営利団体制度改革の伴う法制の変容」白鷗法学21巻2号（2015）ほか。

岡本仁宏（おかもと・まさひろ）　＊3章Ⅰ・5章
1955年生まれ。名古屋大学大学院博士課程単位取得満期修了退学。現在、関西学院大学法学部教授。大阪府公益認定等委員会委員長代理、日本NPO学会理事、大阪ボランティア協会ボランタリズム研究所運営委員長を兼務。『市民社会セクターの可能性：110年ぶりの大改革の成果と課題』（編著、関西学院大学出版会・2015）ほか。

小林立明（こばやし・たつあき）　＊4章Ⅱ
1964年生まれ。ペンシルヴァニア大学NPO指導者育成修士課程修了。現在、日本公共政策研究機構主任研究員。関西国際交流団体協議会理事を兼務。「国際グラント・メイキングの課題と展望」（笹川平和財団・2013）、「フィランソロピーのフロンティアにおける助成財団の役割」（日本NPO学会・2013）ほか。

溜箭将之（たまるや・まさゆき）　＊2章Ⅱ・6章
1977年生まれ。ニューヨーク大学法科大学院修士課程修了。現在、立教大学法学部教授。『アメリカにおける事実審裁判所の研究』（東京大学出版会・2006）、「証券流通市場と民事責任(上)(下)」NBL995号、996号（2013）、「イギリス信託法を支えるもの：国内の改革と国際的変革と」立教法学84号（2012）。

中島智人（なかじま・ともひと）　＊1章・3章Ⅱ・4章Ⅰ
1967年生まれ。ロンドン大学ロンドン・スクール・オブ・エコノミクス修士課程修了（ボランタリー・セクター組織修士）。現在、産業能率大学経営学部准教授。（社福）ふきのとうの会監事、（一社）全国老人給食協力会監事、日本公益学会理事を兼務。「社会的企業研究に関する一考察」（産業能率大学紀要・2011）、『英国福祉ボランタリズムの起源』（共著、ミネルヴァ書房・2012）ほか。

濱口博史（はまぐち・ひろふみ）　＊7章
1962年生まれ。東京大学法学部卒業。現在、濱口博史法律事務所所長。（公財）公益法人協会公益法人法制委員会委員、（公財）花王芸術・科学財団評議員、（公財）助成財団センター評議員、最高裁判所司法研修所民事弁護教官を兼務。『実務からみた公益法人・一般法人の理事の役割と責任（第2版）』（監修、公益法人協会・2015）ほか。

太田達男（おおた・たつお）　＊はじめに
1932年生まれ。京都大学法学部卒。現在、（公財）公益法人協会理事長。（公財）助成財団センター理事、（公財）日本フィランソロピー協会理事、（公財）成年後見センター・リーガルサポート理事、（公財）日本国際交流センター評議員などを兼務。『非営利法人設立・運営ガイドブック』（公益法人協会・2012）、『公益法人制度改革〜そのポイントと移行手続き』（共著、ぎょうせい・2007）ほか。

白石喜春（しらいし・よしはる）　＊2章Ⅲ
1974年生まれ。金沢大学大学院博士課程単位取得満期修了退学。現在、（公財）公益法人協会調査部研究員。愛媛大学客員研究員、金沢大学客員研究員、ボランティア活動国際研究会理事／事務局長、CIVICUS-Affinity Group of National Associations 副委員長、Himalaya Conservation and Development Association 顧問などを兼務。『自然・社会・ひと』（共著、古今書院・2009）ほか。

●編者紹介●

公益財団法人　公益法人協会

当協会（東京都文京区本駒込2-27-15、理事長 太田達男）は、公益法人の健全な育成発展に貢献し、もって公共の福祉の増進に寄与することを目的として1972年に設立されたが、公益法人制度改革に伴い、非営利セクターに対象を拡大し、2009年4月全国第1号の公益認定法人となった。

英国チャリティ──その変容と日本への示唆

2015（平成27）年12月30日　初版1刷発行

編　者　(公財)公益法人協会
発行者　鯉渕　友南
発行所　株式会社 弘文堂　101-0062 東京都千代田区神田駿河台1の7
　　　　　TEL 03(3294)4801　振替 00120-6-53909
　　　　　http://www.koubundou.co.jp
装　丁　大森裕二
印　刷　港北出版印刷
製　本　牧製本印刷

Ⓒ 2015 The Japan Association of Charitable Organizations.
　　Printed in Japan

JCOPY　＜(社)出版者著作権管理機構 委託出版物＞
本書の無断複写は著作権法上での例外を除き禁じられています。複写される場合は、そのつど事前に、(社)出版者著作権管理機構（電話 03-3513-6969、FAX 03-3513-6979、e-mail:info@jcopy.or.jp）の許諾を得てください。
また本書を代行業者等の第三者に依頼してスキャンやデジタル化することは、たとえ個人や家庭内での利用であっても一切認められておりません。

ISBN978-4-335-35665-0